근대시의 모험과 움직이는 조선어

하재연(河在姸, Ha, Jaeyoun)은 고려대학교 국어국문학과를 졸업하고 고려대학교 대학원에서 현대문학을 공부했다. 2008년 2월 「1930년대 조선문학 담론과 조선어 시의 지형」이라는 논문으로 박사학위를 받았다. 미국 죠지메이슨 대학교(George Mason University) 방문연구원, 고려대학교 연구교수, 한양대학교 박사후 연구원을 거쳐 현재 원광대학교 인문학연구소의 연구교수로 있다. 주요 논문으로는 「일본 유학 시기 정지용 시의 특성과 창작의 방향」, 「『문장』의 시국 협력 문학과 「전선문학선」」, 「이상(李箱)의 「街外街傳」과 글쓰기에 관한 의식 연구」 등이 있다. 연구와 함께 시를 쓰고 있으며, 시집으로 『라디오 데이즈』, 『세계의 모든 해변처럼』이 있다.

근대시의 모험과 움직이는 조선어

초판인쇄 2012년 2월 5일 **초판발행** 2012년 2월 15일
지은이 하재연 **펴낸이** 박성모 **펴낸곳** 소명출판 **출판등록** 제13-522호
주소 서울시 서초구 서초동 1621-18 란빌딩 1층
전화 02-585-7840 **팩스** 02-585-7848 **전자우편** somyong@korea.com **홈페이지** www.somyong.co.kr

값 22,000원

ISBN 978-89-5626-658-9 93810

근대시의 모험과 움직이는 조선어

The Adventure of Modern Poetry and Korean Language on the Move

하재연

소명출판

책머리에

이 책의 1부는 2008년에 제출한 박사논문을 다듬고 보완하여 구성하였다. 1930년대 중후반 조선문단을 둘러싼 외부적 상황과 조선문단의 내부, 그리고 시쓰기의 영역을 연관지어 살피려는 시도에서 쓰여진 논문이다. 2부는 박사논문을 제출한 이후에 발표한 세 편의 논문들로 구성하였다. 근대 초기에서 1930년대에 이르는 시기 한국 근대시의 언어가 마련되고 형식이 만들어지는 과정과 중요한 결절점들, 그리고 그 이행에 계기가 되고 있는 조선어의 외부 및 경계들을 살피고자 했다.

박사논문을 쓰고 나서 주변 분들께 드리러 갔을 때, 다른 전공 분야에 계신 선생님이 제목을 보고 나서 이런 질문을 하셨다. 왜 한국어가 아니라 '조선어'이고, 한국시가 아니라 '조선시'라는 명칭을 쓰고 있는가? 이 물음에 대답하는 것은 이 책의 1, 2부를 관통하는 문제의식과도 닿아 있다.

식민지 시기의 텍스트들을 접하면서 들었던 생각 중 하나는, 우리가 지금의 언어 환경에서 한국어를 대하는 감각의 차원으로 당시 문학의 형식과 내용에 접근하고 그것을 분석하고 있는 것은 아닌가 하는 것이었다. 과거를 재구성하고 과거의 실체에 접근하는 일은 현재의 지평에서밖에 이루어질 수 없는 것이기는 하다. 그러나 모국어 – 표준어 – 공용어의 일치가 (상대적으로) 자연스러워서 그것들 사이의 거리를 느끼지 못하는 시대를 살아가는 사람들의 언어감각과, 국어 / 공용어 / 모국어 / 지방어 등의 위치와 위계가 변동하고 때로는 어느 하나가 다른 하나를 폭력적으로 배제하는 장면을 심각하게 경험해야 했던 사람들의 언어감각이 같다고 하기는 어려울 것이다. 차이를 들여다보기 위해서는 역사적인 변화 그 자체를 인정하는 것도 필요하지만, 당시 그 자리에서 이루어지고 있었던 변화와 움직임 그리고 교차하는 지점들에 대한 치밀한 관찰과 섬세한 상상의 능력을 길러야 했다. 차이의 감각에 대한 고민이 있고 나서야, 지금 내가 처한 곳과의 닮음에 대한 인식 가령 제3세계 또는 주변국의 언어로서의 한국어와 한국문학과 같은 문제들에 대한 생각을 더해 나갈 수 있으리라고 여겼다.

이 책에서 조선어를 둘러싼 문학인들의 고투와 그 과정에서 산출해 냈던 새로운 조선시의 형식을 추적해 보는 과정은 관찰과 독해를 통해 이루어졌지만 때로는 상상력이 발휘되는 순간들로 대체되기도 했다. 그 상상이 덧없는 추론이 되지 않게 하려고 자료들을 찾고 자료와 자료의 틈을 메워 연결시키기 위해 애썼다. 하지만 결과적으로 그 자리에 있는 언어들의 움직임을 내 말로 덧씌워 붙잡아둔 것은 아닌지 고민이 된다. 이 고민은 앞으로도 끝나지 않을 것이다. 이 책에 쓰인 부족한 언어가 문학사에 필연적으로 내재해 있는 혼돈과 불안 그리고 거기에서 탄생하는 창조의 에너지를 어느 정도는 재현해 냈기를 바라는 마음으로 다음의 연구를 이어 나가려 한다.

새로운 시는 언제나 모험의 형식으로만 출현할 수 있었을 텐데, 이 책에 인용된 시인들은 특히 내게 그 모험의 역사적 실체를 상상할 수 있도록 힘을 주었다. 그들의 모험, 그들의 죽음을 상상하는 순간들은 흥미진진했지만 그 역사적 감각을 내 언어에 기입하는 일은 고통스러운 일이기도 했다. 내가 문학을 연구하고 시를 써나갈 앞으로의 시간 속에서 이 고통의 감각을 잊지 않기를 바란다.

공부하고 글을 쓰는 사람으로 사는 데 도움을 주신 분들이 많다. 지도교수이신 최동호 선생님은 부족한 제자를 과하게 칭찬하고 격려해 주신다. 선생님의 격려에 부끄러운 마음으로 다시 공부할 힘을 얻는다. 김인환 선생님이 쓰시는 글은 늘 맑고 차가운 거울과 같이 내게 세상과 문학을 비추어 준다. 이혜원 선생님의 사려 깊은 지도가 결점이 많은 논문을 고칠 수 있게 해 주었다. 논문을 쓰고 난 후에도 계속해서 지도하고 도와주신 유성호 선생님의 다정하고 따뜻한 말씀이 언제나 고맙다. 김영민 선생님의 치밀하고 성실한 생활과 연구의 태도를 가까이 배워나가고 싶다. 이 책이 세상에 나올 수 있도록 지원과 배려를 해주신 데 무척 감사드린다. 근사한 책으로 세상에 선보이게 해주신 소명출판 분들께도 감사의 마음을 전한다.

함께 공부한 친구들이 없었더라면 지금의 생각들, 지금의 글들을 만들어 나가는 데 더 많은 어려움이 있었을 것이다. 그들과 함께 공부할 수 있어서 다행이다. 끝으로 내 글쓰기의 시작이자, 언제나 든든한 지원자인 사랑하는 가족에게 이 책으로 미안함과 감사의 마음을 표할 수 있다면 좋겠다.

2011년 12월 하재연

● 차례 ●

제2부 근대시의 형성과 조선어의 경계들

제1부
식민지 조선문학 담론과 근대시의 형식

제1장
1930년대 조선문학 담론과 시쓰기

1. 조선어, 조선문학, 조선시의 위치

이 연구에서 주목한 것은, 1930년대 중후반 조선어 창작 환경의 변동과 문단 안팎에서 지배적이었던 '조선문학' 담론의 영향 아래 근대시의 형식과 문체를 계발하고 성립해가는 과정이다.

근대 초기 문학의 개념이 형성되는 시기에, 문학담당층의 화두는 어떻게 하면 조선에 신문학을 하루빨리 건설할 것인가 하는 문제였다. 서구적 의미의 근대성과 문학의 양식 개념을 수입하고 받아들여 지금까지는 존재하지 않았던 조선문학의 풍토를 만들어야만 했다. 신문학을 수립하는 과정에서, 조선의 문화적・문학적 유산이란 대부분 부정되거나, 넘어서야 할 것으로 인식되곤 했다. 조선의 과거와 단절될 때, 비로소 새로운 의미의 '신문학=근대문학'이 가능하다는 생각이 점차 전문화되고 분화되어 가고 있었던 많은 문학인들의 의식 속에 자리 잡고 있었다.

3・1 운동 이후 가속화되는 식민주의 아래서, 민족주의적 인식이 확산되고 국민문학으로서의 조선문학에 대한 인식과 논의도 서서히 생겨나기 시작했다. 하지만 많은 지식인들은 대한제국의 멸망과 조선의 식민화가 문명개화에 빠르게 대처하지 못한 조선 왕조와 대한제국의 실패에 기인한다고 생각했다. 결과적으로 문학인들에게 조선이란 문약(文弱)과 한문숭상의 사대주의에 빠져 있던 멸망한 왕조로 인식되었다. 그들에게는 조선의 문학적 전통을 살피는 일보다 외래의 문물과 근대 이념을 받아들이는 일이 시급했다.

1920년대 중반 이후, 시조부흥론이 등장하고 조선의 민요에 대한 관심이 증가하면서 '조선심'과 '조선정조'에 대한 논의들이 산발적으로 제출된다. 시인들을 중심으로 이루어졌던 이른바 '국민문학파'의 등장은, 그동안 부정했던 조선과 조선의 문학 전통에 대해 조선문단이 재인식하기 시작했다는 것을 뜻한다. 조선의 시가적 전통을 근대시의 형식에 되살려내고자 하였던 이들 국민문학파는, 당시 문단의 주도권을 잡고 있던 카프(KAPF)의 국제적 보편성 논의에 대응되는 조선적 특수성의 측면을 주목했다. 조선의 신문학 건설과 근대화에 대한 열망과 함께, 이들의 등장으로 인해 국민문학으로서 조선문학이 가진 고유한 특질과 내용에 대한 관심이 부상한다. 김억, 이광수, 주요한, 최남선 등의 시 창작을 중심으로 한 국민문학파의 문학적 활동은 조선 고유의 문학적 전통을 계승하는 작업의 한 형태를 제시하였다. 그럼에도 그들은 여러 가지 측면에서 조선 근대시의 형식을 만들어내는 데 한계를 보여주었다. 그들은 시창작의 실제 과정에서 시가의 구술성과 정형성에 지나치게 집착함으로써 새로운 형식의 근대시를 수립하는 데는 실패하였다. 또한 카프에 대한 반발 심리를 그 기저에 두었으나 카프 진영의 반박에 대한 명쾌한 이론적 논의를 펼치지 못한 채로 흩어지고 만다.[1]

1920년대 조선시의 한 방향을 모색하였던 국민문학파의 문제제기 이후, 1930년대에 접어들면서 조선의 전통과 고전(古典)에 대한 문단의 관심은 점차 증가한다. 신문과 잡지 등의 매체에서는 '조선주의', '조선심', '조선정조'라는 용어가 빈번히 등장하게 된다. 임화는 이 시기의 특이성에 대해 다음과 같이 지적하고 있다.

> 첫재는 時期의 特異性이 그것이다. 勿論 이 말은 곳 누구나 짐작할 수 있는 바와 같이 現下의 社會事情의 유별난 內容에 있음은 重言을 요치 않는다. 우리들의 理論的 興味를 刺戟하는 것은 보다 더 現在가 갖는 바 文學史的인 特異性에 있다. 웨 그러냐하면 外部的인 社會情勢에 變遷은 數三年來로 繼續되는 道程이고 文學上에 그 具體的인 反響을 發見키는 再昨年으로부터 昨年에 至한 事實이며 또 正히 昨年 한해야말로 消極的 潛在的으로 浸透되고 胚胎되어 오든 이 『反響』이 明確히 開花된 해인 때문이다. 이 『反響』의 開花는 甚히 多岐多面的인 것으로 그것의 觀察을 通하야 우리는 朝鮮文學의 여러 傾向과 流波가 現實生活과 맺고 있는 諸關係의 明確한 本質을 알기에 가장 適切한 것이다.[2]

임화는 이 글에 앞서 "금일에 와서는 무엇이든 조선의 과거에 대하야 이야기하고 그것을 작품상 평론상에서 취급하며 과거의 방법으로 말하고 노래하면 발서 제일류의 「조선문학」의 천재일 수 잇는 실로 고마운 시대가 도래한 것"[3]이라고 당시 문단의 복고적 경향과 '조선주의'

---

1 1920년대 국민문학파의 성과와 한계에 대해서는 더 섬세하게 접근해야 하지만, 이 연구의 범위에서는 벗어나므로 이 정도로 소략하게 다룬다. 1920년대 국민문학파에 대한 깊이 있는 연구로 구인모, 『한국 근대시의 이상과 허상—1920년대 '국민문학'의 논리』, 소명출판, 2008을 참고할 수 있다.

2 임인식, 「조선문학의 신(新)정세와 현대적 제상(諸相)(1)」, 『조선중앙일보』, 1936.1.26.

3 쌍수대인, 「역사적 반성에의 요망(2)」, 『조선중앙일보』, 1935.7.6. 임화의 이와 같은 지적과 당시의 '조선적인 것'에 관한 문단의 관심에 대해 다음의 연구에서 상세히 논의한 바 있다. 황종연, 「한국문학의 근대와 반근대」, 동국대 박사논문, 1991.

에 관한 논의들에 냉소적 비판을 쏟은 바 있다. 인용문에서 임화는, 1930년대 중후반의 시기적 특이성이 문학사적 특이성을 창출했다고 본다. 외부적인 사회정세의 변천에 따라 수삼년 이래로 계속되어 온 경향이 그 구체적인 반향을 발견한 것은 1934년경부터 1935년 무렵이고 특히 1935년은 잠재적으로 침투, 배태되어 오던 반향이 명확히 개화되었다고 말하고 있다. 인용문에 밝혀져 있지는 않지만 여기서 외부적인 사회정세의 변천이란 일본 제국주의의 압박과 이에 따른 카프의 쇠퇴와 해산을 뜻한다. 임화는 당시의 조선주의 또는 조선주의적 특수성 논의가 활발해진 상황이 카프 세력의 침체와 깊은 관련을 맺고 있다고 판단한다.

임화의 글은 명확한 계급주의적 입장에서 쓰인 것으로, 리얼리즘적이고 사회주의적인 경향의 문학이 퇴조하면서 부르주아적인 문학 경향이 고전부흥론과 결탁하고 있다고 판단하며 이와 같은 추세를 비판하려는 태도에서 비롯되었다. 그런데 "이 『반향』의 개화는 심히 다기다면적인 것으로 그것의 관찰을 통하야 우리는 조선문학의 여러 경향과 유파가 현실생활과 맺고 있는 제관계의 명확한 본질을 알기에 가장 적절한 것"이라고 언급하는 데 주목할 수 있다. 1930년대 중후반을 기점으로 문단에서 벌어지고 있던 담론과 세력 구도의 변화는 조선문학의 특수성 대 보편성, 복고주의 대 현실주의 등의 주요한 문제들과 관련하여 문학인들의 입장 차를 뚜렷이 보여 준다. 임화는 이를 계급주의 문학과 비계급주의 문학의 대립으로 이해하고 있었다. 물론 카프 세력은 당시에도 여전히 주요한 위치를 차지하고 있었으나, 카프가 해체된 상태에서 이와 같은 견제와 논쟁의 구도는 이전의 양상과는 달라질 수밖에 없었으며, 그 분화는 그의 말처럼 다면적인 양상을 보이고 있었다. '조선적인 것'이나 '조선주의'에 관한 논의들은 고전부흥론과 관련해서뿐만 아니라 조선문학 위기론과 연동해서 등장한 것이기도 했다. 고전부흥론과 조선적인 것에 대한 문학가들의 반응은 당시의 조선문학 위기론과 함께 등장한 조선문학 건설론, 그리고 조선의 국민문학 수립에 대한 몇 가지 방향들을 보여 준다.[4]

1930년대 중후반, 조선문학의 특수성 논의가 활발해지면서 조선문단에서 심화되었던 또 다른 중요한 논의는 조선문학과 조선어의 관계에 대한 것이었다. 이는 조선학 및 조선어문운동이 확산되고, 조선어에 대한 문학자와 어학자들의 발언이 눈에 띄게 증가하는 당시의 상황과 맞물려 있다.[5] 조선어학회의 1933년 '한글맞춤법 통일안' 발표와 1936년의 표준말 사정과 사전편찬의 착수, 학회와 매체의 문자 보급운동 등을 통해 조선어의 표준화와 근대화를 위한 일련의 운동들이 활발해지고 있었다. 조선어의 표준 규범화나 그 보급을 확대하는 것뿐만 아니라 조선어의 내용을 충실하게 만들기 위한 문학적 실천이 필요하다는 점을 문학인 자신들이 소리 높여 주장하고 있었다.

조선어와 조선문학의 관계 및 조선문학의 과거・현재・미래에 대한 논의가 전(全)문단적인 관심을 끌게 되는 것은 정치・사회적 상황과 깊은 연관을 맺는다. 1935년을 전후로 하여 일본어 공용화가 확대되면서

4 구재진은 1930년대 후반 사회주의 문학비평에서 이루어진 '조선'에 대한 담론에 주목하며 다음과 같은 논의를 펼친 바 있다. "1930년대 후반 사회주의 문학비평에서 이루어진 '조선'에 대한 담론에서 본고가 특히 주목하고 있는 지점은 이것이 '조선'을 둘러싸고 이루어지는 보편과 개별, 그리고 특수에 대한 인식론적 지형을 드러내고 있다는 사실이다. (…중략…) 특히 1930년대 후반에는 '조선적인 것'에 대한 논의를 통해서 각 문학 진영의 논리가 변형되고 해체되면서 문학 진영의 변화가 이루어지고 있었던 것이다." 구재진, 「1930년대 사회주의비평과 '조선' 인식」, 『민족문학사연구』 31, 민족문학사학회, 2006, 41~42면. 1930년대 후반의 이와 같은 문학 진영의 변화와 지형이, 해방 이후 문학 진영의 재편 및 민족문학론의 방향과 긴밀하게 연관되어 있다는 그의 논의는 주목할 만하다.

5 1930년대 중후반 조선어와 조선문학에 관한 논의가 활발해지는 문단의 정황에 대해 배개화의 다음 연구에서 언급한 바 있다. 배개화, 「1930년대 후반 전통담론의 탈식민성 연구」, 서울대 박사논문, 2004, 67~79면 참조.

조선어 교육을 축소하려는 식민주의적 억압이 더욱 심해지고, 카프 해체 이후 문학인들이 조선어와 조선문학 말살의 위기를 현실적으로 체감하게 되었기 때문이다. 공용어의 자리에서 밀려난 조선어와 '국어(國語)'인 일본어 사이의 위계가 분명해지고, 일본어 출판물의 증대와 함께 일본어 서적과 신문, 잡지를 직수입해 읽는 지식인 및 독자층이 확산되면서 조선문학 또는 조선어 문학의 입지와 위상이 변화하고 있었다.

1932년 일본 잡지 『改造』의 현상 창작으로 등단하여 일본어로 작품 창작 활동을 하며 문단의 주목을 받았던 장혁주를 비롯하여, 1935년을 전후로 일본 문단에 응모하는 조선인의 작품 수가 많아져 당시 일본에서는 이를 '식민지 문학'이라 명명하고 있었다.[6] 이러한 사실은 조선문학 또는 조선어 문학의 위상 변화가 일본어 공용화 정책의 강제뿐만 아니라 조선인 작가들의 자발적 선택에 의해서도 일어나고 있었음을 보여 준다. 1930년대 말엽에 이르기까지 조선문단 내의 일본어 창작이 조선어 창작에 비해 양적으로 우위를 점하고 있는 것은 아니었다. 그러나 조선문학의 정의를 묻는 설문에서 장혁주의 일본어 작품을 조선문학의 범위에서 배제하면서도, "장혁주 씨는 동경문단뿐 아니라 조선문단에서도 현금(現今) 노력중이니 말하자면 이중문단의 작가"[7]라고 말하는 박영희의 '이중문단'이라는 개념은 당대 문학가들이 맞닥뜨리고 있었던 창작 환경의 변화와 이에 처한 문학가들의 고심을 상징적으로 보여 준다.

1930년대 중후반, 조선문학에 대한 매체의 각종 설문과 특집, 기획 기사와 문인들의 글에서 볼 수 있는 것은, 당시의 조선문단이 단지 범

---

6 장혁주의 『개조』 등단을 둘러싼 정황 및 식민지 문학과 관련된 당대의 논의에 대해서는 나카네 다카유키, 「1930년대에 있어서 일본문학계의 동요와 식민지문학의 장르적 생성」, 『일본문화연구』 4, 동아시아일본학회, 2001.4.

7 박영희, 「「조선문학」의 정의 이러케 규정하려 한다! — 조선 사람 읽을 것만이」, 『삼천리』, 1936.8, 84면.

칭으로서의 조선문학이 아니라 국민문학으로서의 특수한 '조선문학'에 대한 개념 규정 및 방향성과 문제의식을 당대의 문학가들에게 요구했다는 점이다. 조윤제는 국문학사의 영역을 규정하면서, "국문학의 영역은 제절로 명백한바와 같이 적어도 고대문학에 있어서는 조선의 한문학까지를 국문학에 한데 포섭하여 나가지 않으면 안 된다는 것이 된다"[8]고 한 바 있다. 그러나 한문문학을 국문학에 포섭하는 이러한 규정이 1930년대에도 '명백'한 것은 아니었다. 조윤제 자신도 "조선말로 된 조선문학은 조선의 고유문학으로서 이것을 순조선문학이라고 한다면 한문학은 그것이 아닌 조선문학이 되어서, 전기 순조선문학과 합해서 여기에 큰 조선문학이 된다는 것이다"[9]라고 규정하며 한문학의 영역을 순조선문학과 구별할 수밖에 없는 곤혹스러움을 보여 준다. 조선어로 쓰이지 않은 한문학의 존재를 조선문학 또는 국문학의 영역으로 삼을 수 있는가의 문제는, 해방 이후까지도 논란의 대상이었다.[10] 자국어 문학 또는 국문학에 대한 이처럼 완고한 인식의 근원을 찾아가다 보면, 1930년대의 조선문학 담론과 조선문단의 분위기로 이어져 있는 것을 알 수 있다.

한문문학과 조선문학의 관계를 둘러싼 당대의 논의를 포함하여, 1930년대의 조선문학 담론이 문학가들에게 가장 첨예한 문제의식을 제기했던 지점은 '조선어'와 관련된 부분이었다. 조선문학의 국민문학적 특수성을 가장 명백한 방식으로 드러내는 요소가 조선어라는 언어

---

8 조윤제, 『국문학사』, 동국문화사, 1949, 7면; 도남학회 편, 『도남 조윤제 전집 2-국문학사』, 태학사, 1989, 7면.

9 위의 책, 6면.

10 한국문학의 개념 규정과 한문학의 처리 문제에 대해 임형택은 여러 편의 글에서 논하였는데, 대표적으로는 다음의 논의를 참고할 수 있다, 임형택, 「한국문학의 인식체계-그 개념 정립과 한문학의 처리 문제」, 『한국문학사의 논리와 체계』, 창작과비평사, 2002, 459~480면. 심경호의 다음 논문도 참고할 수 있다. 심경호, 「『조선문학사』의 한문학 부분 서술에 관하여」, 『민족문학사연구』 19, 민족문학사학회, 2001, 99~100면.

적 측면이었기 때문이다. 그러나 이와 동시에 한편에서는 일본어로도 창작이 가능할 뿐 아니라 점차 일본어 창작을 확대해 나가야 한다는 주장이 제기되고 있었다. 1930년대 후반에는 조선문학은 제국의 지방적 문학으로서 존립의 근거를 얻을 수 있으며 이때 조선어 역시 지방어로서의 기능을 담당해야 한다는 주장이 대두되기도 하였다. 이 역설적이면서도 복잡한 상황은 당시의 문학인들이 조선어와 조선문학의 관계를 민족주의적 입장에서만 관련지어 생각한 것은 아니었으며 또한 그럴 수도 없었음을 말해 준다.

1940년 『조선일보』, 『동아일보』가 일제에 의해 폐간 당하고, 1941년 『문장』, 『인문평론』 등의 폐간 그리고 『국민문학』의 창간과 1942년 조선어학회 검거에 이르는 일련의 사건들은 조선어 문학을 불능 상태에 이르게 했다. 문학에 있어서만은 조선어를 사용하는 것이 가능했던 1942년까지는 조선의 근대문학이 독자적 국민국가의 문학으로 존립할 수 있었다고 한 논자는 지적한 바 있다.[11] 그러나 정지용, 유진오, 임화, 이태준, 김문집, 장혁주 등이 일본의 문학가들과 함께 한 1938년의 경성일보 좌담회에서 볼 수 있는 것처럼, '국어'와 조선어 사이에서 '국어' 즉 일본어를 선택해 창작하는 편이 광범위하게 읽히는 데 좋지 않겠냐는 일본 문학가들의 질문은 점차 현실화되고 있었다. 이때 조선의 작가들은 어째서 조선어를 선택해 창작해야 하는가의 당위성에 대해 역설하지 않으면 안 되는 상황에 처해 있었다.[12] 예술성의 측면에서든, 실감의 측면에서든, 또는 지방어로서 갖는 개성의 측면에서든, 식

11 김윤식, 『일제 말기 한국 작가의 일본어 글쓰기론』, 서울대 출판부, 2003, 157면; 김윤식, 「한국 근대문학사의 시선에서 본 이중어 글쓰기 공간에서의 글쓰기 유형론」, 『작가세계』 63, 세계사, 2004.11, 358~362면.

12 1938년과 1939년 경성일보 좌담회와 이에 대한 논쟁에 관하여 다음의 연구들을 참조하였다. 배개화, 앞의 글, 337~351면; 김윤식, 앞의 책, 297~316면; 윤대석, 『식민지 국민문학론』, 역락, 2006, 17~21면.

민지 조선의 문학가들은 제국의 언어이자 공용어로서 일본어가 가지는 현실적 우위의 논리에 대항할 수 있는 조선어 창작의 논리를 마련해야 했다. 그리고 그것은 민족주의를 괄호친 상태로서만 가능했다. 1930년대 후반으로 올수록 민족주의적 입장에서의 조선어 사용의 논리는 표면적으로는 발화되지 못하거나 다른 형식 논리를 갖추고 발표되어야 했다.

이 연구는 1930년대의 역동적인 사회・정치적 변화와 문단의 재편 속에서 파시즘적 '국민문학'에 복속되기 직전, 국민문학으로 수립되기 위한 조선문학의 독자적인 형식을 모색하는 과정과 한국 근대시의 형성 과정이 긴밀하게 얽혀 있음에 주목하고자 한다.[13]

특히 이 책에서는 조선문학 담론과의 영향관계 속에 조선어의 근대적 형식과 문체를 구현해 나가는 과정을 정지용(鄭芝溶), 임화(林和), 이상(李箱)과 같은 작가들의 창작 방향을 분석함으로써 살피려 한다. 이 시인들의 텍스트를 대상으로 삼은 것은, 1930년대 중후반 조선문학 담론이 제기하였던 주요한 초점과 그것이 실제 창작과정에 접합되거나 굴절되는 예를 이들의 작품이 잘 보여주고 있기 때문이다. 조선문학 담론이 제기하였던 조선문학의 보편성과 특수성, 복고주의와 현실주의, 전통과 역사성 등의 문제와 관련하여 이들이 보여 주는 조선어의 시형식은 당시의 조선문단에서 이루어졌던 담론과 실제 창작활동이

13 이런 측면에서 이 논문이 대상으로 하고 있는 국민문학에 대한 논의는 1920년대의 국민문학론이나 1940년대의 국민문학론과는 구분된다. 물론 1930년대 중후반 조선문학 담론의 주요한 초점이 되었던 조선 국민문학에 대한 논의는 1920년대의 국민문학론과도 연계되는 지점을 지니고 있다. 또한 1940년대 잡지 『국민문학』을 중심으로 이루어졌던 다분히 파시즘적인 국민문학론에 포섭되어 갈 수 있는 논리적 측면을 지니기도 한다. 이 논문에서는 1930년대 중후반이라는 시기적 특이성에 주목하여 그 변별성을 찾고자 한다. 1920년대 국민문학론에 관해서는 구인모의 앞의 책 『한국 근대시의 이상과 허상－1920년대 '국민문학'의 논리』가 상세히 논하고 있으며, 1940년대의 국민문학론에 관해서는 윤대석의 앞의 책, 『식민지 국민문학론』을 참고할 수 있다.

만나고 갈라지는 예를 잘 보여 준다. 이들 사이의 거리와 차이가 형성해낸 조선어 시형식의 성과와 의미를 평가함으로써, 한국현대시사의 중요한 줄기를 형성하는 시적 흐름이 어떤 방식으로 당시 조선문단 내부에서 길항하고 갈라져 나왔는지를 규명하게 될 것이다.

2. 조선어 시의 몇 가지 방향

1930년대의 시문학(詩文學)은 그 이전에 산출된 작품들에 비해 비약적으로 풍부해진 근대적 형식과 문체를 보여주고 있다. 이 시기의 한국시가 이루었던 성취는, 당시 벌어지고 있었던 조선어와 조선문학에 대한 담론과의 영향 관계 속에서 조선시의 형식과 내용을 고안해 나갔던 조선문단의 정황과 깊은 관련을 맺고 있다. 조선의 문학인들이 자기 주체성을 구성해 가는 과정은 식민지 시기의 검열 체제와 당시 '국어'였던 일본어 공용화와 분리되어 생각할 수 없다. 이른바 근대시가 확립되었다고 일컬어지는 1930년대의 시인들 또한 이와 같은 움직이는 조선어의 환경 속에서 조선어 시의 진로를 모색하고 실험하는 중이었다.[14]

그런데 이 시기를 포함한 한국 근대시 연구에서, 조선어의 지위가 일본 제국주의와 식민 정책의 압박 속에 심각한 변동을 겪고 있었으며

14 정한숙은 『현대한국문학사』에서 1930년대를 '현대시의 확립'이 이루어진 시기로 평가한다. 이 책에서 1930년대는 서구문학의 수용과 함께 1920년대의 미숙한 감상시나 공허한 이념의 프로문학을 벗어나 전문적이고 토착적인 성격의 작가군이 대거 등장한 시기로 평가된다. 이들은 통칭하면 시문학파, 주지파, 생명파, 청록파 등으로 일컬어진다. 정한숙의 이와 같은 문학사적 시각은 1930년대 시문학사를 평가하는 일반적이고 오래된 입장 중의 하나이다. 정한숙, 『현대한국문학사』, 고려대 출판부, 1982, 189면.

조선문학의 위상 또한 이에 따라 변화하고 있었다는 사실은 종종 무시되어 왔다. 한국근대문학사 서술에서 조선어의 위상 변화에 관한 논의는 식민지 말기의 친일시 논의에 한정되는 경향이 많았다. 또한 당시의 정치적 공세에 따른 문단의 재편을 고려하지 않고, 1930년대의 시적 성숙이 계급문학에 대한 반발에서 비롯된 이른바 '순수시'가 부상하면서 가능해졌다고 평가하는 경우도 있었다.[15]

근대시의 성숙기라 평가되는 1930년대와 문학사에서 오랫동안 '암흑기'라 불려 왔던 1940년대의 문학적 환경은 같지 않다.[16] 1941년 이후 조선어 잡지 및 매체들의 전면적인 폐간과 함께 조선어 창작이 거의 불가능해졌기 때문이다. 한편으로는 근대 초기 이후 지속되어 왔던 이중언어(二重言語) 공간 안에서의 조선어의 입지 약화와 일본어 창작의 확산, 제국주의 논리의 문학적 내면화와 같은 연속성 또한 존재한다.

일본 제국주의의 전개 과정에서 발생한 '국민문학'의 창작 논리를 받아들이며 내선일체(內鮮一體)와 전쟁을 찬양하는 일본어 시를 쓰는 시

15 가령, 1930년대 시사 연구에서, "그러나 그들(시문학파의 시인들—인용자)이 지향하는 바는 순수시의 개척이라는 거의 동일한 목표에서 합치되고 있다. 이러한 까닭에 그들은 순수시의 집단으로 묶여질 수 있으며 또한 이제껏 그렇게 평가되어 왔다. (…중략…) 첫째는 순수 서정시에 대한 뚜렷한 의식을 가지고 있었던 점이고, 둘째는 시어에 대한 자각을 구체화했다는 점이다."와 같은 서술은 동인 또는 유파적 분류가 '순수시'적 측면과 결합되고 이어 그것을 '시어' 즉 언어에 대한 인식과 연결시키는 문학사적 입장을 보여 준다. 한계전, 「1930년대의 시와 그 인식」, 김용직 외, 『한국현대시사연구』, 일지사, 1983, 13면. 이와 같은 문학사적 분류와 평가에 대해, 다음과 같이 지적한 연구도 있다. "미당에 의해 일반화된 이 '순수시'라는 용어는 '순수'의 본질을 염두에 둔 비평적 용어가 아니라 다분히 시의적인 대타 의식에 대한 명명에 지나지 않는다는 것을 알 수 있다. 소위 '반사회주의적 시=순수시' 정도의 시대적 분위기 이외에 '순수시'라 부를 수 있는 내적 논리를 지적한 것이 아니라는 말이다." 한계전・홍정선・윤여탁・신범순 외, 『한국 현대시론사 연구』, 문학과지성사, 1998, 148면.

16 이경수는 일제 말의 시기를 문학사에서 최초로 '암흑기'라 규정한 것이 백철의 『조선신문학사조사』였음을 지적하면서 이후 이러한 규정이 문학사에서 꽤 오랫동안 통용되었음을 언급하였다. 1930년대 후반기의 시연구사에 대해 다음의 간명한 서술을 참고할 수 있다. 이경수, 『한국 현대시와 반복의 미학』, 월인, 2005, 9~25면.

기에 이르기까지, 1930년대의 시인들은 조선어와 조선문학의 독자성에 대한 질문에 심각하게 부딪혀야만 했다. 본격화되는 일본어 창작의 요구와 잡지 『국민문학』의 창간을 전후로 하여 강화되는 파시즘적 국민문학론에 편입되어 가기 이전, 조선의 문학인들은 조선 국민문학의 건설과 그에 적합한 형식과 내용에 대한 논의를 펼치고 있었다. 조선어와 조선문학의 위상 변화와 '내지 / 조선' 문학의 구도는 자국문학의 정체성에 대한 인식을 강화시키는 한편 조선의 국민문학 수립에 대한 열망을 불러일으켰기 때문이다. 자국문학 또는 국민문학 수립을 화두로 내세우곤 했던 세계문단의 동향도 이 시기 조선 국민문학 수립을 논의하는 데 계기가 되었다.

1935년을 전후로 하여 『조선일보』, 『동아일보』, 『조선중앙일보』 및 『삼천리』, 『신동아』, 『조선문학』 등의 매체를 중심으로 제기되었던 '조선어와 조선문학'에 관한 논의들에서, 당시의 문학인들은 이전보다 훨씬 심각하게 조선문학의 존립과 조선어 창작 활동에 위기감을 느끼고 있었다. 그들은 이 위기를 타개하기 위해 조선문학의 범주와 개념, 역사성과 방향 등을 검토하고 조선어와 조선문학의 관계를 논하는 한편 국민문학으로서의 조선문학의 위치를 규명하려 노력하고 있었다.

한국 근대 시사(詩史)에서 조선어 시가 이루어 냈던 성취는 이와 같은 당시의 시대 정황과 분리되어 생각할 수 없으며, 1935년을 전후로 하여 논쟁적으로 벌어졌던 '조선문학' 담론이 제기한 여러 가지 방향성과 문제 설정의 지점을 함께 고려해야만 한다.

1930년대의 이중언어 상황 및 사회문화적 환경 변화와 관련된 연구 논문들이 최근 들어 소설 분야를 중심으로 제출되고 있다.[17] 시 분야에

17 주로 일제말기의 일본어 작품인 김사량이나 장혁주의 창작 활동을 중심으로 논의가 진행되고 있으나, 그 밖의 작가들을 다루고 있는 연구들도 있다. 대표적인 논저로 다음을 참고할 수 있다. 정백수, 『한국근대의 식민지 체험과 이중언어 문학』, 아세아문화

서는 친일시의 범주에서 일본어 시를 다루거나 일본 프롤레타리아 시와의 연관 하에서 조선 시인들의 일본어 시 창작을 연구한 논의들이 산발적으로 제기되기는 하였으나, 식민지의 이중언어 상황이나 조선적 근대문학의 수립과 관련하여 조선어 시의 창작 활동에 주목한 견해를 찾기 어렵다.

1930년대의 문화적·문학적 변화와 전환의 양상에 관해서는 전통론, 고전론, 동양문화론과 관련하여 논한 연구 성과가 많다. 1935년을 전후로 한 조선문단의 고전연구열 및 『문장』파의 고전론, 서인식 등의 전통론과 일제말기의 동양문화사론에 이르기까지 김윤식이 폭넓게 논의한 바 있다.[18] 이후 1930년대 후반기의 고전부흥론, 전통주의, 동양론이 가진 반근대적인 특성이나 문학사적 의의 또는 탈식민적 의미를 논하는 연구들이 제출되어 왔다.[19] 최근 들어 1930년대 중후반 조선학 운동과 함께 '조선적인 것'에 대한 당대 조선문단의 관심과 논의에 주목한 연구들도 등장하고 있다.[20]

사, 2000; 윤대석, 「1940년을 전후한 조선의 언어 상황과 문학자」, 『한국근대문학연구』 4권 1호, 한국근대문학회, 2003.4; 이철호, 「동양, 제국, 식민주체의 신생」, 『한국문학연구』 26, 동국대 한국문학연구소, 2003.12; 김철, 「두 개의 거울 : 민족 담론의 자화상 그리기」, 『상허학보』 17, 상허학회, 2006.6; 최광석, 「식민지 문인의 일본어 글쓰기의 의미와 정당성」, 『일어교육』 38, 한국일본어교육학회, 2006; 황호덕, 「국어와 조선어 사이, 내선어의 존재론」, 『대동문화연구』 58, 성균관대 대동문화연구원, 2007.

18 김윤식, 『한국근대문예비평사연구』(일지사, 1976)의 5장 「고전론과 동양문화론」, 7장 「신체제론」 참조.

19 1930년대 후반 조선문단의 변화 양상을 고전부흥론과 전통주의, 동양론과 관련하여 다룬 연구로 다음을 참조할 수 있다. 황종연, 「1930년대 고전부흥운동의 문학사적 의의」, 『한국문학연구』 11, 동국대 한국문학연구소, 1988.12; 황종연, 「한국문학의 근대와 반근대」, 동국대 박사논문, 1991; 차승기, 「1930년대 후반 전통론 연구」, 연세대 박사논문, 2002; 배개화, 「1930년대 후반 전통담론의 탈식민성 연구」, 서울대 박사논문, 2004; 차원현, 「1930년대 중·후반기 전통론에 나타난 민족 이념에 관한 연구」, 『민족문학사연구』 24, 민족문학사학회, 2004; 정종현, 「식민지 후반기(1937-1945) 한국문학에 나타난 동양론 연구」, 동국대 박사논문, 2005.

20 민족문학사학회는 2006년, "일제하 '조선적인 것'의 기원과 형성"이라는 제목 아래 관

1930년대의 이중언어 상황과 조선문학의 위상 변화가, 당시의 문학가들에게 매우 중요하고 근본적인 문제였음에 주목하여 조선어와 조선문학의 관계를 다룬 연구들도 2000년대 들어서 증가하고 있다.[21]

이 연구에서는 1930년대 중후반 전개되는 조선문학 담론과 그 영향 아래 있었던 조선어 창작 활동 중에서 특히 근대시의 형식과 조선어 문체를 성립해 나간 정지용, 임화, 이상의 작품들에 주목하고자 한다.

정지용의 창작 초기의 중요한 몇 년간은 일본 유학 생활과 겹쳐진

련 특집을 기획하였다. 여기에 실린 논문들은 다음과 같다. 김병구, 「고전부흥의 기획과 '조선적인 것'의 형성」, 『민족문학사연구』 31, 민족문학사학회, 2006; 구재진, 「1930년대 사회주의비평과 '조선' 인식」, 위의 책; 박진숙, 「식민지 근대의 심상지리와 『문장』파 기행문학의 조선표상」, 위의 책; 조현일, 「『문장』파 이후의 문학에 나타난 '조선적인 것'」, 위의 책; 이양숙, 「야나기 무네요시(柳宗悅)의 '조선예술론'에 대한 고찰」, 위의 책. 이밖에 1930년대 조선학 운동 및 조선학의 근대적・학적 체계화 과정과 관련하여 다음의 논문을 참조할 수 있다. 차혜영, 「'조선학'과 식민지 근대의 '지(知)'의 제도」, 『국어국문학』 140, 국어국문학회, 2005.9; 채관식, 「1930년대 '조선학'의 심화와 전통의 재발견」, 연세대 석사논문, 2006.

21 이 책의 문제의식과 닿아 있거나 참고가 된 연구들은 다음과 같다. 식민지 공간에서 국어로서의 지위를 상실하고 지역어로 재편되면서, 조선어가 단일한 민족어로서의 성격을 강화하게 되었음을 논한 연구로는 박광현, 「언어적 민족주의 형성에 관한 재고」, 『한국문학연구』 23, 동국대 한국문학연구소, 2000.12. 1930년대 중반부터 후반에 걸쳐서 문학자들 사이에 이루어졌던 '조선문학'의 개념규정에 대해 이광수와 임화의 견해를 중심으로 살펴본 연구로 다음의 논문이 있다. 와타나베 나오키, 「'조선문학'이란 무엇인가」, 『한중인문학연구』 9, 한중인문학회, 2002.12. 허윤회는 당시의 다양하게 펼쳐진 조선문학에 대한 논의 속에서 이병기가 해나갔던 시조문학의 작업이 조선문학의 건설이라는 당대의 과제와 긴밀한 관련을 맺고 있음을 논하였다. 허윤회, 「조선어 인식과 문학어의 상상」, 『민족문학사연구』 26, 민족문학사학회, 2004. 1930년대 말 조선 문인의 조선어에 대한 관점을 식민지적 주체성을 부정하는 하나의 관점과, 제국의 지방문화로서 조선어를 인식했다고 보는 다른 하나의 관점으로 파악한 연구로는 배개화, 「1930년대 말 '조선' 문인의 '조선어'를 바라보는 두 가지 관점」, 『우리말글』 33, 우리말글학회, 2005.4. 1930년대 국문체의 정착 방식과 문학어의 분화 방식을 살피면서 조선문단과 조선어 작가의 위치를 조감한 문혜윤의 연구는 이 논문에 많은 참조가 되었다. 문혜윤, 『문학어의 근대 – 조선어로 글을 쓴다는 것』, 소명출판, 2008. 1930년대 '조선적인 것'의 대표적인 표상으로서의 '향토' 창출의 메커니즘과 관련하여 다음의 연구를 참고할 수 있다. 오태영, 「'향토'의 창안과 조선문학의 탈지방성」, 『한국근대문학연구』 14, 한국근대문학회, 2006.10.

다. 그가 문단 활동을 처음 시작한 것은 일본 잡지에 일본어 작품을 발표하면서부터이다. 그는 일본 문단으로부터 영향과 인정을 받기 시작하면서 조선문단에 알려졌고, 일본어로 처음 발표한 시를 다시 조선어로 창작하거나 반대로 조선어로 발표한 시를 일본어로 창작한 경우도 있었다. 정지용의 초기 시들은 그가 겪었던 이방(異邦), 즉 일본의 근대 풍물에 대한 박물지적 어휘들을 보여 주기도 한다. 『정지용 시집』(1935)은 당대의 모더니티를 어떤 작품보다 뛰어나게 실현한 시들로 큰 반향을 얻었다. 시집 『백록담』(1941)을 출간할 시기에는, 동양적인 정취의 산수시적인 세계와 전통 시가의 전통을 접합시킨 작품들의 창작과 『문장』의 활동을 통해 문단에서 많은 추종자를 낳았다.

임화 또한 창작 초기에는 일본 사회주의 문학과의 영향 관계 속에 일본어로 된 시를 발표하기도 하였다. 그는 일본 프롤레타리아와의 계급적 연대감을 표시하며 국제적 사회주의의 이상(理想)을 시를 통해 표현하고자 하였다. 1930년대 중후반 조선어의 위기가 구체화되면서, 임화는 조선어와 조선문학의 독자적 존립의 필요성을 가장 강력하고 지속적으로 주장하게 된다. 그가 조선문학의 개념과 범주에 관심을 기울이고, 조선문학의 역사적 고찰을 통한 조선문학사의 체계화 작업을 시작하게 되는 것은 당시 논쟁적으로 벌어졌던 조선문학 담론 안에서였다. 해방 후 민족문학론의 단초가 되는 민족문학과 민족어에 대한 논의도 이 시기로부터 비롯된다. 시집 『현해탄』(1938)은 사회주의 문학운동의 좌절과 전환기에 처한 지식인의 운명과 함께, 당시 민족문학을 모색해 나가고 있었던 임화의 언어 의식을 담고 있다.

이상은 건축 관련 일본어 잡지에 일본어로 된 글을 발표하며 창작을 시작했다. 그의 유고(遺稿)에서 발견된 수많은 일본어 습작에도 불구하고, 이 건축 잡지 외에 현재까지 알려진 바로 그는 일본어로 된 시나 소설을 발표하지 않았다. 1934년 중앙일보에 연재되었던 「烏瞰圖」 연작은 독자의 항의에 의해 중단될 만큼 실험적인 형태였다. 그의 시들은 그가 실험한 여러 가지 시 형태의 복잡성에 일본어 작품의 번역이 더해지면서 그 난해성과 해독불가능성이 강화되었다. 그것은 이상이 동경에서 일본 경찰에 검거되어 생을 마침으로써, 그의 의도와는 무관하게 일본어 유고들이 텍스트가 되었기 때문이기도 하다. 그의 창작활동은 매우 짧았고, 따라서 그의 언어적 실험도 일종의 미완결적 성격을 강하게 지니고 있었다. 그러나 이상의 미완결된 실험 속에서 탄생한 다종다양한 조선어의 형식은 한국 현대시사에서 지속적인 생명력을 띠고서 영향을 미치고 있다.

이 세 명의 작가들이 걸어간 창작의 도정은 동시대의 조선 문학인들이 처해 있던 언어적 상황을 반영한다. 이들이 모색하고 구현했던 조선어의 형식과 문체의 실험은 1930년대 조선어 시의 가능성과 좌절을 상징적으로 보여 준다. 초기에 일본어로 작품을 발표하기도 하다가 그들은 이후 여러 가지 시 형태를 실험하며 자신만의 조선어 시형식과 창작 방향을 정향해 나간다. 1930년대 중후반의 식민지적 상황과 이중언어 환경이라는 동시대적 관계망 속에서, 그들은 조선의 근대문학을 상상하고 독자적인 조선어 시형식을 성립하기 위해 노력했다. 그러므로 그들이 이루어낸 문학적 성과는, 모더니즘이나 리얼리즘을 현실화시켰다는 측면에서보다 당시 조선문단의 치열한 담론의 장과 유동하는 창작의 조건들 사이에서 산출된 것으로 바라볼 필요가 있다.

이 세 작가가 창작 방향을 선택하고 정향해 가는 도정은 당시 조선어 시의 향방 그리고 조선 근대문학의 내용과 형식이 마련되는 과정과 깊은 관련을 맺고 있다. 그들이 시적 모색을 해나가는 과정과 창작 방법을 살핌으로써 당시 조선문학과 조선어를 둘러싼 문학자들의 시각과 방향성의 차이를 규명할 수 있다. 이들이 영향과 긴장 관계를 이루며 그려내었던 조선어 시의 지형은 해방 이후의 한국 현대시의 전개

과정과도 밀접하게 연관된다.

1부의 2장에서는 조선문학 담론의 배경과 쟁점이 되었던 시대 상황과 조선문단의 정황을 조감하려고 한다. 카프의 해산과 출판・교육 환경의 변화 등을 통해 현실화되었던 조선문학의 위기 상황에 대한 문학가들의 인식과 대응을 살필 것이다. 당시에는 조선어와 조선문학의 위기에 대한 인식과 더불어, 조선문학의 개념 문제가 등장하고 있었다. 각 매체들의 특집 및 문학가들의 개별적 글을 분석하여 당시 조선문단에서 문제가 되었던 조선문학의 개념과 정의를 둘러싼 논의가 가진 의미를 규명할 것이다. 이 과정에서 조선문학의 특질과 독자성에 대한 문학인들의 인식이 심화되는데, 저널리즘을 중심으로 펼쳐지는 조선문학 건설론의 의미와 조선의 국민문학에 대해 문학가들이 인식하게 되어 가는 과정을 살펴보려 한다.

1부의 3장에서는 조선문학을 혁신하고 조선어 시의 새로운 방향을 찾으려 했던 문학가들의 모색 과정을 다룰 것이다. 1930년대 중후반 조선문단의 중심적인 담론으로 부상하고 있었던 고전부흥론 및 조선문학 건설론에 대한 논의와, 이 논의 과정 속에서 문학가들의 입장이 어떤 방식으로 갈라져 나오는지를 살필 것이다. 당시 국민문학으로서의 조선문학을 상상하는 방식은 몇 가지로 구별될 수 있었다. 이러한 담론과의 영향 관계 아래 창작의 방향을 설정해 가는 시인들의 조선어에 대한 인식과 문학적 전통에 대한 태도를 밝힐 것이다. 특히 정지용, 임화, 이상이 영향을 주고받았던 문학가들과 그들이 제출한 담론의 내용을 분석할 것이다. 이를 통해 이 작가들이 정초해 나가는 창작 방향에 영향을 미친 동인(動因)과 그것이 가진 문학사적 의미를 밝힐 것이다.

1부의 4장에서는 정지용, 임화, 이상이 모색하고 실험했던 조선어의 형식과 문체를 구체적으로 분석할 것이다. 조선어와 조선의 근대적 시

형식에 대한 이들의 인식은, 2장과 3장에서 살펴볼 조선문학 담론 안에서 형성되고 재편되었던 문학가들의 자리와 깊은 연관을 맺고 있다. 이들이 보여 주었던 창작의 실천이 늘 담론과 병행한 것은 아니었으며 때로는 담론에서 도달하지 못했던 지점을 선취하기도 했다. 이 세 시인이 실현해 내었던 조선어의 형식은, 실험성과 미완결적인 성격을 갖기도 한다. 그러므로 그들의 실험이 보여 주었던 성과와 한계는, 당시 문학가들이 고민하고 모색하였던 조선 근대문학의 형태가 도달한 지점을 가장 구체적으로 보여 준다. 이 구체적 과정 속에서 정지용, 임화, 이상이 구성해 낸 조선어 시의 리듬과 화법과 문체를 분석하는 작업은 이후 펼쳐지는 한국현대시사의 지형과 계보를 구성하는 작업과도 닿아 있다.

제2장
조선문학 담론의 배경과 쟁점

1. 조선문학의 위상과 창작 환경의 변동

1) 조선문학 위기론과 전환기의 조선문단

1930년대는 문예지와 출판물이 급증하고, 각 신문의 학예면들에 문학 담론과 작품이 왕성히 발표된 시기다. 근대 문학 형성기 이래 가장 활발한 담론과 창작활동의 무대가 조선의 문학인들에게 펼쳐진 것이다. 그러나 동시에 3·1 운동 이후 이른바 문화정치 아래 언론·출판·집회의 자유를 표면적으로나마 보장한다고 했던 일본 제국주의가 점차 그 파시즘적인 성향을 드러내던 시기이기도 했다. 일본의 파시즘 체제가 본격화하는 기점은 1937년의 중일전쟁 발발 이후이나, 실상 식민 체제 하의 조선문단은 이미 오래 전부터 검열과 사상 통제에서 자유롭지 못했다.[1] 다른 민족운동이나 사회운동에 비해 문학 작품의 창작이나 문단 활동은 상대적으로 자율성을 가질 수 있는 측면도 분명히 존재했지만, 1930년대 이전부터 일본 당국의 검열과 통제는 문인들은 물론, 일반 학생의 투고에 이르기까지 매우 광범위하게 펼쳐져 있었다.[2] 조선의 문학인들은 검열을 피할 수 있을 만한 작품을 구상하고 발표하면서, 한편으로는 점차 검열과 통제의 논리를 스스로 내면화해 나가기도 했다. 그 내면화란 일본 제국주의의 논리와 타협하고 갈등하고 저항하는 여러 가지 길을 포함하며, 문학인들은 어쩔 수 없이 이 문제들에 부딪치면서 자신의 논리와 문학적 정체성을 마련해 갔다.

일본 식민주의의 통제가 강화되어 가고는 있었다고 해도, 모든 문학인들이 자신의 글을 창작하거나 발표하며 제국주의의 통제와 검열이 가하는 한계를 심각하게 느끼지는 않았을 수 있다. 그런데 이 식민주의의 통제를 문단 전체에 표면화함으로써, 조선의 문학인 누구도 거기에서 자유로울 수 없음을 기정사실화한 사건은 1934년 카프의 2차 검거와 그에 따른 1935년의 카프 해산이었다. 조선문단 최대의 문학 단체이자 근대 문학 이래 가장 오래 조직을 유지해 왔던 카프의 해산은 당국의 검거와 압력 이외에도 백철, 박영희, 신유인 등을 비롯한 문학

---

1 1932년 이후 일본 내에서 군부 주도의 내각은 치안유지법을 동원, 좌익 운동 탄압에 나섰고 1933년 한 해 동안 1만 4천여 명이 체포되고 일본공산당 지도자들도 체포되었다. 1934년에는 교토제국대학의 타키가와 유키도키(瀧川幸辰)의 자유주의 형법학설과 관련된 저서에 발매금지 처분이 내려지는 등, 자유주의자들에 대한 공격도 시작되었다. 조선 또한 마르크스주의와 자유주의에 대한 일본의 탄압과 통제의 움직임에 커다란 영향을 받게 된다. 일본의 파시즘 체제에 대한 논의는 다음을 참고했다. 박찬승, 『민족주의의 시대－일제하의 한국 민족주의』, 경인문화사, 2007, 334～338면.

2 당시 이상과 함께 경성 고공을 다녔던 김희영의 1929년 3월 10일의 일기 중 일부를 보자. "내가 신생(新生)에 투고하엿든 논문은 전부 삭제이다. 내가 무삼 저촉되는 말을 썻나? 하고 생각하야 보아도 도모지 과격한 것은 없다. 오즉 우리의 현 입장과 환경이 그러케 한 것 뿐이다. 생각할 때에 치(齒)가 떨니어 죽을 지경이다.", 김정동, 「고공 건축과 학생 시대의 김해경」, 『이상 리뷰』 창간호, 역락, 2001, 82면. 이와 같은 글에서, 학생의 투고 논문이 통째로 삭제되는 등 검열의 통제가 일상적이었던 것임을 확인할 수 있다.

자들의 전향과 내부 갈등 등 여러 요인이 작용하고 있었다. 그럼에도 1935년의 카프 해산은 일본 식민 체제가 본격적인 파시즘 체제로 전화해 나가는 것을 조선문단 전체에 알리면서, 그 체제 아래 조선의 문학인들 역시 편입될 수밖에 없음을 명백히 한 것이었다. 1934년에서 1935년을 전후하여 발표되는 문학인들의 글에 전환기, 전형기라는 용어들이 빈번히 사용되며 조선문단의 위기상황이라는 의식이 팽배해 있던 것은 이런 사정과 긴밀하게 연관되어 있다.[3]

이 시기 많은 문학인들에게 '조선문학의 위기'라는 말은 언제나 문단에 떠돌고 있었던 소문이나 수사의 범주라기보다 구체적인 사회정치적 상황과 맞물려 현실화된 담론이었다. 1934년의 카프 2차 검거 사건을 전후하여 "극히 불리한 내외정세에 억매인 조선문단"[4]과 같은 구절은 신문지상이나 잡지에서 흔히 찾아볼 수 있다. 한 논자는 조선문단의 혼란을 형성한 제요소 중 "제일 중대한 원인은 조선의 현실객관적 정세"라고 말하면서 문단의 부진 원인 중 하나로 "내재적 주관의 표현 부자유"를 들고 있다.[5] 그 밖의 다른 요건들 또한 원인으로 언급되고 있기는 하지만, 이 시기의 특수성은 문학인들 대부분이 조선문단을 둘러싼 현실적 정세, 즉 일본 당국의 검열과 탄압으로 인한 표현의 부자

3 이 당시 문학인들이 가졌던 위기의식과 전환기 또는 전형기 의식에 관해 다음의 글들에서 지적된 바 있다. 김윤식, 『한국근대문예비평사연구』, 일지사, 1976, 202~213면; 황종연, 「한국문학의 근대와 반근대」, 동국대 박사논문, 1991, 17~19면; 차승기, 「1930년대 후반 전통론 연구」, 연세대 박사논문, 2002, 14~25면.

4 박상의, 「「조선문학」의 재기를 바람」, 『조선일보』, 1934.10.19.

5 남응손, 「조선문학의 위기에 대하야」, 『조선일보』, 1935.12.2. 조선출판경찰월보 제17호에는 불허가 압수 및 삭제 출판물 기사 요지에 남응손 발행, 『안변시인집(安邊詩人集)』이 올라 있는데 사건의 요지는 '금어(金魚)—나라를 빼앗긴 조선민족을 어항에 갇힌 물고기에 빗대어 풍자한 시'로 되어 있다. 이 글의 필자 역시 일본 당국의 출판물 압수 및 검열의 대상이 되었던 것이다. 조선출판경찰월보 제17호, 「출판경찰개황(出版警察概況)—불허가 압수 및 삭제 출판물 목록(1월분)」, 1930.1.27; 국사편찬위원회 한국사데이터베이스 국내외항일운동문서.

유가 심화되어 가고 있음을 절실히 느끼고 있었다는 점이다.

> 지난 五月 朝鮮에 잇서서 十年의 歷史를 가진 『갑프』가 當局의 勸告와 客觀的 情勢의 不利로 解體되엿다. 이 『갑프』의 解體를 契機로 文壇人은 여러 갈래로 그 解體를 解釋하고 그 解體를 解剖하엿슬 것이다. 그러나 나는 이 『갑프』의 解體는 結局 이 社會情勢가 그마치 急迫한 形態에 잇다는 것을 알리우는 同時 따라 여긔 朝鮮文學의 危機가 온 것임을 알리우는 것이라고 생각하엿다. 其實 朝鮮의 文學은 朝鮮現情勢를 反映하는 것이니만큼 이 客觀的 情勢의 不利는 結局 이 文學에 反響되지 안흘 수 업게 되여 朝鮮文學의 길은 只今 막다른 골목에서 헤매이게 되엿다. 우리는 이 急迫한 社會現象 미테 잇서서 左翼文學의 沒落은 勿論 文學領域의 다른 部門에가지 그 沈滯를 招來하게 되리라고 볼 수 잇스니로 그러면 今後 朝鮮의 文學은 果然 어떠한 形態로 어떤 코-스 그의 途程을 발버갈 것인가?[6]

카프 해산 직후 발표된 함대훈의 이 글은 약간 격앙된 어조를 띠고 있기는 하지만 당시 조선문단의 분위기를 잘 보여 주고 있다. 해외문학파로 불리며 활동하던 함대훈은 카프의 해체가 사회 형세의 급박함을 알리고 있으며 이에 따라 조선문학의 위기가 왔음을 말하고 있다. 조선의 문학이 조선의 현 정세와 분리될 수 없으므로 좌익 문학뿐만 아니라 다른 부문의 문학 또한 그 영향을 받아, 조선문학은 막다른 골목에 헤매게 되었다는 것이다. 이어 함대훈은 다른 문인의 말을 인용하며 카프라는 단체가 해산되었다고 해도 개별 문학가들의 활동을 통해 프로문학은 그 명맥을 이어갈 것이지만, 현실의 정세 하에서 좌익뿐만 아니라 민족문학이나 사실주의 문학이 발달을 멈추고 앞으로 수

6 함대훈, 「현하사회정세와 조선문학의 위기(1)」, 『조선일보』, 1935.6.16.

년간 조선의 문학은 비사회적인 문학이 발달될 수밖에 없음을 예측하고 있다. 극예술연구회에서 활동하며 러시아 문학의 소개와 번역을 활발히 하고 있던 함대훈 역시 1934년에, 희곡 번역을 차압당한 적이 있으며 이후 창작 소설 또한 일본 당국의 불허가(不許可) 창작물의 목록에 오르게 되는데, 이는 당시의 정세가 카프의 문학인들뿐만 아니라 문단 전체를 압박하고 있었음을 말한다.[7]

일본 당국의 검열과 통제 강화는 많은 문학인들이 의식적으로나 무의식적으로 느끼고 있던 것이었지만,[8] 카프 검거와 해산을 통해 전(全)문단적인 사건으로 표면화된다. 따라서 함대훈의 글에서 보이는 것과 같은 위기의식, 즉 사회정세가 다른 어느 때보다 급박해짐으로써 조선문학에 위기 상황이 도래했다는 인식을 확산시키게 된다. 이때 조선문학의 위기론은, 조선문학의 허약함과 근대문학으로서의 미성숙을 한탄하던 그 이전의 담론들과는 차별성을 가진다. 신문학 즉 서구적 의미의 근대문학의 이상을 향한 지향은 아직 완결된 것이 아니었으나, 이제 조선문학의 존립이 불안해질 수도 있다는 예감을 조선의 문학가들은 서서히 가지게 된다. 1935년의 시점에서 조선문학의 소멸까지는 아니더라도, 온전한 내용 표현과 이념적 활동의 제약이 조선문학의 활로를 점차 봉쇄해 나갈 것이라는 예상은 카프의 해체를 통해 현실화되어 나타난 것이다.

---

7 함대훈이 번역한 희곡은 톨스토이의 「조국과 국가에 대해」이며 사건의 요지는 '오스트리아와 러시아의 전쟁이 일어나자 참전 여부에 대해 논쟁함'이라고 적혀 있다. 조선출판경찰월보 제64~75호, 「조선문 출판물 차압 기사요지－『소공(小供)의 생활』 제9권 제7호」, 1934.7.3; 국사편찬위원회 한국사데이터베이스 국내외항일운동문서.

8 이광수는 다음의 글에서 조선이 문학에 냉담한 이유로 첫째, 최근 30년간 즉 일제 강점 이후 민족적 운명의 탓으로 정치적 관심에 몰두하지 않으면 안 되었던 것, 둘째, 경제적 궁핍이 날로 심해지는 점, 셋째, 조선의 검열 제도를 들고 있다. 일본 식민주의에 의해 조선의 문학 환경이 위축되고 있다는 인식은 당시 보편적이었다. 이광수, 「조선의 문학」, 『삼천리』, 1933.3, 18~19면.

당시 문학가들을 휘감고 있던 위기의식과 불안감, 카프 해체 이후 문단의 활로를 모색하고자 하는 움직임은 각종 신문의 특집과 잡지를 통해 발표되는 글들을 통해 확인된다.[9] 위기와 불안 의식의 와중에서 "이러한 침통하고 무거운 의기를 깨트리고" 신생활과 신시대에 빛을 던질 만한 신운동의 필요가 "절박한 사회적 정세"[10] 하에서 제기된다. 이때 "여긔에서 우리는 모름즉이 총기립하야 신문학과 신생활을 동시에 획득할 획기적 대운동을 이르켜야 하겟다는 것을 역설하야 마지 아니한다"[11]와 같은 문인들의 선언은 그야말로 선언성 이외에 별다른 내용이 없는 공소한 외침으로 머물기도 했지만, 그 절박함만은 호소력을 획득하고 있었다. 따라서 문단 위기의 타개책들이 점차 논의되기 시작했고 최재서의 풍자문학론과 같은 경우, 이러한 위기의 타개책으로 제출된 것이었다. 최재서는 '문단위기의 일타개책으로서'라는 부제를 붙인 그의 「풍자문학론」에서 당시의 문단 상황을 "침체에 침체를 거듭하야 오다가 드디여 위기에 다다른 현재의 조선문학을 해부하고 아울러 그 대책을 각 방면으로부터 논구하는 것이 금일의 문단의 중심적 흥미가 되여 잇다고 나는 생각한다"[12]고 진단하였다.

이광수 등의 문학가들은 조선의 프로문학이 단지 당국의 검열제도뿐만이 아니라 그 자신의 정체(停滯)에 의해 조선문단에서 역할을 다한

9 "푸로문학은 그리 큰 문학적 수확(주의적(主義的) 수확은 잇섯는지 몰으나)이 업시 정체 상태에 잇다"고 평가한 이광수조차 "그러나 푸로문학운동이 조선의 문학에 밧친 공헌 그 자극 그 이데오로기－의 영향은 불멸일 것이다. 금후의 문학은 어느 의미에 잇서서는 푸로문학의 이론 여과기(濾過器)를 투(透)하야 조성될 것이다"(이광수, 앞의 글, 17～18면)라고 말하고 있는 것처럼 당시 조선문단에 카프를 중심으로 한 프롤레타리아 문학 운동의 영향력은 상당했으며, 카프의 해체는 여러 측면에서 조선 문학인들에게 커다란 사건이었다.

10 김한용, 「조선 현실에 즉한 신문학 운동의 필요(1)」, 『조선일보』, 1935.6.21.

11 김한용, 「조선 현실에 즉한 신문학 운동의 필요(5)」, 『조선일보』, 1935.6.26.

12 최재서, 「풍자문학론－문단 위기의 일타개책으로서」, 『조선일보』, 1935.7.14.

것이라 주장하였지만,[13] 어쨌든 일본 당국의 검거가 직접적 원인으로 작용했던 카프의 해산은 문학가들의 전향과 계급주의적 문학이념에 대한 비판을 가속화하는 한편 상대적으로 프로문학가들의 정치적 의식을 더욱 강화시키는 결과를 낳았다. 따라서 진영은 해체되었으나, 조선문단에 미치고 있었던 프로문학의 영향이나 프로문학가들을 중심으로 한 담론 제출이 일시에 사라진 것은 아니었다.[14] 1935년의 카프 해산 직후, 임화는 조선문학의 위기 상황에 대해 가장 예민한 반응을 보이며 조선문학의 새로운 활로를 찾아야 할 것을 역설한 바 있다.

> 현재 우리 조선의 프롤레타리아 문학이 어떠한 조건하에 있으며, 또 그 외의 건전한 문학 전반이 미증유의 심각한 역사적 국면 위에 서 있다는 것은 다언(多言)을 요치 않을 것이다. 비단 한 개 프롤레타리아 문학의 운명에 관한 사태가 아님도 또한 역연(歷然)한 것이다. 이미 몇 사람의 양심 있는 문학자의 입으로부터 이대로 가면 조선문학은 멸망할 것이다!(3행 삭제)라는 비통한 부르짖음이 발해진 것도 1, 2차가 아니다.[15]

임화는 당시의 정세를 미증유의 심각한 역사적 국면으로 파악하며, 이러한 조선문학의 위기가 단지 프롤레타리아 문학에 관한 것만이 아님을 분명히 한다. 조선문학의 위기뿐만 아니라 절멸까지 논의되고 있는 당시 상황은 카프 해산 이후의 침통한 문단 분위기를 반영한 것이

13 이광수, 앞의 글, 17면.

14 카프 해체 이후 1930년대를 프로문학의 퇴조기로만 파악하는 문학사의 시각에 대해 문제를 제기하며, 해체 이후 오히려 프로문학이 새로운 성숙기를 맞고 있음을 논구한 글로 최원식, 「프로문학과 프로문학 이후」, 『민족문학사연구』 21, 민족문학사학회, 2002, 26~32면 참조.

15 임화, 「조선 신문학사론 서설」, 『조선중앙일보』, 1935.10.9; 임규찬・한진일 편, 『임화 신문학사』, 한길사, 1993, 316면.

었다고는 해도, 문학가들에게 전환기 또는 문단 위기의 국면을 타개해 나갈 방안을 절실하게 요구하고 있었다.

프로문학가들을 포함한 여러 문학가들의 논의를 통해 볼 수 있듯이, 1935년을 전후로 한 사회 정치적 상황과 카프의 해산은 조선문학의 침체가 심화될 것이라는 비관적 인식을 조선문단에 확산시켰다. 박영희를 비롯한 전향 문학가들이나 카프 문학에 비판적이던 논자들은 카프의 해산이나 문학 활동의 퇴조가 문학의 예술성을 무시한 데서 온 필연적 결과라 진단하였다. 하지만 위에서 살핀 함대훈의 지적처럼, 앞으로의 조선문단에 프로문학뿐만 아니라 민족문학이나 사실주의 문학조차 그 발전을 멈추고 비사회적인 문학이 발달할 것이라는 인식은 이 시기 문학인들의 위기의식을 이루고 있었다. 비사회적인 문학에 대한 호불호를 떠나 한 사회의 문학이 현실적 조건에서 배태하고, 조선의 현실을 바탕으로 할 때 진정한 조선의 문학 발전이 성립할 수 있다는 점은 문학가들의 논의에서 여러 번 제기되어 왔던 바다. 현실을 표현하는 데 장애를 느끼고, 내재적인 필연성에 의해서가 아니라 외부적인 조건에 의해 어떤 경향의 문학이 억압당하고 다른 경향의 문학이 부상한다면, 그것은 이미 불균형하고 부자연스러운 창작의 상황이기 때문이다.

조선의 현실을 바탕으로 한 문학 창작이 이루어져야 한다는 주장은 부르주아적 문학 또는 탈계급주의적 문학을 비판할 때 흔히 등장하는 것이었다. 그런데 카프 해산 이후 정세의 악화와 조선문학의 위기에 대한 타개책으로 이러한 주장의 강도가 더욱 강화되는 현상을 보인다. 카프 해산 이후 민족문학의 세력이 발흥하고 있음을 진단하며 김두용은 민족문학 진영의 문학이 결코 조선문학의 미래가 될 수 없음을 역설하였다. 그는 조선 현실에 바탕을 둔 창작의 중요성을 강조하며 작가들에게 "이에는 현실의 본질을 정확히 주시할 필요가 잇다. 또 위대한 경험이 필요한 동시에 정확한 인생관, 세계관에 포함되는 풍부한 지식 무엇보다 조선의 생생한 현실을 이해하기에 풍족한 지식이 절실이 필요하다. 이 우에선 작가적 노력! 이것으로써만 명일의 조선문학의 길은 개척되리라"[16]와 같은 요구를 하고 있다.

한편으로 조선문단의 위기의식과 창작 조건의 변동에 원인이 되었던 것은, 검열과 카프 문학에 대한 억압 외에 창작의 조건이었던 조선어에 대한 문제였다. 파시즘 체제로 전화해 가던 당시의 식민 체제가 조선어문에 대한 규제를 강화해 가면서 공용어였던 일본어 사용이 증가하고 학교 교육과 일상생활에서 조선어의 입지가 점차 좁아져 가고 있었다. 일본어 서적의 유통은 점차 활발해지고, 조선어 교육과정이 축소되는 상황에서 조선문학의 위기는 이와 같은 조선어의 현실과 함께 논의될 수밖에 없었다. 또한 고등교육 과정에서 높은 수준의 일본어 사용 능력이 요구되면서, 일본어로 창작을 할 수 있는 작가들이 생기고, 일본 문단으로의 진출을 꿈꾸는 작가 지망생들이 늘고 있었다는 것 역시 달라진 조선어 창작 환경의 조건을 형성하고 있었다.

2) 출판 · 교육 환경의 변화와 일본어 창작

일본 당국의 조선문단에 대한 검열과 통제는, 작가들의 개별적 창작물을 발표 · 출판하는 문제나 내용 삭제 등의 영역은 물론이거니와 이미 급진적 성향의 잡지들에 대한 관리 및 폐간 등 출판계의 판도까지 좌지우지하고 있었다. 『조선일보』, 『동아일보』 및 여타 민족주의적 성향을 지닌 신문과 잡지들은 1930년대 말까지는 명맥을 유지할 수 있었

16 김두용, 「전형기와 명일의 조선문학(하)」, 『동아일보』, 1935.6.7.

다. 그러나 1935년경에도 "출판물을 통하여 보면 작년부터 금년에 이르기까지에 『조선문학』, 『형상』, 『우리들』, 『문학창조』, 『청년조선』 등이 거개 폐간 혹은 휴간을 당하고 미약한 『별나라』가 진보적 소년잡지로서 겨우 발간을 계속하는 형편이다"[17]라고 김두용은 진단하면서, 『동아일보』, 『중앙일보』, 『조선일보』 등의 삼대 신문이나 『신동아』, 『신가정』, 『중앙』, 『신조선』, 『조선문단』 등 속간되고 있는 잡지의 주요 지면을 부르조아 민족주의 또는 자유주의적 문학자들이 차지하게 되었음을 비판적으로 논하고 있다. 김두용의 이와 같은 진단이 계급주의적 입장에서 행해진 것이라고는 해도, 당시 일본 당국의 압력에 의한 출판 사정의 악화가 조선문단의 경향과 판도에 영향을 미치고 있음은 분명하다.

사상과 내용에 따라 잡지가 폐간되고 존속되는 상황뿐만 아니라 일본어 사용의 확산과 일본어 서적의 꾸준한 증가도 출판 시장의 성격을 변화시키고 있었다. 1911년의 조선 교육령 실시에 따라 일본어는 '국어'의 자리를 차지하게 되었고, 관공서와 학교의 교육과정에서 사용되는 공용어는 일본어였다. 근대 이후 한글의 가치는 점차 부상하고, 많은 어문학자들이 조선어 표준규정화와 근대화에 노력을 기울인 결과 문자 보급 및 표준어 사정 등의 성과를 거두었다. 그럼에도 조선어가 공적인 언어편제에서 점차 밀려남에 따라 일반인이나 독자들에게 조선어의 위상은 하락하고 있었다. 1937년 중일전쟁의 발발 이후 조선교육령이 개정되고 조선어가 수의(隨意) 과목으로 지정되기까지, 조선어는 공식적으로는 피식민 백성의 소수 언어였다고는 해도 현실적으로는 '준국어'로서의 지위를 갖고 있었다.[18] 따라서 공식적으로 국어이자

17 김두용, 「전형기와 명일의 조선문학(상)」, 『동아일보』, 1935.6.5.

18 당시 조선어의 '준국어'적 성격에 관해서는 윤대석, 「1940년을 전후한 조선의 언어 상황과 문학자」, 『한국근대문학연구』 4권 1호, 한국근대문학회, 2003.4, 148~149면을

공용어인 일본어와 준국어이며 모어인 조선어가 공존하는 이중언어적 상황은 식민지 전반을 지배하고 있었다.

식민 초기에는 일본의 식민 체제와 관리를 담당할 수 있는 관료 교육과 정책 확산을 위해, 일본 당국이 조선어 교육과 문맹 퇴치 운동에 대한 지원을 하기도 했다.[19] 그러나 궁극적으로 일본 식민주의의 내선일체와 황국신민화 정책은 1930년대 후반으로 올수록 조선어 교육과 조선어 사용을 금지하는 방향으로 진행되고 있었다. 일본어와 조선어가 병존하는 이중언어적 상황은 식민 체제의 심화에 따라 일본어에 조선어가 우월한 자리를 내어 주는 양상으로 변모해 간다.

> 유진오 : 이것은 文壇에 限한 病弊만은 아니겠으나 요전에 어떤 中學生을 만나니까 朝鮮雜誌는 모두 못쓰겠다기에 그 理由를 무르니까, 滋味가 있[없]다고 합니다. 그래 滋味있는 雜誌는 뭣이냐니까 「킹」이라구 하드군요.
>
> 정인섭 : 그러나 그것은 極端일 것입니다. 만일 「改造」나 「中央公論」이 좋다고 했다면 別問題겠읍니다마는 킹의 通俗的인 低級趣味를 좋다고 한 것이겠지오.[20]

1935년의 이 좌담에서 볼 수 있듯이, 당시 조선에서는 『改造』나 『中央公論』 같은 잡지뿐 아니라 『キング(킹)』 같은 일본의 대중잡지를 손쉽게 구해 읽을 수 있었다. 정인섭은 이와 같은 사례를 극단이라고는 했으나, 유진오의 말을 통해 볼 때 "조선 잡지는 모두 못쓰겠다"는 불만이 나오고 일본 잡지를 더욱 선호하는 현상은 그리 희귀한 것은 아

참조할 수 있다.

19 이와 같은 일제의 일본어 장려 정책과 관련된 논의로 이혜령, 「한자인식과 근대어의 내셔널리티」, 『민족문학사연구』 29, 민족문학사학회, 2005, 234~236면 참조.

20 「조선문학 건설을 위한 문예좌담회」, 『신동아』 5권 9호, 1935.9, 113면.

니었음을 알 수 있다. 일본에서 발행된 신문, 잡지와 단행본의 수입은 점차 증가하다 1930년경에는 수입된 책의 99%를 일본어 서적이 차지하게 되며, 일본어 출판물은 1920년대 중반 이후 정규 교육과정과 일상생활에서 압도적인 비중을 점하게 되었다.[21] 여기에는 여러 가지 요인이 작용했다. 공적인 교육과정의 편제를 점차 일본어 중심으로 변화시키고 있었던 일본 당국의 어문정책, 일본어 교육의 강화에 따른 일본어 독해 가능 독자층의 증가, 조선의 출판 검열보다 상대적으로 검열에서 자유롭고 양적・질적으로 풍요롭다고 여겨졌던 일본어 출판물에 대한 독자층의 자발적인 애호, 일본 관공서의 취업이나 특권적 지위를 얻기 위한 일본어 습득의 현실적 필요 등이다.[22] 일본 잡지가 직수입되고 일본어로 된 신문과 서적을 읽는 현상은, 지식인층뿐만 아니라 독서 문화를 향유하던 일반 독자들에게도 유행처럼 번져 나가던 현상이었다. 반면에 공적 교육과정의 혜택을 받지 못하거나 문화적 향유를 누릴 여유가 없는 대다수 농민층 등은 이러한 현상에서 소외되어, 조선어와 일본어 사용에 따른 계급적 분화 양상도 뚜렷해져 갔다.[23] 일본어 사용과 일본어로 이루어진 서적과 출판물의 향유는, 더 이상 일본 당국의 압력에 의해서가 아니라 교육과 문화의 세례를 받은 특권적

---

21 일본어 서적의 수입 양상과 일상생활에서의 일본어 책읽기의 증대에 관해 다음을 참고하였다. 나카네 다카유키, 「1930년대에 있어서 일본문학계의 동요와 식민지문학의 장르적 생성」, 『일본문화연구』 4, 동아시아일본학회, 2001.4, 307~311면; 천정환, 『근대의 책 읽기』, 푸른역사, 2003, 228~229면.

22 천정환, 앞의 책, 229~267면 참조.

23 다음의 논의를 참조할 수 있다. "1930년대의 문학영역은 이와 같은 형태로 일본문화계에 접근하는 조선인 독자 및 작가 지망자들이 현재화하던 시대였던 것이다. 물론 지배가의 문학영역으로 웅비하려는 그들의 존재는 극히 소수였다. 1930년도의 국세조사에서는 일본어 가나의 읽기・쓰기 능력을 지닌 조선인의 통계는 전인구의 6.8%에 머물고 있다. 그러나 소수이기는 했어도 이미 조선에는 일본어에 능숙한 학생・사회인층을 중심으로 하는 일본어에 의한 독서문화가 있을 정도로 성숙해 있었다고 생각해도 좋다." 나카네 다카유키, 앞의 글, 308면.

위치의 표상으로서 점차 식민지의 대중들을 포섭해 나가고 있었다.

일본의 조선교육령 개정 이후 일본어 교육과정에 익숙해진 지식인층이 확대되면서 1920년대 후반에서 1930년대에 이르러서는 조선인 작가가 일본어로 쓴 작품으로 일본 문단에 진출하기도 한다. 일본어를 자유자재로 사용할 수 있는 작가층의 등장은 1932년 장혁주의 일본 문단 등단을 통해 상징적으로 표면화된다.

장혁주가 조선문단에 이름을 널리 알리게 된 것은, 1932년 일본 문예잡지 『改造』 현상 창작의 이등 당선을 통해서였다.[24] 당시 조선의 문학 지망생들은 일본에서 출판되던 『改造』 등의 문예지들을 조선에서 직접 구입해 읽을 수 있었다. 따라서 일본 문단의 상황이나 현상 응모 소식도 바로 접할 수 있었고, 이른바 '내지 문단' 즉 일본 문단을 통해 등단하려는 문학 지망생들도 생겨나고 있었다. 『改造』의 현상 창작 담당자는 장혁주의 입선 이래 조선에서의 응모가 대단히 많아졌다고 언급하고 있다. 1935년경의 『改造』 연감에서는 '식민지 문학의 진출'을 당 연도의 특징으로 꼽고 있을 정도이다. 프로문학 작가였던 정우상의 작품은 일본 작가들보다 아름다운 문체를 가진 것으로 평가되기도 했다. 일본 문단에서 장혁주와 같은 조선인 작가들은 '지방 거주의 작가'로 분류되고 있었으며, 조선인 작가의 일본어 창작물의 평가 조건에서는 '지방성' 또는 '지방색'을 잘 살렸다는 점이 중요하게 언급되고 있었다.[25]

장혁주의 등단 이전인 1920년대에도 주요한, 백철, 김용제 등의 일본어 시창작 및 프롤레타리아 문학가들을 중심으로 한 일본어 창작물

24 장혁주의 첫 일본어 작품은 그보다 앞선 1930년에 발표된 것으로 알려져 있다. 여기에 대해서는, 이한창, 「재일동포 문인들과 일본문인들과의 연대적 문학활동」, 『일본어문학』 24, 한국일본어문학회, 2005.3, 300면 참조.

25 장혁주의 『改造』 등단을 둘러싼 당시 조선인의 일본어 창작과 일본 문단의 관계에 대하여 나카네 다카유키, 앞의 글, 311～318면 참조.

들이 발표된 바 있었다.[26] 그런데 특히 장혁주가 일본과 조선의 문단에서 동시에 주목을 받게 된 것은, 『改造』 현상 응모에서 많은 경쟁자들을 물리치고 조선인이 입상했다는 사실에 대한 조선문단의 관심과, 프롤레타리아 문학의 침체 와중에서 새로운 활로를 개척하고자 했던 일본 문단의 타개책으로 조선 문학가들의 적극적 영입을 꾀하고자 했던 일본 문단의 정황이 함께 작용한 것이었다. 장혁주의 작품에 일본의 문인들이 더 우호적인 반응을 보였던 것은 사실이지만, 조선문단에서도 백철, 김광균, 유진오, 홍효민 등의 다수의 문학가들이 그의 작품에 대한 평을 하였으며, 문인들의 좌담회에서 화제가 되기도 하였다.[27]

本社側 : 「改造」에 入選된 張赫宙씨 「餓鬼道」를 엇더케 보섯서요.

憑虛 : 좌와! 그런데 廣津和郎이 評한 것을 보앗는데 이것은 소설로서 빗나기보다 「사실」이 더 힘잇다고 하엿더군. 정말 사실의 힘이 너무 강햇서.

曙海 : 우리 보기에는 그리 찬성할 점도 업섯지만 엇잿든 퍽으나 力作이엇습니다. 묘사가 억세고 거칠면서 사람의 가슴을 때리는 점 제재가 南朝鮮農村에서 이러난 눈물겨운 점 조선문단의 수준에 達하고 남은 作이지요. 다만 결말에 가서 너무 미약하게 매즌 것이 불만이더군.

本社側 : 그 작품에 확실히 朝鮮現實相 又는 朝鮮情調가 드러낫습니까.

星海 : 그런것도 아니지요. 도로혀 과장이 아닌가 하는 점도 만트군요.[28]

---

26 엄밀히 말해 일본어 창작물의 시발은 근대 초기 이인직, 이광수를 비롯한 일본 유학생들의 작품으로 거슬러 올라간다. 그들의 일본어 창작은 습작 내지는 이후 조선문단에서 펼치는 그들의 문학 활동의 초기 형성 과정이었다. 근대 초기부터 식민지 전반에 이르는 조선인 작가들의 일본어 창작에 대해 다음 논문을 참조할 수 있다. 호테이 토시히로, 「일제 말기 일본어 소설 연구」, 서울대 석사논문, 1996.

27 장혁주의 작품에 대한 조선문단과 일본문단의 반응과 비평에 대해 다음의 논의를 참고할 수 있다. 시라카와 유타카, 「장혁주 작품에 대한 한・일 양국에서의 동시대의 반응」, 『일본학』 10, 동국대 일본학연구소, 1991.

28 「삼천리사 주최 문사 좌담회」, 『삼천리』 4권 5호, 1932.5, 15면; 국사편찬위원회 데이

위의 좌담회에서 당시 장혁주의 현상 응모 당선을 둘러싼 조선문단의 분위기를 어느 정도 짐작할 수 있는데, 현진건의 발언은 장혁주의 작품에 대한 일본문단의 평가를 조선 문인들이 곧바로 접하고 있는 상황을 말해 준다. 최서해는 "우리 보기에는 그리 찬성할 점도 업섯"다는 말로써, 장혁주의 작품에 대한 호평이 일본문단에서의 조선인 작가의 특수성을 배경으로 한 것이라는 심정을 내비추면서 그것을 조선문단의 수준에 비교하고 있다. 이러한 발언은, 조선인 작가의 일본어 작품, 특히 장혁주처럼 본격적으로 일본 문단에서의 활동을 목표로 하는 작가가 조선문단 내에서 타자화되고 있다는 점을 보여 준다. 그리고 장혁주의 작품이 일본 문단에서 평가 받는 이유가 "조선 현실상" 또는 "조선정조"의 반영이라는 점도 드러나 있다.[29]

프롤레타리아 문인들의 일본 내에서의 활동이 계급주의적 관점에서의 연대적 문학 활동으로 인식되었다면, 장혁주의 등단은 더 본격적인 조선인 작가의 일본문단 진출이라는 사건으로 여겨졌다.[30] 이를 통해 조선문단에서 활동하던 조선인 작가들에게 장혁주라는 작가의 존재는, 위에서처럼 타자화되었지만 동시에 계속 지속되어 오던 식민지적 이

터베이스 한국근현대잡지자료.

29 주요한 또한 다음의 좌담회에서 장혁주의 작품이 평가받은 이유에 대해 제재를 조선에서 취한 점, 즉 그 기이성 때문이라고 언급하고 있다. "주요한 : 몬저 장혁주씨의 작품부터 이약이하겟습니다. 개조에 당선된 「아귀도」의 한편 박게 나는 아직 보지 못 하엿는데 요컨대 그것은 제재를 「조선」에서 취한 점 즉 그 황량한 산하, 대륙적 민족의 성격, 특이한 생활 양식 등을 토대로 묘사하고 내용삼고 하엿기 때문에 그 사람들 보기에 매우 진기하니까 또 신선하니까 고가평가한 것인 줄 암니다." 「삼천리사 주최 문학 문제 평론회」, 『삼천리』 6권 7호, 1934.6, 205면; 국사편찬위원회 한국사데이터베이스 한국근현대잡지자료.

30 여기에는 프롤레타리아 문인들의 문학활동에 비해, 『改造』를 통한 등단이 더 본격적인 상업 문단으로 진출하는 의의를 지닌다는 점이 작용한다. 장혁주의 등단이 지닌 상업 문단에로의 진출이 지닌 의의에 관해 언급한 논의로, 호테이 토시히로, 앞의 글, 32~34면 참조.

중언어 상황이 창출해낸 새로운 문학 현상으로 가시화되었던 것이다.

「改造」를 通하야 日本語 文壇으로 최근에 進出하고 잇는 張赫宙씨는 이번에 第三次의 발표로 「追はれて行く群れ」라는 短篇을 改造에 실엇든 중 그 一篇이 忌諱에 觸하야 조선안에서는 發賣禁止가 되엿다. 딴말이나 조선이 좁아서 글을 가지고는 사라갈 길이 업다고 歎息을 吐하는 自稱 天才作家들은 溫突房에서 한갓 歎息만 말고 日本文壇으로라도 進出하여라. 張赫宙씨 程度로 進出하여도 生活費는 保障밧는다.[31]

인용문에서 볼 수 있듯 장혁주의 단편은 일본에서는 발표되었지만, 조선에서는 발매 금지가 되었다. 조선의 악화된 출판 상황과 경제적 장애에 비해 일본에서는 좀 더 자유롭게 활동할 수 있다는 점을 들며, 필자는 조선의 문학 지망생들에게 일본문단으로 진출할 것을 권유하고 있다. 이처럼 현실적인 이유로, 여러 가지 장애가 있는 조선문단에서의 활동에 대한 다른 방편으로서 일본문단으로 진출하는 길이 거론되기도 한 것이다. 문학 지망생들에게 일본문단으로 진출하는 것이 현실적인 가능성으로 존재하고 그것이 권유되기도 했던 상황은, 식민주의 체제의 심화에 따라 일상적 일본어 사용뿐만 아니라 일본어 창작까지 할 수 있었던 지식인층이 확산되고 있던 언어적 조건을 반영한다. 이러한 현상은 조선의 문학 지망생들에게 영향을 미쳤고, 위의 글처럼 그 현상을 자연스럽게 받아들이는 이들도 존재했지만 상당히 많은 문학가들이 비판적 입장을 표명하였다.

내가 昨春에 日本文壇에 진출한 이후, 6, 7편의 中篇과 短篇을 발표하여

31 「문단잡화」, 『삼천리』 4권 12호, 1932.12, 84~85면.

왓다. 그럴 때마다 독자의 글을 많이 바덧다. 그 대부분이 日本人에게서 왓으나 그 중에는 朝鮮사람들의 것도 다소 잇엇다. 그이들 중에는 웨 우리말노 집필하지 안소 하는 이도 잇엇다. 나도 우리말을 사랑하는지라 내가 하고 싶은 말 알리고 싶은 사실을 우리말노 스고 싶은 마음이 웨 업섯겟느냐. 그러나 나는 경상도 사람이엿서, 표준어를 잘 몰랏고 우리 文壇에는 내 글을 받어 줄 사람이 업슬 것 같이 생각한 것이 그 큰 원인이다. 나는 이제 우리 신문에 우리말노 소설을 쓴다는 것에 크게 감격하고 잇다. 나는 우리말로 글 쓰는 데 퍽 불리한 立각지에 잇다. 그러나 나는 나의 온힘을 들여서 기어코 성공하리라고 결심하고 잇다.[32]

장혁주가 소설 「무지개」 연재를 시작하며 쓴 이 글에는 그의 일본 문단 진출에 대한 조선인들의 반향과, 조선어 창작에 대한 자신의 입장이 드러나 있다. 어째서 조선어로 집필하지 않느냐는 조선인들의 편지를 받았다는 것으로 보아, 장혁주의 일본 문단 등단에 대한 선망도 존재했지만 일본어 창작을 하는 데 대한 비판적 시선도 존재했음을 알 수 있다. 장혁주는 우리말 즉 조선어를 사랑하지만 경상도 사람이었기에 표준어를 잘 몰라서 일본어로 창작했다고 말하고 있다. 이러한 그의 발언은, 일본 문단에 진출하고 싶은 자신의 명예욕을 가리고자 하는 것일 수도 있지만, 당시 식민지 지식인의 언어 상황을 단적으로 보여 준다. 그런데 조선어 표준어보다는 일본어를 편히 구사할 수 있다고 생각하던 장혁주도 "우리 신문"에 "우리말"로 소설을 쓴다는 것에 대한 감격을 솔직히 드러내고 있다. 하지만 조선문단에서도 기어코 성공하리라는 장혁주의 의지는, 이어지는 조선문단의 비판적 견해들을

32 장혁주, 「신문소설과 작자 심경 – 「무지개」를 쓰면서」, 『삼천리』 5권 10호, 1933.10, 49면; 국사편찬위원회 한국사데이터베이스 한국근현대잡지자료.

접하며 조선문단에 대한 회의와 불신으로 전환하게 된다.

여러 좌담회나 평론 등에서 자신의 작품에 대한 비난을 접하던 장혁주는 1935년의 시점에서는 "그러나 나는 되지 못한 소설이라도 조선말로 써 보려고 할 마음이 도시 나지 아니한다. 그것은 동경문단에서 발표해서 호평을 바든 작품도 그와 갓치 조선문인들이 매도를 한다니 만약 조선말로 썻드라면 또 얼마나한 욕을 할까하는 생각이 항상 머리에서 떠나지 아니함으로서이다. 나는 아마 조선문인 될 영광은 영원히 바라지 아니하리라고 생각한다. 나는 나의 소설을 — 만약 그것이 잘된 것일 때 — 잘 바더주는 곳에서 즐거웁게 일할 것이지 하필 욕을 먹어가면서 일할 필요가 어디 잇나 이러케 생각한다"[33]는 심경을 고백하고 만다.

이 같은 발언의 직접적 배경이 된 것은 앞서 9월에 있었던 『신동아』의 문인좌담회이다. 김광섭은 『改造』나 『中央公論』에 자신의 작품이 한 편만 발표되면 곧 안하무인이 되고, 따라서 그렇게 출발하려는 문단인들도 많다는 발언을 하였고, 정인섭은 장혁주의 문학은 조선문학 안에 들어가지 않는다는 언급을 하였다.[34] 이미 자신의 문학이 조선문학의 범위에서 배제되었음을 인정했기 때문이겠지만, 장혁주는 동경문단의 "호평"과 조선문단의 "매도" 사이에서, 자기 작품에 대한 심리적 방어 기제를 동경문단의 인정으로 삼고 있다. 작품으로서 "잘된 것"이라는 전제 조건을 붙이기는 했으나 "잘 바더주는 곳에서 즐거웁게 일할 것이지 하필 욕을 먹어가면서 일할 필요가 어디 잇나"라는 자기만족적 결단으로 나아가는 장혁주의 발언은 작가로서는 상당히 위험한 태도를 담고 있다. 장혁주의 이와 같은 태도가 문제적인 것은 당

33 장혁주, 「문단의 페스토균」, 『삼천리』 7권 9호, 1935.10, 254면.

34 「조선문학 건설을 위한 문예좌담회」, 『신동아』 5권 9호, 1935.9, 113면.

시 조선문단에서는 장혁주에 대한 혹평도 많았지만 유진오, 박영희, 현진건 등 그의 작품을 고평하는 평자들도 있었다는 점 때문이다. 박영희는 장혁주에 대해 "사실 지금 동경의 푸로문단을 차저 봐도 장혁주씨에 미치는 이가 몃치 안 되여요. 「追はれる人人」 가튼 것은 제재도 조코 묘사도 어느 정도로 성공이어요. 상해선가 북경선가 이것이 번역 출판되어 만히 호평을 삿다 하며 「에스페란토」로도 되어 세계적으로 칭찬을 밧는다 함이 당연한 일일 줄 암니다. 「갈보」는 가장 최근 것으로 그 기교의 발달은 종래보다 훨신 뛰어나서 호개의 단편이 되엇스나 다만 사상상으로 연화(軟化)한 자최가 보이더군요"[35]와 같이 높은 평가를 내렸다. 장혁주의 태도에는 일본문단을 조선문단보다 우월한 위치 또는 중심부의 위치로 설정하고, 조선문단이 아니면 일본문단을 선택할 수 있다는, 오히려 그 편이 작가적 역량을 인정받는 것일 수 있다는 생각을 가진 1930년대 식민지 지식인의 가치체계가 개입되어 있다.[36]

조선문단에서 타자화되었던 장혁주라는 존재는 당시 조선문단의 상황이나 조선어 문학의 환경 변동과 관련하여 상당히 중요한 문제들을 제기하고 있다. 장혁주의 존재가 당시 센세이셔널한 관심을 불러일으켰던 것은 단지 『改造』 등단 때문이 아니라 일본어와 조선어 양면에서 매우 활발한 작품 활동을 벌였다는 점과, 그 작품의 수준이 상당히 높았다는 점을 무시할 수 없다. 유진오는 일본의 문예부흥총서에 장혁주의 창작집이 포함된 사실을 들어 "작품의 문학적 가치로 보아서나 또는 쩌나리슴적 흥미로 보아서나 장씨는 재작년 이후 특히 금년에 들어온 후로 이상(異常)한 진전을 보여주엇으므로 누구나 그의 실력량을

35 「삼천리사 주최 문학 문제 평론회」, 『삼천리』 6권 7호, 1934.6, 207면.

36 장혁주의 『改造』 등단작인 「아귀도」가 일제의 수탈로 피폐해진 조선 농촌의 실정과 그에 대한 저항의식을 고취하고 있는 작품이라고 평가되었던 점 또한 문제적이다. 보다 정치하게 논의되어야 할 문제겠지만, 여기에서 일본 제국주의에 대한 저항과 구속을 동시에 내면화하고 있는 식민지 작가의 모습을 발견할 수 있다.

인정치 아니치 못하게 되엇음으로써다"[37]라고 평하였다. 장혁주의 문학활동은 조선의 문학 지망생들에게 일본어 창작과 조선어 창작의 문제를 선택 가능한 것으로 실체화하여 보여주었다. 일본어 작품보다 조선어 작품의 질적 수준이 더 떨어진다는 혹평을 듣기도 했던 그의 존재는, 식민지의 지식인들에게 모어로서의 조선어, 창작의 근본 조건으로서의 조선어에 생기고 있던 균열이 현실화된 문학 현상으로 등장하였다는 것을 의미한다. 또한 '내지문단'이자 '중앙문단'인 일본문단과 '반도문단'이자 '지방문단'인 조선문단의 이분화된 체계를 일본인이 아닌 조선인들 스스로 서서히 내면화해 나가는 신호로서의 성격을 가지기도 한다. 그 예로 일본 문학가들은 '조선정조'나 '조선현실상'에 대한 리얼한 반영을 조선인의 일본어 문학에 대한 가치척도의 기준으로 삼았다. 앞에서 본 좌담에서처럼 조선의 문학가들은 일본 문학가들의 비평을 거의 현지 시간과 동일하게 접할 수 있었다. 이를 통해 조선의 문학가들은 일본 문학가들의 판단기준을 전제로 삼아 조선 작가들의 일본어 창작에 대해 논의하기 시작했다. 이때 이들의 논의는 '조선정조'를 '지방색'이라는 문학적 특성으로 이해하고 제국 일본의 지방 문학으로서 조선문학의 가치를 평가하는 식민주의적 인식 체계와 긴밀하게 접점을 이루고 있었다.

---

37 현민, 「장혁주 씨의 문학적 행정(行程)」, 『동아일보』, 1934.7.4.

2. 조선문학의 규정과 국민문학의 건설

1) 조선문학의 개념 문제

정인섭은 1935년 『신동아』의 문예좌담회에서 장혁주의 일본어 작품은 조선문학 안에 들어가지 않는다고 단언하였지만, 순수하고 독점적인 위치로서의 조선어 문학의 균열과 위상의 변화는 이미 진행되고 있었다. 창작 조건으로서의 조선어와 조선문학의 개념과 범주에 대한 논의는 1935년을 전후로 하여 조선문단에 활발하게 제기되었다. 장혁주의 문학 활동에 대한 조선문단의 혹평에는, 작품에 대한 평가 이외에 일본어로 문학을 한다는 사실에 대한 반감도 반영되어 있다. 하지만 현실적으로 일본어로 쓰는 편이 더 많은 독자층을 포섭할 수 있다는 견해가 1930년대 후반으로 오면서 등장하고 있었다. 일본어가 조선어보다 우월한 위치를 점하는 상황으로 변화해 나가고 있던 조선 사회에서, 창작자의 문제뿐만 아니라 독자의 입장에 대한 고려를 하며 조선어 창작의 문제를 생각할 필요가 제기되었던 것이다.[38]

---

38 일본어 출판물의 증가와 함께, 조선어 출판물보다 일본어 출판물을 선호하는 독자층에 대한 우려와 문학인들의 대응에 관한 논의는 앞 절에서 보았던 것처럼 조선문단의 좌담회에 등장하고 있다(「조선문학 건설을 위한 문예좌담회」, 『신동아』 5권 9호, 1935.9, 113면; 「문예운동의 모태인 한글어학의 장래를 위한 대책여하」, 『삼천리』 8권 6호, 1936.6, 230~232면). 그러나 1930년대 중반까지는 이에 대해 조선어 창작활동을 엄호하고 문학인 자신의 각성을 요구하는 측면이 강했다. 독자층에 대한 고려뿐만 아니라 여러 가지 측면에서 일본어 창작의 우월성을 주장하는 논리가 표면화되기 시작했던 것은, 1938년 11월의 경성일보 좌담회를 기점으로 해서이다. 여기에는 일본 문학가들의 요구가 강하게 작용하고 있었지만, 이에 대한 대응을 통해 조선 문학가들의 조선어 창작에 관한 입장도 분화를 보이기 시작한다. 이러한 분화는 1940년대에 들어서면서 뚜렷해지므로 이 책의 주요 대상으로 삼지 않는다. 이에 대한 더 상세한 논의는 윤대석, 『식민지 국민문학론』, 역락, 2006, 117~140면; 배개화, 「1930년대 말 '조선' 문

일본문단으로의 진출과 일본어 창작의 가능성이 병존할 때, 일본어 창작 현상을 중앙 문단인 일본문단과 주변부 조선문단의 체계 속에서 이해할 것인가, 아니면 세계문단의 하나인 일본문단으로의 진출로 받아들일 것인가와 같은 쟁점들도 생겨나기 시작한다. 장혁주와 같은 작가들을 모방할 것인가 타자화할 것인가의 문제 사이에서 조선의 문학가들은 조선어 창작에 대한 자신의 입장을 정리해 나가기 시작하는 한편, 국민문학으로서의 조선문학의 개념과 위상을 정립해야 할 필요성도 느끼게 된다.

金東仁 : 여기에 따러 다니는 問題는 그러면 조선사람이 「英文」으로 써도 그것이 朝鮮文學일가 조선作家가 英米佛露獨 各國人에게 읽히기 위하야 英佛露獨 各國語로 作品을 發表한다면 그것이 그대로 우리 文學일가 이 規定이 先決問題인 줄 알어요. 張赫宙氏의 文學이 朝鮮文學이요 姜鏞訖氏 文學이 또한 朝鮮文學일가요. 여기 대하야 春園은 朴趾源이 여러 文藝作品이 잇스나 그는 漢文으로 되엿기에 漢文學이지 朝鮮文學이 아니라고 卽 表現된 國語에 依하야 自國 他國의 文學이 區分된다고 하엿스나 나는 생각하기를 相對하는 讀者의 區分에 따라 決定될 줄 알어요. 姜이 비록 조선사람이고 朝鮮社會를 題材로하야 썻다 하지만 그는 朝鮮人에게 읽히기 위하야 그 「草家집」을 쓴 것이 아니니까 「草家집」은 朝鮮文學이 아니지요. 그는 英語로 썻코 英米人에게 읽히기 위하야 썻스니 英文學일지언정 朝鮮文學은 아니겟지요. 張의 「追はれる人人」「갈보」도 다 마천가지지요. 다만 朴趾源의 것은 朝鮮것이야요. 中世紀 時代의 朝鮮사람의 普遍的 使用文字는 漢字엿스니까 朴趾源이 「熱河日記」를 쓴 것은 要컨대 朝鮮사람에게 읽히기 위하야 當時 朝鮮人사이의 代表 文字이든 漢文을 빌어다가

인의 '조선어'를 바라보는 두 가지 관점」, 『우리말글』 33, 우리말글학회, 2005.4를 참조.

表現한 것이니까 當然히 朝鮮文學이라야 올치요. 海外文壇 進出은 大端히 조흐나 그것은 民族的 名譽를 海外에 떨치게 한다는 功利的 見地에선 조켓스나 朝鮮文學 自體 振興의 길이야 되잘 것 업겟지요.

金岸曙 : 앗가 「朝鮮文學의 定義 問題」가 낫는데 東仁君 말대로 하면 中西伊之助가 熱風을 朝鮮文으로 쓰고 「汝等의 背后에서」를 朝鮮에서 取材하여 썻스니까 그 亦 「朝鮮文學」이요 中西를 朝鮮人 作家라고 할가요. 이엣츠가 英文으로 倫敦서 詩歌와 戱曲을 發表하여도 그를 愛蘭文學이라 하엿고 波蘭의 레이몬트가 英語로 「農民」을 發表하여도 波蘭文學이라고 아니하엿든가요. 詩人 野口가 英文으로 倫敦서 詩歌를 發表하여도 그를 아모도 英國詩人이요 英吉利文學이라고 아니 하드시 姜氏 張氏의 文學도 朝鮮作家요 朝鮮文學이라 하여야 올켓지요. 洋服 입엇다고 朝鮮人을 西洋人이라 부를 수 업는 거나 마천가지로. 그러나 이 問題는 다른 날 獨立한 文學 上 重大 問題로 取扱하겟다는 司會者의 注意가 잇기에 撤回하고 여기에 끗치오.[39]

이 좌담회에서 인용문의 김동인과 김억의 발언에 앞서, 삼천리사측 대표로 침석한 김동환은, 장혁주의 동경문단 진출을 필두로 강용흘의 영미문단 진출 등 조선인이 '나랏말'이 아닌 창작물로 해외 문단에 진출하는 것은, 조선문학의 수준이 세계적인 것이 되었다는 증거도 되지만 "고국의 문단을 멸시하고 고국의 문단을 고적케 하는 서급흔 경향이 따르지 안켓슴니까"라고 묻고 있다. 주요한은 조선 작가의 작품이 해외에서 인정받는 이유가 해외 문단의 이국취향이 많이 작용한 결과라 진단하였고, 현진건은 여기에 반대하며 특히 장혁주의 작품이 상당

39 「삼천리사 주최 문학문제 평론회」, 『삼천리』 6권 7호, 1934.6, 204면. 이 좌담회의 참석인원은 '박영희, 주요한, 현빙허, 양백화, 김동인, 김안서, 이광수, 염상섭, 본사측 김동환' 등으로 명기되어 있다.

한 역량이 있음을 지적하였다. 박영희 또한 현진건의 의견에 동조하며, 이와 같은 현상의 원인을 표현의 자유성과 생활 보장이라는 현실적인 것으로 파악하고 있다. 이에 대해 김동인은 그렇다면 조선 사람이 조선어로 쓰지 않은 문학이 조선문학일까 하는 문제가 선결문제임을 제시하며, 인용문에서처럼 장혁주와 강용흘의 문학이 조선문학인가라는 질문을 던지고 있다.

김동인은 박지원의 문학은 조선문학이 아니라 한문학이라고 한 이광수의 규정을 반대하며, 상대하는 독자를 중심으로 보아야 함을 주장하고 있다. 강용흘이나 장혁주는 조선인 작가이고, 조선을 제재로 하고 있지만 그들의 작품이 조선인에게 읽히기 위한 것이 아니므로 조선문학의 범주에 들어갈 수 없다는 것이다. 따라서 박지원의 「열하일기」와 같은 작품은 조선 사람에게 읽히기 위하여 중세의 보편 문자였던 한문을 빌어다 썼으므로 당연히 조선문학의 범주에 들어가게 된다. 김동인의 견해에 대해 김억은, 그렇다면 나카니시 이노스케[中西伊之助]가 조선문으로 조선을 제재로 하여 쓴 작품이 조선문학이냐고 반문하면서, 다른 나라의 언어로 활동하는 작가들도 자국의 작가로 인정되듯이 장혁주와 강용흘 역시 조선 작가요 그들의 문학도 조선문학임을 주장하고 있다. "이 문제는 다른 날 독립한 문학 상 중대 문제로 취급하겟다는 사회자의 주의가 잇기에 철회하고 여기에 끗치오"라는 김억의 발언은 조선문학의 개념 규정이 이후 별도로 논의되어야 할 중요한 문제로 취급되고 있음을 보여 준다.

1935년 12월 『신동아』는 그 해 조선문단의 수확과 조선문학의 규정에 대한 설문을 실시하였다. 이 설문에는 엄흥섭, 김말봉, 김남천, 유치진, 이종수, 임화, 심훈, 조벽암, 한인택, 이헌구, 양주동, 김윤경 등이 답하였다. 설문의 의도가 해설되어 있지 않고 논점이 정확히 드러나지는 않았으나 각 문학자들은 조선문학의 개념을 설명하기도 하고, 조선문학이 지향해야 할 바람직한 방향에 대해 서술하기도 하였다. 이 중에 유치진, 이종수, 임화, 조벽암, 양주동, 김윤경 등이 조선어 또는 조선말로 된 문학을 조선문학의 조건으로 꼽고 있다. 임화는 특히 상세한 논의를 펴고 있어 주목된다. 그는 조선 사는 조선 사람의 문학이 조선문학이지만, 그것은 역사적인 것이라는 측면을 갖고 있어 영구불변의 것이 아니라고 언급하고 있다. 또 조선의 대다수 인민의 생활과 사상을 대다수 인민이 알 수 있는 아름다운 말로 쓴 문학을 그 요건으로 들고 있다. 임화는 여기에서 작가의 국적과 언어, 독자의 문제까지 폭넓게 언급하면서 조선문학의 내용이 가져야 할 측면까지 논하고 있다.[40]

당시 문단에서 조선문학의 규정에 대한 논의가 상당히 중심 화제였음은 다음의 신문 기사에서도 확인된다. "A:「조선문학은 조선말로 씨여진 것이라야 한다」 B:「그러면 영어로 씨여진 강용흘의 제작, 일어로 씨여진 장혁주의 제작은 조선문학이 아니란 말인가」 A:「물론 그러타. 그러고 외국인의 손으로라도 그것이 조선말로 씨여젓으면 조선문학이다」 A:「그러면 그것은 그러타하고 한문으로 씨여진 우리 선인의 시문도 다 조선문학이 아니라 할 것인가」 (…중략…) 이것은 최근 어느 문인회합에서 주고받긴 담편(談片)."[41] 조선문학의 개념과 범위가 문학가들에게 계속해서 논점이 되고 있는 이유는, 앞서 살폈듯 조선어의 위상과 출판 상황의 변화에 따라 조선문단이 위기의식을 느끼면서, 조선문학의 독자성과 존립을 위한 이론적 근거를 확고히 해야 한다는 의식이 퍼져가고 있었기 때문이다. 이와 같은 문단의 정황이 더 상세하게 반영되고 있는 것은 1936년 6월 『삼천리』에서 열린 좌담회이다.

40 「설문 : 1. 금년 문단의 수확 2. 조선문학의 규정」, 『신동아』, 1935.12. 84~109면 참조.
41 「정찰기(偵察機) — 조선문학은?」, 『동아일보』, 1935.1.27.

鄭寅燮(延禧專門學校 文科敎授) : 한글어학의 운명 문제는 실로 크고도 근본문제인데 솔직하게 오늘날 현상을 말한다면 작가 측에서는 특별한 애착을 가지고 한글의 美化, 方言의 발굴 등에 정열을 퍼붓고 있지만은 한편 독자층을 생각하여 보면 한글語學物에 대한 홍미가 減退하여지고 있는 것이 사실이여요. 그 원인은 사회정세가 변하여짐에 따라 저절로 實用어, 公用語에 끄을녀 가는 点, 또 한 가지는 학교교육이 그래서 이 추세는 朝鮮出版市場에 나타난 한글출판물과 딴 곳 출판물과의 대비에서 분명하여짐니다. 그러나 이 경향이 언제까지 갈 것이냐 하는 데 대한 豫斷은 할 수 없스나 한 개의 言語脈이 그리 쉽사리 사라지는 例가 없습니다. 不得已하여서 實用語로서 사라지는 한이 잇슬지라도 古典語, 學術語로서라도 명맥을 가지고 있지요. 현재 라텐語가 이것을 설명하고 있지 안슴니까.

그런데 이 문제토의에 先行할 것은 「朝鮮文學의 定義」 규정이외다. 朝鮮文學이란 엇든 것인고 朝鮮말로 씨웟고 朝鮮사람이 썻고 朝鮮사람에게 읽히기 위하야 쓴 文學만이 朝鮮文學이냐 또는 그 사용된 言語와 人間에는 관계 없시 다만 조선의 情緖 思想, 感情만 표현된 것이면 朝鮮文學으로 볼 것이냐 하는 것이 늘 문제가 되는데 나는 여기 대하야 …… (…중략…)

徐恒錫(東亞日報 學藝部長) : 그 태도를 나도 지지함니다. 그리고 우리가 이 때에 생각할 일은 녜전에는 엄정히 말한다면 우리는 조선말은 잇섯스나 조선글은 업섯든 시기가 잇섯지요. 악가 洪起文氏 말슴 모양으로 그때는 오직 한문이 문학상 통상용어가 되엇섯지요. 그러다가 지금은 또 한편 다른 어학이 한문의 지위에 밧기워 노이지 안을가 하는 점도 고려되는데 그러나 아직은 이 문제는 그리 큰 당면의 급박한 문제는 아닐 줄 암니다. 漢文全盛時代와도 달너 지금은 훌륭한 조선 말과 글이 있스면서 문학상 用語를 그로 하지 안는다면 이것은 각자가 심히 반성할 거리인가 함니다. 이 때에 있서 우리는 다시 한번 「朝鮮文學」을 嚴正히 규정지어 제 문학을 보호, 掩護하는 문화적 노력이 있서야 할 줄 암니다.[42]

인용문에서 정인섭은 오늘날의 현상이 작가측에서는 한글 창작에 열의를 쏟고 있지만 독자측에서는 점차 한글로 된 저작에 흥미를 잃어 가고 있으며, 그 원인은 사회 정세가 변화됨에 따라 점차 공용어에 끌려가고 있다는 점, 그리고 학교교육에서 일본어가 강조되고 있다는 점, 또 조선어 출판물과 일본어 출판물의 대비가 분명해지고 있다는 점, 즉 일본어 출판물이 점차 우세해지고 있다는 점 때문이라고 한다. 여기서 일본어는 "실용어", "공용어"로, 일본 당국의 조선어에 대한 압력은 "사회 정세의 변화"로, 학교의 일본어 중심 교육은 "학교 교육이 그래서"라는 말로 우회적으로 표현되고 있다. 이와 같은 객관적 정세의 변화 속에, "조선문학의 정의 규정"의 필요성이 제기되고 있다. 조선어로 조선인 작가가 조선인에게 읽히기 위해 쓴 것만이 조선문학인가, 아니면 언어나 작가, 독자의 문제는 상관없이 조선의 사상과 감정만 표현하면 조선문학이 될 것인가가 늘 문제가 된다는 것이다.

객관적 조건이 변화함에 따라 조선문학의 규정이 필요해진다는 견해는 이어지는 서항석의 논의에서도 엿볼 수 있다. 그는 "다른 어학이 한문의 지위에 밧기워 노이지 안을가 하는 점도 고려"된다는 것, 즉 과거에 한문이 문학상의 통상 용어였던 것처럼 이제는 일본어가 문학상의 용어가 될 수도 있다는 점을 인식하고 있다. 이때 "조선문학을 엄정히 규정"짓는다는 문제는 일본어가 공용화되어 조선어를 대체하고, 조선문학이 위상 변화를 겪고 있는 현실 속에서 "제 문학을 보호, 엄호하는 문화적 노력"의 차원과 연관되는 일이 된다.

앞서 인용한 김동인의 발언과 위의 서항석의 발언에서 볼 수 있듯, 당시 조선문학의 규정을 둘러싸고 떠오른 또 다른 문제는 한문문학과

---

42 「문예운동의 모태인 한글어학의 장래를 위한 대책여하」, 『삼천리』 8권 6호, 1936.6, 230~232면; 국사편찬위원회 한국사데이터베이스 한국근현대잡지자료.

조선문학의 관계였다.

> 지금 한편에서는 朝鮮語 卽 正音으로 記錄된 作品만을 朝鮮文學이라고 主張하고 또 다른 한편에서는 어떤 文字로 記錄되얏든지, 즉 朝鮮人이 맨든 作品을 모도다 朝鮮文學이라고 固執한다. 그래서 우리 祖上들이 漢子로 表現하야 노흔 一切의 作品을 노코서도 朝鮮文學이라거니 아니라거니 서로 다투고 잇다. (…중략…) 要컨대 朝鮮語의 文學만이 朝鮮文學이냐? 朝鮮人의 文學이 모도다 朝鮮文學이냐? 朝鮮文學이란 말은 그 中間 語字의 省略으로도 보겟지만 人字의 省略으로도 못 볼 것이 아닌 즉 本來 兩義로 쓰이는 말이라고 생각된다.[43]

홍기문은 인용문에서 조선어로 된 문학만을 조선문학이라 할 것인가, 조선인의 문학 즉 한문으로 된 과거의 문학까지 조선문학이라 할 것인가, 문학가들이 서로 다투고 있다고 지적하고 있다. 조선문학의 개념 규정 및 조선문학사의 범주를 결정하는 데에 어문학자들의 논의가 갈라지고 있음을 알 수 있다. 홍기문이 "논쟁하는 그 이면에는 실상 용어에 대한 정의 이외 일종의 감정이 작용하고 잇지 안흐냐 한편에는 상고주의에 의한 한문학의 애착심 또 한편에는 사이비 애국주의에 의한 배타심 이 두 감정이 서로 충돌되는 것이 아니냐?"[44]고 언급한 것처럼, 조선문학의 개념 규정 문제에는 상고주의 즉 한문학을 조선문학의 영역 안에 인정하는 전통론자와 조선어로 된 문학만을 조선문학으로 취급하는 논자들의 대립이 개재되어 있었다. 홍기문은 조선어로 된 문학만을 조선문학이라 생각하는 이들이 조선문학의 역사를 역사 그 자

43 홍기문, 「조선문학의 양의(兩義)-조선어 문학과 조선문학인」, 『조선일보』, 1934.10.28.
44 홍기문, 「조선문학의 양의-조선의 한문학은 곳 양반문학」, 『조선일보』, 1934.11.6.

체로 보지 못하는 것이라 주장한다. 조선어 문학을 협의의 조선문학으로 구별한다고 하더라도 조선 한문학은 조선의 민족문학으로 인정해야 한다는 견해를 펼치고 있는 것이다.

한문학을 민족문학으로 인정해야 한다는 홍기문조차 협의의 조선문학과 더 넓은 조선문학을 구분하여, 조선어문학의 영역을 따로 할당하고 있는 것을 볼 수 있다. 홍기문의 글에서 보이듯 조선어로 된 문학만을 조선문학이라 규정해야 한다는 견해는 당시 조선문단에서 상당히 지지를 얻고 있었다. 이러한 견해를 가장 강력한 어조로 피력하고 있는 이는 이광수였다.

> 그러나 이 教授가 아직도 엇던 國民文學의 基礎要件이 그 國文이라는 原理를 깨닷기에는 前途遼遠한 모양이다. 그의 가엽시도 어리석은 머리는 九雲夢은 朝鮮人이 쓴 文學이니 朝鮮文學이라고 推理하는 모양이다. 文學은 決코 그 作者의 國籍을 쌀아 어는 國文學에 屬하는 것이 아니요 오직 그 쓰이어진 國文을 쌀아 어느 國籍에 屬하는 것이다. 말하자면 文學의 國籍은 屬地도 아니요 屬人(作者)도 아니요 屬文(國文)이다. (…중략…) 그러면 九雲夢은 어느 나라 文學인가? 그것은 毋論 지나문학이다. 그 取材가 支那에서라 하야 支那文學이 아니라 그 文이 支那文이기 때문에 支那文學이다. 다만 作者가 朝鮮人일 따름이다.[45]

국민문학의 기초 요건은 "국문"이며 문학의 국적은 "속지"나 "속인"이 아니라 "속문"이 되어야 한다는 이광수의 견해는, 홍기문의 글에서 언급했던 조선문학과 한문학을 둘러싼 문학자들의 견해차가 어떠했는지에 대한 실상을 보여 준다. 이광수는 경성제국대학 조선어문학과

---

45 이광수, 「조선문학의 개념」, 『신생』 1권 2호, 1929.1, 6면.

의 강의용 교과서로 『격몽비결』이 사용되고 있는 데 강한 불만을 표명하였고, 이 불만은 교재가 『구운몽』으로 바뀌었어도 마찬가지였다. 작자는 조선인이었지만 "그 쓰이어진 국문을 따라 어느 국적에 속하는 것"인지가 결정되므로, 『구운몽』은 "지나문학"이기 때문이다. 그는 이어 타골이 영어로 쓴 작품은 영문학에 인도어로 쓴 작품은 인도문학에 속하듯, 허난설헌의 시를 포함해 한문으로 쓰인 모든 문학이 "지나문학"이며 반대로 조선문으로 번역된 『삼국지』, 『수호지』, 『해왕성』, 『부활』 같은 것들이 도리어 조선문학이라 말한다.

이와 같은 이광수의 발언은 앞서 인용하였던 김동인이나 홍기문, 임화 등의 반대 의견을 불러 일으켰다. 조선문단에 수차례 제기되었던 조선문학의 규정 문제에 대한 문학자들의 견해와 여기에 등장한 논점을 가장 잘 정리하여 대대적으로 설문 조사가 이루어진 것은 1936년 8월에 간행된 『삼천리』의 지면이었다.

> 大體로 定說대로 쏫는다면 朝鮮文學이 되자면 依例히
>
> A, 朝鮮 「글」로 B, 朝鮮 「사람」이 C, 朝鮮 사람에게 「읽히우기」 爲하야 쓴 것만이 完全한 朝鮮文學이 될 것이외다. 그러타면 逆說 몃 가지를 들어 보겟습니다.
>
> A, 朴燕岩의 「熱河日記」 一然禪師의 「三國遺事等」 等等은 그 씨운 文字가 漢文이니까 朝鮮文學이 아닐가요? 또 印度 타－골은 「新月, 씨탄자리」 等을 英文으로 發表햇고 「씽그, 그레고리, 이에츠」도 그 作品을 英文으로 발표햇건만 타－골의 文學은 印度文學으로, 이에츠의 文學은 愛蘭문학으로 보는 듯합데다. 이러한 境遇에 文學과 文字의 規定을 엇더케 지어야 올켓습니까.
>
> B, 作家가 「朝鮮 사람」에게 꼭 限하여야 한다면 中西伊之助의 朝鮮人의 思想感情을 基調로 하여 쓴 「汝等の背后より」라든지 그 밧게 이러한 類의

文學은 더 一顧할것 업시「朝鮮文學」에서 除去하여야 올켓습니까.

C, 朝鮮 사람에게「읽히우기」爲하야 써야 한다면 張赫宙씨가 東京文壇에 屢屢 發表하는 그 作品과 英米人에게 읽히우기를 主眼삼고 쓴 姜용걸[흘]氏의「草家집」등은 모도 朝鮮文學이 아닙니까, 그러타면 또 朝鮮 사람에게 읽히우기 爲하야, 朝鮮 글로 훌융히 씨워진 저「九雲夢」「謝氏南征記」등은 朝鮮文學이라고 볼 것입니까.

스사로 自問自答하여 주시면서 여러 가지 境遇의 引例를 들어,「朝鮮文學」의 規定을 내려주시압소서, 이것이, 不快하고 雜然한 雰圍氣에 싸어잇는 混雜된 現下 朝鮮文壇의 중대한 淸黨運動이 될 줄 아옵기 再三考慮를 바라는 바외다.[46]

그동안 제기되어 왔던 조선문학의 규정과 관련된 논점이 상세하게 제시되어 있는 이 설문에는 이광수, 박영희, 염상섭, 김광섭, 장혁주, 서항석, 이헌구, 이병기, 박종화, 임화, 김억, 이태준 등의 문학가들이 답하고 있다. 이 설문에 대한 문학가들의 답을 보면, 매우 복잡한 방식으로 조선문학의 개념 정의가 갈라지고 있다.

이광수는 조선어로 쓰여진 문학만 조선문학이 될 수 있다는 견해를 통해『열하일기』와『삼국유사』는 지나 문학에 속하며 조선어로 번역된『삼국지』와『수호지』등이 오히려 조선문학의 범주에 들어올 수 있다는 견해를 다시 한 번 폈다.[47] 이광수의 견해와 입장을 같이 하는 예로 김광섭, 이헌구 등의 견해를 들 수 있으나 사정이 같지는 않다. 김광섭은『열하일기』와『삼국유사』는 조선에 있어서의 한문학사 영역에 속하며 타골은 인도어로 표현한 후 이를 널리 알리기 위해 영어로 쓴

46 「'조선문학'의 정의 이러케 규정하려 한다!」,『삼천리』, 1936.8, 82면. 본문 안의 '강용걸'은 '강용흘'의 오자로 보인다.

47 이광수,「「조선문학」의 개념」, 위의 책, 83~84면.

것이므로 인도문학으로 볼 수 있으나, 민족이나 문학적 자주성의 입장에서는 순수한 인도문학이 될 수 없으며 이는 예이츠의 경우에도 마찬가지라고 말하고 있다.[48] 이태준은 『열하일기』나 『구운몽』은 조선문학사의 영역에서 처리할 문제이므로 논외이지만, 한글이 유일한 글로 인정된 시대인 근대 이후로부터는 반드시 조선어로 써야만 조선문학이 되며, 이는 외국인이 조선어로 써도 마찬가지라 논한다.[49]

이에 비해 박영희, 서항석, 박종화, 임화 등은 조선에 글이 없었던 과거의 경우는 조선문학사의 특수한 영역으로 인정해야 한다는 점을 말하고 있다. 박영희, 서항석, 박종화 등은 현재에 있어서는 조선어로 써야만 조선문학이 될 수 있다는 점에 대해서는 동의하고 있는 것으로 보이는데, 박영희는 조선사람이 읽을 수 있어야 조선문학이며, 장혁주는 동경문단에 발표하고 있으므로 이중문단의 작가이지만, 그 작품이 조선문학의 영역이라고는 보기 어렵다고 답변하고 있다.[50] 서항석도 이와 비슷한 견해를 보이고 있고 박종화는 『구운몽』은 조선문학이지만 『사씨남정기』의 경우 번역문학에 가깝다고 말하였다.[51] 임화는 조선문학의 역사적 조건을 살펴야 한다고 강조하면서 장혁주는 조선문학에 포함시킬 수 있는데, 이는 내용적 측면이 조선문학의 특수성을 지녀야 하기 때문이라는 것이다.[52]

한편 염상섭은 작가의 문제와 내용의 문제가 중요하며 언어는 제이차적이라는 논점을 펼치고 있는데, 조선의 작품을 번역한다고 해서 그것이 외국의 문학이 될 수 없다는 점을 들어 이를 설명하고 있다.[53] 설

48 김광섭, 「언어에서 규정된다」, 위의 책, 85~86면.
49 이태준, 「한글문학만이 「조선문학」」, 위의 책, 98면.
50 박영희, 「조선 사람 읽을 것만이」, 위의 책, 84면.
51 서항석, 「아관(我觀) 「조선문학」」, 위의 책, 87~90면; 박월탄, 「조선 사람에게 「읽히움에」」, 위의 책, 93~94면.
52 임화, 「객관적 사정에 의하야 규정된다」, 위의 책, 94~96면.

문에서 예시 작가로 등장하기도 했던 장혁주는 설문에 답하면서 특이하게도 훨씬 엄격한 규정을 펼치고 있는데, 조선글로 조선인이 조선독자를 목표로 했을 뿐 아니라 조선을 제재로 다루어야만 정통적인 조선문학이 될 수 있다고 말하였다.[54] 이병기는 순수한 조선문학과 광범한 조선문학의 범주를 나누어야 할 것을 주장했고,[55] 김억 또한 국민문학과 세계문학의 구도에서 순수한 조선문학과 일반적 조선문학의 경우를 나누어 생각해야 한다고 말했다.[56]

조선문학의 정의에 대한 문학가들의 답변을 통해 조선문학의 개념 규정을 둘러싸고 조선문학의 과거와 현재, 미래에 대한 여러 가지 논점들이 떠오르고 있다. 조선문학 규정 문제의 핵심을 이루는 것은 언어, 즉 조선어의 문제이다. 이 언어의 문제는 조선인 작가의 해외 문단 진출 그 중에서도 특히 일본어 창작 문제와 관련되어 있으나, 또한 조선문학의 과거인 한문문학과의 관계와도 얽혀 있다. 한문문학과 조선문학의 관계에 대한 답변을 통해 문학가들은 조선문학의 역사와 연속성에 대한 자신의 입장을 표명해야 할 것을 요구받고 있다. 설문에서 제시한 문제들에 맞닥뜨리면서, 작가들은 문제의 규정이 그리 간단치 않음을 실감하고 있다. 조선문학의 역사성과 특수성, 현실적으로 변화하고 있는 조선어 창작환경에 대한 인식, 조선문학이 그 고유한 내용으로 가져야 할 요소, 조선문학을 수용하는 독자층에 대한 고려, 조선문학과 세계문학의 관계 등이 복합적으로 이 문제에 작용하고 있는 것이다.

임화의 견해와 마찬가지로 유진오는 장혁주의 작품을 조선문단에서 퇴출시키는 것은 옳지 않으며, 그의 일본어 작품 또한 조선적 정감

53 염상섭, 「언어는 제이차적」, 위의 책, 84~85면.
54 장혁주, 「조선을 제재(題材)한 것이여야」, 위의 책, 86~87면.
55 이병기, 「조선문학을 두 가지로 규정」, 위의 책, 93면.
56 김안서, 「조선문학의 정의」, 위의 책, 96~98면.

을 가지고 조선인의 생활을 그린 것이므로 조선문학총서에는 꼭 번역해서 넣어야 한다고 주장하였다.[57] 그렇다면 창작 언어라는 형식의 문제 외에도 조선문학의 내용으로, 진정한 의미의 조선적 정감이나 조선인의 생활이 무엇인가에 대해서도 고려해야 한다. 조선문학의 규정 문제는 이처럼 조선문학의 제요소와 방향성에 대한 문학가들의 관심과 입장을 촉구하였다. 이 과정을 통해 조선의 문학인들은 조선문학의 역사와 현재를 진단하고, 고유한 역사를 지닌 독립된 의미의 국민문학으로서 조선문학을 건설할 필요성과 조선문학이 나아갈 방향에 대해 모색하는 문제가 중요하다는 점을 인식하게 된다.

2) 조선문학의 독자성과 조선어

일본 당국의 조선문단에 대한 관리와 통제 속에 일본어 사용이 증대되고 교육 및 출판 상황의 변화에 따라 조선어의 위상이 하락하면서, 조선문학을 규정하려는 문단의 움직임은 눈에 띄게 활발해진다. 이때 조선문학의 범주와 개념을 규정하는 일은, 조선어와 조선문학의 위기를 체감하며 그 독자성을 재인식하고 수립하려는 조선문단의 자구책의 일환이기도 하였다. 조선문학의 독자성을 규정하기 위해, 조선의 문학가들은 우선 독립된 국민문학으로서 조선문학이 갖추어야 할 조건에 대해 고찰하게 된다. 국민문학으로서 조선문학이 지녀야 할 요건에 대해서는 1930년대 이전에도 종종 언급된 바 있었다. 가령 "전민족적으로 존재의 의의가 잇는 생활을 향유한 그 민족에게는 반듯이 존재의 의미가 잇는 특수한 문학을 가젓스니 로서아에는 노문학이 잇고 영

57 유진오, 앞의 글.

국에 영문학이 잇고 애란에 애란문학이 잇고 파란에 파란문학이 잇고 불국, 독일에 불문학, 독문학이 다 각각 잇는 것"은 당연하고 따라서 "조선민족도 존재의 의의 잇는 생활을 향유한다면 조선의 특색을 띈 조선문학을 아니 가지지 못할 것"[58]이라는 일반적인 의미에서의 국민문학의 필요는 공히 인정되고 있었다. 그런데 그 "조선의 특색"이라는 것이 무엇인가에 대해 규정하려는 문학가들의 담론이 점차 확산되고 있었다.

> 이제 朝鮮文學이란 것이 다른 國民文學과 獨立的 存在를 가진 以上에는 그에 獨特한 特質이 있어야 할 것이다. 그 特質을 論함은 이 글월의 本旨가 아닌즉 仔細히 들어갈 必要가 없거니와 여긔에서 다만 말하여 두어야 할 것은 朝鮮文學의 內容인 思想 感情은 朝鮮民族의 思想 感情이라야 할 것이오 朝鮮文學의 外形인 言語 文字는 朝鮮의 言語 文字라야 할 것이다 하는 말이다. (…중략…) 朝鮮文學은 朝鮮말로써 들어나야 하며 朝鮮글로써 적히어야 한다. 이런 말은 넘우 平凡하여 얼른 보면 無意味한 소리인 듯 하지마는 나는 이 平凡한 소리를 意味 있게 보며 意味 있게 말하고자 하는 바이다.[59]

이 글에서 조선의 문학은 다른 국민문학과는 구별되는 존재로서 독립적일 것을 요구받고 있다. 이때 조선문학의 "독특한 특질"이 필요하다는 문제의식이 제기되는데, 그 독특한 특질을 규정하기 위해 조선문학의 내용과 외형, 즉 형식에 관한 질문이 필요하다. 조선문학의 내용과 형식을 규정하는 요소로 최현배는 "조선 민족의 사상 감정"과 "조선의 언어 문자"를 들고 있다. "이 평범한 소리를 의미 있게 보며 의미 있

58 「조선문학 수립과 문인의 사명」, 『동아일보』, 1929.4.29.
59 최현배, 「조선문학과 조선어(1)」, 『신생』, 1929.3, 8면.

게 말하고자 하는" 최현배의 문제의식은, "조선의 언어 문자"에 대한 중요성을 역설하고 문학자들의 관심과 노력을 촉구하려는 의도에서 나온 것이었다. 조선의 언어와 문자의 중요성을 환기하고 있는 최현배의 의도는 민족어문을 통한 민족문학의 수립이라는 어문민족주의적 지향과 닿아 있었다.[60] 조선문학의 개념을 묻는 설문에 대한 여러 문학가들의 답변에서, 조선어의 문제가 가장 핵심적인 문제로 떠오르는 것 또한 이와 같은 어문민족주의적 지향이 조선어와 조선문학의 독자성을 보존하려는 문단의 움직임 속에 구체화되고 있었기 때문이다.

이광수는 한문문학의 전통을 조선문학사에서 배제하고, 조선어로 번역된 『수호지』, 『삼국지』 등을 조선문학의 범주에 포함시키고 있었다. 일견 극단적으로 보이는 이광수의 조선문학에 대한 규정은 이러한 어문민족주의적 흐름 속에 상당한 지지를 얻었다. 그러나 조선문학의 영역에서 한문학을 배제하려는 이광수의 견해는 위에서 언급된 최현배 등의 어문민족주의적 지향과는 방향을 달리 한다.

이광수가 "참 의미의 조선문학이 발달할 조건도 구비하엿건만 그 주릴할 한학에 짐독(鴆讀)이 되어 심지여 환부역조(換父易祖)까지 하려는 고맙지도 아니한 가명인(假明人) 홍유(鴻儒)와 거벽(巨擘)들이 배출하니 조선의 문학은 조선의 민족혼과 함께 맒아버리고 말았다"[61]라고 격한 논조로 말할 때 "주릴할 한학"은 이광수가 부정했던 조선의 과오, 즉 사대주의적 역사를 대표한다. 「문학의 가치」[62]나 「문학이란 하오」[63]에서 서구적 근대문학의 개념을 빌어 조선의 신문학을 상상했던 그는, "조선

---

60 문학자와 어학자들의 조선어를 중심으로 한 조선문학의 규정이 가진 어문민족주의의 성격에 관해서는 문혜윤, 『문학어의 근대―조선어로 글을 쓴다는 것』, 소명출판, 2008, 126～132면 참조.

61 이광수, 「조선문학의 개념」, 『신생』 1권 2호, 1929.1, 7면.

62 이보경, 「문학의 가치」, 『대한흥학보』 11호, 1910.3, 14～18면.

63 이광수, 「문학이란 하(何)오」, 『매일신보』, 1916.11.10～11.23.

의 '문학'적 기원을 소거시킬 수 있는 방안으로 '문학'을 문자중심주의나 속어주의와 결탁시키는 선택"[64]을 조선문학의 개념 규정에도 지속하고 있다. 따라서 그의 문자 중심주의는 조선문학의 역사성과 고유성을 온존히 하여 민족문학으로서의 조선문학을 건설하려는 어문민족주의의 심리보다는, 조선문학의 연속성을 배제함으로써 근대적 의미의 신문학을 수립하려는 국민문학에 대한 이상에서 비롯된 것이었다.

조선어를 개화와 문명의 수단으로 생각하고 한문을 거기에 방해가 되는 요인으로 바라보는 관점은, 근대계몽기 이래 지식인들 사이에 널리 퍼져 있었다.[65] 그런데 한문문학의 전통을 조선문학사에서 배제하는 데 대한 재론의 필요성이 제기되면서, 이광수 등이 펼쳤던 속문주의에 따른 조선문학의 규정에 대한 반론이 등장하기 시작한다. 조선문학의 역사성에 대해 재인식하고 이를 바탕으로 조선문학사의 연속성을 구상하려 했던 문학가들의 입장이 차츰 평론이나 문학사 서술, 전통 연구 등의 형태로 활발해지고 있었기 때문이다. 조선문학의 개념 문제를 둘러싸고 갑론을박이 오가는 와중에서, 각종 매체의 설문에 응답하고 논쟁을 벌이면서 문학자들은 자신의 입장을 구체화시켜 나갈 수 있었다. 동시에 국민문학으로서 조선문학의 위치와 현실을 정확히 규정하고 조선문학의 미래를 전망하려는 시도들도 눈에 띄게 증가한다. 이와 같은 조선문단의 시도와 당시 거기에 부응했던 저널리즘은 조선문학의 현단계와 조선문학의 수립, 조선문학의 건설과 같은 제목

64 이경돈, 「근대문학의 이념과 문학의 관습－「문학이란 하오」와 『조선의 문학』을 중심으로」, 『민족문학사연구』 26, 민족문학사학회, 2004, 239면.

65 다음의 논의를 참조할 수 있다. "국문을 개화・문명의 수단으로 사고하는 한편 한문은 그에 대척적인 것으로 바라본다. '한문'은 개화・개명의 장애물로 인식되고 있다. 이에 한문폐기론이 제창된 것이다. 윤치호가 한문의 본고장에 대해 적대감을 표시했던 것과 통하고 있다. 한문고수론이 서양을 금수로 치부하는 관점과 연계되어 있음에 반해 한문폐기론은 동양전통과의 결별을 뜻하였다". 임형택, 「근대계몽기 국한문체의 발전과 위상」, 『한국문학사의 논리와 체계』, 창작과비평사, 2002, 409면.

을 내거는 특집을 마련하였다.

1935년 신년특집으로 『조선중앙일보』는 「사회여 문단에도 일고(一顧)를 보내라: 우리들에겐 생활이 없다!―작가들은 드되어 전조선에 호소함」이라는 거창한 제명을 단 기획을 연재한다. 이 기획은 여러 문학가들의 글을 통해 문단 부흥책을 논하는 한편, 조선문학의 침체 상황에 대한 사회의 관심을 촉구하고 조선문학의 발전을 위한 대안을 강구하고 있다. 『조선중앙일보』의 특집은 침체된 조선문예를 부흥시켜야 한다는 상당히 소박한 차원의 당위적인 의도에서 나온 것이었다. 같은 해 신년특집으로 『조선일보』는 「조선문학의 재건설」이라는 기획을 마련한다. "작가, 비평가, 문학 연구가 제씨의 고견"을 들어 "건설도상의 조선문학"에 기여하려고 한다는 기획의도를 밝히고 있다.[66] 동시에 「조선 고전문학의 검토」라는 특집도 연재하기 시작한다. 『동아일보』 역시 1935년 1월 1일 「조선문학의 독자성―특질의 구명과 현상의 검토」라는 신년특집을 마련하였다. 이 특집은 "조선문학은 어떤 문학이어야 할까. 조선문학이 본질적으로 가지고 잇는 특징은 무엇이며 금일과 및 금후의 조선문학은 현재의 모든 정세 밑에서 또 내외의 왼갖 영향 아래서 어떠케 그것들을 순응, 반영하고 섭취, 흡수하면서 그 독자적인 것의 형성을 꾀할 것인가?"라고 기획의도를 밝히고 있다.[67]

66 특집은 논의의 범주를 1. 작가 교양 문제 2. 작가 생활 문제 3. 해외문학 수입 문제 4. 비평가의 존부(存否) 문제 5. 문단 파별(派別) 문제 등으로 제시하고 있다. 이 특집에는 박화성, 최재서, 장혁주, 김태준의 글이 게재되고 뒤이어 계속해서 최정희, 김동명, 조희순, 모윤숙 등의 글들이 실린다. 게재된 글들의 제목을 일별하면 다음과 같다. 1월 1일자에 실린 글들로는 박화성, 「작가 교양의 의의」; 최재서, 「조선문학과 비평의 임무」; 장혁주, 「해외문학 수입의 필요」; 김태준, 「문단파별(派別)의 의의」. 이어 1월 2일에는 최정희, 「조선문학 발전을 위해서 비평의 임무를 자각하라」; 1월 3일자 김동명, 「작가와 교양 문제」; 1월 5일자 조희순, 「외국문학 수입의 당면성과 외국문학 소개의 태도」; 1월 9일자 모윤숙, 「작가 교양에 대하야」 등.

67 이에 대한 문학자들의 응답은 다음과 같다. 정인섭, 「현문단의 제분야와 조선문학의 특질」; 현민, 「당래(當來) 문학의 특징은 침통(沈痛)의 일색(一色)일까」; 김태준, 「우

이어서 1월 3일에서 1월 6일까지 다시 3월 6일에서 3월 23일까지 「건설기의 민족문학—범례를 각국에 찾어서」라는 특집 아래 아일랜드(김광섭), 프랑스(이헌구), 러시아(하인리), 미국(이하윤), 독일(서항석) 등의 민족문학의 수립 과정을 소개하고 그 의의를 논하는 연재를 게재하였다.

당시 조선문단의 추이를 민감하게 반영하던 각 신문의 학예면들이 1935년의 신년 특집으로 각각 조선문학의 발전과 건설, 민족문학의 수립 등에 관한 장기 연재를 기획하고 있는 것은 단순한 학예면의 신년 특집을 넘어서고 있는 움직임이었다. 이 특집들은, 카프 해산 등의 이유로 침체의 분위기가 만연했던 조선문단을 혁신하고 이를 전환의 기점으로 삼아 새로운 조선문학의 방향성을 타진하고자 했던 당시의 경향을 반영하고 있다. 이 속에는 뚜렷한 내용을 담보하지 못한 채 선언적이거나 계도적인 면에 치우친 글, 당시의 문단 정세에 대한 촌평 등에 그친 글들도 존재했다. 그럼에도 이 특집과 연재들은 조선문학이 전환과 혁신의 기점에 서 있다는 점, 그리고 조선문학의 건설책과 방향에 대한 관심을 문학자들에게 뚜렷이 환기시키고 있었다.

조선이 신문학을 추구한 이래 근대적 문학의 내용과 형식을 갖추어 가고 있었다고 여겨지던 1930년대 중반의 시점에서, 조선문학의 재건설이 논의되었던 저널리즘과 문단의 분위기는 의미심장하다. 해외 문학의 소개를 기획하면서도 특정한 문예 사조에 대한 수입보다는, 민족문학 또는 국민문학의 수립과정에 대한 고찰을 통해 조선문학의 건설과 수립 방향에 대한 범례를 얻고자 하는 의도가 상당히 일관되게 작용하고 있었다.

국민문학으로서 조선문학이 지녀야 할 독자성이 무엇이고 그 방향성은 어떠해야 하는지에 대한 문제를 중심으로 제기되었던 담론들의

리 문학의 회고」.

논점을 일목요연하게 정리해서 보여주고 있는 것은 『동아일보』의 특집이었다. 『동아일보』는 조선문학의 독자성과 특질을 구명하고 현상을 검토하기 위해 1. 시간적 인식 분야, 2. 공간적 인식 분야, 3. 중추적 인식분야 세 가지로 질문의 범주를 나누었다. 각각의 범주에 따라 시간적 인식 분야에서는 ① 조선문학의 본질론을 통해 과거의 사적 사실에 비추어 본 특질을 발견하고, ② 조선문학의 현상론을 통해 현재의 문단을 진단 비판하고, ③ 조선문학의 당위론을 통해 장차 어떠한 역할을 해야 할 것인가를 묻고 있다. 공간적 인식 분야에서는 ① 조선의 특수성 즉 민족성에 대해, ② 외국문화 수입 즉 외국 문학의 연구와 섭취를 통한 조선문학의 발전, ③ 세계문학론 즉 성립된 조선문학을 세계적 수준에서 번역하고 수출하는 문제를 제기하고 있다. 중추적 인식분야에서는 ① 예술본질론을 통해 조선문학도 역시 예술적 특질을 구비해야 될 일반적 원칙에 관한 문제, ② 문자 표상 문제를 통해 조선문학의 표현 형식에 관한 것과 문학사 내포 범주, ③ 인생관을 통해 조선문학의 내용에 속한 이데올로기 문제를 탐구하는 것에 관한 질문을 던지고 있다.[68]

당시 특집과 기획 연재, 문학가들의 개별적인 글들을 통해 논의되고 있던 조선문학 관련 담론들의 범주가 잘 드러나 있는 이 기획 의도에 몇몇의 문학가들이 답했지만 모든 문제에 대한 총괄적이고 체계적인 답변을 한 것은 아니었다. 그러나 위의 질문이 내포하고 있는 조선문학의 독자성을 규명하기 위한 시도와 방향 제시는 조선문단에 파장을 지녔다. 특히 이와 같은 담론이 창작자들에게 조선문학의 독자성을 구현하기 위한 노력을 촉구하고 있었다는 점은 중요하다.

> 洪曉民 : 朝鮮말로 썻다면 거기에 벌서 獨自性이 잇지 않습니까.

68 「조선문학의 독자성－특질의 구명과 현상의 검토」, 『동아일보』, 1935.1.1.

徐恒錫 : 朝鮮말로 쓴 것이라고 모두 朝鮮文學의 獨自性이 있지는 않겠지오.

鄭寅燮 : 朝鮮文學의 獨自性이라면 民族的 要素라든가 地理的 要素 같은 것이 그 獨自性이겠지오. 그러나 民族主義文學은 아닙[니]다.

鄭芝溶 : 어떤 民族이 文學을 所有했다면 벌서 거기에 獨自性이 생기는 것입니다. 그러니까 우리 文學의 獨自性이라면 過去 우리의 古代 文學을 探求함은 될지언정 카프에 一任한다는 것은 危險千萬한 일이다.

徐恒錫 : 地理的 關係가 크겠지요. 그래서 自然 우리 文學 속에는 古今을 勿論하고 哀調를 많이 띠게 됩니다. (…중략…)

鄭芝溶 : 世界 各國 文學의 獨自性을 比較해 본다면 自然 알 수 있겠지오. (…중략…) 春香傳이 悲劇이기는 하면서도 痛快味 있는 明朗性이 있습니다. 그러나 이것은 革命 前 露西亞의 멜랑코리와는 다르다고 봅니다.

鄭寅燮 : 이데오로기의 獨自性을 要求하는 겝니까.

李無影 : 그것은 어려울 것 같습니다. 다만 우리는 여기에서 朝鮮文學의 獨自性이 어디 있느냐를 밝히어서 以後 작가들이 作品行動에 도움이 되게 하려는 것이지오. 柳致眞씨 말슴 좀 하시지오.

柳致眞 : 勿論 한입으로 이것이 우리 文學의 獨自性이라고 내세울 수는 없을 겝니다. 그러나 植民地 百姓들의 生活을 그리는 데 獨自性이 있지 않을까요.[69]

조선문학의 독자성을 규명하고 추구해 나가야 한다는 전제는 많은 문학인들에게 동감을 얻었음에도, 그에 대한 응답이 그리 쉬운 것은 아니었음을 위의 좌담회는 보여 준다. 홍효민의 말이 서항석에게 반박 당하고는 있지만, 조선어로 쓴 것이 조선문학의 독자성을 구성한다는 점

69 「조선문학 건설을 위한 문예좌담회」, 『신동아』 5권 9호, 1935.9, 114면.

은 일종의 근본 조건으로 인식되고 있었다. 형식적인 문제뿐만 아니라 내용적인 차원까지 소급될 수 있는 조선어에 관한 문제에 대해 이 좌담회에서는 깊이 있는 논의를 진전시키지 못하지만, 이후 조선문학의 독자성이나 특질과 관련하여 조선어 문제는 더욱 중요하게 논의된다.

정인섭과 정지용의 발언은 당시 조선문학의 방향성이나 문단의 헤게모니를 둘러싼 문학가들의 시각을 보여 준다. 정인섭의 민족주의 문학에 대한 부정적인 견해에 정지용이 카프에 대한 논의를 꺼내는 것은 느닷없어 보이지만, 당시 조선문학의 방향과 주류를 담당할 주역으로서 민족주의 진영과 계급주의 진영의 입장 차이가 존재하고 있었던 점을 시사한다. 정지용은 과거 우리의 문학 유산을 탐구하는 것이 조선문학의 독자성을 찾는 일과 연관된다는 점을 강조하며, 당시 유행하고 있었던 고전 탐구와 전통론을 옹호하는 입장에 서고 있다. "세계 각국 문학의 독자성을 비교해 본다면" 조선문학의 독자성을 알게 된다는 정지용의 발언은 소극적인 자세이다. 하지만 외국문학의 섭취가 보편문학이나 근대문학의 규범을 받아들이기 위해서가 아니라, 조선문학의 독자성 수립을 위한 방향에서 이루어져야 한다고 여기고 있는 점은 예전과는 달라진 문단의 분위기를 반영한다.

유치진은 정인섭이 언급한 이데올로기의 독자성과 관련하여 조선문학의 내용적 특질에 대한 답변을 하고 있다. 장혁주의 일본어 작품에 대한 담론이나 당시 부상하고 있던 '조선적인 것'에 대한 논의의 와중에서, '조선색'이나 '조선정조'의 실체는 제대로 규명된 바 없었다. 유치진의 지적은 그것이 문학작품에서 의미하는 바에 대하여 간단하나마 핵심적인 문제를 제기하고 있다. 조선의 정조나 조선적인 특질이 '애조', '음울', '멜랑콜리'에 있다고 보는 문학가들의 견해와, 여기에 논박하며 '쾌활'과 '명랑성'을 드는 정지용의 견해는 양측 다 '감정'이라는 속성에 의거한 주관적인 잣대를 보여 준다.[70] 이에 반해 유치진은 결국 식민지적 현실을 바탕으로 한 작품을 창작하는 것, 즉 식민지 백성의 생활을 그려내는 것이 조선문학의 독자성을 규정한다고 지적하고 있다. 유치진의 답변에서, 조선문학의 독자성을 규명하는 작업은 조선문학의 과거를 인식하는 것이기도 하지만, 조선문학이 처해 있는 현실의 객관적 정세에 기초할 때 가능해진다는 점을 알 수 있다. 따라서 명랑성을 조장시키는 방향으로 작가들이 창작할 것을 요구하는 엄흥섭 등의 발언보다, 현실에 기초한 유치진의 발언이 더 구체적이다.[71]

조선문학의 특질과 독자성을 논하는 좌담과 기획을 통해, 문학가들이 지니고 있던 조선문학의 방향성에 관한 인식과 입장 차이는 점차 뚜렷해진다. 이러한 입장 차에 대한 확인은, 문학가들 자신의 창작 방향을 수립하는 데 역할을 하고 있었다. "우리는 여기에서 조선문학의 독자성이 어디 있느냐를 밝히어서 이후 작가들이 작품행동에 도움이 되게 하려는 것"이라는 이무영의 견해에서처럼 이와 같은 담론이 작가들의 작품 활동과 창작 방향을 설정하는 데 개입하고 있는 것이다.

> ① 어느 나라의 文學이라 함에는 그 나라의 文으로 쓰이기를 基礎條件으로 삼는 것이나. 支那文學이 漢文으로 쓰이고 英文學은 英文으로 日本文學은 日本文으로 쓰이는 것은 元享[亨]利貞이다. 만일 日本文學이 獨逸語

---

70 이러한 규정은, 일본의 조선학 연구가들이 조선문학의 특성을 규정하며 논하였던 민족성론과 비슷한 인식체계를 드러낸 것은 아닌지 생각해 볼 여지가 있다. 식민지 조선학이 지닌 오리엔탈리즘의 속성과 이에 대한 조선 문학가들의 동조에 관해서는 구인모, 「한국근대시의 이상과 허상－1920년대 '국민문학'의 논리」, 소명출판, 2008, 139~146면 참조.

71 이 좌담에서 유치진의 논의는 더 이상 전개되지 못하는데, 이에 대해 천정환은 사회자가 문제의 핵심소재를 알고 있으면서도 피해간 것이라 지적하고 있다. 천정환, 앞의 책, 259면. 정인섭의 "그러나 우리의 독자성은 모든 객관적 정세가 용허하지 않은 한 충분히 발휘할 수는 없을 것입니다"와 같은 말이 암시하듯, 유치진의 논의는 검열을 염두에 둘 때 좌담회 자리에서 심화되기에는 거북한 주제였다.

로 쓰이고 希臘文學이 梵語로 쓰이엇다 하면 이러한 膽大無學에는 驚惶失色치 아니치 못할 것이다. 「朝鮮文學」은 朝鮮 「글」로 쓰이는 것만을 일음이다. 朝鮮 「글」로 쓰이지 아니한 「朝鮮文學」은 마치 나지 아니한 사람 잠들기 前 꿈이란 것과 갓치 無意味한 일이다. 朴燕岩의 「熱河日記」 一然禪師의 「三國遺事」 等은 말할 것도 업시 支那文學일 것이다. 그럼으로 國民文學은 決코 그 作者의 國籍을 땋어 어느 國文學에 屬하는 것이 아니요 오직 그 쓰이어진 國文을 땋어 어느 國籍에 屬하는 것이다. 말하자면 文學의 國籍은 屬地도 아니요 屬人(作者)도 아니요 屬文(國文)이다. 같은 타—골의 作品도 印度語로 쓰인 것은 印度文學이요 「新月, 씨탄자리」 等 英文으로 發表한 것은 말할 것도 업시 英文學이다.[72]

② 엇던 作品이든지 그것이 地方的 色彩를 가지면 가질사록 그 地方의 人民에게는 가장 깁흔 感銘을 주는 것이외다. 그러치 아니한 것이면 누구에게나 가장 깁흔 感銘은 못 줄망정 理解는 되기 때문에 이것은 一般的이라 할 수 잇는 것이외다. 이곳에서 나는 國民文學과 世界文學를[을] 난호고저 하나, 하나는 어듸까지든지 部分的이요, 다른 하나는 一般的이라는 것이외다. 本來 文學的 作品이란 암만 하여도 그 나라 사람이 그 나라 말로 製作한 것이 아니라면 그 風俗이라든가. 感情이라든가, 習慣이라든가 하는 것이 如實하게 나타나기 어려운 것이외다. 勿論 例外도 업지는 아니하겟읍니다만은 아모리 外國 사람으로 엇던 나라의 言語라든가, 모든 風土的 奇習이라든가, 感情 가튼 것을 잘 안다 하더라도 亦是 本國人의 그것과 가치 꼭 들어맛게 그럿케 如實하기는 대단이 어려운 일이외다.[73]

72 이광수, 「「조선문학」의 개념」, 『삼천리』, 1936.8, 83면. 원문의 '元亨利貞'은 '元亨利貞'의 오자로 보인다.

73 김안서, 「조선문학의 정의」, 위의 책, 97면.

③ 卽 朝鮮文學이란 朝鮮 사람이 한 개 公用된 社會的 歷史的 運命下에 結付되어 있는 동안에 存在하는 것이고, 그 關係가 廢棄될 때에는 스스로 放棄될 槪念입니다. 따라서 그 定義하는 것이 설 수 있다면 그것은 個個人의 主觀에서가 아니라, 全혀 客觀的 事情에 依하야 規定되는 것입니다. 그러므로 各國의 國民文學의 成立이란, 事實, 歷史上에 있서 民族 及 民族國家의 形成期인 近代 市民社會와 더부러 確立된 것이며, 一方 中國에 對한 近代的 諸條件을 通한 全國民的 結合이란 것이 破壞되면서부터, 國民文學의 槪念이란 本質的으로 動搖되고, 事實한 無力한 것이니다. 現代에서는, 印刷術이나 飜譯 等 外的 現象에서만 아니라 그 精神에 잇서 各國의 國民文學으로부터 一個의 世界文學의 過程으로 文化移動의 過程이 特徵化되어 잇슴은 널니 諸家의 認知하는 바인가 합니다. (…중략…) 그럼으로 이럿케 文學的 現象이 甚히 多端한 現今에 잇서 朝鮮 말로만 썻다고 朝鮮文學이 될 수 업는 일이요 朝鮮 작가가 쓰기만 했다고 朝鮮文學 될 수 업스며 이 두 가지를 떠나 朝鮮 사람에게 읽히기 爲하야 쓰기만 하면 朝鮮文學이 될 수도 업시 困難한 것입니다. (…중략…) 그럼으로 定設化된 三條件을 形式的으로만 具備한대서는 아무 意義를 갓지 안는 것으로, 朝鮮文學이란, 그 內容에 잇서 朝鮮적 生活의 眞實한 反映과, 그 歷史的으로 必然한 理想에 依하야 嚮導되면서, 萬人에게 理解될 말 — 조흔 朝鮮語 — 로 씨워저야 할 것입니다. 그럼으로 問題는 늘 具體的입니다.[74]

이광수, 김억, 임화의 조선문학의 규정에 대한 발언을 비교해 보면, 당시 국민문학으로서의 조선문학의 개념과 독자성을 규정하는 문학가들의 입장과 시각 차이를 가늠해 볼 수 있다. 이 세 문학가들은 각각 조선문학의 독자성을 규정하며 조선어의 문제를 핵심으로 내세우고

74 임화, 「객관적 사정에 의하야 규정된다」, 위의 책, 94~96면.

있지만, 그 실상은 매우 다른 것임을 알 수 있다.

1에서 이광수가 국민문학을 규정하는 데서 핵심이 되는 것은, "조선 「글」로 쓰이지 아니한 「조선문학」은 마치 나지 아니한 사람 잠들기 전 꿈이란 것과 갓치 무의미한 일"이라는 점이다. 그의 이러한 규정에서 조선의 과거 문학과 신문학의 연속성은 단절되고 조선문학사의 범주는 신문학 이후로 한정된다. 조선문학의 범주에 대한 이광수의 배제와 한정에는, 전근대 조선 사회는 중국에 속박 당해 있었으며 따라서 한문학이란 독자적 국민국가로서 국민어의 문학이 성립하지 못했던 시기의 산물이라는 인식이 전제되어 있다. 이광수가 드는 각각의 예들이 지나치게 독단적인 것은, 이 같은 그의 전통단절론적인 인식이 조선의 신문학이 획득해야 할 보편적 성격을 강조한 나머지 조선문학의 특수한 역사성을 무시하고 있기 때문이다.

2의 국민문학에 관한 김억의 규정에는, 작품의 창작과 수용 과정에서 현실적으로 중요시되는 특질들이 포함되고 있다. 김억은 국민문학과 세계문학을 '부분'과 '일반'의 관계로 파악하면서, 그 특성 또한 상대적인 것으로 진단하고 있다. 부분으로서의 국민문학이 '지방적 색채'로 지방의 인민에게 깊은 감명을 주는 것이라면, 일반으로서의 세계문학은 '보편적 이해'를 얻을 수 있다. 김억은 이 문제를 '형식'이 아닌 '내용'의 문제라고 말하지만, 결국 '조선어'라는 매재의 문제가 '지방적 색채'라는 내용적 측면까지 담보하게 된다는 인식으로 나아가고 있다. 김억은 이어 "영어는 우리와 거리가 멀고 한문은 우리와 그 거리가 갓갑다는 이유로써 하나는 영문학이요, 다른 하나는 조선문학(한문학인 것을)이라고 할 수가 업지 아니합닛가"라는 질문을 던지고 있다. 그런데 이러한 지적은, 이광수의 발언에서와 마찬가지로 영어라는 보편문자로 쓰인 영문학 작품이라도 각국의 국민문학에는 속할 수 있듯, 한문이라는 중세의 보편문자로 쓰여진 조선의 작품도 결국은 조선문학의 일부라는 점을 부정하는 오류를 갖게 된다.

3에서 임화는 국민문학의 내포와 특질을 규명하기 위해 역사성의 문제가 핵심이 되어야 한다고 말한다. 김억의 규정에서 '국민문학'이란 용어는 역사적 의미의 국민국가의 수립 이후를 염두에 두고 있다기보다는, 막연한 의미에서의 민족공동체의 문학이라는 넓은 개념으로 쓰이고 있다. 임화는 더 엄밀하게 민족 또는 민족국가의 개념 또한 근대 이후 시민사회의 산물임을 지적하고 있다.[75] 임화가 "각국의 국민문학으로부터 일개의 세계문학의 과정으로 문화이동의 과정이 특징화되어 잇슴"을 지적하는 것은, 현실을 객관적으로 규정했다기보다는 보편적 세계문학인 사회주의 문학의 일부로 성립되는 국민문학을 이상으로 삼고 있기 때문이다. 임화의 진단은 이념적 지향을 지니고 있기는 하지만, "정설화(定設化)된 삼조건(三條件)을 형식적으로만 구비한 대서는 아무 의의를 갖지 안는 것"임을 밝히고 있다는 데 의미가 있다. 조선문학의 내용과 형식의 문제를 역사적 맥락 아래 구체적으로 규정함으로써, 당시의 조선문학 담론을 둘러싼 갑론을박의 맹점을 논파하고 있는 것이다.

저널리즘을 중심으로 빌어진 조선문학의 개념에 대한 특집과 설문조사 등은, 깊이 있고 체계화된 문학가들의 견해를 다루기에는 지면상의 제약과 저널리즘으로서의 한계를 지니고 있었다. 그러나 이와 같은 특집들은 조선문학의 개념과 역사성에 대한 인식이 필요하다는 점을

75 1930년대 중후반으로 오면서 분화되는 '민족문학'과 '국민문학'의 개념에 대해서는 오문석, 「근대문학의 조건, 네이션≠국가의 경험」, 『근대문학연구』 19, 한국근대문학회, 2009.4를 참고할 수 있다. 이 책에서 논의하고 있는 문학가들의 논의에서는 이 두 개념의 상세한 내포가 혼재되어 있거나, 더 포괄적인 의미로 쓰이고 있다. 이 연구는 1장에서 이야기했던 것처럼 신체제 이후 일본 제국주의의 '국민문학' 논리에 완전히 포섭되기 전의 일반적인 의미의 '국민문학' 개념을 채택해 사용한다. 다만 '민족문학'의 개념에 대해서는 1부의 3장에서 김태준과 임화의 논의를 중심으로 더 상술하도록 하겠다.

상기시키고, 국민문학으로서의 조선문학에 대한 문학가들의 논의를 이끌어내면서 그 견해차를 가시화했다. 이를 통해 조선문학의 규정과 과거・현재・미래에 대한 진단과 전망이 당시 조선문단 전체의 화두가 되었다. 김동환은 한 좌담회에서 "조선문학의 규정 문제가 무었보다 선결문제요 근본문제인 줄 암니다만은 그 때문에 어느 문예좌담회에서든지 반드시 이 문제가 토의되어짐니다만은 이것은 매우 곤란한 문제이기 다른 기회에 독립한 한 문제로 토의키로 하고 여기서는 빼기로 합시다"[76]고 말한 바 있다. 어느 문예좌담회에서든지 반드시 조선문학의 규정 문제가 토의된다는 김동환의 언급은, 당시 조선문학을 규정하는 문제가 문단의 중요한 화두였음을 보여 준다. 실제로 『삼천리』에서는 김동환의 말처럼 같은 해 8월호에서 이 문제를 다루게 된다. 이러한 사실은 문학가들 자신의 창작 활동에도, 당시 조선어와 조선문학을 둘러싼 담론이 영향을 미치는 기제로서 작용하였음을 예상하게 한다. 카프가 해체되고 정치적인 담론의 가능성이 봉쇄되어 가면서, 문단의 담론을 이끌어갈 중심적 진영이 해소된 1930년대 중후반 조선문단의 시기적 특수성도 여기에 반영되어 있었다.

당시의 조선문학 담론이 문학가들의 창작 활동과 가장 깊은 관련을 맺고 있었던 부분은 조선어 문제였다. 조선어의 위기 상황에 대한 문단의 대응책이 필요하다는 사실과 함께, 조선문학의 독자성을 규명하는 데도 조선어는 가장 핵심적인 부분이라는 점에 많은 문학가들이 의식을 같이 하였기 때문이다. 조선어와 조선문학이 가진 독자적인 특질을 가치론적으로 재구성함으로써, 조선문학을 진정한 의미의 국민문학 또는 민족문학으로 수립할 수 있다는 생각은 문학가들 사이에서 상

---

76 「문예운동의 모태인 한글어학의 장래를 위한 대책여하」, 『삼천리』 8권 6호, 1936.6, 230면.

당한 공감대를 형성하고 있었다. 동시에 조선문학의 특질을 규정하는 조선어 문제는 문학가들의 입장과 견해의 차이를 뚜렷이 하는 준거로 작용하였다.

앞에서 살펴본 것처럼, 조선어와 조선문학의 관계를 논할 때 일차적으로 문제가 되었던 것은 한문과 한문문학에 대한 입장이었다. '한자' 대 '한글' 또는 '한문문학' 대 '국문문학'의 구도에서 한글을 우위에 두고 한문학을 배제하는 논리는, 국민국가의 독립적인 정체성과 근대적 문학어의 성격을 구현하는 매체로서 조선어를 바라보는 어문학자들의 시각에 바탕을 두고 있다.[77] 그러나 한문문학을 조선문학사에서 배제하는 논리는, 홍기문의 예에서 볼 수 있듯 어문민족주의적 지향을 지닌 어문학자들 사이에서도 논쟁의 소지를 가지고 있었다.

김동인, 김태준, 임화 등의 문학가들 또한 이광수 식의 속문주의적 입장에 따른 조선문학사의 범주 규정을 비판하고 있었다. 이광수의 조선어 문학에 대한 옹호는 앞서 분석하였듯, 조선문학의 전통과 단절하고 서구적인 의미의 문학개념을 조선문학 내부에 실현하려는 근대주의자의 강박과 닿아 있었다. 이광수의 주장에는 임화가 지적하였듯 조선문학의 역사성에 대한 고려가 무시되어 있다. 그러나 당시 조선문단에서 이광수 식의 속문주의가 지지를 얻었던 데에는 여러 가지 원인이 있다. 여기에는 조선어 사용이 곧 민족주의적 측면을 담보한다고 여겼던 어문민족주의적 심리와, 국민문학의 독자성을 규정하는 요소로 조선어를 내세웠던 문학가들의 지향, 근대 문학어의 성격을 구현하는 매체로 조선어를 바라보았던 창작자들의 입장 등이 섞여 있다. 이러한

77 이에 대해 이혜령의 다음 논의를 참고할 수 있다. "한자는 정체 · 과거 · 무익이라는 정체성을 부여받게 되었으며, 그러한 정체성은 쓰러져가는 거대한 중국의 정체성이기도 했다. (…중략…) 말하자면 '한글'의 순정한 내셔널리티와 근대어로서의 자격을 보증한 부정적 참조물은 일본어가 아니라 한자였다." 이혜령, 앞의 글, 212~213면.

논리들은 한 좌담회 내에서도 착종되고 혼재되면서, 명확히 정리되지 못한 채 여러 가지 논란의 여지를 낳고 있었다.

조선문학사에서 한문문학을 배제하는 이광수의 입장에 대한 비판을 통해, 임화는 조선문학의 역사성이라는 문제를 핵심적인 것으로 제출하고 있었다. 한편 조선문학을 정의하면서 국민문학과 세계문학의 관계를 논하고 있는 김억의 발언은, 조선문학의 보편성과 특수성에 관한 문제를 제기한다. 김억 자신이 이에 대한 철저한 인식을 갖고 이후 논의를 지속시키는 것은 아니지만, 조선주의적 특수성과 세계주의적 보편성이라는 문제는 이후의 조선문학 담론에서 핵심적인 부분이 되고 있다.

[2]의 김억의 글에서 볼 수 있는 것처럼, 당시 조선어에 관한 논의는 자연스럽게 창작과 연관되는 경향이 강했다. 창작 수단으로 조선어를 인식할 때 이를 수용하는 독자의 입장에 대한 고려가 또 다른 논점으로 떠오른다. 김억이 독자 입장에서의 "이해"와 "감명"을 언급하는 부분은, 조선어를 둘러싼 관점들이 창작 주체뿐만 아니라 독자 측의 수용과도 깊은 연관을 맺는다는 점을 보여 준다. 당시 조선문단에서 논의되었던 조선어 대 비(非)조선어의 문제를 독자의 입장과 관련시킬 때, 중요한 것은 조선어 대 한문의 구도뿐만 아니라 조선어 대 일본어의 구도이기도 했다. 다음의 좌담회에 등장하는 문학가들의 발언은, 독자층의 수용에 대한 고려와 이에 따른 조선어 문학의 장래에 관한 예견을 담고 있다.

> 金東煥(本誌主幹) (…전략…) 그런데 지금 우리 현상으로 보면 「한글語學과 朝鮮文學」의 장래에 대하야 두 가지 관측이 흘너다니고 있는데 첫재는 비관론으로 例를 애란에 듭데다. 거기는 그러케 된 뒤 100년만에 보니까 자기의 純土語를 말할 줄 아는 인민이 900萬 인구 중 겨우 2萬명으로 격

감하여졌섯고 英語에다가 土語를 석거 반반 사용하는 사람이 65萬명 즉 一割五分에 해당하엿고 그 밖게는 전부 영어사용 하더라 합니다. 따라서 「이엣츠」「씽그」「그레고리」 모두가 그 文士들이 쓴 작품은 英語로 되었지 안었습니까. 土語로 쓴대야 독자가 없슬 터니까 저절로 이와 가치 영어로 썻든 것은 不可避한 일이엇슬 줄 암니다. (…중략…) 또 한편 인디앤語를 볼지라도 詩聖 타골-도 그 作品을 英語로 썻고 「영,인디아」 같은 나슌날 議會의 機關誌조차 英語로 발간하며 학교는 물론, 街路上의 일상회화를 볼지라도 대부분 土語가 아니더람니다. 그 까닭은 원래 땅이 커서 종교별 지리별로 모다 사용어가 다르니까 가령 濠西語 450만 中國語系 1,300만 歐州其他外國語系 50만 벤갈語系 힌즈-語系 등등 10여 種에 논이여 잇스니까 전국적으로 읽혀야 할 경우에는 말도 글도 英語로 쓰이게 되는 것은 不避한 일이겟지오. 이 두 가지 趨勢를 바라보면 괴롬운 생각이 아니 일 수 없습니다. (…중략…)

鄭寅燮(延禧專門學校 文科教授) 한글어학의 운명문제는 실로 크고도 근본문제인데 솔직하게 오늘날 현상을 말한다면 작가 측에서는 특별한 애착을 가지고 한글의 美化, 方言의 발굴 등에 정열을 퍼붓고 있지만은 한편 독사층을 생삭하여 보면 한글語學物에 대한 흥미가 減退하여 지고 있는 것이 사실이여요. 그 원인은 사회정세가 변하여짐에 따라 저절로 實用어, 公用語에 끄을녀 가는 点, 또 한 가지는 학교교육이 그래서 이 추세는 朝鮮出版市場에 나타난 한글출판물과 딴 곳 출판물과의 대비에서 분명하여집니다. (…중략…)

兪鎭午(普成專門學校 教授) (…전략…) 한글은 新文學發生 以來 오늘에 와서는 점차 완성의 域에 거지 반 달한다고도 할 것입니다. 그러나 아직도 한글語學은 言語的 創造期라고 하겟서요. 현대적인 새로운 감각을 주는 新語을 더욱 더욱 만들어 내여 한 개의 언어로써의 풍부화를 꾀함에는 우리 문단은 적극적인 관심이 필요할 것입니다. 그러타고 일부의 한글학자들과 갓치 전날의 죽은 死語를 현대적 감각성을 무시하면서까지 들처내고는 십지 안슴니다. 또 그런 반면에 새로히 생겨저나오는 「말」이라고 거저 배척하여서도 안 될 것입니다.[78]

인용문에서 김동환은 아일랜드와 인도의 예를 들며, 이 두 가지 추세를 볼 때 괴로운 생각이 들지 않을 수 없다고 말하고 있다. 그가 우려를 표명한 것은, "토어(土語)로 쓴대야 독자가 없슬 터니까 저절로 이와 가치 영어로 썻든 것은 불가피한 일"이었던 아일랜드와 "전국적으로 읽혀야 할 경우에는 말도 글도 영어로 쓰이게 되"었던 인도의 예가 당시의 조선어 창작과 관련된 문제를 환기하고 있기 때문이다. 좌담회 안에서 명시적으로 드러날 수는 없었지만, 김동환은 영국의 지배하에 토착어를 잃어버리다시피 한 아일랜드와 표준어로서 영어를 사용해야 했던 인도의 예를, 공용어로서 일본어를 사용해야 했던 조선의 상황과 비교하였다. 정인섭 또한 작가들은 조선어 창작에 열의를 쏟고 있지만, 독자들은 현실적으로 실용어이자 공용어인 일본어에 경사될 수밖에 없으며 일본어 출판물이 급증하고 있는 출판 상황이 조선어 창작물에 대한 흥미를 감퇴시킨다는 점을 우려하고 있다.

이러한 현상에 대해 좌담회에 참석한 논자들은 "주민의 전부가 한글말을 용어로 하고 잇고 문학의 전부가 한글로 되어 있는 오늘에 있서 이 문제를 토의함은 아직은 시기상조한 듯"하다는 입장(김상용)으로 대응하거나, "부득이하여서 실용어로서 사라지는 한이 잇슬지라도 고전어, 학술어로서라도 명맥을 가지고 있"을 것이라는 입장(정인섭), "이 땅 인민의 다대수(多大數)가 쓰고 있는 보편적 완전한 어학이니만치 여기엔 같

78 「문예운동의 모태인 한글어학의 장래를 위한 대책여하」, 『삼천리』 8권 6호, 1936.6, 228~232면.

은 「한글」 어학인 바에는 분열이 없서야 하겟"다는 입장(김복진), "「한글」의 통일에 이 땅 모든 교육가와 문화관계자가 전력을 하여 용법을 일정(一定)식히고 그리고는 한글 보급에 힘써야 하겟"다는 견해(손진태), "「조선문학」을 엄정히 규정지어 제 문학을 보호, 엄호하는 문화적 노력이 있서야" 한다는 견해(서항석) 등을 보여 주고 있다.[79]

이 좌담회에서는 조선어가 창작활동의 유일한 조건이라는 점이 동의되고 있다. 당시 일본어 출판물에 대한 수요가 급증하고 있음에도 불구하고, 조선어 독자층이 일본어 독자층을 압도하고 있다는 낙관적 진단과 함께 조선어 문학의 창작 주체로서 문학가들이 지녀야 할 당위적인 입장을 강조하고 있기 때문이다.[80] 조선어 문학을 창작하는 주체의 입장이 강조될 때, 유진오의 발언에서처럼 문학적 용어로서 조선어를 계발하고 발전시켜야 할 책임이 제기된다. 유진오는 문인들이 현대적인 새로운 감각을 주는 "신어(新語)"를 만들어내어 언어의 풍부화를 꾀해야 한다고 주장한다. 그는 신어의 창출이, 이미 사장된 사어(死語)의 발굴과 같은 것이 아니라 현대적 감각성을 갖추었을 때에만 가능함을 강조한다. 새로 생겨나오는 말이라고 그저 배척하여서는 안 된다는 그의 말은, 당시 유입되고 있었던 외래어나 새로 생겨나고 있던 근대적 어휘들에 대한 유연한 사고가 필요하다는 인식을 보여 준다.

유진오의 발언은 언중에게 동의를 얻지 못한 고유어를 남용하는 한글학자들을 겨냥한 것이었지만, 당시 조선어와 조선문학의 관계를 둘러싸고 문단 내에서 벌어지고 있었던 복고주의와 현실주의 또는 특수주의와 보편주의의 대립을 암시한다. 박승극은 "우리는 무엇보다도 조선어문

---

79 위의 글.

80 그러나 이러한 동의는 1940년을 전후로 하여 점차 흔들리기 시작하고, 독자층에 대한 고려는 일본어 창작을 지지하는 논리로도 조선어 창작을 지지하는 논리로도 사용될 수 있는 두 가지 측면을 갖게 된다. 1부 2장의 1. 2)와 2. 1)의 각주 38번을 참조.

운동을 이러한 조선주의적 경향으로부터 분리시키지 않으면 안될 것이다"고 지적하면서 "이 국수주의적 용맹은 가관이거니와 자주국이 되어 보지 못한 특수 조선을 인식치 못하고 국자(문)화했던 한문으로 써진 문학작품까지 조선문학에서 구축하자는 것은 가소로운 일이라고 아니할 수 없다"[81]고 당시의 경향을 신랄하게 비판한 바 있다. 박승극의 비판은, 카프 해체 이후 조선문단의 중심을 차지한 조선문학 담론의 와중에서 가장 중심적인 세력을 형성했던 조선주의적 특수성론자들을 향해 있었다.

조선어와 조선문학의 특수성과 보편성, 복고주의와 현실주의를 둘러싼 문단의 대립과 논쟁은 1930년대 중반 이후 성행하였던 고전부흥론을 중심에 두고 재편되어 가는 양상을 보인다. 재편의 과정 속에서 조선문학의 근대화와 혁신이라는 임무를 가진 문학가들은, 각자의 입장을 정리하고 이에 따른 창작 방향을 수립해야 할 필요성을 재차 확인하게 된다. 조선어를 다루는 가장 첨예한 위치에 서 있었다고 해야 할 시인들 또한, 담론과의 거리와 입장 차를 통해 조선어에 대한 인식을 예민하게 하는 한편 창작의 방향성을 모색하게 된다.

---

81 박승극, 「조선문단의 회고와 비판－작금의 정황을 주로 하여」, 『신인문학』 4호, 1935.3; 임규찬 · 한기형 편, 『카프비평자료총서 V』, 태학사, 1990, 367～368면.

제3장
조선문학의 구상과 시의 혁신

1. 조선문학의 특수성과 문학의 전통

1) 고전부흥론과 전통의 발굴

사회적 정세가 악화되고 카프가 해체되면서, 조선어와 조선문학의 위상이 불안하게 진동하고 있었던 1930년대 중후반의 시대상황은 일차적으로는 조선문단의 위기의식을 고조시켰다. 조선문학의 침체와 사실주의 문학의 퇴조를 예상하는 가운데 문단에는 비관적 분위기가 떠돌았다. 조선문학의 내포에 대한 다양한 논의들이 등장했던 것은 일본어나 다른 외국어를 자발적으로 선택해 창작을 했던 작가들의 등장 때문이기도 하다. 외부의 압력과 위기의식의 발현, 순조선어문학의 단일성이 가진 가치에 대한 물음 속에 조선문학의 활로를 찾을 방안과 조선문학의 방향성을 모색하는 움직임이 일어나고 있었다. 카프의 해산으로 비평과 담론의 행보가 주춤하는가 싶었던 1930년대 중후반의 조선문단에, 하나의 대안적 담론으로 국민문학으로서의 조선문학에 대한 논의들이 활발해지고 있었던 것이다.

이러한 분위기 속에서 가장 큰 흐름으로 부상하기 시작했던 것은 고전부흥의 경향이었다. 조선문학의 전통을 발굴하여 그 고유한 특질을 밝히고 그것을 현재의 문학에 계승함으로써, 독자적인 조선문학을 건설해 나갈 자양분을 얻을 수 있으리라는 분위기가 당시의 조선문단에 퍼져나갔다. 이러한 경향은 2장에서 논의한 바와 같이 카프 성원들의 검거와 카프 해체로 인해, 계급성이나 사회주의적 경향을 띠는 문학 활동이 감소할 수밖에 없었던 현실과도 관련된다. 조선적인 것에 대한 관심이 형성되었던 사회적 분위기와 맞물려, 문단 활로의 타개책으로 전통주의적 경향이 급격하게 증가하고 있었다. 여기에는 일제의 식민주의 체제가 강화되면서 그에 대응하여 조선의 역사와 전통을 재인식하고자 했던 심리가 내재되어 있다. 조선어문학의 영역이 위협을 받으면서, 조선어와 조선문학의 고유성과 역사성을 확인하여 존립의 근거를 찾으려는 조선문단의 자구책으로 고전부흥의 경향은 힘을 얻을 수 있었다.

> 이러한 傾向이 漸次로 深刻하여짐은, 그 正當한 進路려니와, 더욱이 近者에 보면 歷史方面이나, 文化方面이나 母語硏究, 或은 文學方面에 朝鮮的硏究가 旺盛하여서짐을 보니, 歷史硏究團體의 出現, 民族文化硏究의 出版物 或은 其他 雜誌의 出現을 날노 보게 될 뿐만이 아니라, 朝鮮的이였든 것을 放棄하였든 사람도 「朝鮮」에 關하야 無知함을 부끄러히 생각하고, 視角을 이곳으로 자조자조 옴기게 됨을 볼 수 있다. 「朝鮮을 알자!」「朝鮮사람으로서 朝鮮을 몰나서는 아니된다.」라는 것이 새로운 標語다. 더욱이 最近에는 「朝鮮學」에 關한 論議가 粉粉한것도 吾人의 注意를 끄는 바이지마는, 靑年學徒들의, 古代朝鮮의 文化를 硏究하는 이가 많어가는 것도 現代

朝鮮의 一特徵이다.

或者는 이러한 傾向을 가르처 말하기를, 環境의 不利니, 혹은 新興氣分의 沈滯에서 생기는 變態的 現象이니 하나, 다 妥當치 않은 結論이다. 現代의 朝鮮은 過去朝鮮의 正當한 認識 없이는, 그 正當한 進路를 찾기 어렵다. 한 系列에서, 相互關係의 全體的 認識 없이는 또한 無意味하니 이는 哲學的 方法論에 빛어서만 妥當할 뿐 아니라 實노 民族的 文化의 遺産을 所有하는 意味에서도 亦是 妥當하다.[1]

1934년 말의 이 글에서 박영희는 한동안 '조선적'이라는 말을 사용하면 곧 "퇴영적, 보수적, 심하면 반동적"이라는 비판을 받았음을 지적하며, "민족적 문화의 총체"는 새로운 과정에 등장되어 보지도, 축적해 비판되어 보지도 못한 채로 가매장을 당했다고 말하고 있다. 그것은 민족과 민족의 역사, 언어, 문화가 무비판적으로 거부되고 그 유일한 존재가 '계급'이었던 지난날의 사정과 관련이 있다. 그런데 이러한 사정은 변화하여 이제 "계급적 고독에서 민족적 시야"로 통일해 나가려는 경향이 증대하고 있다는 것이다. 전향 이후, 계급문학에 대한 회의감을 깊이 깔고 있는 이 글은 낭시의 사회 분위기와 문단의 사정을 잘 전달하고 있다. "역사방면이나, 문화방면이나 모어연구, 혹은 문학방면에 조선적 연구가 왕성하여서짐을 보니, 역사연구단체의 출현, 민족문화연구의 출판물 혹은 기타 잡지의 출현을 날노 보게" 된 것이 당시 조선 사회의 특징이라는 것이다.[2]

---

1 박영희, 「조선문화의 재인식-기분적 방기에서 실제적 탐색」, 『개벽』 신간 2호, 1934.12, 3면.

2 이러한 현상의 특이성에 대해 김윤식, 황종연, 차승기 등이 지적하였다. 차승기의 다음 논의를 참조할 수 있다. "1930년대 중반, 신문과 잡지에서 유난히 눈에 많이 띄는 단어는 다름 아닌 '조선'이라는 고유명사이다. (…중략…) 물론 이미 근대 초기부터 고문헌보존 사업 및 조선어 연구와 국학 연구가 진행되어 '조선적인 것'에 대한 관심이 꾸

박영희는 이러한 경향이 환경이나 현실적 상황의 불리에 의한 것이 아니라, 현대 조선의 정당한 진로를 찾기 위해서는 과거 조선의 정당한 인식이 필요했기 때문임을 주장하고 있다. 박영희의 글에서 볼 수 있듯, 당시 문단의 중심적 담론의 장을 차지하던 카프 문학 운동이 표면적으로 침체되면서 그 자리를 차지한 것은 고전부흥을 중심으로 한 논의였다. 이는 비단 문단에 국한된 것이 아니라 그의 지적처럼 사회문화적인 현상이었다. "수집 전에 비판하지 말며, 이해하기 전에 결론하지 말며, 탐색하기 전에 방기하지 말 것이다"[3]라는 박영희의 주장처럼, 조선의 과거 문화에 대한 수집과 이해의 필요성은 거의 전(全)문단적인 동의를 얻고 있었다. '민족적 시야'와 '민족 문화 유산'을 갖는 일의 중요성을 강조하는 움직임은 저널리즘을 중심으로 확산된다.

이러한 고전부흥의 움직임이 각종 신문의 특집과 기획연재를 통해 뚜렷이 가시화된 것은 1935년을 전후로 해서였다. 1935년 1월 1일 『조선일보』 학예면 특집인 '조선 고전문학의 검토'는 「훈민정음의 기원과 세종대왕의 반포」(권덕규), 「신라 향가의 해설」(김태준), 「월인천강지곡 해제」(김윤경), 「시조의 기원과 그 형태」(이병기) 등의 글을 싣고 있다. 또한 같은 날짜로 「조선 고전에서 차저온 일혓든 우리 문학의 음미―구소설에 나타난 시대성」이라는 제목 아래 「춘향전」과 「흥보전」에 대한 특집 글들을 싣고 있다. 1935년 1월 22일부터는 「조선문학상의 복고사상 검토」라는 특집 아래 「고전문학과 문학의 역사성―고전 탐구의 의의」라는 제목으로 「역사적 감각의 각성」(김진섭), 「'조선' 탐구열은 어데서?」(김태준), 「고전 부흥의 사회적 필요성」(최재서) 등의 글을 연

준히 존재해 왔지만, 과거의 '조선 연구'가 소수의 학자 중심으로 이루어진 전문적 탐구였다면, 이 시기의 '조선'은 뚜렷하게 시대적인 특성을 지니고 나타났으며, 따라서 거의 전(全)문단적으로 반향을 일으켰다." 차승기, 「1930년대 후반 전통론 연구」, 연세대 박사논문, 2002, 27면.

3 박영희, 앞의 글, 5면.

재하고 있다.

『동아일보』 역시 1935년의 신년 특집으로 「조선문학의 독자성－특질의 구명과 현상의 검토」라는 제목으로 「춘향전의 현대적 해석」(김태준), 「우리 문학의 회고」(김태준) 등을, 1월 2일에는 「조선의 문화유산과 그 전승의 방법」(박종홍), 1월 3일에는 「오천년간 조선의 '얼'」(정인보) 등을 연재하고 있다. 2월 1일에는 「조선의 문화유산－특수성과 아울러 그 전승 방법」(우우자(憂憂子))이 게재되었다.

『조선중앙일보』는 1935년 1월 18일부터 「고전 연구의 제문제」(정래동)를 연재하기 시작하고, 3월 11일에는 「고전 탐구의 의의」(윤고종)를 싣고 있다. 각종 신문의 특집 아래 게재된 글들의 제목만 일별해도 알 수 있듯, 1935년 들어 두드러지게 등장한 이러한 고전부흥의 열기는 1940년대에 이르기까지 꾸준히 이어지고 있다.

> 薛義植 : 우리 新聞은 너무 지나치게 古朝鮮, 古文化를 들추어 내인다는 말을 들으리만큼 우리는 우리의 固有한 文化를 새로운 呼吸으로 再認識 再宣揚하기에 致力해옵니다. 許多한 實例를 들 것이 없음니다마는 最近에도 五千號 記念 때에 이 一端을 보혓섯습니다. 朝鮮色, 朝鮮心, 이것은 우리 東亞가 가장 留意하는 一貫한 主旨요 또 指標입니다. 이 까닭에 或은 沒理解한 批判도 잇는 듯 하읍니다. 마는『朝鮮의 모든 文化的 業績도 畢竟 世界의 一部分이오 世界的 範疇를 벗어날 것이 못되되, 그러나 또 朝鮮은 朝鮮의 獨自性이 잇다』는 것을 언제나 믿는 까닭임니다.
>
> 金東成 : 하로에 한 가지씩 하다못해, 先代 朝鮮의 衣服, 禮式에 이르기까지 文藝面에 한 가지씩 꼭꼭 너키로 하엿습니다.
>
> 金炯元 : 過去에도 하엿고 現在에도 하고 잇습니다. 腹案은 여기에 말할 必要가 업스리라고 생각합니다.[4]

『동아일보』, 『조선중앙일보』, 『조선일보』의 삼대 신문 편집국장에게 편집방침을 묻는 위의 설문에서는, "고조선, 우(又)는 선대조선의 정신문화를 소개하는 노력을 좀 더 구체적으로 더 크게 하실 수 업스리까 그에 대한 복안여하"를 하나의 항목으로 설정하고 있다. 이 질문에는 삼대 신문이 조선의 과거 문화를 소개하는 데 더욱 주력해야 할 것이라는 요구가 깔려 있다. 이에 대한 삼대 신문 편집국장들의 대답 역시 고유문화 소개에 대한 당위적인 태도를 취하고 있다. 『동아일보』 편집국장이었던 설의식은 『동아일보』가 "우리의 고유한 문화를 새로운 호흡으로 재인식 재선양"하기에 힘을 기울이고 있어 오히려 고조선, 고문화를 지나치게 들추고 있다는 비난을 받고 있다고 말한다. 선대 조선의 문화유산에 대한 소개를 하루에 한 가지씩 꼭 넣기로 하고 있다는 『조선중앙일보』 편집국장 김동성의 발언은, 문예면 편집 방침에 조선의 과거 문화유산에 대한 소개가 매우 중요한 자리를 차지하고 있음을 보여 준다. 이들의 질문과 응답에는 조선의 과거 문화유산을 소개하는 노력이, 현재 조선의 문화 수준을 선양하고 민중의 의식을 고취시킬 수 있다고 여기는 당시 언론의 태도가 전제되어 있다. 이러한 언론의 태도는, 문화의 여러 방면에서 조선만의 독자성을 찾아 그 가치를 널리 인식시키고자 하는 계도적 입장에서 비롯된 것이었다. 문화적 독자성을 강조하는 당시 언론의 학예면은, 조선문화의 일부인 조선문학의 독자성이라는 명제를 주요한 화제로 다루게 된다.

1934년 『조선일보』는 10월 22일자 사설에서 "조선에 신문학이 배아된 지도 이미 삼십 년이 되려는 금일에 이르도록 세계문단에 자랑할 만한 걸작 하나를 내노치 못했다는 것은 조선인의 문학상 천재가 출현하지 못했다 함보다도 그 노력이 아즉도 부족한 때문이라고 오인(吾人)

4 「조선문화와 민중과 신문—삼대 신문 편집 방침론」, 『삼천리』 7권 6호, 1935.7, 51면.

은 보려고 한다. (…중략…) 특히 조선정조가 흐르는 창작이 출현함을 대망하야 마지 안는 바다"[5]라는 논의를 펴고 있다. 이 사설에서 조선의 신문학은 "배아"된 지 30년이 되는 것으로 진단된다. 이때 문제의 초점은 신문학 또는 근대문학의 개념에 적합한 문학을 수립하는 데에 놓이지 않고, '조선정조'가 흐르는 문학, 즉 세계문단에 내놓을 만한 독자성을 가진 작품을 창작하는 데 놓이게 된다. 조선정조가 구체적으로 무엇을 의미하는지 논의가 진전되지는 않지만, 이 글은 당시 창작의 입장에서 조선정조라는 요소가 특별히 고려되고 있다는 점을 보여 준다.

창작의 방향에서 조선적인 것과 조선정조가 강조되면서, 조선의 문학 전통을 발굴하여 복원하고 그 가치를 재확인하는 일이 중요해진다. 조선정조의 특질이 무엇인지 구체적으로 해명된 바는 없지만, 조선의 고전을 통해 면면히 흘러내려왔던 민족적 특이성을 발견하고 그 양분을 현대의 문학에 섭취할 수 있으리라는 심리적 태도만은 공유되고 있었다. 이제 전통과 옛것을 소홀히 하던 조선문단의 과거는 반성적으로 조망되기 시작한다.

> 燦爛한 옛 文化를 이저버린 此代의 우리는 너무도 外來의 文化를 輸入하기에 急急하얏다. 그래서 우리의 生命水엿든 우리의 文字, 우리의 文學까지도 내여버린 이제에 새삼스럽게 古典文學을 검토한다 함은 一笑에 부칠 輕率한 분이 잇슬지도 모르나 제 故鄕을 이즐 수 업는 것과 가치 우리는 우리의 名牌를 빗내보고자 함이다. 그런 意味에서 우리는 우리의 文學遺産을 다른 데서도 가저올 수도 잇겟지만 먼저 우리의 古典에서 차저와 끈허젓든 우리 文學의 命脈을 이여보자는 말이다. 그래서 幽遠한 옛 文化에서 차저온 諸氏의 새로운 記錄과 우리의 古典文學의 若干의 解說 等으로 讀者

5 사설, 「조선정조와 문학」, 『조선일보』, 1934.10.22.

諸氏로서 感銘하시는 바가 잇슬가를 보고자 하는 바이다.[6]

문명개화에 뒤쳐진 조선의 현실과 구사상을 타파할 것을 소리 높여 부르짖었던 언론은 이제, "외래의 문화를 수입하기에 급급"했던 과거를 반성하면서 "우리의 문자, 우리의 문학"을 "생명수"에 비유하고 있다.[7] "우리의 문학유산"을 다른 데서도 가져올 수 있지만 먼저 "우리의 고전"에서 찾아와 "우리 문학의 명맥"을 이어보자는 이와 같은 고전부흥의 논리는, 수차례 반복되는 "우리"라는 지시어가 말해 주듯, 공동체적 특성을 중요시하는 민족주의적 정조와 관련이 깊다.[8]

근대 계몽기 이후 대부분의 문학가들은 근대적 신문학의 수립을 위해서는 근대문학의 보편 이념, 즉 서구적 의미의 문학 개념을 수입하고 섭취하는 일이 중요하다고 생각했다. 그리고 이를 위해서는 조선의 옛 문학 전통과 결별하는 일이 시급했다. 조선 신문학의 가장 중요한 자리를 점하고 있던 이광수는 과거의 조선문학이라 할 만한 것이 양질의 측면에서 모두 "극히 보잘것없다"고 언급한 바 있다.[9] 이러한 생각과 1930년대 중반의 이 글에서 과거의 문화유산을 가리키며 사용된

---

6 X기자, 「조선 고전문학의 검토」, 『조선일보』, 1935.1.1.

7 그러나 당시에도 구문학 전통과의 단절을 요구하는 목소리는 여전히 존재했다. 조선일보의 글과, 구래의 조선 예술을 박물관에 존재해야 할 존재로 매도하고 있는 다음 글의 명확한 거리를 확인할 수 있다. "그러나 우리는 인제는 구래(舊來)의 조선예술을 필요치 안는다. 구래의 조선예술은 박물관에 역사적 존재로서나 존재하지 안으면 안된다. 우리들은 구래의 일체 예술을 부정한다." 중공, 「신민족문학의 수립」, 『삼천리』 7권 1호, 1935.1, 221면.

8 고전부흥론과 문화적 민족주의의 성격에 관해서는 황종연, 「한국문학의 근대와 반근대」, 동국대 박사논문, 1991, 17~29면 참조.

9 그럼에도 불구하고 이광수 또한 "이두로 적힌 향가"와 "정음으로 적힌 시조·향가" 그리고 『춘향전』이나 『심청전』 등은 조선문학의 전통으로 인정하였다. 그러나 그는 근본적으로 "이 모양으로 조선문학이라 할 만한 것이 질로나 양으로나 극히 보잘 것이 없"다고 생각하는 근대론자였다. 이광수, 「조선문학의 개념」, 『신생』 1권 2호, 1929.1, 7면 참조.

"찬란한 옛 문화"라는 표현 사이의 거리는 매우 큰 것이었다.

고전부흥론은 1930년대 중후반 조선문단의 유행이라고 할 만큼 호응을 얻고 있었다. 이러한 조선문단의 현상은, "수립도중에 잇는 조선의 금일(今日) 문학은 일 민족문화에 중요한 지위를 점한 만큼 임의의 발달을 허치 아니하야 부자연한 환경의 영향으로 조선의 혼을 담을 수 업는 역경"[10]을 타파하려는 사회적 분위기를 반영한다. 민족문화의 한 분야로서 "조선의 혼"을 담을 수 있는 문학의 수립이 강력히 요청되고 있는 것이다. 이 시기 조선문단의 고전부흥론은 민족주의적 경향을 띠는 조선학의 성과와 많은 지점을 공유하고 있었다. 따라서 당시 조선문화를 재인식하며 체계화되기 시작한 조선학과 고전 연구에 깊은 관심을 표하고 동조하였다. 정인보, 안재홍 등의 실학 연구와 백남운, 서인식 등을 중심으로 하는 조선 사회경제사 및 역사철학의 성과는 민족주의적 성향의 문학가들뿐만 아니라, 프로문학 진영의 문학가들을 포함한 전(全)문단에 조선문화와 조선문학의 가치를 재인식하게 만들었다.

창작과 표현의 부자유가 새로운 문학 발달의 가능성을 봉쇄하고 있다는 인식이, 조선문학 건설의 활로를 고전부흥의 성과에서 찾으려는 경향을 낳기도 했다. "본보(本報) 신년지상에 고전문학 검토와 고전문학의 소개 페―지가 잇섯거니와 일부의 논자들은 새로운 문학이 탄생할 수 업는 불리한 환경 아래 오히려 우리들의 고전으로 올라가 우리들의 문학유산을 계승함으로써 우리들 문학의 특이성이라도 발휘해 보는 것이 시운에 피할 수 업는 양책이라고 말하며 일부의 논자들은 우리들의 신문학 건설 그 전일의 섭취될 영양으로서 필요하다고 말한다. 하여튼 제씨의 재검토를 드러보고자 함이 그리 심한 무모는 아닐 것으로 독자 여러 가지 의견을 경시(傾視)하기 바란다"[11]라는 취지를 밝히고 있

10 「조선문학 수립과 문인의 사명」, 『동아일보』, 1929.4.29.

는 1935년 1월 22일자 『조선일보』의 기획 글은 당시 저널리즘을 중심으로 퍼져 나갔던 고전 연구와 조선적인 것에 대한 문단의 적극적인 호응과 동조의 심리가 어디에서 비롯되었는가를 잘 보여 준다.

이 글에 의하면 당시 고전부흥론을 추동하고 있는 여러 요인은 첫째, 불리한 환경의 영향. 둘째, 우리 문학의 특이성 발휘. 셋째, 신문학 건설에 필요한 영양 섭취 등이 된다. 조선문학의 특이성을 발휘하자는 심리는 불리한 환경의 영향 때문이지만 그에 대한 대응책이기도 하다. 고전부흥론은 "새로운 문학이 탄생할 수 없는 불리한 환경"에서 고전으로 돌아가 "우리들 문학의 특수성이라도" 발휘해 보자는 것이지만, 또한 불리한 환경 속에서 조선문학이 절멸당하지 않도록 독자성을 보존하려는 것이기 때문이다. "우리들의 신문학 건설"에 "섭취될 영양"으로서 고전 문학 유산의 탐구가 필요하다는 인식은 더 적극적인 의미로 작용한다. 조선의 신문학은 서양 추수적이었던 과거를 지양하여, 조선의 고유한 특수성을 발현하는 국민문학으로 "건설"되어야 하고, 건설의 과정에서 우리의 고전을 복원하여 새로운 문학의 영양으로 삼는 초석이 반드시 필요하다는 것이다.

고전부흥론이 문단의 중심적인 경향으로 등장한 이유는 당시에 다음처럼 분석되기도 하였다. 첫째, 세계 각국에서 문학상 고전연구의 경향이 농후해져 조선 역시 그 영향을 받고 있는 것. 이는 맑스주의 이론이 환경의 불리와 자체 모순으로 급속도로 좌절된 데도 원인을 두고 있다. 둘째, 조선의 현문화의 정도가 성숙하여 구미 선진국의 학술상 여러 주의와 방법을 이용하여 조선의 역사를 연구, 정리할 단계에 이른 것. 셋째, 신문화의 섭취로 조선의 과거를 멸시하던 이들이 학술 각 방면의 역사적 연구에 따라 그 귀중함을 느끼게 된 것 등이다.[12]

---

11 일기자(一記者), 「조선문학상의 복고사상 검토」, 『조선일보』, 1935.1.22.

1920년대의 시조부흥론이나 민요시론 등을 중심으로 한 국민문학론이 '조선적인 것'에 대한 문제의식을 환기하기는 했으나, 창작물에 대한 평가나 이후의 전개과정 속에서 문단의 호응보다는 냉소와 비판을 더 많이 받은 바 있다. '조선적 특수성'과 '조선적 전통'에 대해 1920년대 국민문학론자들의 문제의식과 유사점을 가지고 있는 고전부흥의 논의가, 1930년대 중반 더욱 광범한 지지를 얻으면서 유포되었던 것은 분명히 이러한 제반 환경과 세계적 추세의 영향을 받은 것이었다. 또한 1930년대 중후반의 조선문단에서, '조선문학의 재건설'이라든가 '조선 국민문학의 수립'이라는 대명제와 고전부흥론이 연동되면서, 조선문단의 침체와 위기에 대한 대응책으로 정당성을 얻고 있었기 때문이다. 저널리즘은 당시의 이러한 사회와 문단의 움직임을 더욱 적극적으로 담론화시켰다. 과거의 전통을 발굴하여 조선문학을 새롭게 건설하고자 하는 문단의 담론을 쟁점으로 만듦으로써 비평적 쟁점과, 문화적 요구 두 가지를 모두 충족시킬 수 있었기 때문이다. 한편 카프의 구심이 해소된 상황에서, 이와 같은 문단의 움직임에 반기를 들 만한 강력한 헤게모니를 지닌 그룹이 부재했다는 상황도 영향을 미쳤다.

1930년대 중후반 활발히 전개된 고전부흥론은, 독자적인 조선문학을 수립해야 한다는 명제와 관련하여 조선문단 내에서 조선적 특수성이 중요한 문제로 떠오르고 있음을 보여 준다. "한국문화 인식에 있어서 고유성－독자성－특수성을 최고의 범주로 상정하는 민족주의적 한국학의 논리는 고전부흥 선언에 내포된 민족문학의 이념에 그대로 투영되어 있는 것"[13]이라는 한 연구의 지적처럼, 당시의 민족주의적 조선학의 논리와 지향은 조선문학의 방향성을 모색하는 데도 투영되

---

12 정래동, 「고전 연구의 제문제」, 『조선중앙일보』, 1935.1.18.

13 황종연, 앞의 글, 28면.

고 있었다. 조선문학의 유산이 현대의 조선에 있어서도 섭취될 영양으로 생각된 것은, 거기에 다른 민족이나 국가가 소유하지 못한 조선만의 '특수한 것', '고유한 것'의 가치가 담겨 있기 때문이다. 조선적 특수성의 가치가 부상하는 사회문화적 기저에는, 서양 근대문화의 보편 이념이 가진 가치를 절대시하고 자국의 전통을 경시하던 인식의 변화와 사고의 전환이 자리잡고 있다. 이러한 경향은 앞서 언급한 정래동의 분석처럼 일본과 중국 등 동아시아 및 세계 각국의 현상이었다.

그런데 당시의 조선주의적 특수성론의 일부가 1930년대 후반으로 가면서 점차 일본의 동양론이나 아시아적인 특수성 논의와 교섭할 가능성을 갖게 된다는 점을 유의해 볼 필요가 있다. 특수성론의 강조는 1920년대의 국민문학론자들이 그러했듯, 일본의 국민국가주의가 갖고 있는 파시즘적 성격과 공모할 위험을 가지고 있었다.[14] 국민문학으로서 조선문학을 '건설'하기 위한 담론이, 일본 국민문학의 성과와 경성제대를 중심으로 식민주의적 학문체계로 수립된 '국문학'의 영향을 받고 있었다는 점 또한 눈여겨볼 필요가 있다.[15] 계급주의적·현실주의적 경향이 농후한 담론과 작품활동이 위축될 수밖에 없었던 상황에

14 전통과 조선 고유의 가치를 중시하고, 조선의 고전을 소개하는 데 중심이 되었던 잡지 『문장』의 경우만 하더라도, 다음과 같은 권두언을 실어 당시 일본의 군국주의 체제에 협조적인 태도를 보이고 있음을 유의할 필요가 있다. "이제 동아(東亞)의 천지는 미증유의 대전환기에 들어 있다. 태양과 같은, 일시동인의 황국정신은 동아 대륙에서 긴-밤을 몰아내는 찬란한 아츰에 있다. 문필로 직분을 삼는 자, 우물 안 같은 서재의 천정만 쳐다보고서야 어찌 민중의 이목(耳目)된 위치를 유지할 것인가. 모름지기 필봉(筆烽)을 무기 삼아 시국에 동원하는 열의가 없언 않될 것이다." 주간(主幹), 「권두(卷頭)에-시국과 문필인」, 『문장』 1권 1호, 1939.2. 이와 같은 권두언이 일본 당국의 강요에 의한 것이기도 하고, 잡지의 성격 전체를 규정했다고는 할 수 없으나, 급박해져 가는 시국이 문단의 판도를 급격히 변화시키고 있었던 것은 사실이다.

15 이에 대한 더 자세한 논의로는 박광현, 「'경성제국대학'의 문예사적 연구를 위한 시론」, 『한국문학연구』 21, 동국대 한국문학연구소, 1999.3; 박광현, 「식민지 조선에 대한 '국문학'의 이식과 다카기 이치노스케」, 『일본학보』 59, 한국일본학회, 2004를 참조.

서, 전통론이나 조선의 고전에 대한 소개와 연구가 각종 매체를 중심으로 활발하게 지속될 수 있었던 데에는 이러한 사정도 존재한다.

민족의 문화 보존과 독자적인 국민문학의 수립을 명제로 내세웠던 고전부흥론의 특수성 논의가, 일본의 제국주의적 식민 논리와 상통할 수 있는 위험을 내포했다는 점은 식민지 조선문단이 처해 있던 현실의 복잡성을 보여 준다.[16] 그러나 1930년대의 '조선문학 건설론'에 연동되어 나타났던 '조선적 특수성' 논의나 고전부흥론은 1940년을 전후로 하여 담론화되는 동양론이나 국민문학론과 그 기저가 같다고 보기는 어렵다. 『국민문학』의 창간을 전후로 하여 논의되는 조선문학 담론이나 국민문학론이 일본 제국주의의 파시즘을 자발적으로 수용해 가는 방식으로 전개되어 가고 있었다면, 1930년대 중후반의 조선문학 담론은 외적 압력과 내적 불안요소에 대한 대항담론으로서 형성되었던 측면이 강했기 때문이다.[17] 일본의 대동아공영권의 논리에 복속되어 가기 직전, 조선문단이 상상했던 조선문학의 독자성과 국민문학으로서 지니는 특수성은 그 실체가 명확히 규정되지 못하거나 체계화된 담론으로 전개되지 못했다는 한계를 지니기도 한다. 그럼에도 이와 같은 저널리즘과 문단의 움직임은 작가들의 창작 방향에 영향을 미치면서, 조선적인 근대문학의 창작을 위한 작가들의 실천적 작업과 만나게 된다.

---

16 고전부흥 운동이 가진 이중적인 특성에 관해 이경수의 글에서도 언급된 바 있다. 이경수, 『한국 현대시와 반복의 미학』, 월인, 2005, 12~14면.

17 1940년 이후 『국민문학』을 중심으로 벌어진 '국민문학론'과 일본 문예지의 '조선문학 특집'의 의미에 관해서는 윤대석, 『식민지 국민문학론』, 역락, 2006, 15~59면; 위의 책, 87~116면 참조. 사나다 히로코는 한국에서의 '동양회귀'가 어떤 때는 일본의 '국책'에 추종하는 친일적 행위이며 현실에 등을 돌려 고전의 세계로 몰입하는 도피적 태도였지만, 한편으로는 민족주의에 바탕을 둔 저항정신의 발로인 경우도 있었다고 지적하며 식민지 지식인이 동양적인 것으로 향하는 심정의 여러 측면을 생각해야 한다고 논하였다. 사나다 히로코, 「모더니스트 정지용 연구」, 인하대 박사논문, 2001, 166면.

2) 조선적 고유성과 정지용(鄭芝溶)의 창작 방향

1930년대 중후반 조선문단의 고전부흥론은 저널리즘을 중심으로 확산되면서 문단의 지지와 반향을 얻고 있었다. 앞에서 살펴본 것처럼 조선의 문화유산을 "하로에 한 가지씩 하다못해, 선대조선의 의복, 예식에 이르기까지 문예면에 한 가지씩 꼭꼭 너키로 하"[18]고 있다는 『조선중앙일보』 편집국장의 문예면 편집방침은 강박적이라 할 만큼 고전에 대한 열의를 보여 준다. 근대계몽기의 언론은 조선의 과거와 단절하고 외래사상의 섭취와 근대화에 보조를 맞추어야 한다는 점을 소리높여 강조하였다. 그런데 이 시기에는, 외래사상의 수입에 급급한 나머지 조선의 과거와 전통을 멸시했음을 반성하며 조선의 특수성과 전통의 재인식이 필요함을 역설하고 있다. 이 전환은 상당히 극적인 것이지만, 과거의 오류를 단절적으로 부정하면서 새로운 이념과 방향의 수립을 부르짖는다는 점에서는 동형(同形)의 모습이었다.

이 시기의 고전부흥론과 조선문학 건설론은 1920년대의 '조선심'과 '조선주의'를 강조하는 국민문학론자들의 논의에 비해서는 더 광범한 호응을 얻었다. 이 두 가지 흐름은 민족주의적 특수성을 강조한다는 점에서는 상당한 동일성을 지니고 있었다. 그럼에도 불구하고 1930년대의 조선적 특수성론은 창작 환경의 급격한 변동과 조선학 등 제반 학문의 성숙, 세계사적 기류에 힘입어 좀 더 현실적인 문학의 자양분으로 여겨지고 있었다. 이중언어적 상황에서 일본어 출판물이 독서 판도를 바꾸어 가리라는 데 대한 위기의식과, 창작 활동에서 조선어의 중요성을 강조하는 인식이 여기에 더욱 힘을 실어주고 있었다.

18 「조선문화와 민중과 신문—삼대 신문 편집 방침론」, 『삼천리』 7권 6호, 1935.7, 51면.

> 歷史硏究에 잇서서 震檀學報가 만흔 期待下에 創刊된 것과 朝鮮語硏究에 잇서서 朝鮮語學會의 『한글』 發刊, 『마춤법統一案』 『標準語制定事業의 進行』 朝鮮語學硏究會의 『正音』 發刊 等等도 또한 昨年 以後의 일이다. (…중략…) 아닌 게 아니라 過去의 『朝鮮』에 돌아가서 그 어이해서 이 꼴이 되엿스며 이에 對해서 우리는 將次 어떠케 할 것이라는 아무 啓發 업시 그저 이 땅의 特殊性을 高調함으로써 能事를 삼으며 (勿論 그 當時의 硏究方法으로는 그 以上의 것을 할 수도 업엇던 것이지만) 한갓 保守 退嬰의 氣勢를 幇助하고 잇기 때문에 또는 이러한 現實은 지나간 朝鮮의 罪過요 우리의 取할 길은 先進國家의 文化를 吸收할 것뿐이라는 생각 때문에 一律的으로 感情的으로 이를 拒絶하엿든 것이다.[19]

인용문에서 김태준이 조선연구열의 배경으로 들고 있는 것은 역사연구에서의 『진단학보』 창간, 조선어 연구에서 조선어학회의 『한글』 발간과 '한글맞춤법통일안', '표준어제정사업' 그리고 조선어학연구회의 『정음』 발간 등이다. 사회문화적 제반사항과, 과거와는 달라진 현실적 상황으로 인해, 조선연구열에 대한 원인을 구하는 데에도 여러 논자들이 극히 진중한 논조로 기술하고 있었다. 이러한 현상은 이전에 '조선적'이라면 함부로 거절하고 고조선 연구는 현실도피의 반동적 현상이라고 손쉽게 타기하던 데 비하면 실로 "금석(今昔)의 감"[20]이 있다는 김태준의 표현처럼, 달라진 조선사회와 문단의 사정을 보여 준다.

김태준은 과거에 이처럼 복고와 고전부흥의 논의가 타기되었던 이유를 인용한 부분에서처럼 분석하고 있다. 즉 과거의 조선에 돌아가서 어찌해서 현재의 식민지적 상황에 처하게 되었으며 이에 대해 장차 어

---

19 김태준, 「'조선' 연구열은 어데서?(1)」, 『조선일보』, 1935.1.26.
20 위의 글.

떻게 할 것이라는 계발 없이, 그저 이 땅의 특수성을 고조함으로써 능사를 삼고 한갓 보수와 퇴영의 기세를 방조했다는 사실 때문에 비판받을 수밖에 없었다는 것이다. 이어 그동안의 조선 지식인들이, 조선의 현실이 지나간 조선의 죄과요 우리가 취할 길은 선진국가의 문화를 흡수하는 것뿐이라는 생각에 일률적으로 그리고 감정적으로 조선의 과거를 거부했다는 그의 판단은, 근대계몽기 이후 지식인들의 의식구조를 명확히 지적하고 있다.

지난 시기 조선의 특수성 논의가 지닐 수 있는 맹점에 대한 김태준의 언급은, 1930년대 중반인 당시의 상황 속에서도 의미 있는 것이었다. 과거의 조선 역사에 대한 과학적인 분석과 검토, 그리고 미래에 대한 건설적인 방향의 제시가 없는 고전부흥론은 보수적이고 퇴영적이라는 비판을 받을 수밖에 없었다. 당시의 조선문단의 정황을 살펴 볼 때, 고전부흥론의 경향은 조선문학의 혁신과 관련될 때에 그 정당성을 얻을 수 있었다. 저널리즘을 중심으로 한 고전부흥론은 뚜렷한 이념이나 체계를 중심으로 했던 운동은 아니었으며, 창작의 과정에 하나의 토양이 되었을 때 조선문학의 현재에 의미를 가진 담론으로 작용한다. 고전연구의 경향이 역사적이고 사회문화사적인 성격을 지닌 것이었다면, 그 문학적 흡수와 창조를 위해서는 문학가들의 개별적인 실천이 필요했다.

최재서는 '복고취미'와 '고전연구' 그리고 '고전부흥'을 구별해야 한다고 하면서, 고전부흥에서의 예술가의 영역은 학자의 영역과는 다른 것임을 논한 바 있다. 그는 "불합리한 복고취미"가 "감상적인 회고 정조"나 "낭만적인 네오 바바리즘"의 경향을 띨 위험성을 지적하며, 당시 조선문단의 복고주의적 흐름이 경계해야 할 점을 강조하였다.

> 그리고 이 不合理한 復古趣味는 感傷的인 懷古情調와 浪漫的인 네오・

> 빠―바리즘(新野蠻主義)의 두 形式을 取할 수 있다. (…중략…) 『春香傳』은 春香과 밋 그 同時代人에 對하야선 두 번도 보기 실흔 血涙의 記錄이엇슬는지 모른다. 그러나 우리는 이 哀史 가운데서 우리의 모든 空想과 쎈치멘타리즘을 百파―센트로 滿足식힐 수 잇다. (…중략…) 古典으로 도라간다는 것은 그 自體에 잇서 決코 허물삼을 일은 아니다. 그러나 古典 가운데서 浪漫的 獵奇趣味에 耽溺하는 동안에 그 作品에 潛在하고 잇는 그 時代의 生活과 苦悶을 이저바린다면 그것은 積極的은 아니나 消極的으로 惡이다. (…중략…) 우리는 眞正한 古典復興과 이가튼 復古趣味와를 區別치 안어서는 아니되겟다. (…중략…) 나는 여긔서 또한가지 古典研究와 古典復興과의 關係를 一言하고 십다. 웨그러냐하면 所謂 古典復興이라고 宣傳되는 것이 現實에 잇서선 古典研究에 不過하는 境遇가 적지 안키 때문이다. (…중략…) 아모런 思想的 偏見도 實制的 考慮도 업시 한 學者의 古典研究가 文化事業의 基礎工事가 되는 實例는 우리가 現在 英國 十七世紀 研究家들에서 보는 바이다. 그러나 이것은 恒常 古典研究이고 古典復興은 아니다. 古典復興이란 古典이 現代에 또다시 해[한]번 삶을 意味한다. 現代的 問題를 解決하고 指導함에 當하야 現實的 影響을 줄 때에 비로소 古典은 復興되얏다고 할 수 잇다.[21]

「춘향전」에 표현된 현실과 동시대인이 느꼈던 현실성을 잊고 공상과 센티멘털리즘을 만족시키는 데 대한 최재서의 경계는, 당시의 조선 문단이나 독자들이 고전부흥의 열기 속에 빠질 수 있는 위험을 간취하고 있다. "시대의 생활과 고민"에 대해 작가는 언제나 잊어서는 안 되며, 이는 고전취미와 진정한 고전부흥을 구별함으로써 가능하다. 또한 예술가들은 고전연구와 고전부흥이 다른 영역에 있음을 인식해야 한

---

21 최재서, 「복고취미와 고전연구」, 『조선일보』, 1935.1.31.

다. 객관적이고 편견 없는 고전의 연구가 학자의 영역이라면, 현대적 문제에 대한 방향성과 입장을 갖고 고전을 현대에 다시 되살리는 것, 그리고 그것이 다시 현실적 영향을 가질 때에만 예술가의 영역인 고전 부흥이 진정으로 이루어질 수 있다는 것이다. 이러한 최재서의 지적은 당시의 조선문학이 섭취할 영양으로 고전을 취하는 데 작가가 가져야 할 태도를 명시하고 있다는 점에 의미가 있다.

1920년대 민요시 운동이나 시조부흥 운동을 주도했던 문학가들의 논의는 '조선심'과 '조선주의'에 대한 문단의 관심을 환기시킨 바 있다. 그런데 개별 문학인들의 논의가 심층적으로 이루어지지 못한 데다, 실체 없는 조선주의일 뿐이라는 비난을 받기도 했다. 당시 조선주의적 특수성을 내세웠던 논자들에 대해 김기진은 "이러한 역사적 사실에 맹목인 그들은 정체 모를 「조선심」이라는 추상명사를 쳐들고 시조와 민요의 전통의 옷을 입고 나서 국민문학 운운하다가 일격을 당한 후 마츰내 구체적 이론의 전개도 보이지 안코 마랏다"[22]고 평가한 바 있다. 국민문학으로서 조선문학이 가지는 고유성에 대한 관심과 열망이 김억, 이광수, 최남선, 김동환, 주요한 등의 창작에 영향을 미치기는 했으나 그들의 창작 활동이 당대의 문단 현실에서 큰 반향을 얻었다고는 보기 어렵다. 조선의 특수한 정조에 관심을 가졌던 그들의 창작 활동이 근대적 조선문학의 진로에 대한 의미 있는 방향성을 제시하지 못했기 때문이다. 그들의 창작 방향은 근대적 언어 형식에 대한 고민을 현실화시켰다기보다는, 노래로서의 시가(詩歌)에 집착하는 쪽으로 전개

---

22 팔봉학인, 「10년간 조선문예 변천과정(21)」, 『조선일보』, 1929.1.30. 임형택은, 이와 같은 김기진의 견해를 인용하며, "김기진의 입장은 이 움직임의 반대편이었으므로 그의 평가절하를 감안해 들어야겠으나 문학사에 뚜렷한 자취를 남기지 못한 것은 사실이다. 하지만 자기 문학에 대해 역사적 관심을 갖게 하는 계기가 된 측면에서는 상당한 의의를 인정해야 할 듯싶다"(임형택, 『한국문학사의 논리와 체계』, 창작과비평사, 2002, 465면)라고 당시 국민문학론의 의의를 평가하였다.

되었다. 따라서 조선시의 전통 계승이라는 과제를, 정형률의 형식이나 구술 민요의 형식 재현으로 단순화시킨 측면이 있었다.[23]

1930년대 고전부흥론이 조선문단에 미친 영향은, 각종 역사소설이나 야담이 유행하는 등의 대중적 현상으로 나타났다. 개별 작가들의 창작 방향에도 '조선적 특수성'에 대한 문제의식과 담론의 전개과정은 영향을 미치고 있었다.[24] 1930년대 조선 시단(詩壇)에서 이와 같이 고전과 전통을 복원하려는 움직임에 가장 영향을 받고, 그 영향을 자신의 창작 방향에 적극적으로 활용하고 있었던 시인은 정지용이다. 그는 1920년대 국민문학론자들의 결과물과는 다른 시적 개성을 창조하여, 조선문학의 고유성을 통하여 조선 근대문학을 수립한다는 명제에 대한 의미 있는 반향을 보여 주었다.

1920년대에서 1930년대에 이르기까지 정지용은 다양한 시적 편력을 보여 준다. 1923년에서 1929년까지 만 6년의 기간 동안 그는 일본 교토(京都)의 도시사(同志社) 대학에서 유학을 하며 일본어 시와 조선어 시를 발표하였고, 조선에 돌아와서는 『시문학(詩文學)』 동인, '구인회(九人會)' 등에 참여하였다. 1939년 이후에는 이병기, 이태준과 함께 『문

23 김억, 이광수, 최남선, 주요한 등의 국민문학론이 시가의 구술성에 집착함으로써 가진 시적 한계에 대해 다음의 연구에서 정치하게 논한 바 있다. 구인모, 『한국 근대시의 이상과 허상－1920년대 '국민문학'의 논리』, 소명출판, 2008.

24 방민호는 채만식이 조선 고전문학의 재발견을 통해 자신의 창작의 돌파구를 찾은 점을 논한 바 있다. 그는 채만식이 「춘향전」을 영국의 세익스피어나 일본의 「겐지 모노가타리」에 비교하며 그 가치를 논한 글(채만식, 「소설 안 쓰는 변명」, 『조선일보』, 1936.5.29)을 들며 『춘향전(春香傳)』을 둘러싼 그의 시각 전환은 혁명적인 반전이라 해도 과언이 아니라 말한다. 불과 2년 전만 해도 "조선에는 과거에 큰 문학이 업섯다 제 아모리 욱임성이 세인 「조선주의자(?)」라도 춘향전이나 한문으로 쓴 시조쯤 가지고 큰 문학이 잇섯다고 세우지는 못할 것이다. 따라서 현대의 조선의 작가들은 문학적 유산 즉 전통을 가지지 못한 것이 사실이다"(채만식, 「한 작가로서의 항변－평론가에게」, 『조선일보』, 1934.10.3)라고 주장하고 있었음을 상기할 필요가 있다는 것이다. 방민호, 『채만식과 조선적 근대문학의 구상』, 소명출판, 2001, 168~173면 참조.

장』지에 적극적으로 글을 싣는 한편 신인추천제도의 시부문을 담당하며 신진들을 배출하였다. 정지용이 참여한 동인은 1930년대 시단에서 상당히 중요한 의미를 갖고 있었지만, 그 스스로 목적의식이나 경향성을 가진 문학단체의 결성을 염두에 두지는 않았다. 그는 한 좌담회에서 "구인회 말이 났으니 말이지마는 노서아에는 문학작품주식회사가 있었지마는 그런 형식으로 보아주면 그만이 아닐까요? 문인이란 독행천리격(獨行千里格)으로 나가는 것이 좋지오"[25]라고 언급한 바 있다. 그는 예술가란 이데올로기에 의해 좌우되는 존재가 아니라는 점을 여러 번 강조하였다. 1930년대에 정지용이 가장 견제하고 반감을 나타냈던 대상은, 이데올로기와 목적의식을 강조하는 계급주의 문학이었다. 그는 좌담회 등의 자리에서 카프나 계급주의 문학, 또는 이데올로기를 작품의 지향으로 삼는 입장에 대한 반감을 자주 나타냈다.

> [1] 鄭芝溶 : 어떤 民族이 文學을 所有했다면 벌서 거기에 獨自性이 생기는 것입니다. 그러니까 우리 文學의 獨自性이라면 過去 우리의 古代文學을 探究함은 될지언정 카프에 一任한다는 것은 危險千萬한 일이다.[26]

> [2] 記 : 「最近 읽으신 詩中에 이만하면 하는 程度의 시가 없엇습니까.」
> 鄭 : 「잇엇습니다. 그런데 참 林和氏는 한동안 進學[步]的이란 말을 써서 藝術派의 사람들을 攻擊하더니 요새 와서는 「進步的」를 버리고 藝術派 사람들의 뒤를 못 따러와 자주 애를 씁디다. 온―.」[27]

---

25 「조선문학 건설을 위한 문예좌담회」, 『신동아』 5권 9호, 1935.9, 113면.

26 위의 글, 114면.

27 「문단 타진 즉문즉답기(3)―정지용 : 시가 멸망을 하다니 그게 누구의 말이요」, 『동아일보』, 1937.6.6. 인용문의 '進學的'이란 말은 '進步的'의 오류로 추정된다.

③ 鄭芝溶 : 자꾸들 現實 現實 하는데 이건 現實에 사로잡힌 것 같습니다 그려. 개가 죽은 것도 現實이고 孔子가 춤을 추엇대도 現實인데 뭘 그러케 어렵게들만 생각합니까, 現實批判은 眞理인데 文學人이란 理想人이요 享樂人입니다. 朝鮮 文學이란 朝鮮말로 씨워진 것입니다. 거기에 朝鮮的인 音, 色, 喜, 哀, 樂 모든 것이 째어집니다. 그러면 고만이지 일즉이 寫實主義에서 失敗를 하고도 또 現實－리얼리즘 어이 참들.[28]

④ 鄭芝溶 : 그런데 朝鮮文學이 進步했다는 것은 또 무슨 소리인가요.

임화 : 進步的이라는 말은 技術的으로 發展햇단 말이겟지요.

鄭芝溶 : 아니 나는 進步된 것은 傾向派가 쑥 들어간 게 進步라고 생각하는데(笑聲)[29]

인용한 대담과 좌담회에서 정지용은 일관되게, 카프나 현실주의를 강조하는 문학 경향에 대한 반감을 드러내고 있다. 여기에는 그 자신 '예술파'나 '기교주의 시'로 임화 등을 비롯한 카프 진영의 비평가들에게 공격을 받았던 데 대한 강한 반발 의식이 작용하고 있다. 정지용이 계급주의 문학가들과 긴장과 내결 관세를 형성하며, 이데올로기의 상대편 자리에 두었던 것은 민족의 전통과 언어였다. 인용문 ①의 1935년 조선문학의 독자성을 논하는 『신동아』의 좌담회에서, 그는 "어떤 민족이 문학을 소유했다면 벌서 거기에 독자성이 생기는 것입니다"라고 말하고 있다. 여기에서 '민족의 단일성－문학의 독자성'이라는 연결 관계는 의심받지 않고 전제되어 있다. 고유성은 변질되거나 깨어짐 없이 민족 문화 안에 면면히 흘러내려온 것으로 여겨진다. 하나의 민족공동체

28 「명일의 조선문학, 장래할 사조와 경향－문단 중진 십사씨(十四氏)에게 재검토된 '리얼리즘' '휴매니즘'」, 『동아일보』, 1938.1.3.

29 「건설할 조선문학의 성격」, 『동아일보』, 1939.1.1.

가 문학을 소유한 이후 생겨나는 것이 독자성이라면, 현대에도 조선문학의 독자성을 발휘하기 위해서는 그 민족만이 갖는 고유한 가치를 발굴하여 현대 조선시의 명맥에 다시 이어놓는 작업이 필요해진다.

> 異河潤 : 내 생각에는 露西亞 作家들은 지금 新文藝의 出發點을 새로 찻고 잇는 듯 해요. 끼리시아 것을 가저오고 쎅스피어 톨스토이를 가저오는 것은 엇더케 하면 그 出發點을 차즐가 하여 苦悶하는 證據가 아닐가요.
>
> 鄭芝鎔 : 그럴걸요. 모다 古典을 차즘이 새길을 찻고저 摸索하는 까닭이겟지요. 非端[但] 露西亞뿐 아니라 다른 나라 文學이 모다 그런 듯해요.[30]

정지용은 이 좌담회에서 각국 문학의 동향을 논하며, 러시아 등의 "평단의 주 의제는 고전부흥문제인 듯 합데다"라고 정리한 후, 인용문에서처럼 고전부흥의 의미를 발언하고 있다. 비단 러시아뿐만 아니라 다른 나라 문학이 모두 고전을 찾고 있음은, 그것이 새 길을 찾고자 모색하기 위한 까닭이라는 것이다. 김기림으로부터 '최초의 모더니스트'라 명명된 바 있고,[31] 일본 유학생으로서 '카페 프란스'의 도회적 문물의 감각을 조선의 어떤 시인보다 빨리 전달한 바 있는 정지용은, 이 시기 조선문단의 고전부흥의 분위기에 상당한 영향을 받고 있었다. 조선문학의 건설과 진로를 전망하는 자리에서 그가 일관되게 강조하였던 것은 조선적인 전통과, 조선어의 고유함이었다. 앞의 인용문 [3]에서 '명일의 조선문학'과 관련하여 리얼리즘을 논하는 자리에서조차 정지용은 현실에 대한 분분한 논의들을 일축하며, "조선문학이란 조선말로

---

30 「「최근의 외국문단」 좌담회」, 『삼천리』 6권 9호, 1934.9, 219면. 정지용의 발언에서 "非端"은 "非但"의 오자로 보인다.

31 김기림, 「「모더니즘」의 역사적 위치」, 『인문평론』, 1939.10; 『김기림전집』 2권, 심설당, 1988, 57면.

씌워진 것입니다. 거기에 조선적인 음(音), 색(色), 희(喜), 애(哀), 락(樂) 모든 것"이 깃든다는 점을 역설하고 있다. 조선문학의 방향성을 수립하기 위해 어떠한 사조나 경향보다는 조선어 자체의 고유성을 살리는 창작자의 노력이 가장 중요하다는 인식은, 당시 고전부흥론의 중심적 흐름을 주도했던 문화적 민족주의의 정신과 밀접하게 닿아 있다.

1935년 『정지용 시집』 출간 이전의 그의 시세계에는 일본 유학 생활에서 비롯된 근대 풍경에 대한 감수성이 전통적 시가에 대한 애정과 혼재되어 있었다.[32] 『정지용 시집』이 출간되는 1935년을 전후로 하여, 조선문학의 진로와 방향을 논하는 조선문단의 특집이나 기획 글들에 민족의 고유한 문화적 전통과 조선어에 대한 정지용의 언급이 빈번히 등장하고 있다는 것은 눈여겨볼 만한 사실이다. 그동안 조선문단의 전통주의적 흐름과 관련하여 1939년 발행되기 시작하는 『문장』을 중심으로 이병기, 이태준 등과의 영향 관계 속에 정지용의 작품을 분석한 연구가 상당히 진척되어 왔다.[33] 『문장』파가 형성했던 뚜렷한 전통 지향의 움직임은 1930년대 말에 분명히 가시화되었지만, 정지용이 조선문학의 독자성과 민족성에 관한 논의를 제출하고 있었던 것은, 1930년대 중반의 조선문학 담론과 관련하여 쟁점이 형성되는 와중에서였다.

> 民族, 言語, 文字가 있는 바에는 文學은 저절로도 생겨났다. 그러나 雜草와 함께 제대로 낳고 마르게 둘 수가 없기에 『人間의 頭腦를 通하야 創造되는 第二의 自然인』 文學이 다만 「自然」에 그치지 않게 되였다. 人間的

---

32 『정지용 시집』에서는 각 부의 다양한 편제와 각 시들 사이의 넓은 편차를 확인할 수 있다. 이에 대해서는 다음 장에서 상세하게 논하도록 하겠다.

33 대표적인 연구로 황종연, 「한국문학의 근대와 반근대」, 동국대 박사논문, 1991; 김영실, 「문장파 문학의 고전 수용 양상 연구」, 서울대 석사논문, 1999; 김신정, 『정지용 문학의 현대성』, 소명출판, 2000; 차승기, 「1930년대 후반 전통론 연구」, 연세대 박사논문, 2002 등을 들 수 있다.

「意識」이 附隨되어 있다. 人間的 意識이란 「民族」에서 胚胎된 것을 알게 된다. 그러므로 製作된 文學의 名譽를 個人에게 돌리기에 躊躇치 아니하나, 그 文學에 賦役된 民族性, 呼吸하는 民族性, 鼓動하는 民族을 發見할 때 그 文學의 桂冠을 嘉納할 權利는 當然히 그 民族이 享有한 것이다.

文學史는 說明하였다. 大民族이 大文學을 所有한 것을! 大文學을 가즌 理由만으로도 大民族인 것을! 민족은 階級을 包括한다. 그러나 階級이 民族을 解消치 못한다. 階級文學이 結局 民族文學에 飽和되고 마는 것도 자못 自然이다. 近代文學이 國際性을 뛴[띤]다는 것은 近代文學의 民族性이 얼마나 expansive하다는 것을 說明하는 것이다.[34]

정지용은 이 글에서 문학에 부수되는 "인간적 의식"이 민족에게서 배태된 것이라 말한다. 그에게 문학의 "민족성"이란 이처럼 탄생 초기부터 함께 하는 매우 본원적인 것이다. "민족, 언어, 문자가 있는 바에는 문학은 저절로도 생겨났다"는 전제나, 앞서 인용했듯, "어떤 민족이 문학을 소유했다면 벌서 거기에 독자성이 생기는 것"이라는 명제는 민족과 문학의 선험적 관계를 설정하는 데에서 더 나아가고 있지는 않다. 이처럼 문학의 근본적 성격을 민족성과 연관 짓는 그의 논리는, 당시의 계급문학과의 대결적 구도 안에서 파악할 수 있다.

인용된 정지용의 글은 '조선문학의 주류론, 우리가 장차 가저야 할 문학에 대한 제가답(諸家答)'이라는 제목으로, 당시 조선문단의 삼대 유파를 '민족문학파', '계급문학파', '해외문학파'로 전제한 후 조선문학의 미래를 담당할 주류와 그 이유를 묻는 설문에 대한 답변이다. 1935년을 전후하여 카프의 해산과 계급문학 운동의 표면적인 침체 속에서도 계급문학파는 조선문단의 주류로 상정되고 있었다. 이는 현실적으로

34 정지용, 「민족문학의 길을 통하여」, 『삼천리』 7권 9호, 1935.10, 230면.

조선문단의 진로에서 중요한 역할을 할 일종의 담론적 가능성을 지닌 그룹으로 이 세 가지 성향이 존재했다는 표지이다. 정지용이 민족문학이나 민족주의 문학에 대한 이념화된 인식을 가지고 있었다고 보기는 어렵다. 하지만 그가 카프 해산 후 고전부흥론이 확산되는 당시 조선문단의 흐름에 동반하면서, 계급주의적 문학에 대한 반감과 함께 민족성의 가치를 내세우고 있는 것은 분명하다. "민족은 계급을 포괄"하지만 "계급이 민족을 해소"하지 못하므로 "계급문학이 결국 민족문학에 포화(飽和)되고" 만다는 그의 주장은, 카프의 해산이라는 현실적인 사건과도 연관된 것이었다. 조선문학의 진로를 묻거나 국민문학 건설의 방향성을 묻는 와중에서, 선택적 질문의 형식으로 던져지곤 하던 이와 같은 설문을 통해 문학가들은 배제와 선택의 논리를 요구받고 있었다. 정지용 역시 계급문학을 배제하고 민족문학을 하나의 가치로 선택하고 있다. "근대문학이 국제성을 띈다는 것은 근대문학의 민족성이 얼마나 expansive하다는 것을 설명하는 것이다"라는 그의 결론은, 정지용이 '민족성'이라는 고유한 가치를 근대문학의 핵심적 자질로 삼고 있음을 보여 준다.

1927년 무렵, 정지용은 시조부흥론에 대해 당시 많은 평자들이 그랬던 것처럼 그리 호의적이지 않았다. 그는 "작가로서는 봉건시대에 질겨하던 정서와 마음대로 붓들고 늘어질 맛은 업고 아모조록 보다 새롭게 하야 하겟지요. 흔 독에 물은 날로 갈고 예전 피리로 새곡조를 불어 내십시요. 엇던 민족주의자들처럼 시조를 국빈화(國賓化)할 수 업습니다. 시조를 반동화(反動化)한 허수아비로 만들지는 말아요"[35]라고 시조부흥론에 대한 감상을 밝힌 바 있다. 그에게 당시의 시조부흥론자들은 시조

35 정지용, 「시조촌감(時調寸感)」, 『신민』 23호, 1927.3; 김학동 편집, 『정지용전집2-산문』 개정판, 민음사, 2003, 390면.

를 반동화한 허수아비로 만들고 있는 셈이었다. 이때 "엇던 민족주의자"들은 그에게 조선의 근대시 발전을 저해하는 세력으로 파악된다.

1930년대에 들어 그가 제출하고 있는 민족주의나 전통에 대한 논의는 예전의 비판적 냉소와는 달라진 감이 있다. 여기에는 그 무렵 조선 문단의 정세와 경향이 많은 영향을 끼치고 있었다. 고전부흥의 논의는 당시 정지용 자신이 찾아야 할 창작 방향의 혁신과도 관련을 맺게 된다. 시조부흥론에 대한 그의 감상에서 볼 수 있듯이, 그에게 작가의 임무는 봉건시대에 즐기던 정서를 붙들고 늘어지는 것이 아니라 그것을 혁신하는 작업을 수행하는 것이다. 과거의 문학 전통에서 형식을 빌려오더라도 거기서 새 곡조를 불어 내는 것, 즉 현대에 걸맞는 개성적인 형식을 창조하는 작가의 노력이 필요하다는 것이다. 이러한 그의 생각은 1939년의 『가람시조집』 출간 당시의 발문이나 그에 관해 썼던 글에서도 연장되고 있었다. 그는 가람시조집의 출간에 부쳐 "언어는 유전하여 멈추지 않는다"는 것을 강조하고 있다. 그리하여 모든 예술의 과정이 전통을 디디고 새로이 비약해야 하며, "강경하게도 전통적이고도 열렬히 참신해야 할 것"[36]은 시조예술의 당위성이라는 것이다.

언어는 끊임없이 혁신되고 현대화되어야 한다는 입장은 그의 창작 활동에서 핵심적인 부분을 차지하는 것이었다. 이러한 그의 생각은 1930년대 중반의 고전부흥론 및 조선문학 담론과 함께 작용하며 조선어의 고유한 질감과 '조선적인 음, 색, 희, 애, 락'을 찾는 방향으로 정초되고 있었다. 초기의 일본어 시 창작이나 『정지용 시집』의 시들이 보여주는 다양성과 불균질함처럼, 이 과정 또한 혼란스럽고 다양한 형식들 속에서 당시 조선문단에 존재하던 다른 경향과의 대결과 길항 관계를 통하여 형성되어 갔다. 정지용의 창작 과정은, 1930년대 복잡하게

36 정지용, 「가람시조집에」, 『삼천리』 134호, 1940. 7; 『정지용전집2』, 394면.

유동하고 있었던 조선문단의 현장에서 전통을 복원하여 조선적인 고유성을 문학적으로 실천하는 작가의 역할을 실질적인 응답으로 보여준 셈이었다. 이러한 모색의 과정과 실천적 작업에 대해서는 4장에서 자세히 논하도록 하겠다.

2. 조선문학의 역사성과 민족문학

1) 복고주의에 대한 반발과 조선문학사 서술

1930년대 중반 조선문단에 큰 흐름을 이루었던 민족주의적 경향의 고전부흥의 열기에 대해 일부 프로문학가들은 비판적인 반응을 보였다. 그러나 이들의 반응은 1920년대 국민문학론자들의 조선주의에 대한 냉소와는 달라질 수밖에 없었다. 그것은 당시 조선문학 건설을 둘러싼 담론이 카프 해체 이후 비평적 중심이 사라진 조선문단에서 중요한 비평적 쟁점이었으며, 고전부흥론은 이와 같은 조선문학 건설론과 연동되어 등장하고 있었기 때문이다. 고전부흥론과 조선문학 건설 또는 민족문학 건설을 주제로 한 특집이 『조선일보』, 『동아일보』, 『조선중앙일보』에 연이어 게재되고, 민족주의 문학 진영뿐만 아니라 해외문학파로 분류되던 문학인들, 프로문학 진영의 문학가들까지 여기에 참여하고 있는 것은 이 담론이 당시로서는 문단의 중요한 화두였음을 말해 준다. 민족주의적 경향의 고전부흥론을 조선문학의 역사적 발전단계를 무시한 심리적 퇴영이라 비판하던 프로문학 진영의 평자들조차, 이에 대해 진지하게 대응할 필요성을 느끼고 있었다.

> 그들은 금년 연시(年始)에 '조선문학의 독자성' '문인의 연두장' '건설기의 민족문학'이니 '고전문학과 문학의 역사성' '조선 고전에서 찾아온 잃었던 우리 문학의 음미' '조선문학의 재건설'이니 '사회여 문단에도 일고를 보여라'느니 하고 자못 기세를 올렸다. 물론 이 여러 가지 각층 문인들의 논(論)에서 수긍할 만한 것도 있기는 했지만 전체로 보아 그들의 본의와 논법은 심히 몽롱했다. 왜? 그들이 오늘날 조선문학의 독자성을 부르짖지 않으면 안 되며 건설기의 그 범례를 각국에서 찾지 않으면 안 되었을까? 또한 새삼스럽게 '고전문학'을 고조하지 않으면 안 되었던가? 그 본의를 철저히 과학적으로 규정하지 않는 한 이것은 훌륭한 위험성을 띠고 있는 것이 아닐 수 없다. 그리고 이 난조의 조선주의적 경향은 그것이 결코 아직 한곳을 이루지 못했다.[37]

인용문에서 박승극은 당시 대두되고 있던 조선문학의 독자성론과 조선문학 건설론, 고전부흥론이 가진 의미를 어느 정도 수용하고 있다. 그가 비판하고 있는 것은 이들 방법론의 불철저함이다. 저널리즘을 중심으로 펼쳐지고 있었던 고전부흥론이나 조선문학 건설론이 체계와 방향성을 갖지 못했다는 것이다. 박승극은 그 본의를 과학적으로 규정하지 않는 한 이러한 문단의 조선주의적 경향이 위험성을 띨 수밖에 없음을 강조하고 있다. 그는 다른 글에서도 ""조선을 알자!"하는 슬로건만은 좋으나 그들의 의식적 혹은 무의식적으로 세계적 조류의 하나인 어떤 주의의 대행적 역할을 아니한다고 보증할 수 없는 일이다"[38] 라고 조선주의적 흐름의 위험성을 논하였다. 당시의 조선주의적 특수

37 박승극, 「조선문학의 재건설－상반기 창작 급 평론의 비판과 일반 문학문제에 관한 토구」, 『신동아』 5권 6호, 1935.6; 임규찬・한기형 편, 『카프비평자료총서Ⅴ』, 태학사, 1990, 385면.

38 박승극, 「조선문단의 회고와 비판－작금의 정황을 주로 하여」, 『신인문학』 4호, 1935.3; 『카프비평자료총서Ⅴ』, 367~368면.

성을 강조하는 경향이 세계적으로 발흥하고 있었던 국수주의나 파시즘적인 요소를 가질 수 있다고 생각한 것이다.

조선학 운동과 고전부흥의 경향은 계급주의적 성향을 지닌 문학가들에게도 영향을 미쳐 조선 고전의 재인식이라는 명제는 상당한 호응을 얻고 있었다. 그러나 카프 진영의 비평가들은 이러한 흐름이 가질 수 있는 위험을 경계하며 비판적인 논의를 제출하기 시작했다. 당시의 조선문학 침체론과 함께 조선문학의 독자성과 민족문학의 수립을 주장하는 담론이 가진 정당성에, 계급주의 진영의 문학가들 또한 어느 정도 동의하고 있었다. 그들은 박승극의 글에서처럼, 고전부흥론이 어떤 방향이나 과학적 체계 없이 조선의 특수성만을 강조함으로써 국수주의나 파시즘적 경향을 지닐 수 있는 위험성에 대해 비판하고 있었다. 이는 카프 진영뿐만 아니라, 고전부흥론의 '네오 바바리즘'적 경향의 위험성을 지적하기도 한 최재서 등도 비판하고 있는 지점이었다.[39]

고전부흥론의 다른 맹점으로 지적되었던 것은, 그 논리에 대응하는 창작의 성과가 뚜렷하지 않다는 점이었다. 카프의 비평가들은 카프 해산 후 계급주의 문학 담론이 쇠퇴하고 '민족'을 운위하는 문학 경향의 흐름이 부상하는 당시의 조선문단에, 진정한 '민족문학'이라 이름 붙일 수 있을 만한 작품이 부재함을 논박하였다. 김두용은 "최근에 와서 조선 프롤레타리아 운동과 그 문학의 진영이 무너지게 됨을 따라 조선의 민족주의 문학은 다시 진출하게 되었다"[40]고 진단하며 그렇다면 현존하는 조선의 민족문학이 진정한 의미에서 민중의 이익을 대표하는 문학인가에 대해 묻고 있다. "조선문학을 운위하며 조선 2천만 민중의 대중적 문학 예술을 창조하려는 그들이 조선의 위대한 현실에 대하여 눈

39 최재서, 「복고취미와 고전연구」, 『조선일보』, 1935.1.31.
40 김두용, 「전형기와 명일의 문학－신(新)시대의 전망(상)」, 『동아일보』, 1935.6.5; 『카프비평자료총서 V』, 394면.

을 감고 그로부터 회피하고 인간성 문제에 몰입하여 작가의 심경을 그리고 연애를 탄미(嘆美)하고 로만스를 작성하니 이것이 조선 민족의 문학의 길이란 말인가?"[41]라는 질문은 당시의 창작경향에 대한 강한 비판 의식을 담고 있다. 이러한 그의 질문은 엄밀히 말해 당시 발흥하고 있었던 민족주의 문학에 대한 비판이라기보다는, 비(非)계급주의적 문학 경향 일반에 대한 비판이었다.

카프 진영의 여러 비평가들은 작가들이 현실에 대한 인식을 망각하고 고전에 탐닉함으로써 진정한 조선 민족문학의 방향을 수립하지 못한다는 데 의견을 같이 하고 있었다. "십일 년도(1936년-인용자)에 있어서 조선문학의 걸어온 길은 새것과 낡은 것과의 결정적인 결투의 과정이였다고 생각됩니다"[42]라는 한효의 언급처럼, 카프의 비평가들은 카프 해산 이후에도 진정한 민족문학의 장래와 조선문학의 건설을 담당할 임무는 계급주의 문학을 창작하는 신진 세력에게 부여되어야 한다고 보았다. 조선적 특수성론과 고전부흥론이 가진 복고주의적 성향에 대한 그들의 대응은 대체로 계급문학의 필연성을 강조하는 당위적인 수준으로 전개되고 있었다.

이러한 대결구도의 와중에서 조선문학의 역사성에 대한 인식의 문제가 주요한 논점으로 떠오른다. 카프 진영의 이론가들은 조선 민족과 조선문학을 운위하는 고전부흥론자들의 논의에서 언급되는 역사성이, 박승극의 말처럼 "몽롱"하거나 그 동일성만을 당위적으로 강조할 뿐이라 비판하였다. 카프 문학가들은 조선 민족과 문학의 역사성을 논하는 데도 맑시즘적 의미에서의 보편적 역사 법칙이 적용되어야 한다고 생각했다. 고전부흥 논의의 와중에 빈번히 등장하던 조선문학의 '역사성'

41 김두용, 「전형기와 명일의 문학-신(新)시대의 전망(중)」, 『동아일보』, 1935.6.6; 『카프비평자료총서 V』, 399면.

42 한효, 「소화 십일 년도 조선문학의 동향」, 『조선문학』 3권 1호, 1937.1, 70면.

이란 말과 카프 논자들이 사용하는 '역사성'이라는 용어 사이의 거리는 매우 큰 것이었다. 고전부흥론자들 또한 조선문학의 역사성을 재인식할 것을 주장했지만, 그들의 주장은 조선문학의 기원으로 거슬러 올라감으로써 민족의 동일성과 고유성을 찾을 수 있으리라는 심정적 논리에 기반을 두고 있었다.

고전부흥 논의와 조선문학 건설에 관한 담론이 진행되면서, 조선문학의 역사성은 더 엄정하게 규명되어야 할 문제로 부상하고 있었다.

> 한 가지 附言할 것은 階級文學이라면 性急한 사람들은 그것은 民族의 嚴然한 現實的 存在를 無視하는 것이라고 생각하는 듯합니다만 이것은 대단히 큰 誤解입니다. 階級文學은 民族이 現代에 잇서서 여러 가지 要素로써 얽매어지고 또 그 自身의 特殊한 性質을 充分히 具備하고 잇는 한 統一體라는 것을 嚴肅히 是認하되 그것의 偶像化를 排斥하며 그것의 歷史性을 高調하여 歷史의 推進力은 民族이 아니라 階級의 억개에 잇다고 主張하는데 지나지 안습니다. 現代 露西亞文學 속에 여러 「民族文學」이 包含되어 잇는 事實은 이것의 산 證據겟지오.[43]

조선문학의 주류가 되어야 할 문학 경향을 묻는 설문에, 카프에 속하지 않았던 유진오는 인용문의 글처럼 '계급문학'의 입장을 선택하고 있다. 이러한 선택은 프롤레타리아 문학에 대한 그의 동반자적 성향에서 나온 것이었는데, 유진오의 답변은 당시의 민족주의 문학과 계급주의 문학의 대결 구도를 바라보는 자신의 입장을 명확히 하고 있다. 그는 계급문학 또한 '민족'이 현대에 있어서 특수한 성질을 가진 통일체이며 여러 가지 요소에 의해 규정당하고 있는 존재임을 인식하고 있다

43 유진오, 「계급문학의 길로」, 『삼천리』 7권 9호, 1935.10, 220면.

고 말한다. 유진오는 민족의 통일성과 특수성을 "우상화"하는 경향이 민족주의 문학 진영의 맹점이라고 생각했다. 이러한 우상화를 논파하고 민족의 특수한 통일체의 성격을 정당하게 인식하기 위해서는 그 역사성을 파악해야 한다. 계급문학은 그 역사성을 파악하고 역사의 추진력을 감당할 세력으로서 계급의 역할을 주장한다는 것이다. 따라서 그가 언급한 현대 러시아의 '민족문학'은 당시 조선문단에서 부흥하고 있었던 민족주의 문학이 아니라, 민족의 역사성을 충분히 인식한 계급문학이다.

민족의 현실과 조선문학의 역사적 위치를 파악함으로써 진정한 민족문학의 진로를 파악할 수 있다고 생각한 문학가들은, 당시의 전통주의적 흐름이 가진 복고적 성향에 대한 반감을 지니고 있었다. 카프의 일부 비평가들은 복고적 성향에 반발하며 일관되게 프롤레타리아 문학의 역할을 주장했는데, 한편으로 조선문학의 역사성을 정당히 규명하려는 다른 방식의 모색 또한 이루어지고 있었다. 그 대표적인 예가 조선문학사의 체계적 서술 작업이다. 1920년대에 이미 안확의 『조선문학사』라는 성과가 존재하기는 했지만, 1930년대에 들어와 조선문학사의 전통을 재인식하고 단절되었던 조선문학의 역사를 복원하여 조선문학의 진로와 방향을 재수립하려는 문학가들의 자발적 탐구는 더 활발한 성과물들을 내놓고 있었다. 정인보와 이병기 등이 전통주의적 입장에서 고전을 발굴하고 민족의식을 고취시키는 작업을 하고 있었다면, 조선문학사의 계보화・체계화 작업을 진행하고 있던 이는 김태준이었다.

김태준은 조선의 한문학사 서술을 통해, 조선문학의 단절된 전통을 복원하는 작업을 선구적으로 시작하였다. 『조선한문학사』의 「서」는 "이와 같이 문헌이 부족한 것은 조선문학 연구에 막대한 지장이다. 그러나 매몰된 문학을 영구히 땅속에 파묻어둘 수는 없다. 이것을 발굴하여 과거 우리의 문학을 연구하는 것을 단순히 「골동품」이라고만 할 수 없으며 장차 신문학을 건설하고 세계문예시장에 진출하는 데 토대가 되고 도움이 될 것이다"[44]라고 김태준의 저술이 가진 의미를 평가하고 있다. 과거 조선의 문학을 연구하는 것이 신문학 건설의 토대가 되고 세계문학시장에 진출하는 데 이바지할 것이라는 언급은, 1920년대 후반부터 부상하기 시작하여 1930년대 문단에 주요하게 떠올랐던 조선의 국민문학 건설에 대한 열망을 반영한다. 이전까지 조선문학의 전통이 "매몰"되어 있었다면, 이제 그것은 "발굴"되어야 하는 것이다. 김태준은 이 발굴의 작업에 방향성이 존재해야 한다는 입장을 갖고 있었다. 그는 『조선한문학사』의 마지막에서 "낡은 것을 정리하고 새로 새 것을 배워서 신문화의 건설에 힘쓰자! 이것이 조선 한문학사의 웨치는 표어라 하노라"[45]라고 힘주어 말하고 있다. 한문학이 조선문학사의 유산으로서 연구되어야 할 부분임은 분명하지만, 낡은 것은 정리하고 새 것을 배워 신문화 건설에 힘써야 한다는 시대적 당위성은 그의 문학사 서술의 태도 전반을 규정하고 있었다.

> ① 그러므로 朝鮮의 漢文小說을 中國文學의 一 傍系로 본다면 別問題려니와 朝鮮의 國民文藝와 및 그에 包含되는 小說을 論코저 함에 하물며 特權階級의 손에서 사랑을 받든 漢文小說의 考察만이 나의 主眼이 아니거던 正音의 制定과 正音文學의 爛熟期인 世宗肅宗의 時代를 大書特筆하지 아니할 수 없다.[46]

---

44 김재철, 「서(序)」, 김태준, 『조선한문학사』, 한성도서주식회사, 1931, 1~2면; 『현대문학사자료집성제3권』(영인본), 국학자료원, 1997, 1~2면.

45 김태준, 『조선한문학사』, 한성도서주식회사, 1931, 191면; 『현대문학사자료집성3』, 97면.

46 김태준, 『조선소설사』(증보판), 학예사, 1939, 25면; 『현대문학사자료집성3』, 225면.

2 이 小說은 文字로 表現한 人間生活의 眞相이라고 할진대 다시 나아가 生活의 條件과 狀態를 傳統的으로 어느 사이까지 同一하게 하여온 國民的 文學의 存在를 認定한다 할진대 그 文字는 반드시 그에 落着하게 된다. 이와 같이 보면 朝鮮小說은 朝鮮의 文字 ─「한글」의 發生한 李朝世宗以後에 淵源할 것이다. 그러나 朝鮮에서는 特殊한 現象이라고 할 만큼 世宗 以前에도 數千年 동안이나 民衆의 思想感情을 記錄하였고 때로는 貴族的인 文人의 손으로 中國人의 筆致와 조금도 다름없이 自由스럽게 意思를 發表한 者 ─ 例컨대 崔致遠 · 李齊賢 · 李穡等 ─ 도 있었으며 漢字는 거위 古東洋列國의 共通文字처럼 行用하게 되어 文學史上에 뗄 수 없는 影響을 주었으니 朝鮮小說은 中國小說과 竝行하야 그의 淵源을 世宗 以前의 古代에 遡求하지 않으면 안되겠다.[47]

김태준은 『조선한문학사』에 이어 『조선소설사』를 저술하였다. 그는 『조선한문학사』에서 신문화 건설의 기초로서 조선한문학을 다루고 있다고 말했는데, 『조선소설사』에서는 인용문 1에서처럼 그의 연구가 "조선의 국민문예"를 대상으로 삼고 있다는 점을 강조하였다. 조선의 국민문예 즉 국민문학이 대상이 될 때, 특권계층에게 향유되던 한문소설은 조선 국민문예의 일부로 적합한 자격을 갖지 못한다. 이때 그것은 조선문학의 유산으로 연구는 되어야 하지만, 국민문학의 범주에서는 배제될 수밖에 없다. 그러므로 그의 『조선소설사』에서는 "정음의 제정과 정음문학의 난숙기인 세종숙종의 시대"가 강조되어 서술되고 있다.

김태준이 조선 소설의 연원을 조선의 자국 문자가 생긴 시대 즉 조선 세종 이후로 한정 짓는 것은, 인용문 2에서 볼 수 있듯 "생활의 조

47 위의 책, 26~27면; 『현대문학사자료집성3』, 226~227면.

건과 상태를 전통적으로 어느 사이까지 동일하게 하여온 국민적 문학의 존재" 즉 민족 공동체의 국민문학이라는 개념을 그의 문학사 서술에서 주요하게 상정하고 있기 때문이다. 김태준은 세종 이전에도 민중의 사상과 감정이 수천 년 동안 기록되었고 한자는 동양 여러 나라의 공통문자였다는 사실을 분명하게 인식하고 있었다. 그러므로 조선의 문학사에 깊은 영향을 미친 한문학까지 조선소설의 연원을 소급해 가야 하는 것은 조선문학사의 특수한 사정이라고 그는 말한다. 조선의 한문학사를 조선문학사에서 발굴되어야 할 영역으로 인식하고 서술하였던 그가 조선문학사의 범주를 한정하며 한문학을 배제하고 있는 것은, '조선의 국민문학'을 규명하는 일환으로 조선문학사를 정초하고자 했기 때문이다. 이후 고전부흥론이 대두하고 조선문학의 개념과 내포에 관한 갑론을박이 벌어지는 와중에서 그는 조선문학의 현실적 위치와 역사성에 대한 정당한 인식을 강조하고 있다.

> 筆者가 이미 다른 機會에 조선文學은 그의 한 要素로써 必然的으로 조선文學－한글－로 씨운 것이라는 辯明을 하엿슴에 不拘하고 각금 조선文學史의 內包問題라는 큰 題目을 걸고 큰 소리를 웨치는 이가 잇다. 다시 몃날 前에는 自稱『作家』의 自己無智를 暴露하는『抗辯』的 怪文을 보앗다. 이는 모다 조선文學의 歷史性과 其他를 잘못 把握한 데서 出發한 錯誤이다. 筆者는 조선文學의 歷史性을 强調하되 그 發展의 歷史를 世界歷史의 一員으로서의 歷史的 法則 우에 求하엿고 그 歷史의 土臺를 항상 朝鮮社會構成의 諸形態와 合하야 自然的 基礎 우에 分析하려 하엿고 또 將次도 그러할 用意를 가지고 잇다. (…중략…) 또 거긔에 若干의 歷史性을 말코저 짤막한 古談을 삽입하엿스되 엉터리업는 朝鮮主義者的 朝鮮의 特殊性을 내세운 것은 아니엿다. 그러나 過去에 조선文學이 全無하엿다고 싹 쓸어버리고 큰 시침이를 떼는 것은 이 自稱『作家』라는 사람들 (將來에『톨스토

이』될 (略) 無智에서 나온 것이요 우리의 課題는 當初부터 『高麗도기』의 研究에 잇지 안흔 것이엿다.[48]

김태준의 이 글에서 그의 한문학사 서술과 조선소설사 서술에서 소급하고 있는 조선문학의 기원 및 조선문학의 내포에 대해, 당시 조선 문단에서 반론이 제출되고 있었다는 사정을 읽을 수 있다. 그 한 예로 정인섭은 김태준의 『조선소설사』의 문학사 규정에 대해 반론을 내세우며, "필자는 작년 말에 수차 이 문제에 대해서 사적으로 공적으로 (모 윤숙시집 출판회와 방송) 논한 바 잇는데 주요 초점은 조선인이 창작한 한문학은 조선문학 정통엔 내포될 수 업다는 지론이다. 김태준씨는 조선소설사에 그와 갓흔 한문학의 분야를 전부 취급햇는데 이것은 문학사 규정 방법론으로 보아 커다란 인식착오라고 할 수 잇다"[49]라고 말하기도 하였다. 이에 대해 김태준은 조선문학은 조선의 국민문자인 한글로 쓴 것이라는 규정을 다시 한 번 분명히 하면서도 조선 한문학사를 연구의 영역으로 삼는 자신의 입장을 표명하고 있다. 김태준은 그를 비판하는 논자들이 조선문학의 역사성을 잘못 파악하고 있다고 지적한다. 그는 자신이 조선문학의 역사성을 강조하되 그 발전의 역사를 세계문학의 일원으로서 역사적 법칙 위에 구하였다는 것과 그 역사의 토대를 조선사회구성의 제형태와 자연적 기초 위에서 분석하려 하였다고 힘주어 말한다.

김태준의 진술은 조선적 특수성을 강조하는 논자들과 계급주의 문학가들 양쪽 모두에 대해 입장을 분명히 하고 있다. 자신은 조선의 역사성을 강조하지만 "엉터리업는 조선주의자적 조선의 특수성"을 내세

48 천태산인(天台山人), 「조선문학의 역사성(1)」, 『조선일보』, 1934.10.27.
49 정인섭, 「문단문제초(抄)」, 『삼천리』 6권 5호, 1934.5, 228면.

우고 있지는 않다는 것이다. 문학사 서술에서 맑시즘적 의미에서의 역사적 보편 법칙을 잊은 바 없음을 확인하는 대목이다. 그는 한편 "과거에 조선문학이 전무(全無)하엿다고 싹 쓸어버리고 큰 시침이를 떼는 것"도 조선문학의 특수한 역사성을 파악하는 데는 도움이 되지 않는다고 강조한다. 그러므로 그의 문학사 서술은 "고려 도기의 연구"와 같이 전통적 유물을 발굴해 내는 데에 목적이 있지 않다. 그는 문학사 서술을 통해 조선문학의 역사적 위치를 파악하고 문학적 전통을 계보화하여 조선문학의 진로를 설정하고자 한 것이다.

김태준은 자신의 조선문학사 서술이나 조선문학의 전통을 복원하는 작업이, 당시 조선문단의 조선적 특수성론이나 고전부흥론자들의 태도와는 구별된다는 점을 강조하였다. 그는 역사소설이 신문의 학예면을 점령하고 출판의 불황기에도 불구하고 야사(野史)전집류들이 편찬되는 현상이, 고전부흥의 흐름을 타 유행처럼 번져 나가고 있으며 이는 타기해야 할 조선문단의 경향이라 진단하고 있다. 그는 조선 연구열의 원인을 분석하는 글에서 "역사소설이 각신문의 학예면을 점령하고 야사전집(野史全集)이 잘 매출된다는 것도 저간의 소식이다. 옹색한 환경 밋에 종래에 양심적으로 활동하든 작가와 평가들이 일시 작품적 활동을 중지하고 잇슬 적에 저 중등학교 이학년 정도의 이데오로기적 수양도 업시 자기 딴은 이 「호」시대의 패왕이나 된 것처럼 사회와 변천을 마음대로 못하는 것을 도처에 불평질하면서 젊은 인테리의 잠고대 가튼 감언(甘言)을 나열하고 결론은 순문학의 승리라고 떠들고 단니는 것도 요사이 일이다"[50]라고 당시 문단을 휩쓸던 유행을 신랄하게 비판하였다.

계급주의적 문학 담론을 대신해 고전부흥론이 성행하면서 이러한

---

50 김태준, 「'조선' 연구열은 어데서?(1)」, 『조선일보』, 1935.1.26.

상황이 “순문학의 승리”처럼 논의되고 있는 1930년대 중반의 현상은 그에게는 매우 위험한 것으로 여겨졌다. 묻혀 있던 조선문학의 전통은 발굴되고 재인식되어야 하지만, 전통의 복원은 과학적 역사 법칙의 인식 위에 조선문학을 새롭게 건설하는 기초가 될 때만 의미 있는 것이었다. 김태준의 조선문학사 서술에는 조선문학의 역사성을 정당하게 인식해야 한다는 논조가 일관되게 작용했고, 그는 조선문학의 모든 전통이 아니라 조선의 국민문학으로서 가치 평가될 수 있는 전통을 계보화시키고자 했다. 김태준이 『조선소설사』에서 조선의 문학전통에 대한 포용적인 시각을 잃지 않으면서도 경향문학의 의미를 재평가하려 애쓰고, 조선 소설의 과도기를 거쳐 그 성과를 집대성한 작품으로 한설야의 「과도기」와 이기영의 「고향」을 들고 있는 것은 이러한 의도의 소산이었다.[51]

고전부흥론이 대두되면서 그에 대한 대립각을 세운 계급주의적 이론가들의 논쟁과 조선문학의 개념과 범위를 둘러싼 담론을 통해, 조선문학의 역사성에 대한 엄밀한 인식의 필요성과 그에 대한 답변이 제기되었다는 사실에는 큰 의미가 있다. 김태준의 업적을 바탕으로, 민족주의적 진영의 고전부흥론이 가진 맹점을 비판하면서 조선문학의 역사성을 가장 적극적으로 규명하고자 했던 문학가는 임화이다. 임화는 고전부흥론과 조선문학 담론을 둘러싼 논쟁의 와중에서 조선문학의 역사성과 민족문학에 대한 이념을 수립해 간다. 다음 절에서는 임화가

51 김태준의 다음 논의를 참고할 수 있다. “실로 경향문학의 정치성은 이인직 시대의 계몽의 정신과 춘원의 이상주의적 설교를 계승한 바 일관된 조류라고 할 수 있다. 이는 그 후 이 정신의 생경한 노출의 기(譏)를 받었으나 현실을 전면에서 파악할냐는 지향과 소설을 자기로부터 해방한 것과 객관소설의 길을 열은 공적은 있었다. (…중략…) 양식에 있어서만 아니라 정신에 있어서 「과도기」는 새 시대의 문학이었다. 「얻은 것은 이데오로기―요 일은 것은 예술이라」는 조롱을 뛰어넘어 이런 소설을 집대성한 것이 경향소설의 제일 큰 기념비가 [된] 이기영씨의 작품 「고향」이었다.” 김태준, 『조선소설사』(증보판), 학예사, 1939, 270～271면; 『현대문학사자료집성3』, 470～471면.

이와 같은 과정 속에 조선문학의 전통과 조선어에 대한 인식을 뚜렷이 하면서 자신의 창작 방향을 수립해 가는 모습을 살피도록 하겠다.

2) 민족문학론과 임화(林和)의 창작 방향

카프 해산 이후 조선문학의 침체와 위기설에 대응하며 가장 활발하게 담론을 펼쳐 나갔던 이는 임화였다. 그는 계급주의적 문학 이념을 견지하면서, 당시 성행하던 고전부흥론과 조선문학의 규정 문제에 대한 논의를 연속적으로 제출하였다. 앞 절에서 살펴본 박승극, 김두용, 한효 등의 카프 진영 비평가들과 마찬가지로, 임화는 '조선문학의 건설'이나 '민족문학의 건설'이라는 명제를 내건 저널리즘의 특집과 이에 대한 민족주의적 성향의 문학가들의 답변 특히 고전부흥론에 대해 매우 비판적이었다. 하지만 임화는 다른 비평가들처럼 이들의 복고주의를 퇴영적이고 보수적이라 일축하며 계급문학의 임무를 강조하는 데서 논의를 그치지는 않았다. 그는 당시 조선문단에서 고전부흥론이 대두하는 원인과 쟁점화되고 있는 문제의 본질을 규정하고 그에 대한 입장을 정립하고자 고심하고 있었다.

> 復古的 傾向은 今日에 와서는『文學 遺産의 攝取』『古典의 再認識』이란 科學的 修辭를 使用하는 것으로서 그 使用되는 範圍를 넓히고 아울러 內容의 時事的 新鮮을 獲得하고 있다.
>
> 이곳에서는 勿論 例의 朝鮮文學 建設論에 依하야 그 必要性의 科學的 基礎가 復興되고 建設될 朝鮮文學의 獨自性의 豊富化 朝鮮的인 것의 伸長이라는 文化的 理由로서 그것은 또 한아 必要不可缺의 要素로서의 堂堂한 資格을 얻게 되는 것이다. (…중략…)

> 그러므로 몇 年 前만 해도 大部分의 作家 批評家에 關心을 끄을지 않고 一部 保守家 —時調作者, 歷史小說, 野談師 等— 에게는 있는 것이 今日에는 保守, 反動이 아니라 한 現實的 關心의 表現이며 文學的 進步를 爲한 一 行爲로서 飛躍되있다.[52]

임화는 몇 년 전만 해도 일부의 작가들, 즉 보수적 경향의 시조작가나 역사소설, 야담 작가들에게나 관심을 끌었던 고전부흥의 열기가 이제는 "현실적 관심의 표현"이며 "문학적 진보를 위한 일 행위로서 비약"된 조선문단의 현실을 인정하고 있다. 이러한 상황의 원인으로 그는 "조선문학 건설론"을 들고 있다. 조선문학 건설에 대한 당위성이 "문학 유산의 섭취", "고전의 재인식"이란 과학적 기초의 필요를 가져왔고, 여기에는 "조선문학의 독자성", "조선적인 것의 신장"이라는 문화적 이유가 개재되어 있다는 것이다. 임화의 이와 같은 발언에는 당시 조선문단에서 고전부흥론이 중심적으로 부상하는 원인이 진단되어 있다. 임화는 이어 복고적 경향이 조선 문학계의 전반에 전파되어 민족주의 문학자는 물론 예술지상주의자, 자유주의자, 심지어는 프로문학 위에까지 그 영향이 파급되고 있는 조선문학의 현실이, 대기에 노출된 "목내이(木乃伊)"처럼 피부색이 변질되어 가고 있는 상황이라 비유하였다.[53]

당시 조선문단의 특수한 전환기적 상황과 민족문학 건설의 당위성에 대해 임화는 그 인식의 필요성까지 부정하지는 않았다. 그는 위의 글에 앞서 "「조선문학」이란 말이나 「조선적」이란 개념적 용어가 금일과 가티 여러 작가의 입으로부터 제종의 문학평론상에 나타낫든 것을

52 임인식, 「조선문학의 신(新)정세와 현대적 제상(諸相)(6)」, 『조선중앙일보』, 1936.2.2.
53 위의 글.

과연 우리는 우리나라의 신문학 성립 이후 어느 시대에 보앗슬가? 그리하야 현재 어느 「스쿨」의 누구를 물론하고 문학을 말하랴면 반듯이 「조선적」 내지 「민족적」과 또 「조선문학」이란 개념이 머리에 부트며 아울러 이러한 간단한 표현으로써 모든 복잡한 내용적인 것이 설명되고 모순된 것까지라도 안일하게 처리되고 잇다. 물론 이 개념에 대하야 품고 잇는 우리의 의혹이라는 것이 결코 예술에 잇서 진실로 「조선적인 성격」이라든지 우리나라 민족생활의 생생한 현실상에 선 「조선문학」의 형성과 개화를 부정한다든가 그 가능에 대한 회의를 의미한다든가 아님은 중언을 필요치 안흘 것이다."[54]라고 하면서 예술에 있어서의 '조선적인 성격'이나 민족적 현실 위에 기반한 '조선문학'에 대해서 회의하고 있는 것은 아님을 밝힌 바 있다. 임화가 조선문학 담론에서 비판하고자 했던 것은, 고전부흥의 경향이 가진 복고적 성격과 '조선주의적 특수성' 논의가 지닌 몰계급성이었다.

> 이것은 그들의 言辭를 빌면 朝鮮文學史 現在의 瞬間이란 朝鮮文學 혹은 朝鮮의 民族文學의 建設期이란 데 있는 것으로 只今에 있는 모든 傾向의 文學이 將來 成立할 廣汎한 內容의 大朝鮮文學의 建設的 努力者의 一部分이고 모든 것은 그 獨自性을 探究함에 有用한 努力이라고 說明되고 있다.
> (…중략…)
> 이러한 幻想의 影響은 民族的 形式의 階級的 內容을 담은 우리들의 民族文學의 理想을 뿌루조아的인 것과 混同하야 史的 唯物論의 文化史觀을 形式的으로 取扱하고 그 가운대를 民族主義的 內容을 代充하는 結果를 招來하는 것이다.[55]

54 쌍수대인(雙樹台人), 「역사적 반성에의 요망(1)」, 『조선중앙일보』, 1935.7.4.
55 임인식, 「조선문학의 신(新)정세와 현대적 제상(諸相)(5)」, 『조선중앙일보』, 1936.2.1.

임화는 이 글에서 여러 문학가들이 당시를 조선문학 또는 민족문학의 건설기라 규정하고 있다고 지적한다. 그는 모든 경향의 문학이 장래 성립할 "조선문학의 건설"을 위한 노력이고 조선문학의 "독자성"을 탐구하는 데 유용한 것으로 설명되는 문단의 경향에 비판적인 시각을 보이고 있다. 이는 민족문학의 "환상"이 당시의 조선문학 건설론에 작용하고 있기 때문인데, 부르주아적인 것과 민족문학의 이상이 혼동되고 있다는 것이다. 임화에게 민족문학 건설은 유물론적 역사 법칙과 별개로 취급될 수 없으며, 민족문학의 내용과 형식도 명확한 당파성 아래 규정되어야 할 것이었다. 그는 민족문학을 건설한다는 명제 하에 계급주의 문학과 부르주아적인 문학을 통합하려는 이른바 문학적 계급 협조에 대한 뚜렷한 반대 입장을 갖고 있었다.

임화는 1935년 발표한 「역사적 반성에의 요망」이라는 글에서, "현재의 조선의 문학이란 그 정치상 예술상의 상원(相遠) 여하를 물론하고 그 초미의 급무는 이 「조선적」인 「민족성」을 가진 「조선문학」이란 것의 「재건」과 「건설」이라는 한 개의 통일된 방향이 지시되는 것이다. 그러나 대체로 이만치 구체적 내용을 갖지 안흐면서 이만치 만흔 본질적으로 다른 계층의 인간의 두뇌를 정복하는 개념이란 잇슬 수 잇슬 것일가?"[56]라는 질문을 던지고 있다. 그는 당시 조선문단의 초미의 급무가 "조선적인 민족성"을 지닌 조선문학의 "재건과 건설"이라는 통일된 방향으로 제시되고 있으나 그 구체적 내용은 부재한다는 사실을 비판하고 있었다. 재건될 조선문학의 내용과 이를 담당할 계급이 명확히 제시되지 않은 민족문학의 건설론이란 환상에 불과하다는 것이 그의 생각이었다.

임화에게 민족문학의 올바른 이상이란 위의 인용문에 등장하듯, '민

56 쌍수대인, 「역사적 반성에의 요망(2)」, 『조선중앙일보』, 1935.7.6.

족적' 형식에 '계급적' 내용을 담은 것이다. 이 시기를 거치면서 임화는 민족문학에 대한 자신의 입장을 점차 정초해 나가고 있다. 민족주의적 진영의 조선적 특수성론을 비판하고 고전부흥론이 조선문학의 정당한 방향성을 제시할 수 없음을 주장하면서, 상대적으로 임화는 조선문학의 역사적 전망을 담론화해 나갈 수 있었다. '민족문학'을 내건 비역사적인 조선문학 건설론에 대해 임화는 강도 높게 비판했지만, 그 또한 당시의 세계사적 흐름과 조선문단의 민족주의적 경향으로부터 영향을 받고 있었던 것은 분명해 보인다. 조선문학이 가진 독자성과 민족문학 건설이라는 화두에 대해 이후 임화는 여러 편의 글에서 천착하기 시작한다. 1930년대 중반 이후 임화의 글에서는 국민문학으로서의 조선문학, 그리고 그 조건으로서의 조선어에 대한 언급이 빈번히 등장한다.[57] 그는 1930년대 등장하였던 조선문학의 개념 규정 문제와 관련하여 가장 지속적이고 깊이 있는 대답을 제출하고 있었다.

앞 장에서 논했던 것처럼 임화는 1936년 8월 조선문학의 개념 규정을 묻는 『삼천리』사의 설문에 자신의 입장을 밝힌 바 있다. 그 답변에 바로 뒤이어 그는 「조선문학의 개념규정에 반(伴)하는 소감」이라는 글을 『조선문학』 9월호에 발표한다. 임화는 이 글에서 조선문학을 규정하는 문제가 결코 단순한 문학개론식 의미만에 그치는 것이 아니라고 강조하였다. 이 문제는 우리의 문화유산 중에 어떤 것을 계승할 것인

57 배개화는 당시의 문학사와 언어에 대한 임화의 관심이 조선의 구체적인 창작 현실과는 무관한 추상적인 문예이론을 전개하는 카프 이론가들의 행태와 복고주의적 문학 연구 태도에 대한 반감에서 비롯되었다고 언급하였다. 배개화, 「1930년대 후반 전통 담론의 탈식민성 연구」, 서울대 박사논문, 2004, 81~82면. 그런데 임화가 비판하고 있는 "조선의 문학적 현실과는 지극히 먼 순수이론의 상공에서 졸렬을 극(極)한 권투(拳鬪)를 하고 있"는 이들은 배개화의 지적처럼 카프 이론가들이라기보다는, 민족주의적 경향이나 예술지상주의적 경향의 비평가들이라 볼 수 있다. 자세한 내용에 대해서는 쌍수대인, 「역사적 반성에의 요망(8)－감상적 회고로부터 문학사의 연구로」, 『조선중앙일보』, 1935.7.13을 참조.

지 그 역사적 의의를 찾고, 현재와 미래의 문학을 위해 무엇을 할 것인가 하는 방법론과 관계되는 현실적 과제라는 것이다. 그는 이 현실적 과제가 문학사를 서술하는 개인 연구자에만 해당하는 것이 아니라 공중의 토론을 요청하고 있다고 말한다.[58]

이러한 임화의 입장은 고전부흥론에 반발하며 역사를 재인식할 필요성은 인정하되 복고적인 경향으로 되돌아가는 경향의 위험성을 비판한 김태준의 유물론적 사관(史觀)에 닿아 있다. “우리의 문화유산중 하자(何者)를 문학의 재보(財寶)로 계승할 것이냐 하는 역사적 의의와 일로부터 창조될 금일과 명일의 문학을 위하야 무엇을 할 것인가”[59]가 중요한 현실적 과제라 언급하고 있는 임화의 발언은 김태준이 조선문학사 서술을 하며 견지하였던 입장을 상기시킨다. 역사에 대한 유물론적인 인식을 통해, 계승할 전통을 발굴하고 이를 계보화하기 위한 목적의식을 갖고 문학사 서술을 해나갔던 김태준의 영향 아래 임화 역시 조선문학의 역사성을 정립해 나가고 있었다.[60]

임화는 「조선문학의 개념규정에 반(伴)하는 소감」에서 상세하게 조선문학의 개념과 범주 및 그 독자성을 구성하는 요소에 대해 해명하고 있다. 그는 “문학의 국적별이란 곳 민족이나 국민의 국적이다. A국의 문학과 B국의 문학이 서로 다를 것은 A국의 인민과 B국의 인민이 각각 다른 생활을 하기 때문이다. 그럼으로 실상은 문학 내부에 현상인 국민적, 민족적 독자성은 그 나라 사회생활과 문학이 관계하는 과정 중

58 임화, 「조선문학의 개념규정에 반(伴)하는 소감」, 『조선문학』 2권 4호, 1936.9, 157면.

59 위의 글.

60 김영민은 임화의 신문학사 집필의 계기 중 하나로 김태준의 『조선소설사』 증보판의 발행을 들고 있다. 또한 임화의 신문학사 기획이 『조선소설사』의 영향 속에 이루어졌다는 것은 그의 「개설 신문학사」의 곳곳에서 『조선소설사』를 인용하고 있는 사실에서도 확인된다고 언급하였다. 김태준의 조선소설사와 임화 신문학사의 영향관계에 대해서는 김영민, 「임화의 신문학사 연구의 성과와 의미」, 문학과사상연구회, 『임화 문학의 재인식』, 소명출판, 2004, 22~23면; 37~38면.

에서 탄생된 산물에 불외(不外)한다. 항상 각개국의 문학이 그 형식에서만 아이[니]라 내용에 있어 현실적으로만 아니라 역사적으로 차이를 가지고 있음이 이러한 이유이다. (…중략…) 이것은 인(人), 문(文), 목적(目的)의 삼조건(三條件) 외에 조선의 현실, 그 사상 혹은 감정이란 조선인의 사회생활과 불가분의 관련을 갖는 어떤 무엇이 없이는 삼조건이 조선문학 규정의 근본 지표가 될 수 없음을 의미한다"고 논하고 있다. 즉, 각국의 문학 내부에 발현되는 국민적, 민족적 독자성은 그 나라의 사회생활과 문학이 관계하는 과정 중에 탄생한 것이며, 따라서 작가・사용언어・대상 독자 등의 세 가지 조건은 조선의 현실과 사상 감정 및 조선인의 사회생활과의 관련 없이는 조선문학 규정의 근본 지표가 될 수 없다는 것이다.[61]

임화는 작가・언어・독자라는 각 조건에 '조선적'이라는 어사를 붙여본다고 해도 문학의 조선적 형식과 내용은 개시되지 않으며 오히려 조선문학의 역사적, 현실적 본질을 망각하게 한다는 사실을 강조하였다. 그러므로 미리 정해진 규범에서 출발하지 말고 문학사의 실체에서 출발해야 한다는 것이다. 그는 이광수 등의 조선문학의 개념규정에 반대하면서, 『삼국유사』와 향가 등을 포함하여 이두문학과 한문문학 등이 조선문학사의 일부분임을 주장한다. 한글 창제가 조선문학사에서 위대한 의의를 가진 것은 사실이지만, 시대와 사회의 "어떠한 현실"이 "어떠한 입장"에서 표현되었는가가 문학의 민족적 성질을 규정하는 척도라는 것이다.[62] 임화는 『삼천리』의 설문에 대한 답의 연속선상에서, 민족이나 국민이 역사적인 존재인 것처럼 조선문학이란 어떤 선험적 존재로 부동하는 것이 아니라 역사적 조건 아래서 이해되어야 한다는

---

61 임화, 앞의 글, 158~159면.

62 위의 글, 161~162면.

점을 밝히고 있다. 임화는 김태준의 문학사 서술의 입장을 계승하며, 더 적극적으로 조선문학의 범주와 내포에 관한 관점을 정립하는 한편 조선문학의 전통을 창조하기 위한 방법론을 기초하고 있었다.

임화가 문학사 서술에 관심을 보이고 실제적인 작업을 시작하는 것은 이 시기를 즈음해서이다. 그는 당시 고전부흥론을 지지하는 문학사가들이 "낡은 소설의 민요학적 해석"에 만족하고 있음을 비평하며 "어째서 고소설과 한말의 잡다한 신소설, 또 국초, 춘원은[을] 것처 이십년대 문학에 이르는 역연(歷然)한 문학적 발전의 계열을 설명하지 안는지 이해하기 어려웁다"[63]고 탄식한다. 조선문학의 기원을 탐색하고 그 문학적 발전의 계열을 설명하는 것은 학적으로 가장 흥미 있고 또 작가들에게 대단히 유익한 사업이라는 것이다.

임화가 1935년 10월부터 『조선중앙일보』에 「조선신문학사론 서설」을 연재하기 시작하는 것은, 이와 같이 복고주의적 경향에 대한 반발 심리와 그에 대한 대안으로 실제적 작업이 필요하다는 시대적 필연성을 느끼고 있었기 때문이다. 그는 조선문학의 역사성에 대한 과학적이고 엄밀한 인식과 체계적인 서술을 지향하며 「조선신문학사론 서설」을 저술해 나가기 시작한다. 임화의 맑시즘적 사관에 입각한 계급주의적 관점은 문학사 서술을 통해 민족문학의 전망과 결합되고 있었다.

> 그리하야 朝鮮 文學이라는 것과 或은 그 獨自性이란 것이 永久不一變의 것이 아니라 한낫 歷史的인 槪念에 지내지 않는다는 것 그리하야 朝鮮의 文學的 發展의 長遠한 過程中에 現時代란 如何한 性質의 地點이란 것이 解明되리라고 믿는다. (…중략…)

63 쌍수대인, 「역사적 반성에의 요망(8) – 감상적 회고로부터 문학사의 연구로」, 『조선중앙일보』, 1935.7.13.

웨 그러냐하면, 한 民族의 文學이란 것을 나는 民族文學, 國民文學이라고 불러지는 具體的 內容의 것으로 생각하기 때문이다. 卽 이 具體性은 歷史的의 것으로 一般 歷史의 見地에서 보면 資本主義의 發展에 依하야 形成된 民族, 國民別의 文學으로서, 그것은 近代 資本主義의 發達에 依한 完全한 科學的 意味의 民族의 形成=統一, 없이는 그 存在를 想像키 不能한 때문이다.

이것은 非但 政治的 또는 社會史的인 理由뿐만이 아니라 近代的 諸關係로 말미암아 促進된 民族意識의 自覺과 民族語의 統一的 形成이란 文化的 條件 없이 文學의 民族的인 性格의 確立을 바랄 수 없는 또 한 個의 理由가 있다. (…중략…)

同時의 文學形成의 이러한 分類는 또하나 文學의 歷史的 發展이란 것이 決코 血族, 同族的인 條件에 依하여서만 支配된 것이 아니라는 것을 우리에게 提示한다.[64]

임화는 이 글에서 조선문학의 독자성이 영구불변의 것이 아니라 역사적인 개념이라는 점을 강조하면서 당시의 고전부흥론자들이 빠질 수 있는 민족적 특수성의 신화를 논파하고자 한다. 현재의 상황 또한 그 역사적 발전 과정의 법칙 아래 규명되어야 하는 것이며, 지속되어 온 동일성만을 강조하는 입장은 비과학적이라는 것이다. 유물론적 진보 사관에 입각한 임화의 이와 같은 서술은, 국민문학과 민족문학에 대한 개념으로 이어지고 있다. 그에게 민족의 문학이란 "국민문학" 또는 "민족문학"으로서 역사적인 개념을 띤 구체적 내용으로 파악된다. 역사적 개념 아래 파악할 때 한 민족의 국민문학은 근대 자본주의의 발달 이후, 즉 완전한 과학적 의미에서의 민족의 형성과 통일 위에서

64 임인식, 「조선문학의 신(新)정세와 현대적 제상(諸相)(2)」, 『조선중앙일보』, 1936.1.29.

만 성립한다. 따라서 민족문학의 개념을 성립하는 데에, "민족의식의 각성"과 "민족어의 통일적 형성"이라는 두 가지 문화적 조건이 없이는 문학의 민족적인 성격이 확립되지 않는다는 것이다.

민족 공동체의 개념이 근대의 성립과 더불어 온전히 확립된다는 점을 감안할 때 임화의 지적은 정당하다. 지금에 와서는 보편적으로 받아들여지고 있는 민족문학의 조건에 대한 임화의 언급은, 조선적 특수성을 언급하는 담론이 성행하고 고전부흥론자들이 추상적인 '민족혼'이나 '조선심'을 강조하는 경향 속에서 조선문학의 역사적 위치와 민족문학의 개념을 명확히 하는 것이었다. 민족문학의 개념과 위치에 대한 역사적 인식이 선행할 때 조선문학의 현재에 대한 진단과 위기 상황의 타개책, 그리고 민족문학의 건설이 가능하다고 임화는 생각하고 있었다. 따라서 그는 문학사 서술 역시, "진실한 문학적 전진이 지극히 곤란한 조건하에 놓인 금일, 다난한 전진운동의 급류로부터 자기를 어떤 안일한 장소로 이끌어가기 위한 한 개의 방편으로서의 역사적 반성의 휴식소를 구하는 기도"나 "아카데미안의 무미건조한 해석적 분석"으로부터 구별하여 한 개의 실천적 과제를 수행하는 작업이 되어야 한다고 주장했다.[65]

임화는 점차 구체화되기 시작한 조선문학사에 대한 관심을 1935년 『조선중앙일보』의 「조선신문학사론 서설」에서 나타냈고, 이후 1939년의 「개설 신문학사」에서 조선문학사의 영역을 체계화시키려 노력하였다. 그가 조선의 '신문학사'를 구상한 것은 역사적 의미에서 자본주의 이후의 국민문학으로서 조선문학을 규정하고자 했기 때문이었다. 그는 「개설 신문학사」에서 조선문학의 전사란 조선언문학사와 한

---

65 임화, 「조선 신문학사론 서설」, 『조선중앙일보』, 1935.10.10; 임규찬 · 한진일 편, 『임화 신문학사』, 한길사, 1993, 318~319면.

문학사에 신문학사를 첨가한 삼위일체라 정의하고 있다. 임화는 "단적으로 말하면 조선문학 전사는 향가로부터 시조, 언문소설, 가사, 창곡(唱曲)에 이르는 조선어문학사를 중심으로 하여 강수, 김대문, 최치원으로부터 강추금, 황매천, 김창강 등에 이르는 한문학사와 우리 신문학사를 첨가한 삼위일체일 것이다. 그렇지 않으면 조선반도에 사는 수천년 간의 역사를 가진 한겨레의 문화로서의 문학의 역사는 기대할 수 없다"[66]고 규정하였다. 임화의 규정은 조선 근대문학에 선행하는 조선문학 전사(前史)의 전통이 가진 자리를 규명하면서 그것을 지양하고 발전시켜야 하는 조선 신문학의 역할을 강조하기 위한 것이었다.[67]

> [1] 그러나 이두문학과 언문문학만을 연결하여 조선문학사를 생각한다면 우리는 약 천년에 긍(亘)하여 조선인이 영위한 문학적 작품을 자기의 역사로부터 포기해야 한다. 이 결과 문학사는 거의 중단되다시피 한다. 이 사실은 곧 한문에 의한 조선인의 문학생활이 조선인의 정신사상 불발(不拔)의 중요성을 가짐을 의미한다.
>
> 약 사십년 이래로 비로소 언문이 조선의 문학생활의 기본적 표현형식이 된 점으로 보아 더욱 그러하나. 문학은 언어 이상의 것, 하나의 정신문화인 점을 생각할 때 한문으로 된 문학은 조선인의 문화사의 일 영역인 문학사 가운데 당연히 좌석을 점령치 아니할 수가 없다.[68]

> [2] 동양 제국과 서양의 문화 교섭은 일견 그것이 순연한 이식문화사를 형성함으로 종결하는 것 같으나, 내재적으로는 또한 이식문화사를 해체하

66 임화, 「개설 신문학사」, 『조선일보』, 1939.9.9; 『임화 신문학사』, 21면.
67 조선 언문학사와 조선한문학사가 모두 신문학사의 토대가 된다는 임화의 생각에 대해 다음의 연구에서 논의된 바 있다. 김영민, 앞의 글, 26면.
68 임화, 「조선문학 연구의 일 과제 – 신문학사의 방법론」, 『동아일보』, 1940.1.13; 『임화 신문학사』, 373~374면.

려는 과정이 진행되는 것이다. 즉 문화이식이 고도화되면 될 수록 반대로 문화 창조가 내부로부터 성숙한다. (…중략…) 그러므로 문화교섭의 결과로 생겨나는 제3의 자(者)라는 것은 기실 그때의 문화담당자의 물질적 의욕의 방향을 좇게 된다. 그 의욕은 곧 그 땅의 사회경제적 풍토다. 여기에서 유산은 더욱이 외래문화와 마주서는 데서 표현되는 상대적인 주관성에서도 떠나 순전한 여건의 하나인 '유물'(Uberreste)로 돌아가고 과거의 고유의 문화는 다시 '전통'(Tradition)으로 부활된다.

처음에 그것은 의식하지 아니한 사이에 새 창조 가운데 들어오고 나중에는 명확히 파악되고 표상 가운데 들어오는 대상으로 나타난다. 신문학의 생성과 발전에 있어 조선 재래의 문화가 정히 이러한 형식으로 신문학의 창조와 관계한 것이다. 그것은 신문학을 외국문학으로부터 구별하는 형식이 되고 또한 내용도 되는 것이다. 그런 의미에서 서구의 르네상스와 같이 우리 문학사는 자기의 상대(上代)에 부흥될 전범(典範)을 갖지 못했으나, 그러나 신문학은 그러면서 고유한 가치를 새로운 창조 가운데 부활시키는 문화사의 한 영역이다.[69]

임화는 조선의 신문학이 외래 문학을 이식하는 데서 시작했다고 언급함으로써 이식문학론자로 자리매김되어 왔지만, 그러한 언급이 조선의 문학 전통이 현재의 조선문학사에 아무런 의미도 갖지 않음을 지적한 것은 아니었다.[70] 그가 신문학사 서술을 통해 하고자 했던 작업은 인용문 [1]에서 볼 수 있듯, 오히려 이광수와 같은 근대론자들에 의해 정당하게 인식되지 못하고 "중단"되다시피 한 조선의 문학사를 복원하는 것이었다. 그럼에도 그가 신문학사를 조선의 전체 문학사와 구분하

69 임화, 「조선문학 연구의 일 과제」, 『동아일보』, 1940.1.20; 『임화 신문학사』, 381면.

70 임화의 신문학사가 가진 이식론적 입장과 전통 계승적 측면에 관한 논의는 김영민, 앞의 글, 26~28면을 참조.

여 말하고 있는 이유는, 앞서 살펴본 것처럼 그가 민족이라는 역사적 개념의 성립 이후 생겨난 국민문학 또는 민족문학의 개념을 통해 조선 신문학을 정초하고 있기 때문이다. 그는 근대적 의미에서 민족문학의 개념을 명확히 함으로써, 민족 공동체의 문학으로서 당시의 조선문학이 나아가야 할 진로와 방향을 제시하고자 했다. 그에게 조선의 신문학 그리고 민족문학이란 인용문 2에서처럼 "이식문화사를 해체하려는 과정"으로 지양되면서, 고유한 문화를 계승해야 할 전통으로 부활시키는 작업의 창조성 속에서 수립되어야 하는 것이었다.

카프 문학 진영의 가장 중심적 존재였던 임화가, 카프 해산 이후 조선문학 건설과 고전부흥에 대한 담론들이 활발해지는 시점에서 그에 대응하며 조선문학의 역사성과 근대 조선문학의 방향을 수립하고 있었다는 사실은 의미가 깊다. 1935년부터 「조선신문학사론 서설」을 연재하고, 꾸준히 조선문학사에 대한 관심을 견지하여 이후 조선 근대문학사에 대한 저술들을 제출하고 있는 임화의 작업은 당시의 조선문단의 구도 속에서 그 동인(動因)을 이해할 수 있게 된다.

임화는 자신의 글에서 언급한 민족문학의 요건인 '민족의식의 각성'과 '민족이의 통일적 형성'을 실현하는 창작의 방향을 찾기 위해서도 고심하고 있었다. 그는 고전부흥론이 유행하던 당시 조선문단의 창작 경향에 대해 깊은 회의감을 표명하고 있었다. 임화는 이들 조선주의적 경향의 문학가들에 대해 "이들은 모두 문학자, 예술가로부터 대도예인(大途藝人)=야담사(野談師)로 타락하고, 김동환, 김억씨 등은, 시인으로부터 창가사(唱歌師)라는 비참한 지경에 이르러 이미 문학비평의 권외(圈外)에 선 것"이라는 신랄한 비평을 하였다. 그는 당시의 고전부흥론이, 1920년대부터 존재했던 조선주의적 경향의 문학가들뿐만 아니라 일련의 "예술지상주의자"들에게도 영향을 미치고 있는 것으로 진단한다. 이러한 경향의 가장 심각한 폐해는 창작에서의 형식적 문제이다.

그들이 어휘의 풍부화를 위해 부자연스러운 방언을 활용하고 이미 죽은 고어를 편애하면서, 회화의 난해성을 초래하여 오히려 "마이나스"를 주었다는 것이다.[71]

고전부흥론자들의 시도가 민족문학의 이상에서뿐만 아니라 조선어의 발전과 새로운 문학 작품 형식을 창출하는 데서도 거리가 멀다는 임화의 관점은 1936년, 『조선중앙일보』에 연재되는 「조선어와 위기하의 조선문학」에도 지속된다. 이 연재는 1935년 일본 당국의 공학제(共學制) 실시로 학교 수업에서 조선어 과목이 폐지될 수 있다는 데 대한 당시 문단의 위기의식 속에서 등장한 것이다. 임화는 이 글이 교육행정상의 공학제가 성히 논의될 때의 소감을 적은 것임을 밝혔다. 그는 이와 같은 정치적 상황과 생활의 필요는 조선어를 버리기 싫어도 버리게 만들 것이며, 조선어로 이루어지지 않은 조선문학이란 한 개 "넌센스"라 강조한다. 임화는 당시 조선어 사용에 대한 이광수의 발언에 관해 "「조선인이 스스로 조선말을 버리지 않는 한 조선어는 불가교(不可教)이다」(춘원, 「일수일언(一手一言)」)는 말은 전혀 한 감상적 몽어(夢語)에 불과한 것이며 반대로 생활은 버리기 싫여도 자연히 버리게 만들 것이다"라고 말하면서 비판하고 있다.[72] 그는 조선어의 위기란 조선문학의 존폐와 직결되는 것이므로, 이에 대해 조선문단과 문학가들의 적극적인 대응이 필요하다는 점을 주장하고 있다. "위선 나는 근래 자조 들을 수 있는 조선문학의 위기설과 또 매거(枚擧)하는 잡다한 위기현상 다[가]운데 이 언어상의 협위(脅威)한[란] 가장 큰 것이고 또 넓은 범위의 것이라는 점을 지적하고 싶다. (…중략…) 언어의 위기! 그것은, 문학의 위기중의 한아일 뿐 아니라, 그 전부라고 해도 과언이 아니매 조선문학

71 임인식, 「조선문학의 신(新)정세와 현대적 제상(諸相)(7)」, 『조선중앙일보』, 1936.2.3.
72 임인식, 「조선어와 위기하의 조선문학(3)」, 『조선중앙일보』, 1936.3.11.

그것은[의] 존폐를 잡고 흔드는 물건이다."[73]라는 임화의 발언은 조선어의 위기 상황에 대한 그의 민감한 인식을 반영한다.

임화는 언어의 민족적 개념이란 것도 역시 역사적 개념이라는 점을 강조하며, 당시 조선문단의 창작 경향을 비판하였다. 그는 러시아의 투르게네프가 문학에서 무의미한 고어(古語)의 난용이나 서구적 언어의 천박한 사용에 지극히 반대했던 사실을 예시로 들고 있다.[74] 그는 신세대의 문학이 그들이 처해 있는 세계생활에서 창출되어야 하고 그것이 상응하는 새로운 언어를 발견하여 창조해야 한다는 점을 강조한다. 조선의 신문학은 부르주아적 문학 경향이 해결하지 못할 언어상의 시민적・민주적인 점까지 한꺼번에 해결해야 할 무거운 짐을 짊어지고 있다는 것이다.[75]

그는 당시의 복고주의적 창작 경향을 반대하며 사어(死語)나 고어의 유습, 외래어적인 방법으로 조선어를 나열하는 것, 정관적이고 관조적인 리듬과 빈약한 어휘를 사용하여 소녀들의 "각시 노름" 같은 시를 만드는 경향 모두를 비판하고 있다. 그에게 이러한 시어들은 현대의 격동적인 생활 감정이나 정서를 표현하기에 부적당한 것이었다. 임화는 당시 시단의 여성적인 경향은 쇠잔해가는 민족성에 대응하듯 조선어의 모든 남성적 요소를 거세하고 있다고 지적하였다. 그는 조선어가 모든 감정과 의의를 표현하는 데 부족함이 없는 언어임에도 불구하고, 조선문단의 시인들은 "조선어를 그저 곱고 시내물 소리같이 고요하며 여자의 속삭임같이 「감미」한 것으로 불구화"[76]시키고 있다고 비판하였다.

당시 조선시단의 주류적 경향에 대한 임화의 반발은, 그의 계급주의

---

73 임인식, 「조선어와 위기하의 조선문학(4)」, 『조선중앙일보』, 1936.3.12.

74 임인식, 「조선어와 위기하의 조선문학(1)」, 『조선중앙일보』, 1936.3.8.

75 임인식, 「조선어와 위기하의 조선문학(6)」, 『조선중앙일보』, 1936.3.19.

76 임인식, 「조선어와 위기하의 조선문학(9－완(完))」, 『조선중앙일보』, 1936.3.24.

적 문학관과 결합하면서 창작의 과정에도 영향을 미치게 된다. 그는 조선어 중에서도 민중과 시민계급의 언어를 시 속에 구사할 것을 주장하며 "그들이 즐거웁게 읽글 수 있게 그 중에서도 음향이 고흔 말을 골라 음악적 「리듬」으로 건축하며 그들이 읽으며 이해하는 데 될 수 있으면 사유의 힘을 덜 들이도록 회화적(繪畵的) 형상성을 부여하는 것"[77]이 중요하다고 언급한 바 있다. 민중과 시민계급에 대한 인식은 그의 창작 과정에도 개입한다. 이미 사어가 된 고어를 발굴하는 것이 아니라 생활과 현실을 표현하기에 적합한 언어를 찾아내고, 여성적 관조뿐만 아니라 남성적 요소까지 포함하는 조선어를 시 속에 실현해야 한다는 문제의식은 그에게 창작의 매재였던 조선어에 대한 자각을 더욱 예민하게 하였다. 민중 계급의 이해와 향수를 위한 음향과 리듬을 시 속에 담아내는 조선 근대문학의 임무는, 시인으로서 창작자의 역할을 지녔던 그 자신에게도 해당하는 것이었기 때문이다.

3. 조선문학의 보편성과 세계문학

1) 세계문학의 일원으로서의 조선문학

국민문학으로서의 조선문학 또는 민족문학으로서의 조선문학 건설론과 같은 담론이 저널리즘의 특집 기사를 중심으로 조선문단에 반향을 일으키고 있을 때, 문인들의 가장 큰 관심을 끌었던 것은 조선문학

77 임인식, 「조선어와 위기하의 조선문학(8)」, 『조선중앙일보』, 1936.3.21.

의 독자성이라는 문제였다. 조선문학의 독자성을 어떻게 규명하여 다른 나라의 문학과 경계를 짓는 고유한 문학을 건설할 것이냐는 문제는, 고전부흥론이 제시했던 조선주의적 특수성의 문제와도 맞닿아 있었다. 조선문학의 전통을 멸시했던 과거를 극복하고 조선문학에 이어져 내려온 고유한 민족성을 발굴한다는 고전부흥론의 취지와 현실적 의의는 많은 문학인들에게 지지를 받았다. 그러나 카프 문학가들을 비롯하여, 복고주의적 태도의 퇴영성과 비역사성 그리고 창작 방향의 소극적인 태도를 비판하는 세력 또한 존재하였다. 임화 등의 문학가들은 고전부흥론이 민족의 심리적이고 추상적인 동일성을 강조함으로써 조선문학이 처한 현실을 망각하고 미래에 대한 전망을 사상할 수 있다는 점을 경계하고 있었다.

카프 진영의 문학가들은 조선문학의 특수성론이, 상대적으로 근대 자본주의와 민족공동체 성립 이후의 근대문학이 가지는 세계적 보편성을 경시하는 논의가 될 수 있음을 지적하였다. 조선문학의 규정을 묻는 『신동아』의 설문에, "조선문학은 조선사람의 문학이여야 한다. 이젔[것]은 조선문학의 정의다. 그렇[러]나 앞으루 우리가 가질―가저야 할 조선문학은 다만 조선사람에 한한 문학에만 그럴젔[것]이 안이라 세계문학으로서의 조선문학이 규정되고 특징되여야 할 것이다"[78]라고 엄흥섭은 대답하고 있다. 조선문학의 규정 문제에서 그가 암암리에 견제하고 있는 세력은 조선문학의 특수성을 강조하는 조선주의자 또는 고전부흥론자들이었다. 그는 조선문학의 규정을 우리가 건설해야 할 조선문학에 대한 규정이라 생각하고 있으며, 이때 "조선사람에 한한 문학"은 조선문학의 이상(理想)이 될 수 없다. 그 이상에 합당한 문학은

78 엄흥섭, 「설문 : 1. 금년 문단의 수확, 2. 조선문학의 규정」, 『신동아』 5권 12호, 1935.12, 97면.

"세계문학으로서의 조선문학"이다. 엄흥섭의 이와 같은 발언은 당시 대부분의 카프 문학가들이 그러했듯, 조선문학의 진로를 설정하는 데 계급과 민족의 해방을 이상으로 삼는 계급주의적 문학의 보편성을 중요시한 것이다.

세계문학의 일원으로서 지위를 점하는 조선문학 건설을 이상으로 두었을 때 당시 유행하고 있었던 조선주의적 경향이나 고전부흥론의 입장은 비판받을 소지를 가지고 있었다.

> 이 그룹 以外에는 이 그룹보다도 더 狹意인 因襲 속에서 곳노래를 불느는 사람들이 잇습니다. 이들은 좁은 視野와 묵은 觀念을 土臺로 해가지고 허무러저 가는 鄕土의 殘墟를 感慨無量하게 슯프고 잇습니다. 積極的이 아니요 進步的이 안입니다. (…중략…) 朝鮮이 가진 現實은 朝鮮만이 가진 特殊性을 가지고 잇습니다. 그러나 世界의 現實이 가진 똑가튼 普遍性과도 가지고 잇습니다. 朝鮮의 進步된 젊은 作家가 創造한 모든 作品속에 나오는 朝鮮의 勞動者와 農民은 말만은 朝鮮말을 하지만 그들이 거러가는 길은 지내가는 生活은 米國이나 英國이나의 勞動者와 農民과 갓틉니다. (…중략…) 우리는 朝鮮말 文學을 世界文學의 레벨 위에 向上식히기 爲하야 臥薪嘗膽的인 努力을 하여야 합니다. 世界의 普遍性에 어그러지지 안는 굿세인 良心으로써, 오래인 因襲 속에서 勇敢히 解脫함으로써 朝鮮의 風色과 人情이 넘치는 特殊한 文學을 創造하여야 합니다. 朝鮮의 文學은 世界의 文學입니다. 朝鮮의 文學者는 世界의 文學者로써의 實力을 가저야 합니다.[79]

송영은 카프의 일원으로 카프 1, 2차 검거 사건 때 검거되기도 하였다. 카프 해산 이후의 이 글에서 그는, 외국문학에만 심취하여 자신의

79 송영, 「'조선말 문학'의 세계적 수립」, 『조선일보』, 1936.1.21.

문학을 경시하는 사대주의자들과 그보다 더 편협한 인습에 머물러 있는 그룹으로 허물어져 가는 "향토의 잔허"를 감성적으로 읊고 있는 문학인들을 동시에 비판하고 있다. 이 두 번째 그룹은 당시 조선주의적 경향을 내세우며 조선의 '향토색'을 강조하던 문학가들이다. 이들에 대해 송영은 좁은 시야와 묵은 관념으로 모든 진보적인 문학에 대한 시기(猜忌)를 갖고 있는 "무력한 병자"와 같다고 신랄하게 공격하였다.

송영은 조선의 노동자와 농민의 현실이 가진 세계사적 보편성을 언급하며 프롤레타리아 계급의 현실적 위치를 강조하는 계급주의적 관점을 견지하고 있다. 세계문학의 레벨에까지 조선문학을 향상시키기 위해서는, 당시의 조선주의적 특수성을 찾는 수준을 넘어 세계적 보편성을 띠면서도 "조선의 풍색과 인정이 넘치는 특수한 문학"을 창조해야 한다고 그는 주장하고 있다. 이를 통해 조선의 문학은 그 특수성을 지닌 "세계의 문학"으로 성립될 수 있다는 것이다.

조선문학의 '조선색' 또는 '향토색'을 부각시키는 문학 그룹의 움직임에 반발하며, 세계문학의 일원으로서 조선문학이 갖추어야 할 보편성을 강조하는 입장에 카프 문학가들만 서 있는 것은 아니었다. 이효석은 조선문학이 굳이 세계적이라고까지 말하지 않더라도 만족할 만한 수준에 달하지 못하였음을 지적하며, "가난한 과거의 축산(蓄産)쯤을 되작질 말고 바야흐로 참으로 문학에 값갈 고도의 문학을 지어야 할 시기"라고 당시를 진단하고 있었다. 이효석에게 조선문학이 도달해야 할 위치로서 참조되고 있는 것은 세계문학의 수준, 그의 발언을 빌자면 "앙드레 지드의 표현 기술"[80]이다.

이효석에게 조선문학의 구성과 묘사와 문장은 이처럼 세계문학의 수준에 미달하는 것이었다. 그는 이를 넘어서는 데 장애가 되고 있는

---

80 이효석, 「사실주의의 길」, 『삼천리』 7권 9호, 1935.10, 227~228면.

것이, 가난한 과거의 축적된 유산을 "되작질"하고 있는 이들 즉 고전부흥론자들이라 여겼다. 이효석의 발언은 송영의 입장에서라면 외국문학에만 심취하여 조선의 독자적인 유산을 멸시하는 사대주의자적 심리에서 나온 것이라 비판받을 소지를 보여 준다. 이효석의 태도는 전통단절론의 입장에서 조선문학의 근대화를 주장하던 근대계몽기 지식인들의 심리 구조와 닿아 있다.

1930년대 중반 각종 저널을 중심으로 조선문학 건설론 등이 전개되고 있을 때, 민족주의적 경향의 그룹을 견제하던 문학가들은 예전과는 달리 그 민족주의적 사상이 제기되는 현실적 조건에는 심리적으로 동조하고 있었다. 그들은 조선의 독자성을 지니는 민족문학을 건설할 필요와 국민문학으로서 다른 국가의 문학과 차별성을 지니는 문학을 가져야 할 당위성에 대해서는 동의하였다. 그러나 조선문학의 진로를 설정하는 데에 민족주의적 경향이 지닐 수 있는 편협성을 경고하며 세계문학의 일원으로서 조선문학이 수립되어야 할 필요를 환기시키고 있었다.

1935년 10월 『삼천리』는 「조선문학의 주류론, 우리가 장차 가저야 할 문학에 대한 제가답(諸家答)」이란 설문을 마련하여 이광수, 염상섭, 유진오, 김광섭, 김억, 주요한, 이헌구, 민병휘, 모윤숙, 박용철, 이효석, 노자영, 함대훈, 박종화, 심훈, 정지용, 홍효민, 채만식, 엄흥섭 등의 답변을 싣고 있다. 이 설문은 조선문학의 삼대 유파를 '민족문학파' '계급문학파' '해외문학파'로 나누어 조선문학을 수립 완성시키려면 이 셋 중에 어느 유파를 주류로 삼아 그 지지 옹호에 주력을 기울여야 할 것인지를 묻고 있다. 이 설문에서는 세 그룹으로 분류되던 작가들을 포함하여 상당히 광범하게 문학가들의 답변을 수집하고 있다. 이 설문이 조선문학의 당면 과제를 "조선문학의 수립과 완성"으로 삼고 당시 조선문단의 주류를 세 가지로 나누고 있다는 점은 흥미롭다.

설문에서 조선문학의 주류를 '민족문학파' '계급문학파' '해외문학파'로 나눈 것에 대해 일부 작가들은 '민족문학'과 '계급문학'의 존재는 인정하면서도 '해외문학파'는 뚜렷한 이념적 지향이 없어, 분류의 타당성이 없음을 지적하였다. 이들의 지적처럼 정치적인 입장에서 볼 때 해외문학파는 중간자적 입장이어서 때로는 양 진영 모두에게 그 중간적 성향을 비판받았을 뿐만 아니라, 창작보다는 번역을 담당하는 문학가들이 많았다는 점에서도 분류 기준을 충분히 충족시키지는 못하고 있었다. 그러나 이 삼분법은 당시 민족문학파와 계급문학파뿐만 아니라 해외문학파도 하나의 세력으로서 조선문단에 부상하고 있었던 사정을 반영한다. 또한 이 설문은 국민문학으로서의 조선문학의 수립과 이를 위한 창작 방향을 설정하는 데 가장 중요한 요소를 어떻게 파악하고 있는지에 대한 질문이었다. 기획의 의도에 대해 공감하든 그렇지 않든 간에, 문학가들은 이와 같은 선택적 질문 속에 자신의 방향성을 드러내고 있었다.

> 그럼으로 우리는 民族主義思想이 根據된 一面의 現實性에 머리를 숙이고 잇으면서도 民族主義 그 自體가 眞理의 進化되는 正當한 현대적 正體가 안임을 알고 잇다. 따라서 한 民族의 精神生活이 民族主義로 凝固된다는 것으은 또한 憂慮될 所以도 된다. 그럼에도 不拘하고 한 民族의 文學이 民族主義로써 樹立된다면 이는 國境을 超越한다는 文學의 本精神이 그 民族에 對한 寄與로 보아도 너무나 偏狹하지 안을 것인가? 여기서 朝鮮文學이 民族主義文學派로써 樹立된다는 것은 그 文學의 反映으로 因하야 或은 人類愛에 對한 情緖라거나 或은 國際的 理解에의 關心이라거나를 偏狹한 民族自我主義로 파무더 버릴 危險性도 늣길 수 잇다. 勿論 우리는 人類니 世界니 하는 것을 念頭에 둘 餘地가 업다면 別問題거니와 그러타 하더라도 民族主義思想 그것만으로는 今日 或은 明日의 우리에게 잇서서는 오이

려 弱者의 悲哀를 더할 뿐인 境遇가 切實히 만타. 그럼으로 그것을 根底로 한 民族主義文學이란 弱小民族에 잇서서도 임이 한 거름 뒤진 文學이 되고 잇다.[81]

이 글에서 김광섭은 민족주의 사상이 제기된 현실성에는 동조하지만, 문학의 방향성이 민족주의로 수렴되는 데에는 반대 입장을 취하고 있다. 반대의 근거는 민족주의 문학파의 문학으로 조선문학이 수립될 경우, "인류애에 대한 정서"나 "국제적 이해에의 관심" 같은 것은 배제되고 "편협한 민족자아주의"가 중심이 될 위험이 있다는 것이다. 또한 "약자의 비애"를 근거로 한 민족주의 문학은 약소민족에게도 인류와 세계 보편의 이상에는 부합하지 못하는 뒤떨어진 문학이 되고 만다는 것이다.

조선문학의 주류를 민족문학파, 계급문학파, 해외문학파로 나누어 어느 세력이 조선문학의 진로를 담당해야 할 것인가를 묻는 『삼천리』의 분류법은 지극히 저널리즘적인 제한을 보여 준다. 따라서 김광섭의 답변 또한 조선문학의 진로를 민족주의적 문학이 담당할 경우라는 한정된 조건 하에서 펼쳐지고 있다. 하지만 이에 대한 답변을 통해, 서로 다른 입장을 견지했던 문학가들이 조선문학의 나아갈 방향과 국민문학으로서의 조선문학의 요건을 각각 다른 지점에서 사고하고 있음을 확인할 수 있다.

1934년 11월 『조선일보』는 "장래할 조선문학은"이라는 제목을 단 특집을 마련하고 "민족 혹은 전통주의의 문학이냐, 세계적인 문학이냐" 즉 옛날로 돌아가느냐, 새 길로 나아가느냐가 문제라는 기획의도를 밝

81 김광섭, 「해외문학파의 중견성(中堅性)」, 위의 책, 221면. 인용문 셋째 줄의 '것으은'은 '것은'의 오자로 추정.

혔다. 침체에 그친 조선문학의 새로운 출발을 위해 여러 문학가들의 고견탁론을 듣고자 한다는 이 특집은, '전통주의 문학'과 '세계적인 문학'을 각각 상대적인 항목으로 두고 있다.[82] 전통주의 문학과 세계적 문학이 '옛날'과 '새 길'에 대응되고 있는 분류는 다소 문제가 될 수 있다. 당시의 전통론자들도 조선문학의 새 길을 위한 자양분으로 조선문학의 고전부흥을 거론하고 있었기 때문이다. 어쨌든 기획의 의도는 조선문학의 새 길을 위한 방향성을 정립하려는 조선문단의 담론 안에서 고전부흥론의 복고적 태도와 세계문학의 보편성을 주장하는 문학가들의 관점 차이를 부각시키고자 했던 것이었다. 이때 고전부흥론과 세계주의는 각각 조선문학의 특수성과 보편성, 복고성과 진취성 등의 항목을 주요한 특질로 배정받고 있다.

주목할 만한 것은, 조선문학의 건설이라는 제호를 달고 마련되었던 저널리즘의 특집은 고전부흥론이 중심적으로 등장하는 무대가 되었지만, 동시에 이러한 경향을 견제하며 세계문학의 섭취와 세계문학의 일원으로서의 조선문학의 보편성을 강조하는 담론을 등장시키는 무대가 되기도 했다는 점이다.

> 朝鮮文學의 建設策의 하나로 筆者는 外國文學輸入을 決코 看過치 못할 重要한 一要素로 主張하고 십다. (…중략…) 例를 露西亞에 든다면 표-틀 大帝 以後 비로소 國民文學이 建設될 때에 바이론 리-테 等等의 끼친 影響이 그 얼마나 偉大하엿든 것이냐. 또다시 가까운 日本文壇을 본다면 明治時代에 잇서서 英美文學의 輸入을 비롯하야 露西亞의 文豪들 톨스토이, 도스토에프스키-, 튜게네-흐等의 作品 乃至는 森鷗外로 因하야 輸入紹介된 獨逸文學 等이 日本文壇의 決定的 營養分이 되고 또 刺戟材가 된 것

82 「장래할 조선문학은」, 『조선일보』, 1934.11.14.

을 어느 누가 否定할 수 잇슬가. (…중략…) 우리 社會－다른 社會와는 決定的으로 判異한 우리 社會 우리네에게만 흐르는 우리 피를 가진 以上 外國文學을 輸入하더래도 반드시 우리 社會 우리 피를 通過하는 동안에 充分히 消化되고 淨化되여서 結局 그것은 우리가 가진 獨特한 우리 것을 完成함에 一의 거름 一의 營養素가 될 것이다.[83]

인용문은 1935년 『조선일보』의 신년 특집인 '조선문학의 재건설'이라는 기획의 하나로 실렸던 글이다. 조선 신문학의 전개 이래 외국문학의 수입과 섭취는 언제나 중요한 문제였다. 특기할 만한 것은 1930년대 중반에 들어와 그것이 '조선문학의 건설책'이라는 당위성을 동반하며 논해지고 있었다는 점이다. 외국문학의 수입과 소개 과정에서, 국민문학으로서의 성립과 건설의 시기를 중심으로 외국문학사를 개관하고 독자적인 자국 문학이 수립되는 과정에 외국문학 섭취가 기여하는 바를 살피는 경향이 부쩍 증가한 것이다. 인용한 글에서도 글쓴이가 역점을 두고 있는 것은 러시아의 국민문학 건설기에 미친 외국문학의 영향이다. 글쓴이는 외국문학의 수입과 섭취가 근대문학이라는 하나의 표본을 수입하기 위해서가 아니라 "우리가 가진 특수한 우리 것을 완성"하는 데 하나의 거름이 된다는 점을 강조하고 있다.

1935년 『조선일보』의 신년 특집으로 기획된 '조선문학의 재건설'이라는 기획이 '건설 도상의 조선문학'에 기여하기 위한 논의의 범주 중 하나로 '해외 문학의 수입 문제'를 들고 있는 것은 이러한 흐름 가운데 눈여겨보아야 할 사항이다. 『동아일보』 또한 '조선문학의 독자성'을 논하는 특집의 일환으로, 1935년 1월 3일에서 1월 6일까지 다시 3월 6일에서 3월 23일까지 '건설기의 민족문학－범례를 각국에 찾어서'라는

83 조희순, 「외국문학 수입의 당면성과 외국문학 소개의 태도」, 『죠선일보』, 1935.1.5.

제목 아래 아일랜드, 프랑스, 러시아, 미국, 독일의 민족문학의 수립 과정을 소개하고 있다. 여기에 참여한 필자는 김광섭, 이헌구, 하인리, 이하윤, 서항석 등이다. 외국문학을 소개하면서 이들은 각국의 건설기의 민족문학이 가진 독자성과 그 특질을 검토하는 데 주요한 비중을 두고 있다. 특히 아일랜드나 미국과 같은 경우는 식민 지배를 당한 경험과 함께 자국문학의 정체성을 찾아가는 과정이 중요시되었다.[84]

조선문단의 위기와 조선문학 건설책의 논의 과정에서 해외문학파의 세력은 활발하게 담론을 제출하고 있었다. 1927년 『해외문학』 발간을 계기로 카프 진영에 의해 '해외문학파'로 불리며 그 중간적 성향을 공격받았던 해외문학파는, 1930년대의 조선문단에서도 민족주의적 성향의 문학자들이나 카프 진영 양측 모두에 의해 배제되는 측면이 강했다.[85] 그러나 1930년대에 들어 심화된 외국문학 전공자들의 역할 분담과 각국 문학사에 대한 전문적인 이해를 바탕으로, 이들은 1920년대에 비해 뚜렷한 활동을 보이고 있었다. 이는 카프 비평이 상대적으로 위축될 수밖에 없었던 사회 정세와도 연관을 맺고 있다. 또한 조선문학의 장래와 관련하여 세계문학의 정세를 파악하여 국민문학을 수립해야 한다는 기제에 부응하는 방법론으로 해외문학파의 활동이 현실적 정당성을 인정받고 있었기 때문이다.[86] 당시 해외문학파로 분류되

84 당시 부쩍 늘고 있었던 아일랜드 문학에 대한 조선문단의 관심을 다음처럼 분석한 논의에 주목할 수 있다. "이를 고려해보면 아일랜드 문예부흥운동에 대한 집중적인 조명이 1930년대 중반에 이루어졌다는 것은 우연이 아니었다. 이때는 일본이 1931년 만주사변을 계기로 파시즘 체제로 전환하면서 식민정책 또한 일정하게 변화하고 있었던 시기였고, 일본의 엄혹해지는 식민지배 속에서 창작적 경향도 변하고 있었다. 아마도 논자들이 아일랜드로부터 읽어내고 싶었던 것은 정치적 허무주의의 확인이었고 문화적 민족주의라는 이상이었을 것이다. 그리고 이는 좀더 크게는 조선문학의 내셔널리티라는 문단적 의제의 자장 안에 놓인 것이었다." 이승희, 「조선문학의 내셔널리티와 아일랜드」, 『민족문학사연구』 28, 민족문학사학회, 2005, 89면.

85 「조선문학의 주류론」, 『삼천리』 7권 9호, 1935.10, 218~234면 참조.

86 서은주는 이 시기 해외문학파를 중심으로 한 외국문학 수용이 국제사회의 동향을 파

던 이하윤, 이헌구 등이 1930년대 중반 『동아일보』와 『조선일보』 등의 학예부 기자를 맡고 있었다는 점도 긴밀하게 작용하고 있었다.

해외문학파에 속하는 문학가들은 세계문학의 일원으로서 조선문학의 현재와 장래를 진단하고자 했다. 조선문학의 독자성과 정체성을 수립하고자 하는 움직임에 일면 동의하고 있었지만, 조선적 특수성을 중심으로 하는 전통주의자들의 방향성과는 다른 입지에 서 있을 수밖에 없었다. 『삼천리』에서 마련한 「'최근의 외국문단' 좌담회」에서 정지용은 외국평단의 주요 의제가 고전부흥문제에 집중되어 있으며, 다른 나라 문학이 모두 고전을 찾고 있음은 거기에서 새 길을 찾고자 하는 것임을 역설하고 있다. 그런데 다른 문학가들은 고전부흥의 문제가 세계적 문학 경향임을 인정하면서도 조금은 다른 견해를 말하고 있다. 이헌구와 김기림은 공통적으로 국민주의 대 국제주의의 논전, 고전부흥의 문제 등을 외국 문단의 주요 논제로 들고 있다. 김기림은 오늘날 세계사조 속에서 운위되는 인터내셔널리즘이 초국가적임은 사실이나 반드시 사회주의적 의미를 포함하는 것은 아니라고 말하고 있다.[87] 해외문학파의 일원이었던 이헌구의 지적처럼 고전부흥이 발흥하는 세계적 조류 속에서 국민주의와 국제주의, 민족성과 세계성은 대립될 수밖에 없었던 측면을 지니고 있다. 또한 김기림의 지적처럼 문학의 세계적 보편성을 강조하는 입장은 계급주의 문학뿐만 아니라 다른 문학 경향에서도 존재하고 있었다. 특히 국가주의적 파시즘에 반대하는 국제주의가 세계적으로 작가들의 지지를 얻고 있었음을 이들은 강조하였다.

조선문학의 특수성을 강조하는 조선주의적 입장을 비판하며, 카프

악하고 미래를 전망하려는 현실주의적 의도가 강하게 작용했다고 논하였다. 해외문학파의 활동과 그 의미에 대한 상세한 논의는 서은주, 「1930년대 외국문학 수용의 좌표」, 『민족문학사연구』 28, 민족문학사학회, 2005, 41~68면 참조.

87 「'최근의 외국문단' 좌담회」, 『삼천리』 6권 9호, 1934.9, 214~219면.

그룹이 주장한 계급문학의 보편성과는 구별되는 세계문학으로서의 보편성을 고려하는 입장은 당시의 조선문학 관련 특집 기사들에 빈번히 등장한다. 김진섭은 고전 탐구의 의의를 논하는 『조선일보』의 특집 글에서 그동안 "집도 절도 없이 방황하던 조선사람"이 이제는 자신의 고전을 찾음으로써 교양 있는 세계문학의 자랑스러운 일원으로서 세계적 사상을 논할 수 있게 되었다고 언급하고 있다.[88] 세계문학으로서의 교양을 구축하는 데에서 고전부흥의 의의를 찾고 있는 김진섭의 입장은 당시의 민족주의적 성향의 고전부흥론자들의 입지와는 다른 지점에 서 있는 것이었다.

'신문학 건설의 제창'이라는 제목을 달고 문학인들의 의견을 물었던 『조선일보』의 설문에 대해 김광섭은 조선문학의 질적 향상책으로 "결국 과거를 항상 성찰하며 현재에 잇서서 부절(不絶)히 노력하며 널히 세계문학에서 그 영양을 섭취하야 우리 독자적 문학을 창조하는 문학적 정진 이외에 별 길이 업슬 것이다"[89]라고 답하고 있다. '우리의 독자적 문학'을 창조하기 위한 실질적인 방법으로 세계문학에서 영양을 섭취하는 길을 주장하고 있는 것이다. 이헌구는 같은 설문에서 조선문학의 질적 향상책으로 대규모의 출판사업을 거론하면서 "한편으로는 세계명작의 조선적 번역이 잇서야 하는 동시 조선에서 생산되는 문예작품을 정선하야 단행본으로 하는 것"[90]이 필요하다고 말했다.

세계문학으로 수립되어야 할 조선문학을 논하는 와중에서 이헌구의 지적처럼 조선문학의 건설에 영양소가 될 만한 세계문학을 조선말로 번역하는 작업과, 조선어 문학을 세계 문단에 수출하기 위해 외국어로 번역하는 문제도 부상하게 된다. 1930년대에 들어와 이와 같은

88 김진섭, 「고전탐구의 의의－역사의 매력」, 『조선일보』, 1935.1.23.
89 「신문학 수립에 대한 제가(諸家)의 고견(高見)」, 『조선일보』, 1935.7.6.
90 위의 글.

번역과 해외문단 진출 문제는, 앞장에서 논한 바와 같이 장혁주나 강용흘 등의 창작 문제와 깊은 관련을 맺으며 조선문학과 세계문학과의 관계에 대한 문제들을 제기하고 있었다.

1934년 6월 『삼천리』에서는 조선문학이 세계적 수준에 도달하는 증거로 외국어 번역이 되고 있는 작품들을 들고 있다. 춘원의 『단종애사』와 『허생전』이 영역되고, 장혁주 작품들의 에스페란토어 번역과 불어 번역이 진행 중이며, 최서해의 『탈출기』가 중국어 번역이 되었다고 전하고 있다. 또 『춘향전』은 영어, 불어, 러시아어로 번역되어 그 나라 문예비평가들로부터 찬탄을 받고 있다는 것이다.[91] 문단의 이러한 정황과 관련하여, 세계문단에 내놓을 만한 작품을 묻는 설문이나 세계문학의 수준과 조선문학의 수준을 비교하는 종류의 기획 기사도 등장하고 있었다. 1936년 2월의 『삼천리』는 영어나 에스페란토어로 번역하여 해외에 보내고 싶은 우리 작품에 대한 설문을 실시하고,[92] 이어 4월에는 「조선문학의 세계적 수준관」이라는 기획을 마련하였다.[93]

조선문학이 세계적 수준에 도달했다는 증거로 조선문학의 번역작품에 대한 외국평단의 찬탄을 들고 있는 입장이나 조선문학이 세계적 수준에 아직 미달했다고 보는 견해는, 양쪽 다 조선문학의 정체성을 규정하는 데 세계문학이라는 대타적 존재를 상정하고 있는 측면을 지니고 있었다. 그러나 장혁주의 일본어 창작을 세계문단으로 진출한 예로 취급할 수 있는가는 다른 문제였다.

> 文學을 朝鮮語로 하는 것은 朝鮮語를 말하는 朝鮮民衆의 感情과 情緖와

---

91 「삼천리 기밀실(機密室)－해외 문단에 작품 진출」, 『삼천리』 6권 7호, 1934.6, 19～20면.
92 「영어 또는 에쓰어로 번역하야 해외에 보내고 십흔 우리 작품」, 『삼천리』 8권 2호, 1936.2, 210～213면.
93 「조선문학의 세계적 수준관」, 『삼천리』 8권 4호, 1936.4, 308～326면.

> 思想을 朝鮮말하는 사람에게 잘 알리려 함입니다. 朝鮮民衆은 世界人類의 一部分이라고 한다면, 人類의 根本傾向에는 同一한 低流라 하지 안을 수 없을 것이외다. 그러타면 朝鮮人으로 英語로 或 佛語로 中語, 에스페란토, 其他 그 어느것이나를 가지고 文學을 한다 할지라도 何等의 相關이 업슬 것이오. 다만 우리는 그 作品의 優秀性을 讚美하거나 憎惡하거나 할 섇이면 조흘 것이외다. 다른 말로 表現햇다고 猜忌하는 卑劣漢들—다른 말로 表現한 作品中에 오히려 朝鮮生活이 더 잘 表現되어 잇서서 그것을 꼭 朝鮮語만을 아는 大衆에게 읽히고 십다고 느낀다면 그것을 번역해서 發表할 道理를 생각하는 것이 올흘 것이외다.[94]

위의 글에서 장혁주는 문학을 조선어로 하는 것은 조선 민중의 감정과 정서와 사상을 조선인에게 알리기 위함이고, 조선 민중은 세계 인류의 일부분이라면 인류의 근본 경향에 있어서는 동일함을 말하고 있다. 그렇다면 조선인으로서 어느 언어로 문학을 한다 할지라도 아무런 상관이 없다는 것이다. 그 작품의 우수성의 여부에 대해서 찬미하거나 비판하거나 하면 그만이지 다른 말로 표현했다고 시기하는 이들은 비열하다고 그는 말한다. 장혁주의 입장은, 비록 다른 이의 편지글 형식을 빌어 말하고는 있지만 2장의 2)절에서 살펴보았듯이 자신의 동경문단 진출에 대한 조선문단의 배타적 태도에 대한 반발에서 나온 것이다. 그러나 "조선 민중은 세계 인류의 일부분"이므로, 어떤 언어를 가지고 문학을 하든지 상관없다는 논리는 문제의 소지를 갖고 있다.

"조선어 이외의 국어로 번역된 해외 작품은 조선어로 된 그것이 조선 작가에게 영향하는 것에 비교할 배 못된다"[95]며 조선문학과 조선어

---

94 장혁주, 「문단의 페스토균」, 『삼천리』 7권 9호, 1935.10, 252면.
95 장혁주, 「해외문학 수입의 필요」, 『조선일보』, 1935.1.1.

의 관계가 가진 중요성에 대해 논하기도 했던 그가, 이러한 요지의 발언을 하고 있다는 것은 자신의 일본어 창작에 대한 방어적인 측면이 매우 강하게 작용한 것이었다. 인용문에서처럼, "다른 말로 표현햇다고 시기하는 비열한들－다른 말로 표현한 작품 중에 오히려 조선생활이 더 잘 표현되어 잇서서 그것을 쏙 조선어만을 아는 대중에게 읽히고 십다고 늣긴다면 그것을 번역해서 발표할 도리를 생각하는 것이 올흘 것"이라는 논리를 펴며 일본어 창작으로 나아가는 장혁주의 입장은, 결국 그가 지방문학으로서의 조선문학이 아니라 제국의 문학을 선택하게 된다는 점을 시사한다.

여기에는 일본 문단이라는 제국의 권위를 동경하는 욕망이 작용하고 있다. 장혁주가 이 글을 발표하는 시기는 공학제(共學制)가 논의되면서 교육현장에서 조선어 교육이 완전히 사라질 것이라는 위기의식에 문단인들이 휩싸여 있던 때였다.[96] 이러한 시기의 일본어 창작이 장혁주에게 국제주의적 입장에서의 외국어 창작과 동일시되고 있는 것은, 그가 식민 대 피식민의 지배구조를 반영하는 언어 현실을 의도적으로 외면하고 있기 때문이다.

조선문학의 번역과 세계문단으로의 진출 문제는 이처럼 조선어에 대한 예민한 시각을 요구하는 것이었다. 이 문제를 통해 조선문학의 특수성과 보편성, 내셔널리티와 국제성 등이 주요한 요소로 떠오르게 된다. 일본어 창작 또는 일본어 대 조선어의 구도는 이와는 조금 다른 방향에서 조선어와 조선문학의 정체성에 대한 질문을 던지고 있었다. 당시 해외문학파의 역할을 경시하고 수준 낮은 조선어 번역을 하느니 차라리 일본어 번역물로 충족하자는 일부 문학가들의 견해에 대해, 해

---

96 당시 공학제와 관련해 문단이 가져야 할 경각심과 대응 태도에 대해 다음을 참고할 수 있다. 임인식, 「조선어와 위기하의 조선문학」, 『조선중앙일보』, 1936.3.8~3.24일의 연재분 참조.

외문학파의 문학가들은 반대 의견을 표명하였다. 그들은 자신들의 번역과 세계문학의 소개가 조선의 문학적 영양소의 섭취에 기여한다는 점을 분명히 하면서, 이러한 사업에 "조선문학 건설 도상(途上)의 사적(史的) 업적을 남기는 것"이라는 명분을 부여하고 있었다. 그들 해외문학파가 이른바 "주의"에 휩쓸리는 문단의 탁류를 초월하여 조선문학의 건설이라는 항로에 하나의 나침반 역할을 할 수 있다는 것이다.[97]

이와 같은 해외문학파의 주장은 외국문학을 취급한다는 명목으로 조선문단에서 배제되고 있었던 자신들의 입지와 명분을 확보하기 위한 것이었다. 그럼에도 당시 번역이나 세계문학의 문제에 관한 담론들이, 계급주의 문학이나 민족주의 문학과는 다른 방향에서 조선어와 조선문학의 정체성을 수립해 나가는 데 하나의 입론을 제공하고 있었던 것은 사실이다.

김억은 외국어로 직접 창작하는 것보다는 조선어로 된 것을 외국어로 번역하여 수출해야 한다면서 조선의 작품들을 정선하여 에스페란토어로 번역하는 작업을 하고 있었다. 그는 현진건의 작품은 너무 조선미가 있어 독특하여 번역하기 어려워 중지하고 말았다고 토로한 적이 있다.[98] 김억은 국민문학으로서 걸작이라도 국제문학이 될 수 없으나 국제문학으로서 걸작이면 국민문학으로도 걸작이 될 수 있다면서, 국민문학은 지방색이 농후한 것이요 국제문학은 인류의 공통감에 기반을 둔 것이기에 누구나 이해할 수 있다고 언급한다. 『춘향전』 같은 작품은 외국어로 번역할 수 없고 외국어로 번역한다고 해도 이해받을 수 없으므로 국민문학에 속하는데, 번역 선택의 표준을 국민문학과 국제문학으로 나누겠다는 것이다.[99]

---

97 이헌구, 「항해 나침반의 역할」, 『삼천리』 7권 9호, 1935.10, 225면.
98 「삼천리사주최문학문제평론회」, 『삼천리』 6권 7호, 1934.6, 208면.
99 김억, 「현대조선단편집 에쓰역에 대하야」, 『삼천리』 6권 9호, 1934.9, 249면.

이처럼 번역의 문제에서 떠오르는 국민문학 대 세계문학의 구도에서 조선문학이 차지하는 위치와 함께 조선어의 특수성과 보편성이 중요한 문제로 대두되고 있음을 알 수 있다. 당시 해외문학파는 이러한 문제들 속에서 '민족적'이라는 것과 '민족주의'를 혼동하지 말 것을 주장하면서, 민족적인 특수성을 갖되 세계적 보편성을 파악할 것을 조선문학의 이상으로 삼고 있었다. 김광섭은 "여기서 혼돈하여서 안 될 것은 민족적이라는 것과 민족주의다. 이것은 판연히 다르다. 모든 민족이나 개인은 민족적인 데서 운명적이다. 문학에 잇서서도 그러하다. 「괴－테」나 「사옹(沙翁)」이나 「두옹(杜翁)」은 민족주의자로써 그 민족이 자랑할 문학을 창조한 것은 아니나 그것은 민족적인 특수성을 가지면서 위대한 보편성을 파악하엿다. 그들은 인류의 애(愛)나 미(美)나 혹은 이상이나 혹은 고민에 대하야 독을인(獨乙人)이엇고 미국인이엇고 혹은 로서아인이엇다. 이는 민족적이긴 하나 민족주의는 안이다. 여기에 우리가 계시될 점이 또한 잇다"[100]고 하면서 '민족적'과 '민족주의'를 엄연히 구분하고자 했다.

> 우리는 固執되거나 偏狹되기 전에 한 民族의 精神內容을 豊富히 하기 爲하야 世界 一切文化의 感受者의 역할을 遂行하여 할 當面에 잇지 안는가? 여기에 貢獻되기 爲한 文學이란 國際主義에서 建設되여야 할 것이며 한便으로 飜譯文學이 하나의 使節로써 文學의 普遍性 民族的인 個性을 刺戟하며 衝動함에서 文學의 樹立과 文學의 民族的 寄與는 健全하여 질 것이다. 이 点에 잇서서는 海外文學派가 더욱 激勵되고 엇다한 指導的 原理를 恒常 透徹히 하여야 할 內容을 가지고 잇다고 볼 수 잇다. 거기에는 民族的 個性을 띈 朝鮮의 文學人으로 因한 緊縮된 世界文學의 廣範한 範疇가 잇다.[101]

100 김광섭, 앞의 글, 222면.

인용문에서 민족문학의 "개성"과 세계문학의 "보편성"은 충돌하지 않는 개념이다. 민족주의가 아닌 참다운 민족문학이란 "국제주의"에 기반을 두고 건설되는 것이기 때문이다. 이 국제주의에 번역문학은 한 사도의 역할을 하는 것이므로 민족문학 수립에서 해외문학파의 역할은 중대한 것이라 할 수 있다.

그러나 조선문학의 보편성과 민족문학의 조화로운 합치가 실제 창작에서 그리 쉽게 이루어질 수 있는 문제는 아니었다. 김억이 언급했던 것처럼 번역 과정에서 생겨났던 조선어의 '지방색' 즉 특수한 조선적 개성과 세계문학으로서 지니는 보편성을 구체적으로 창작의 방향을 통해 어떻게 조화시키는가의 문제는 다른 영역으로 남아 있었다.[102]

2) 조선어의 근대와 이상(李箱)의 창작 방향

조선문단의 고전부흥론과 조선주의적 경향이 세계문학으로서의 보편성을 망각하고 특수성만을 강조할 수 있음을 경고한 것은, 카프의 문학가들과 해외문학파를 중심으로 한 외국문학 전공자들이었다. 외국작품을 조선어로 번역하거나 조선어 작품을 외국에 번역하여 수출하

---

101 위의 글.

102 당시 조선문단에 통용되었던 '지방색'이라는 용어에도 여러 가지 문제가 착종되어 있다. 조선의 '지방색'이라는 말에는 동경문단에서 흔히 통용되던, '제국 대 지방'의 위계로서의 '일본 대 조선'의 관계가 반영되어 있다. 김억 등의 문학가들은 조선뿐만 아니라 다른 세계 국가를 지칭하면서도 '지방색'이라는 말을 쓰긴 했으나, 이 용어는 1930년대 후반으로 오면서 점차 제국 일본의 한 지방으로서의 조선을 가리키는 말로 자리잡아 간다. 그리고 '지방문학'으로서의 '조선문학', '지방어'로서의 '조선어'로 점차 위치 변경이 가해진다. 1930년대 논의되던 '조선색'이 이러한 위계적 구조를 그대로 내면화했다고 볼 수는 없다. '조선색'의 층위는 여러 문학자들을 통해 다양하게 변주되고 있었으며, 1930년대 후반을 지나면서 노골적으로 일본 식민주의의 오리엔탈리즘과 조우하게 된다.

는 과정에서 조선문학의 내셔널리티가 중심적인 문제로 떠올랐고, 세계에 통용되고 공감을 얻을 수 있는 보편성이라는 특질이 중요시되었다. 번역의 과정에서 새로운 조선어를 만들고 어휘 목록을 확대하는 일이라든가, 번역을 통해서도 훼손되지 않는 조선어 고유의 미감(美感)과 같은 조선어에 대한 섬세한 문제의식이 본격적으로 등장하고 있었다.

'조선문학의 근대화'는 '조선어의 근대화'라는 과제와 밀접히 연관되어 있으며, 조선어의 근대화에 일조할 문학어를 창출하는 것은 창작을 담당하는 문학가들의 주요한 과제였다. 해외문학파의 일원들은 창작뿐만 아니라 번역 또한 조선어를 근대화시키는 작업의 일환임을 강조하였다. 일본어를 통한 중역이 아니라 외국어 직역이 활발해지면서, 1920년대 후반에는 번역에서의 조선어 구사의 문제를 둘러싸고 논쟁이 벌어지기도 하였다.[103]

이헌구는 1934년 『동아일보』에 연재한 「조선문학은 어대로?」라는 글에서 조선의 작가들이 조선어의 부족으로 인해 표현할 적절한 어휘를 찾는 데 곤란을 느끼고 고통 받고 있다고 지적하였다.[104] 문학가들이 문학적 구상이나 문학작품에 담을 사상적 용해 이전에 조선어로서의 정확한 표현 어구를 모색해야 할 시대에 처해 있다는 것이다.[105] 그리하여 조선문단이 자칫하면 "일본독자의 문단"으로 전락할 위기에 처해 있는 이때 외국문학을 섭취하고 이를 조선어로 된 글로 표현해 내는 것이 조선문학과 조선어를 확충하는 데 중요하다는 것이다.[106]

---

103 양주동, 이하윤, 김진섭 등의 문학가들 사이에 벌어진 번역어와 관련한 논쟁에 관해서는 다음의 논문을 참고할 수 있다. 서은주, 「번역과 문학 장의 내셔널리티－해외문학파를 중심으로」, 『현대문학의연구』 24, 한국문학연구학회, 2004, 63～65면.

104 이헌구, 「조선문학은 어대로?(2)」, 『동아일보』, 1934.1.2.

105 이헌구, 「조선문학은 어대로?(3)」, 『동아일보』, 1934.1.5.

106 이헌구, 「조선문학은 어대로?(5)」, 『동아일보』, 1934.1.11; 「조선문학은 어대로?(6)」, 『동아일보』, 1934.1.12.

김진섭은 1935년 『조선중앙일보』에 「번역과 문화」라는 긴 글을 연재한 바 있다. 그는 이 글에서 "「세계는 이제 오즉 하나의 문명어를 가지랴 하고 잇다」고 일즉이 「메이에」는 말하엿다. 그러나 그는 이 말이 끗나기가 무섭게 곳 부언(附言)치 안흘 수 업섯스니 「그러면서 각국에서는 국어순정에의 요구도 활발하다」는 것이엿다. 사실에 잇서서 이 이율배반은 이상하게도 「조화 잇게」 이 세계를 지배하고 잇는 것이니 문화의 견밀(堅密)한 국제적 교통이 전자의 진리임을 증명하는 데 대하야 그러나 오늘에 잇서서도 오히려 의연히 정치적 국경이 언어적 국경이 되는 사실은 후자의 진리임을 역시 증명하고 잇는 까닭이다"[107]라고 언급하였다. 그러므로 세계적 문명어로서의 보편성과 '국어순정'의 요구가 제기하는 언어의 특수성이라는 이율배반을 해소할 수 있는 역할을 번역문학이 담당해야 한다고 강조하였다.

근대 민족국가의 자국어란 문명의 세계적 보편성 안에서 통용될 수 있는 언어이며 동시에 한 나라의 고유한 내셔널리티를 구현하는 언어로 수립되어야 한다는 점이 해외문학파의 담론 제출 와중에서 의미 있게 부상하고 있다. 해외문학파의 담론은 번역무용론 등의 해외문학파에 대한 공격에 방어적인 입지를 마련하는 한편, 조선어와 조선문학의 진로에 대한 하나의 방향성을 제시하고 있었다.

문단의 조선주의적 경향에 반발하여 해외문학파는 번역과 외국문학 수입을 통해 조선어의 범위와 내포를 넓히고자 했다.[108] 조선어의 가능성을 확장하고 조선문학의 보편성을 강조함으로써 근대적인 세계문학의 일원으로서 조선문학을 정초하는 데 기여하려 한 것이다. 그

---

107 김진섭, 「번역과 문화(6) – 번역의 가치」, 『조선중앙일보』, 1935.4.24.

108 서은주는 해외문학파가 협소한 조선어, 체계가 불안정한 조선어를 번역 과정을 통해 문명어로 발전시키는 것을 이상으로 삼고 있었으며, 이를 통해 자신들이 조선문학의 근대화에 기여하는 초석을 마련할 수 있다고 여겼음을 논구하였다. 서은주, 앞의 글, 69면.

러나 이를 창작에서 실현한다는 것은 별개의 문제였다. 1930년대의 조선문단 특히 조선시단(詩壇)에서 조선주의적 특수성에 대응하여 조선문학의 보편성을 사고하며 창작할 것을 주장하던 비평가로 김기림을 들 수 있다. 그의 창작 방향 또한 이와 무관하다고는 할 수 없었으나, 창작의 소산이 비평만큼의 성과를 거두고 있지는 못했다. 김기림은 "민족, 혹은 전통주의의 문학이냐 세계적인 문학이냐 다시 말하면 옛날로 다시 도라가느냐? 새길로 나아가느냐가 문제"[109]라는 조선문학의 방향성을 묻는 『조선일보』의 질문에 다음과 같이 답하고 있다.

어떤 나라에서도 문학에 대한 문학자의 태도는 「내셔날리즘」과 세계주의와의 두 가지로 대립한다. 愛蘭에 있어서는 「예츠」 일파는 전자에 속하고 「조이스」 같은 사람은 고립한 세계주의자다. 나치스의 호령 아래 있는 독일문학은 극단의 「내셔날리즘」이라고 듣는다. 그런데 조선에 있어서의 문학상의 내셔날리즘은 朝鮮主義의 이름으로 불려진다. 이것이 조선적 특성을 가지고 세계문학에 참여하려는 강렬한 의지를 가졌을 때에만 우리는 그것을 허용한다. 그것은 구경에 가서 세계주의와 일치하는 건설적인 까닭이다.

한편에는 막연한 조선 정조를 기조로 한 조선주의가 있으나 우리는 그것의 가능성을 인정하지 않는다. 선대로부터 물려가지고 온 우리들의 옛 노래와 현재의 우리들 중의 자연발생적인 노래들 속에 담겨 있는 조선정조는 과연 조선역사에 어떠한 감정을 결과했는가. 우리는 조선정조라는 것을 정조 이상의 것이라고 생각지 않는다. 그것은 현실로서는 기다의 「센티멘탈리즘」의 아류를 만들어내고 있다. 한편에는 이와 유사한 또 한개의 조선주의가 있으니 그것은 전자보다는 좀 더 의지적인 것이어서 강렬한 배타적 의욕을 보이면서 나타난다.[110]

109 「장래할 조선문학은?」, 『조선일보』, 1934.11.14.

김기림은 당시 조선문단의 내셔널리즘적 경향 즉 조선주의가 조선적 특성을 지니되 세계문학에 참여하려는 강렬한 의지를 보여 줄 때만 이를 허용할 수 있다고 말한다. 그는 선대로부터 내려온 옛 노래와 시가에 담긴 조선정조는 "막연한" 것이어서 '정조' 이상이 될 수 없으며, 당대의 조선문단에 수많은 '센티멘털리즘'의 아류를 만들어내고 있다고 진단한다.

그는 이어지는 연재에서 막연한 조선주의나 배타적 의욕을 보이는 조선주의 모두 편협한 감상적 내셔널리즘에 속하며 이를 "소극적 조선주의"라고 규정한다. 그는 이러한 '소극적 조선주의'를 부정하는 문학 정신이 이미 좌우익의 문학 속에서 동시에 대두하고 있으며, "세계적 성격을 갖춘 세계문학의 시대"를 조선문학이 맞아야 할 것이라 말한다. "문학은 이미 그것을 산출한 한 민족만을 영향함에 그치지 않"고, "모든 국경을 넘으면서" 존재한다. 그런데 현실적으로는 지금 "초국가적 타당성과 세계적 보편성을 가진 세계문학"이 존재하는 것이 아니고, "역사의 어떤 발전단계에 이르러 필연적으로 오래인 국민적 문학의 뒤를 받아 가지고" 출현한다는 것이다.[111]

김기림의 글은, 당시의 조선주의적 경향의 편협성과 소극성을 부정하고 있다. 그는 현재의 역사적 단계가 각 민족의 문학이 국민문학으로서 존재하는 시기이며, 따라서 현실적으로는 아직 세계문학이 도래한 것은 아니라고 보고 있다. 그가 생각하는 조선문학의 이상은 궁극적으로는 내셔널리즘이 세계주의와 조화되는 세계문학이며, 이를 위해서는 '적극적 조선주의'가 필요하다는 것이다. 특기할 만한 것은 김

110 김기림, 「문학상 조선주의의 제양자」, 『조선일보』, 1934.11.14; 『김기림전집3』, 심설당, 1988, 131면.

111 김기림, 「조선의 무대에서 세계문학의 방향으로」, 『조선일보』, 1934.11.15; 『김기림전집3』, 132~134면.

기림이 이러한 '소극적 조선주의'를 부정하는 문학정신이 좌우익의 문학 속에 동시에 대두하고 있다고 지적한 점이다. 그는 임화 등의 카프 계열의 그룹이나, 우파적 문학가 즉 비계급주의적 문학 성향의 그룹에 공통으로 조선주의적 경향에 반대하는 움직임이 대두하고 있음에 주목하였다.

김기림은 이에 앞서 조선의 문학이 세계에 기여하기 위해서는 조선적인 특색을 잃지 말아야 한다고 주장한 바 있다. 문학에서의 '민족성'이 중요하다는 점에는 동의하고 있었던 것이다. 그런데 당시의 민족주의는 사회주의에 대항하는 정치적 지도원리로 대두된 측면 또한 강했기에, 김기림은 이와 구별하는 의미에서 '신민족주의'라는 말로 자신이 지향하는 조선문학의 방향성을 제시하였다.

> 우리는 조선민족의 생활의 根底에서 물결치는 군센 힘과 그 정신 속에서 새어오르는 특이한 향기를 파악하여야겠읍니다. 우리가 나아가 세계에 기여할 것은 세계의 어느 구석에서도 찾을 수 없는 독특한 조선적인 것이 아니면 아니됩니다. 愛蘭의 문학운동의 세계적·문화사적 의의도 여기 있읍니다. 세계도 또한 우리에게 그것을 기대합니다. (…중략…) 우리는 이러한 反省運動을 가정하고 그것을 신민족주의 문학운동이라고 명명하고 싶습니다. 그러나 그것은 정치적 지도원리로서 사회주의에 대한 그러한 의미의 민족주의의 제창이 아닙니다. 창백하고 연약한 조선의 문학을 다시 한번 조선민족의 현실생활과 정신 속에 군세게 뿌리박음으로써 문단의 화려한 명일을 가지려는 것입니다. 이 일은 한 개인이라느니보다 많은 동지의 힘에 의하여 생기 있는 운동으로서 제기되어야 하리라고 생각합니다.
>
> 그러나 時調같은 것을 高調하면서 古典復興이라 생각하는 것과 같은 단순한 회고운동에는 반대합니다. 진고개에서 붙잡아온 洋裝美人에게 옛날 「갓신」을 신겨놓으면 그 걸음이 얼마나 奇怪하겠읍니까. 문학의 형식에서 시간

성을 전연 무시하는 그러한 무지와 고풍의 취미는 좀 냄새가 납니다.[112]

이 글에서 김기림은 조선민족의 독특한 "향기"를 언급한다. 그가 아일랜드 문학운동의 세계적 의의를 주장하는 대목은, 당시 해외문학파가 아일랜드 문학을 소개하며 식민주의에 억압받던 약소국의 민족문학이라는 의미에 초점을 두고 있었던 것과 그 맥락이 유사하다. 그가 말하는 '신민족주의' 문학운동이란 당시의 민족주의적 성향의 문학가들의 입장과는 구별되며, 조선의 현실에 기반을 두어 조선의 특수성을 살려내되 세계주의적 보편성을 강조하는 입장에 서 있었다.

김기림은 시조부흥론이나 고전부흥론에는 명확한 반대 입장을 취하고 있었다. 그것은 회고적 운동이며 현대의 복식에는 어울리지 않는 기괴한 "갓신"에 비유된다. 그는 문학의 형식에 '시간성'의 문제가 중요하다는 점을 강조하며, 당시의 고전부흥이 현대적 시간의 형식을 제대로 구현하지 못한 채 과거로 되돌아가고 있음을 비판하고 있다. 김기림은 이처럼 시대적 상황에 맞는 '현대'의 형식을 강조했다.

그는 시 창작에 쓰이는 말도 이렇게 "살아 있는 말"이 아니면 안 된다고 주장한다. "그 어느 시대고 간에 그 시대의 시는 그 시대의 말로 쓰여져야 한다"는 것이다. 그는 현대적 말이 아닌 언어를 "죽은 말"로 표현했으며 그것은 "산 사유나 감정의 옷으로서는 맞지 않는 까닭"에 피해야 한다고 역설한다. 죽은 말을 현대시의 형식에 쓰는 것은 "갓과 망건을 쓰고 신은 축구선수의 모양"과 같다는 것이다.[113]

1930년대 중반 기교주의 논쟁의 와중에서, 김기림은 조선어에 대한 시인들의 특별한 자각과 실천을 요구하였다. 그는 조선어의 문제가 시

112 김기림, 「신민족주의 문학운동」, 『동아일보』, 1932.1.10; 『김기림전집3』, 228~229면.
113 김기림, 「오전의 시론—용어의 문제」, 『조선일보』, 1935.9.27; 『김기림전집2』, 심설당, 1988, 171면.

인만의 문제는 아니지만 "시인은 이에 대하여 더 한층 관심해야 할 특수한 위치에 서" 있으며, 이 문제에 대한 "발언의 기회가 불리한" 상황 즉 일본의 언어 정책에 의한 어려움을 토로한 바 있다. 그는 정치적으로 어려운 상황 속에서 "조선 민족의 생리에 타당한 조선말"을 지켜나가기 위해서는, "시인은 우리의 말을 그 현상에 있서서 잘 파악해 살릴 뿐 아니라 산 말 속에서 늘 새로운 것을 발견"하고 "그것을 조직하야 새말의 창조에 노력해야 할 것"을 힘주어 말했다.[114]

김기림은 고전부흥론에서 주장하는 옛 형식의 부활에 대한 명확한 반대 입장을 취하면서, 세계문학으로서의 보편성을 구현하는 현대적 형식과 조선어의 창출을 시인들에게 요구하고 있었다. 그의 이러한 입장은 난해하다는 비난을 받기도 했던 새로운 시들의 방법론을 지지하는 형태로 나타났다.[115] 그는 "조선의 새로운 시는 한 개 통일된 시론 위에 세워진 시운동의 형태까지는 갖추지 못하였"고 "발표된 시론이라고는 거의 없음"을 지목하며, 존재하는 것은 "다만 분산적인 개개의 실험"임을 말하였다. "새로운 시인 전체를 이해하기 위한 공통된 시론은 준비되어 있지 않고 그렇다고 개개의 시인은 각각 그의 시론을 보여주지 않는"다는 것이다. 그러므로 그는 "상상적"인 방식으로 당시 조선의 시가 걷고 있는 현대시의 길을 해설할 수밖에 없음을 전제하며 조선시의 실험에 주목한 바 있다.[116]

조선어의 근대화를 지향하며 1930년대 전반의 모더니즘을 초극하

---

114 김기림, 「시인으로서 현실에 적극관심(3)」, 『조선일보』 1936.1.5.

115 김기림의 이러한 입장은 자신의 시창작에도 영향을 미쳤다. 그는 조선의 특수성과 보편성을 조화시키는 '신민족주의'가 일종의 운동 형태로 문단에 확산될 것을 주장하면서, 그것이 연극성의 형태로 민중의 지지를 얻어야 함을 강조하였다. 그리고 그가 말한 바 있는 연극성이라는 요소는 「기상도」의 구상에 반영되고 있었다. 김기림, 「신민족주의 문학운동」, 『동아일보』, 1932.1.10; 『김기림전집3』, 228~229면.

116 김기림, 「현대시의 발전－초현실주의 방법론」, 『조선일보』, 7.12~7.22; 『김기림전집2』, 322면.

여 사회성을 구현하는 조선시의 형식을 창출했던 시인으로, 김기림이 주목한 이는 이상이었다. 김기림은 이상에 대해 여러 편의 글 속에서 그 가치를 평가했다. 이는 당시 조선문단에서 중심에 있었다고는 할 수 없고 문단활동의 수명이 매우 짧았던 이상의 위치를 생각해 보면, 이례적인 평가라 할 수 있다.

> 1 지난해 중에 출현한 이단자 李箱의 시는 위기 그것의 표현이다. 이러한 시의 위기의 諸樣姿는 早晩 초극하여야 할 것이다. (…중략…) 즉 이 위기는 시 자체에 대한 시단 전체의 자각과 또한 시인 각자의 내부에 있어서의 비약과, 최후로 외부적 정세에 대한 시인의 관심, 이러한 것은 진실로 인제로부터야 우리 시단에 현대의 호흡을 가져올 것이라고 믿는다.[117]

> 2 젊은 세대는 앞에서 제시한 역사를 양분하는 새 신화의 건설을 최대의 과제로서 가졌었다. 그리고 가장 면밀한 「말」의 과학자이려 했다. 그들은 시대와 사회의 움직임에 대한 근기있는 응시자이려 했다. 인생에 대한 미쁜 실험자이려 했다. (…중략…) 우리가 가진 가장 뛰어난 근대파 시인 李箱은 일찌기 「危篤」에서 적절한 현대의 진단서를 썼다. 그의 우울한 시대병리학을 기술하기에 가장 알맞은 암호를 그는 고안했었다. 다만 우리는 목표를 바라본 이상 다음에는 노력이 있을 뿐이다.[118]

> 3 이에 시를 기교주의적 말초화에서 다시 끌어내고 또 문명에 대한 시적 感受에서 비판에로 태도를 바로잡아야 했다. 그래서 사회성과 역사성을 이미 발견된 말의 가치를 통해서 형상화하는 일이다. 이에 말은 사회성

117 김기림, 「신춘의 조선시단－시의 위기」, 『조선일보』, 1935.1.1～1.5; 『김기림전집2』, 360～361면.

118 김기림, 「과학과 비평과 시」, 『조선일보』, 1937.2.21～2.26; 『김기림전집2』, 32～33면.

과 역사성에 의하여 더욱 함축이 깊어지고 넓어지고 다양해져서 정서의 진동은 더욱 강해야 했다. (…중략…) 그래서 새 시단의 진로는 「모더니즘」과 사회성의 종합이라는 뚜렷한 방향을 찾아야 했다. 그것은 나아가야 할 오직 하나인 바른 길이었다. 그러나 그 길은 어려운 길이었다. 시인들은 그 길을 스스로 버렸고 또 버릴 밖에 없다. 가장 우수한 최후의 「모더니스트」 李箱은 「모더니즘」의 초극이라는 이 심각한 운명을 한몸에 구현한 비극의 담당자였다.[119]

김기림은 인용문 [1]에서 이상의 초기작부터 주목하면서, 이상의 시가 당시 과거로 복귀하거나 침묵을 지키고 있는 조선 시단의 위기 자체를 표현한 것이라 언급하였다. 그리고 이러한 시의 위기의 표현에 대해 "시단 전체의 자각", "시인 각자의 내부에 있어서의 비약", "외부적 정세에 대한 시인의 관심"들이 있을 때 조선 시단에 현대의 호흡을 가져올 것을 믿는다는 점을 피력하였다. 김기림의 글에서, 이상의 시가 복고주의적 경향에 대한 반발과 조선어의 현대성을 사고하는 가운데 등장하고 있음을 알 수 있다.

김기림은 이상이 조선어를 실험하면서 조선 사회와 현실에 대한 관심을 현대적으로 살려내고 있다는 점에 주목하였다. 인용문 [2]의 앞부분에서 김기림은 1930년대의 전반기에 조선시가 시의 과학적 파악과 그것을 실천하는 방향을 모색하였다고 언급하였다. 이어 인용문 [2]에서 새로운 세대는 "가장 면밀한 '말'의 과학자"이자 시대와 사회의 움직임에 대한 응시자였다고 말한다. 김기림은 이러한 진단 속에 가장 뛰어난 근대파 시인으로 이상을 들고 있다. 그는 이상이 「危篤」 등의 연작에서 "적절한 현대의 진단서를 썼"으며, "우울한 시대병리학을 기술하

119 김기림, 「「모더니즘」의 역사적 위치」, 『인문평론』, 1939.10; 『김기림전집2』, 57~58면.

기에 알맞은 암호" 즉 새로운 조선어를 창출하였다고 고평하였다.

1930년대 후반에 쓴 「모더니즘의 역사적 위치」라는 글에서도 김기림은 조선 시단에서 이상이 해냈던 역할에 중요한 의의를 두고 있다. 그는 조선문단의 모더니즘에 대한 전반적 평가를 내리면서 그것이 1930년대 중반쯤에는 언어의 말초화로 타락하였다고 언급하였다. 이것은 그가 임화와의 기교주의 논쟁 속에 전체주의 시론을 제출하는 와중에서, 시인들이 사회나 현실에 적극적으로 관심을 기울여야 함을 주장하고 있었던 바와 통한다. 인용문 3에서처럼 그는 언어의 "기교주의적 말초화"를 극복하여, 사회성과 역사성을 언어에 형상화시킴으로써 그 함축과 정서적 진동을 더욱 넓고 강하게 만들어야 한다고 주장하였다. 김기림은 그 전 시대의 모더니즘과 경향파 문학의 종합, 다시 말하면 "모더니즘과 사회성의 종합"이라는 어려운 길을 많은 시인들이 버렸다고 하면서, 이상은 "가장 우수한 최후의 모더니스트"이자 "'모더니즘'의 초극이라는 이 심각한 운명을 한몸에 구현한 비극의 담당자"였다고 말한다. 김기림의 평가는, 조선어 형식의 근대화를 위한 실험과 사회와 문명에 대한 비판적 인식을 통해 모더니즘과 사회성의 종합이라는 당대의 과제를 담당하고자 했으나 미완성으로 그칠 수밖에 없었던 이상의 문학적 생애를 함축적으로 표현하고 있다.

이상은 김기림의 말처럼 그 자신의 시론을 통해 직접적으로 문학적 방향성을 드러낸 바 없다. 그러나 현대의 호흡에 맞는 조선어의 형식과 새말을 창출하여 조선어의 근대를 시 속에 실현시켜야 한다는 김기림의 비평적 요구는, 그의 창작 과정에 작용하고 있었다. 이상은 김기림과 함께 '구인회'에서 활동하며 그를 자신의 문학적·사상적 이해자로 여겼다. 현재 전하고 있는 그의 사신(私信)의 대부분은 김기림과 주고받은 편지이다. 김기림은 앞서 살폈듯 「시인으로서 현실에 적극 관심」이라는 글을 『조선일보』에 연재하며, 시인들이 조선어를 보존하고 확충해야 하며 새말의 창조에 관심을 기울여야 한다고 역설하였다. 같은 해 10월 이상은 「危篤」을 연재하며 자신이 한글문자 추구시험을 하고 있으며 이에 대한 '고평'을 바란다는 편지를 그에게 보내고 있다.[120] 당시 조선문단을 점하고 있던 고전부흥의 복고적 물결에 대한 반발과 조선문학의 세계주의적 보편성을 지향하는 김기림 등의 문학가들과의 상호작용 속에 이상의 문학 또한 형성되어 나가고 있었다. 이상의 시연작과 형식의 기획은 근대적 보편성을 조선어에 담아내기 위한 그의 의식적 작업의 일환이었다.

1934년 『조선중앙일보』에 발표한 「烏瞰圖」 연작이 독자들의 항의에 부딪쳐 연재를 중단하면서, 이상은 다음과 같은 작자의 말을 쓴 적이 있다.

> 왜 미쳤다고들 그리는지 대체 우리는 남보다 數十年식 떠러저도 마음놓고 지낼 作定이냐. 모르는 것은 내 재주도 모자랐겠지만 게을러빠지게 놀고만 지내든 일도 좀 뉘우처 보아야 아니하느냐. 열아문 개쯤 써보고서 詩 만들 줄 안다고 잔뜩 믿고 굴러다니는 패들과는 물건이 다르다. 二千點에서 三十點을 고르는데 땀을 흘렸다. 三十一年 三十二年 일에서 龍대가리를 떡 끄내여 놓고 하도들 야단에 배암 꼬랑지커녕 쥐 꼬랑지도 못 달고 그

120 우리가 접할 수 있는 이상의 편지 열 통 중 여덟 편은 김기림에게 보내는 것이다. 이 편지들에서 이상이 자신의 작품 창작과 발표 정황에 대한 술회를 하고 있음을 비롯하여 김기림의 답신과 방문을 간곡히 요청하고 있음을 볼 수 있다. 자세한 내용에 대해서는 이상, 「사신」 2~8; 김주현 주해, 『이상문학전집 3』, 소명출판, 2005, 238~256면 참조. 「危篤」에 대한 그의 언급은 다음과 같다. "졸작 「날개」에 대한 형의 다정한 말씀 골수에 스미오. 방금은 문학천년이 회신(灰燼)에 돌아갈 지상최종의 걸작 「종생기」를 쓰는 중이오. 형이나 부디 억울한 이 내출혈을 알아 주기 바라오! (…중략…) 요새 조선일보학예란에 근작시 「危篤」 연재중이오. 기능어. 조직어. 구성어. 사색어. 로 된 한글문자 추구시험이오. 다행히 고평을 비오. 요다음쯤 일맥의 혈로가 보일 듯하오." 이상, 「사신(5)」; 『이상문학전집 3』, 246~247면.

만두니 서운하다. 깜박 新聞이라는 답답한 조건을 잊어버린 것도 실수지만 李泰俊, 朴泰遠 두 兄이 끔찍이도 편을 들어준 데는 절한다. 鐵—이것은 내 새길의 暗示요 앞으로 제 아모에게도 屈하지 않겠지만 호령하여도 에코—가 없는 무인지경은 딱하다. 다시는 이런—勿論 다시는 무슨 다른 方途가 있을 것이고 위선 그만 둔다. 한동안 조용하게 工夫나 하고 딴은 정신병이나 고치겠다.[121]

이상은 자신의 시를 읽고 난 독자들의 항의에 대해, "남보다 수십 년씩 떠러저도 마음놓고 지낼 작정이냐"는 심정을 토로하고 있다. 자신의 시에 대해 이해하지 못하는 조선시단의 분위기를 그는 "게을러빠지게 놀고만 지내든 일도 좀 뉘우처 보아야 아니하느냐"라고 상당히 강도 높게 비판하고 있다. 이상은 "이천 점"이나 되는 시의 형식 실험을 통해, 조선어의 근대를 사고하고 조선시의 범주를 확장함으로써 세계문학에 합당한 작품을 창작하고자 했다. 이러한 실험이 중도하차한 데 대해 이상은 조선문단의 낙후성과 신문이라는 지면의 제약성 그리고 독자들의 몰이해를 들고 있다. 이상의 발언에서 "남"이란 세계문학을 지칭한다. 거기에서 조선문학이 몇 십 년씩 떨어져 있다고 할 때, 이 낙후된 문단의 부진을 타파하고 조선문학의 근대를 실현하기 위해서는 독자의 이해를 얻기 어려울 수밖에 없는 선구적인 실험이 필요하다. 따라서 그는 "에코" 즉 독자층의 반응을 걱정하면서도, "제 아모에게도 굴하지 않겠"다는 각오를 다지고 있는 것이다.

이상은 그의 산문에서 조선의 문화적 낙후성과, 인습에 사로잡혀 있는 사회적 분위기를 비판하는 의식을 드러낸 바 있다. 물질적 문화에 단지 맹종하는 것이 아니라 시대와 생활시스템의 변천을 좇아 거기에

121 이상, 「오감도 작자의 말」, 『조광』, 1937.6; 『이상문학전집 3』, 207~208면.

따르는 새로운 윤리적 척도를 의식적으로 입법해야 한다는 것이다.[122] 이상의 문학적 활동기간은 매우 짧아 그가 발표한 글은 그리 많지 않지만, 그는 자신의 산문에서 개인사적 영역뿐만 아니라 조선의 역사와 현실 그리고 사회적 시스템에 대한 인식을 보여 준다.

[1] 結局 骨董品의 價値는 그런 考古學的인 要求에서 생기는 것일 것이다. 兼하야 늣기는 아름다운 心情은 卽 先祖에 對한 그윽한 鄕愁에서 오는 것이 아닐가. 歷史라는 學問을 否定할 수는 업스리라. 어는 時代의 生活樣式 民俗 民俗藝術等을 알고자 할 때에 비로서 骨董品의 地位가 重大해지는 것이지 그러니까 骨董品은 骨董品만을 모아놋는 博物館과 倂存하지 안코는 그 存在理由가 消滅할 쁜 아니라 何等의 「구실」을 못한다. 갓흔 時代것 갓흔 傾向ㅅ것을 한데 모아노코 봄으로 해서 果然 具體的인 歷史的인 智識을 어들 수 잇는 것이지 ― 그러닛가 勿論 만을수록 조타 ― 그러치 안코 외싸로 떨어진 한 破片은 原人 「피데칸토롭부스」의 단 한 개의 骨片처럼 너무 짐작을 세울 길에 貧困하다.[123]

[2] 걸핏하면 喫茶店에 가 안저서 무슨 맛인지 알 수 업는 茶를, 마시고 또 우리 傳統에서는, 무던히 먼 音樂을 듯고 그리고 언제까지라도 우둑허니, 머물러 있는 趣味를 업수녁이리라. 그러나 電氣機關車의 미근한 線, 鋼鐵과 유리建物 構成, 銳角, 이러한 데서 美를 發見할 줄 아는 世紀의 人에게 잇어서는 茶房의 一憩가 新鮮한 音樂이오 優雅한 禮儀 아닐 수 업다.[124]

---

122 이상, 「조춘점묘 – 단지(斷指)한 처녀」, 『매일신보』 1936.3.3~3.26; 『이상문학전집 3』, 59~60면.

123 이상, 「조춘점묘 – 골동품」, 『매일신보』, 1936.3.3~3.26; 『이상문학전집 3』, 71~72면.

124 이상, 「추등잡필 – 예의」, 『매일신보』, 1936.10.14~28; 『이상문학전집 3』, 94면.

③ 門과 窓은 깊이 잠겨 있었다. 어째서 그들은 그들의 곰팡난 微密을 日光에 쪼이지 않는 것일까. 陰慘한 傳統이여. 오랜 옛 祖先이 그 鈍重한 窓門 뒤에서 앓고 있다. 骨髓를 — 不潔을. 占卦의 暗澹함이여 — 언제면 이 땅과 閉鎖된 집집마다 幸運과 歡喜가 찾아 올 것인가.[125]

이상은 인용문 ②에서 볼 수 있듯 "전기기관차의 믹근한 선, 강철과 유리건물 구성, 예각"과 같은 사물들에서 미를 발견하는 근대주의자였다. 그러나 그는 "걸핏하면 끽다점에 가 안저서 무슨 맛인지 알 수 업는 차를, 마시고 또 우리 전통에서는, 무던히 먼 음악을 듯고 그리고 언제까지라도 우둑허니, 머물러 있는 취미"에 대해 거리를 가질 정도의 균형감각은 갖고 있었다. 그가 비판하고 있는 것은, ①에서처럼 역사적 가치 때문이 아니라 개인적 호사 취미로 골동품을 모아들이는 것과 같은 딜레탕티즘적 복고주의였다. "구체적"이고 "역사적"인 지식의 소용을 위해 계통화되고 집적되어 존재이유를 갖지 못한 골동품은 한 개 무의미한 뼛조각 같은 것이며, 그것에 대한 취미도 그런 점에서 그에게는 부정적인 것이었다.

조선의 현실은 인용문 ③에 나타난 것처럼, 이상에게는 오랜 옛 선조가 "둔중한 창문 뒤에서 앓고 있"는 "음삼한 전통"과 같은 것이었다. 당시 서구적 근대주의에 경사되어 왔던 과거를 반성하며 전통 지향적 흐름이 문단을 급속도로 점해가고, 조선의 옛 문화를 부흥시키려는 노력이 성행하였으나, 그에게 조선은 아직 문과 창이 깊이 닫혀 있는 봉쇄된 이미지로서 존재했다. 이상은 이와 같은 현실을 새 세대가 극복하여 "조선 민족이 정신을 차리고 세계의 각 국가와 당당히 겨룰 날"을 희망하고 있었다.[126] 그는 이처럼 조선의 낙후된 현실을 비판하면서

125 이상, 「무제2」, 『현대문학』, 1960. 12; 『이상문학전집 3』, 160면(일본어 미발표 작품으로 발표 당시 '원문에 제목이 없음'이라는 주가 실려 있다. 김수영 번역).

도, 조선을 미개하고 야만적인 구경거리로 감상하는 서구의 오리엔탈리즘적인 시선에는 극심한 거부감을 표현하였다. 그의 거부감은 "그들(서양인)"의 시선으로 관찰되는 조선 사회와 문화의 후진성에 대한 자괴감에서 비롯된 것이기도 했다.[127]

해외문학파가 국제주의를 수용하며 조선문학의 보편성을 주장하였듯, 이상 또한 조선문화와 문학이 세계적 수준에 도달하기를 지향하고 있었다. 그러나 이상이 조선문학의 보편성에 대해 사고하면서, 다다이즘이나 초현실주의와 같은 외래적 사조를 수용하는 방식으로 창작을 해나갔다고는 보기 어렵다. 그의 문학적 활동은 조선 현실에 바탕을 둔 내발성(內發成)의 측면이 강했다. 앞서 인용한 작가의 말에서처럼 조선문단과 조선문학이 처한 현실적 상황과의 장력을 유지하면서 그는 창작의 방향을 잡아 나가고 있었다.

이상은 자신에 대해 이십 세기를 맞고 있었으나 십구 세기적 도덕성을 버리지 못한 사람이라 표현하였다. 이상의 자신에 대한 모멸적 표현은, 당시 전통과 근대의 갈등 속에서 방향타를 잡기 위해 고투하고 있었던 조선의 현실을 반영한다. 그가 "이태백이 노든 달아! 너도 차라리 십구 세기와 함께 운명(殞命)하여 버렸었던들 작히나 좋았을까"라고 탄식했을 때, 이 탄식은 구시대적 윤리와 감각이 몸에 익어 있었으면서도 근대를 열렬히 지향하고 있었던 자신에 대한 것이기도 했다.[128]

---

126 이상이 동생에게 보내는 다음의 사신을 잡지 매체에 발표한 것은 새 세대에 대한 그의 이러한 자의식을 보여 준다. "너이들이 국경을 넘던 밤에 나는 주석(酒席)에서 '올림픽' 보도를 듣고 있었다. 우리들은 이대로 썩어서는 안 된다. 당당히 이들과 열(列)하야 똑똑하게 살아야 하지 않겠느냐. 정신차려라!". 이상, 「동생 옥희 보아라—세상 오빠들도 보시오」, 『중앙』, 1936.9; 『이상문학전집 3』, 235면.

127 이상, 「추등잡필—실수」, 『매일신보』, 1936.10.14~10.28; 『이상문학전집 3』, 101면.

128 이상이 이와 같은 자신의 이중적인 모습을 일본의 동경에 도착한 후 더 확실하게 발견하고 있다는 사실은 흥미롭다. 이상, 「동경」, 『문장』, 1939.5; 『이상문학전집 3』, 135~140면 참조.

조선문학의 정체성을 찾기 위해 조선의 과거를 되돌아보고 발굴하는 작업이나, 조선의 전통과 역사를 계보화하여 정당한 민족문학의 진로를 모색하는 작업은 당시의 조선문단이 조선문학의 미래와 국민문학의 전망을 상상하기 위해 찾았던 방법론이었다. 이상은 조선어와 조선문학의 근대를 실현하기 위해, 그가 처해 있는 조선의 현실 그리고 조선적 전통과 끊임없이 대결하는 방법을 취하였다. 김기림은 이상 문학의 의미를 평가하며 다음과 같이 그 정신에 적극적인 의미를 부여하였다.

> 그런데 대체 우리 문학이야 언제 이러한 의미의 외부 관찰의 철저한 실현을 경험한 적이 있었던가. 내부 세계의 분석을 더 어쩔 나위없는 막다른 골목까지 몰고 가 본 적이 있었던가. 언제 아찔아찔한 정신의 단애(斷崖)에 올라서 본 적이 있었던가. 이른바 영혼의 심연에 마주 서 본 적인들 있었던가. (…중략…) 그런 속에서 이상(李箱)의 문학이 나타난 것은 분명히 큰 충격이었고 경외였고 어느 의미로는 한 타격이었을 게 옳다. 구라파적인 의미의 철저성을 터득한 이채 있는 문학이었으며 그러한 모에서는 동양에 대한 반역이었다. 동양이 더 높은 인류적인 세계적인 역사의 단계에 자신을 살리기 위해서는 한번은 철저한 자기 반역이 필요하였고 또 그러기 위해서는 구라파적인 것의 철저한 파악과 소화가 한번은 꼭 필요하였던 것이다.[129]

김기림이 이상의 문학을 "동양에의 반역"이며 그리하여 "동양이 더 높은 인류적인 세계적인 역사의 단계에 자신을 살리기 위"한 철저성의 실현이었다고 평가한 것은, 전통과 대결하며 새로운 조선어의 형식을

129 김기림, 「이상의 문학의 한 모—동양에의 반역」, 『태양신문』, 1949.4.26~4.27; 『김기림전집 3』, 181면.

창출하고자 했던 이상의 의식적 실천이 넓게는 세계적이고 인류적인 보편성 즉 근대성을 지향하고 있다고 여겼기 때문이다.

이상은 짧은 문학적 이력을 통해, 십구 세기와 이십 세기의 틈바구니에서 진통을 겪고 있는 조선의 현실을 담아내고자 하였다. 그리고 이를 위해 그가 가장 고민했던 지점은 조선어의 근대적 형식을 실험하고 시적으로 실천하는 길이었다. 이 실천은 그의 표현에 따르면, "이 냄새나는 「악취미지극」을 나는 누구에게도 아첨하지 않고 어디까지든지 버틸 결심"[130]에서 나온 것이었다. 그러나 그의 언어적 실험은 일본 제국의 수도 동경에서의 죽음을 통해 미완으로 그치고 만 것이기도 하였다.

---

130 이상, 「문학과 정치」, 『사해공론』, 1938.7; 『이상문학전집 3』, 228면.

제4장

조선어의 탐구, 근대 시형의 창조

1. 모국어의 실현과 리듬의 창출 – 정지용

1) 근대적 경험과 혼종적 조선어

정지용에 대해 김기림은 조선 시단의 '최초의 모더니스트'라 명명하고,[1] 고전적 정신을 현대적 감성으로 해석함으로써 조선시에 독창적인 형상을 준 시인으로 평가한 바 있다.[2] 이것은 정지용의 시적 특질과 한국시사에서의 위치에 대한 매우 적확한 지적이었다. 김기림은 정지용이 도달한 언어적 성과에 대해 "시는 무엇보다도 우선 언어를 재료로 하고 성립되는 것이라는 것을 명확하게 인식하고 시의 유일한 매개인

---

1 김기림, 「「모더니즘」의 역사적 위치」, 『인문평론』, 1939.10; 『김기림전집2』, 심설당, 1988, 57면.

2 김기림, 「1933년 시단의 회고」, 『조선일보』, 1933.12.7~12.13; 『김기림전집2』, 64면.

이 언어에 대하여 주의한 최초의 시인이었다. 그래서 우리말의 각개의 단어가 가지고 있는 무게와 감촉과 광(光)과 음(陰)과 형(形)과 음(音)에 대하여 그처럼 적확한 식별을 가지고 구사하는 시인을 우리는 아직 알지 못한다. 그뿐 아니라 단어와 단어의 특이한 결합에 의하여 언어의 향기를 빚어내는 우수한 수완을 씨는 가지고 있었다"[3]고 언급하였다. 김기림이 고평했던 것처럼, 정지용은 언어에 대한 자의식과 예민한 감각을 통해 조선어와 조선시의 근대에 중요한 역할을 했던 시인이었다. 그럼에도 '모더니스트'와 '고전적 정신' 사이의 거리감은 쉽게 해소되지는 않는 것이어서, 정지용의 시는 초기시의 모더니즘과 후기시의 고전주의 사이에서 변화와 이행으로 설명되어 온 측면이 강했다.

『정지용 시집』(1935)과 『백록담』(1941) 사이의 거리는, 이른바 '바다'와 '산'이 각각 대별한다고 할 수 있는 모더니스트의 감각에서 전통주의적 정신으로의 이행으로 종종 해석되어 왔다. 그의 시들 사이의 넓은 진폭은, 『시문학』, '구인회' 등의 동인과 『문장』에서의 활동 등 1930년대 조선문단에서 중요한 위치를 점하고 있던 그룹에 두루 몸을 담고 있던 점과도 연관된다. 정지용의 시세계는, 근대어로 형성되어 가고 있던 조선어를 다양한 형태로 구사하고 모색하는 방식을 통해 개성적인 시형식을 만들어 나가는 도정 속에서 이루어졌다고 할 수 있다. 조선어를 혁신시켜 새로운 시형식을 만들어낼 임무는 당시 조선시의 근대를 고민하던 모든 시인들에게 해당하는 것이었다. 정지용은 특유의 예민한 감각으로, 당대 조선문단에서 제기되었던 여러 가지 문제에 대한 시적 실천이라고 할 만한 작업들을 보여주었다.[4] 그의 시세계가 보

---

3 김기림, 「1933년 시단의 회고」, 『조선일보』, 1933.12.7~12.13; 『김기림전집2』, 64면.

4 정지용은 문단의 변화나 담론에 상당히 민감했다. 그는 임화와 같은 카프 평론가들의 비평에 매우 예민한 반응을 보였으며, 각종 좌담회에서 카프 문학가들에 대한 독설을 내뱉었다. 그런데 해방 이후에는 임화 등의 작품이나 사회주의적 사상에 상당히 호의적인 측면을 보이고 있다. 이러한 그의 태도의 변화는 문단 내의 세력 구도나 사회정

여 주는 언어들의 낙차나 시적 편력은 조선어 시의 언어와 형식을 실험하고 정립해 나가는 역동적 장면을 드러낸다는 데 의미가 있다.

정지용이 본격적인 작품 활동을 시작한 곳은 일본이다. 그는 1923년 일본 교토(京都)의 도시샤(同志社) 대학에 입학했고, 졸업한 것은 1929년 3월이었다.[5] 『정지용 시집』의 87편의 시 중에 2, 3부에 실린 62편은 일본 유학 시기에 발표하거나, 그때에 씌어져 이후에 발표된 것으로 보인다.[6] 『백록담』 소재 25편의 시들을 포함하여, 정지용의 전체 작품 수가 그리 많지 않음을 고려할 때, 이 시기에 상대적으로 왕성하게 작품을 발표했다고 할 수 있다. 일본 유학 시절, 정지용은 일본 잡지 『近代風景』에 일본어 시를 발표하고, 조선의 잡지에도 활발하게 작품을 게재했다.[7] 일본어로 발표한 작품은 이후에 조선어로 발표되거나, 반대로 조선어로 발표한 작품이 일본어로 번역되기도 하였다.[8]

정지용의 창작 활동이 일본 문단과의 직접적인 접촉 속에 시작되었고, 작품 발표가 가장 왕성했던 시기인 약 6년간이 일본 유학시절과 겹쳐진다는 사실은 중요한 의미를 띤다.[9] 그는 조선말을 일본어로 바꾸

치적 상황과 밀접히 연관되어 있다. 정지용의 발언에 대한 자세한 내용은, 3장의 1. 2)절을 참조.

5 정지용의 연보와 서지사항에 대해서는 다음을 참고했다. 김학동, 『정지용 연구』, 개정판, 민음사, 1997; 이숭원 주해, 『원본 정지용 시집』, 깊은샘, 2003.

6 시집 후기에 실린 박용철의 '발(跋)'에서는 2부, 3부의 시들을 초기시편으로 규정하고 있다. 2부의 10여편과 3부의 6편을 제외하고는 모두 유학 시기 발표되었고, 나머지 작품들의 창작 일시는 1923년에서 1928년으로 적혀 있는 경우가 많다.

7 이 과정에서 일본 모더니즘 시에 영향을 받기도 했던 것으로 보인다. 정지용의 시에 나오는 어휘를 포함한 이미지나 시상과 일본 시와의 영향 관계에 대해서는 임용택의 논의를 참고할 수 있다. 임용택, 「정지용과 일본 근대시」, 『비교문학』 17, 한국비교문학회, 1992.12.

8 정지용의 일본어 시는 약 27편이며, 이에 해당하는 조선어 시가 없는 작품들은 약 10여편 정도이다.

9 이러한 점에 의미를 두어 다음의 연구에서 정지용의 유학 시절의 창작시를 분석한 바 있다. 졸고, 「일본 유학 시기 정지용 시의 특성과 창작의 방향」, 『Comparative Korean Studies』 15권 1호, 국제비교한국학회, 2007.6. 이밖에 정지용의 시를 그의 유학 경험 및

거나, 일본어 시를 조선어로 변환하면서 두 언어 사이에서 조선어를 사고할 수 있었다. 일본 모더니즘 시의 새로운 어휘들뿐만 아니라 그가 마주쳤던 낯선 이국의 사물들은, 그의 시 안으로 들어오면서 조선어의 어휘들과 때로는 충돌을 일으키고 때로는 새로운 언어의 장을 마련하였다. 1926년 발표된 「카페・쯔란스」의 생경한 어휘와 낯선 감각은, 1930년대의 경성이 경험하게 될 카페 문화와 수입된 근대적 풍물들을 한 발 앞서 일본에서 마주쳤던 지식인의 경험이 없었더라면 존재하기 어려웠을 것이다.[10] 한편 일본에서의 유학 경험은 그에게 이방인이자 식민지 조선의 지식인이라는 정체성을 강하게 환기했다. 그가 발표한 작품으로 전하는 최초의 시가 도시샤 대학의 학생 동인지 『街』에 실린 일본어 시 「新羅の柘榴」라는 점, 그리고 조선어로 처음 발표되는 「카페・쯔란스」에서 "나는 나라도 집도 없단다"라는 시적 고백이 발견된다는 점은 의미심장하다.[11] 일본어로 표기된 '신라'와 조선어로 표기된 '카페 프란스' 사이의 거리 사이에 '나라도 집도 없는' 식민지 조선 청년의 자의식은 놓여 있었다.

정지용은 왕성하게 새로운 근대 문물을 섭취하면서 동시에 끊임없이 자신의 정체성을 확인해야 하는 자리에 처해 있었다. 유학 시절의 정지용이 일본어와 조선어 두 가지 언어로 창작했던 상황은, 1930년대 이후 심화되는 이중언어적 상황과는 확실히 다르다고 할 수 있다. 사

일본 체험에 주목하여 분석한 연구들로 다음을 참조할 수 있다. 오양호, 「한국문학 속의 교토」, 『황해문화』 25, 1999.12; 요시무라 나오끼, 「일본 유학시 정지용과 윤동주 시에 나타난 고향의식 연구」, 충남대 석사논문, 2002; 심경호, 「정지용과 교토」, 『동서문학』 247, 2002.12.

10 김병익은 1920년대 후반부터 경성에 일본의 다방, 바, 카페 문화들이 수입되고 있는 것으로 회고하고 있다. 김병익, 『한국문단사』, 일지사, 1973, 154면.

11 김윤식은, 정지용의 「新羅の柘榴」가 정지용의 전체 시세계를 관통하는 의식을 보여준다고 논한 바 있는데, 이에 대해서는 더 정치한 분석이 필요하다. 김윤식, 『한・일 근대문학의 관련양상 신론』, 서울대 출판부, 2001, 325~329면.

나다 히로코는 기타하라 하쿠슈(北原百秋)와 접촉 관계에 있었던 김소운과 정지용을 비교하며, 정지용의 일본어 시가 김소운의 그것에 비해 훨씬 더 외국어적인 경향을 띠고 있으며 일본 문단의 활동을 위해 창작했다기보다는 일종의 습작 과정의 산물이었다고 지적한 바 있다.[12] 정지용이 창작의 규준을 일본어 시에 두지 않은 것은 분명해 보이지만, 조선어와 일본어 창작 그리고 상호 번역의 과정에서 조선어를 번역 가능한 위치에 둘 수 있었다는 점에 주목할 필요가 있다.

정지용은 일본에서 대학의 정규과정 영문과에 적을 둔 학생이었으며, 당시 일본의 저명한 시인이었던 기타하라 하쿠슈의 인정을 받기도 했다. 그러나 한편으로 소수자의 언어로 말하는 이방인이었으며, 가난한 모국 조선의 학비 지원으로 유학하고 있는 식민지인이기도 했다. 그가 겪었던 정체성의 고민은, 1930년대 후반에 제국 일본의 지방어로서 그리고 중앙인 일본 문단의 향토 문학으로서 가치를 획득하는 조선어와 조선문학의 자리를 주장하거나 수용해 갔던 문학인들의 고민과 동형(同形)은 아니지만 닮아 있다. 정지용은 일본 문단과 제국이 이루었던 근대적 문명과 문화의 선취를 열망하고 동경했으나,[13] 자신은 모국인 조선의 고향에 돌아가 교편을 잡아야 할 식민지의 지식인이라는 점을 잊을 수 없었다. 혼재된 문물과 복합적인 정체성 등으로 인해 흔들리는 혼돈스러운 감정이 그의 시에 드러날 수밖에 없었다. 그리고 이 흔들림과 혼돈 자체가 근대적 경험이기도 했다. 그의 예민한 시적 감각 속에서 이와 같은 근대적 경험을 구현하는 조선어의 새로운 형식이 동시대의 다른 시인들에 앞서 표현될 수 있었던 것이다.

정지용이 「파충류동물(爬蟲類動物)」에서 기차를 파충류 동물에 비유

---

12 사나다 히로코, 「모더니스트 정지용 연구」, 인하대 박사논문, 2001, 19면.

13 정지용과 기타하라 하쿠슈와의 서신에서, 그가 기타하라 하쿠슈를 사숙(私淑)하는 정도로까지 생각하고 있었음을 엿볼 수 있다. 위의 글, 21~24면 참조.

했을 때, '파충류'라는 학명은 낯설고 이질적인 어감으로 기차의 "괴상하고 거-창한"(「爬蟲類動物」) 이미지를 대변한다. 기차가 '도마뱀'에 비유된다는 사실도 낯설지만,[14] 그 도마뱀이 시인의 지식 체계를 거쳐 파충류 동물이라는 당시로서는 비시적(非詩的)인 조선어로 탈바꿈할 때, 시적 공간은 매우 새로운 것으로 육박해 온다. 기차 안에 있는 "나", "소로서아의 눈알푸른 시악시", "짱골라", "왜놈"이라는 혼종적 인물군상은 시 속에서 "심장", "담낭", "대장", "소장"이라는 "소화기관"에 대응된다. 이것은 재치 있는 비유를 넘어 이 신기하고 괴이한 경험이 근대적 지식체계의 분류법을 빌어 언어화되고 있는 장면을 보여 준다. '나'와 '소러서아의 색시'와 '짱골라'와 '왜놈'과 같은 인물들의 다양한 국적과 사정과 비애는 '파충류 동물'에 비유된 거대한 근대적 문물의 소화기로 수렴되면서 휘발되고, 남는 것은 이 다종다양한 인물들이 한데 섞여 기차로 이동하고 있다는 근대적 상황 자체이다. 그리고 이 근대적 상황은, '소러서아', '짱골라', '왜놈'과 같은 단어들과 '심장'과 '담낭', '대장'과 '소장'이라는 단어들의 이질적인 만남 속에 그리고 '기차'와 '파충류 동물'의 생경한 만남 속에 재현된다.

「카페 · 뜨란스」에도 새로운 어휘들이 대거 등장한다. "보헤미안 넥타이", "루바쉬카", "페이브멘트", "更紗 커-틴", "카뗴", "棕櫚나무"와 같은 어휘들은 정지용이 일본 유학에서 경험한 근대 문물과의 접촉에 기인한다. 그가 쓴 "경사 커-틴"이라는 단어에서 '경사'라는 말은 포르투갈어가 일본식으로 수입된 것이다.[15] "패롵(鸚鵡) 서방! 꾿 이브닝"이

14 신지연은 『近代風景』에 실린 산문 분석을 통해 이 시의 비유 대상이 '도마뱀'이라 지적한 바 있다. 신지연, 「파충류 동물, 혹은 근대의 이미지」, 『다시 읽는 정지용 시』, 월인, 2003, 32면.

15 '更紗'는 중국식 한자가 아니라, 포르투갈어 '사라사'를 일본어 취음(取音)으로 한자를 붙인 것이다. 사나다 히로코는 이 단어의 사용이 기타하라 하쿠슈의 영향을 받았다고 보고 있다. 이에 대해서는 사나다 히로코, 앞의 글, 88면 참조.

라는 표현 안에는 '패롵'이라는 영어와 '앵무'라는 한자, 그리고 '서방'이라는 조선어와, '꾿 이브닝'이라는 영어식 인사 표현이 병렬되어 있다. 이 어지러운 병렬은 아직 조선에 수입되지 않은 새로운 풍물들을 한발 앞서 경험하면서, 시인이 겪고 있는 감각적 흥분과 신기함을 언어적으로 재현하고 있다.

정지용은 다종다양한 외국어나 새로운 어휘들을 시 속에 들여오는 것에 큰 두려움을 느끼지 않았다. 선진적인 문물을 먼저 체험하고 있다는 유학생으로서의 자부심과 그의 감각적 경험의 장을 넓혀 준 풍경에 대한 경이가 이를 가능하게 했을 것이다. 새로운 어휘와 비유들은 생경함과 이질성으로 인해 때로는 조선어와 충돌을 일으키기도 하고 시에서 불균형한 느낌을 불러일으키기도 한다.

가령, "나지익 한 하늘은 白金빛으로 빛나고 / 물결은 유리판 처럼 부서지며 끓어오른다"나 "地球덩이가 동그랐타는 것이 길겁구나"와 같은 경쾌하고 신선한 비유와 단어들은 "바다 바람이 그대 머리에 아른대는구료"(「甲板우」)와 같은 구절의 어조와 어딘지 어색하게 조우한다. "산봉오리 — 저쪽으로 돌린 푸로우뗴일 / 페랑이꽃 빛으로 볼그레하다"(「이른봄아츰」)는 구절에 등장하는 "산봉오리"와 "푸로우뗴일"과 "페랑이꽃"의 만남은 좀 기이하다. 이 어색함은 "그런데 당신의 열적은 오라범 하나가 먼데 갓가운데 가운데 불을 헤이며 헤이며 / 찬비에 함추름 휘적시고 왔오"와 같은 구절과 "海拔 二千뗴이트 산 봉오리 우에서 / 이젠 바람이 나려 옵니다"(「엽서에 쓴 글」)와 같은 구절에서의 "함추름"과 "海拔 二千뗴이트"의 혼재에서도 느껴진다. 이 혼재는 '산봉오리'와 '패랭이꽃'의 정조를 '프로필'과 '백금', '유리판'과 같은 어휘들의 어감으로 쇄신하려는 시적 전략에서 나온 것이다. '산봉오리'의 고도를 '해발 이천피트'로 지시하는 근대인의 시야가, '파다거리오리다'나 '휘적시고 왔오'와 같은 구식의 어조와 혼재되어 있는 언어적 상황 자체에 주목할 필요가 있다. 당시의 구어 상황에서는 이와 같은 관습적 어조와 근대적 어휘들의 만남이 어색하지 않게 여겨졌을 수도 있다. 그러나 이러한 혼재적 상황이 문자화되어 시 속에 들어오기 위해서는 시인의 의식적인 작업의 과정을 거쳐야 했다.

> 수박냄새 품어 오는
> 첫녀름의 저녁 때 ……
>
> 먼 海岸 쪽
> 길옆나무에 느러 슨
> 電燈. 電燈
> 헤염쳐 나온듯이 깜박어리고 빛나노나.
>
> 沈鬱하게 울려 오는
> 築港의 汽笛소리 …… 汽笛소리 ……
> 異國情調로 퍼덕이는
> 稅關의 旗ㅅ발. 旗ㅅ발.
>
> 세멘트 깐 人道側으로 사폿 사폿 옴기는
> 하이한 洋裝의 點景!
> 부즐없이 오랑쥬 껍질 씹는 시름 ……
>
> 아아, 愛施利·黃!
> 그대는 上海로 가는구료 ……
>
> —「슬픈 印象畵」 전문[16]

'부질없는 시름'과 같은 표현은 1920년대까지의 조선시에 흔히 쓰였다. 시인은 이러한 감상적 애수에 "오랑쥬 껍질"과 같은 단어를 끼워 넣으면서 신선한 느낌을 전달하려 한다. 「슬픈 印象畵」의 근대적인 색채를 형성하는 것은 이밖에도 "築港"이나 "稅關", "세멘트 깐 人道", "하이한 洋裝의 點景"과 같은 대상들이다. 이 작품에 등장하는 사물들은 애수를 환기하면서도 참신하고 경쾌한 감각적 느낌을 불러일으키고 있다. 이 시에서 '부질없는 시름'이 환기하는 익숙한 애상적 정조와 '오랑쥬 껍질'이 환기하는 경쾌한 이미지의 결합은 섞임과 차이가 용인되고 있는 언어적 장면을 보여 준다. "세멘트 깐 人道側으로 사폿 사폿 옴기는 / 하이한 洋裝의 點景!"과 같은 청신한 감각적 표현과 "아아, 愛施利・黃! / 그대는 上海로 가는구료"와 같은 애상적 영탄의 섞임과 혼재는 이 시기의 많은 작품들에 드러난다.

김기림은 정지용의 시에 드러나는 영탄이 "음분(淫奔)한 「센티멘털리즘」과는 다르"며, "근대적 애수의 가장 「리얼」한 숨결"[17]이라 말한 바 있다. 김기림의 지적처럼, 정지용의 시들에 표현되는 애상과 영탄은 대개 근대적인 숨결과 감각을 통해 재현된다. 이 재현은 때로 어색하고 불균형한 혼재를 동반하고 있었지만, 새롭고 놀라운 근대적 풍경과 문물에 맞닥뜨린 한 조선 지식인의 내면에 대한 실사(實寫)라고 할 수 있다. 유학 기간 동안 창작했던 시에서 이러한 혼재를 가장 상징적으로 보여 주는 단어는 '이국정조'라는 어휘였다. 「슬픈 印象畵」의 "異國情調", 「카페・쯔란스」의 "異國種강아지", 그리고 「幌馬車」의 "異國斥候兵"에 이르기까지, '이국'이란 공간은 감각을 확대시키는 충격과

---

16 정지용, 『정지용 시집』, 시문학사, 1935, 48~49면; 윤여탁 편, 『한국현대시사자료집성』 3차, 태학사, 1988, 632~633면.

17 김기림, 「현대시의 발전-아름다운 음악성」, 『조선일보』, 1934.7.12~7.22; 『김기림전집 2』, 331면.

새로움을 지닌 곳이지만 한편으로 화자의 정서를 줄곧 '시름'과 '슬픔'으로 귀속시키는 원인이었다. 시인의 감상적 태도가 '이국정조'를 애수와 영탄으로 채색하는 것인지, 자신이 이방인이라는 사실이 "오랑쥬 껍질 씹는 젊은 나그네의 시름"(「鴨川」)을 촉발한 것인지의 선후 관계는 그리 중요하지 않다. '이국정조'란 정지용에게는 이국적(exotic)인 흥분과 감각의 확장을 가져오는 동시에 소외(alienation)의 감정을 불러일으키는 양가적인 측면으로 작용했다. 정지용 시의 혼재된 어휘들 사이의 거리와 그 속에 드러나는 정서의 불균질함은 이 양가성 위에 자리잡고 있었던 것이다.

2) 모국어 관념과 음악성의 결합

『정지용 시집』에 실려 있는 시 「船醉」에는 "金단초 다섯개 달은 자랑스러움, 내처 시달품. / 아리랑 쪼라도 찾어 볼가, 그전날 불으던, // 아리랑 쪼 그도 저도 다 닞었읍네, 인제는 버얼서, / 금단초 다섯개를 삐우고 가쟈, 파아란 바다 우에."라는 구절이 나온다. 여기에서 '금단추'와 '아리랑조'는 일본 유학생으로서 정지용이 지녔던 심리적 갈등과 혼란을 상징적으로 대변하는 어휘이다. 제국 일본의 유서 깊은 대도시에서 영문학을 공부하는 선진적인 지식인으로 느꼈던 자랑스러움은, 이내 조선 식민지의 유학생으로서 느끼는 고달픔과 겹쳐진다.[18] 그는

18 정지용이 조선 유학생으로서 겪었던 소외감에 대해 직접적으로 기술한 적은 없다. 그런데 한 산문에서 "한번은 어을채(魚乙彬)부인한테 들은 말인데 미세스 시오미는 조선 유학생을 싫어한다는 것입니다. 나는 적의를 갖게 되었읍니다"(정지용, 「수수어(愁誰語) Ⅲ−5」, 김학동 책임편집, 『정지용전집2』 개정판, 민음사, 2003, 67면)라고 언급한 적이 있다. 그리고 「압천상류(鴨川上流)(下)」에서는 조선 사람을 만났을 때의 반가움을 표현하였다. 그가 대학의 동인지나 일본의 문학지에 작품을 싣는 등, 상당히 활

'그 전날 부르던 아리랑조'라도 찾아볼까 자문하면서 모국인 조선과 고향의 노래를 떠올린다. 곧이어 아리랑조를 벌써 다 잊었다고 고백하고 있는 것은, 정지용이 고국에서 멀리 떨어져 다른 나라의 언어로 공부하고 시를 쓰기도 하는 자신의 처지에 대해 자각하고 있기 때문이다. 그 전날에는 불렀던 아리랑조를 이제는 잊었다는 이 서글픈 자조는 역설적으로 시인이 조선의 노래를 잊을 수 없음을 말해 준다. 자랑스러운 금단추도 그에게는 바다 속에 뿌리고 가고 싶었던 것으로 여겨진다.[19] '선취' 즉 뱃멀미가 뜻하는 어지러움이란 '금단추'와 '아리랑조' 사이에서 정지용이 겪고 있었던 정체성의 혼란을 상징하는 것이었다.

충북 옥천이라는 작은 마을에서 나고 자란 그에게 일본 도시 문화의 체험과 대학 생활은 전혀 새로운 경험이었을 것이다. 또한 선진적인 지식인으로서 조선의 기대를 한 몸에 받고 유학하는 자랑스러움과, 식민지 조선인의 가난한 유학생으로 느끼는 고달픔 사이에서 흔들렸던 6년이라는 기간은 바다의 배 위에서 겪는 뱃멀미와 같은 어지러움을 그에게 느끼게 했을 것이다. 바다를 사이에 두고 조선과 일본을 왔다 갔다 하며 그는 '선취'와도 같은 상태에 놓였던 것이다. 『정지용 시집』에 등장하는 많은 바다 시편들은 실제로 조선에서 일본으로, 또는 일본에서 조선으로 이동하는 과정에서 쓰인 것들이었다. 임화는 정지용의 시편들이 언어의 표현이나 기교만 존재할 뿐 현실에 대한 비관심으로 일관해 있다고 비판한 바 있다.[20] 앞에서 살펴보았듯 '이국 정조'를 표현

발하게 현지에서 교류와 활동을 벌이고는 있었지만, 좋든 싫든 조선인으로서의 자의식을 떨쳐 버리기는 어려웠을 것이다.

19 '삐우다'를 '뿌리다'의 방언으로 보는 해석이 타당한 것으로 생각된다. 최동호 편, 『정지용사전』, 고려대 출판부, 2003, 163면.

20 임화, 「담천하(曇天下)의 시단 일년」, 『신동아』, 1935.12, 171면. 임화는 정지용 등의 시인을 기교파 시인이라고 말하면서 "이들 기교파의 시인들은 시의 내용 사상을 방기하고 있다. 다만 있는 것은 언어의 표현의 기교와 현실의 대한 비관심주의 그것이다"라고 말한 바 있다.

한 정지용의 시들은 때로 막연한 애수와 감상을 드러내기도 했다. 그러나 정지용의 바다 시편들은 근대적 경험에 맞닥뜨린 지식인의 감성을 표현했을 뿐만 아니라, 제국의 문명과 전근대적인 모국의 현실을 동시에 경험했던 식민지 조선인의 내면을 반영하고 있었다. 정지용에게 바다란 근대적 문물과 미지의 신세계를 향해 드넓게 펼쳐진 공간이면서, 나라를 떠난 이방인으로서 가져야 했던 비애와 자조를 불러일으키는 공간이기도 했다.

> 1 六月하늘이 동그라하다, 앞에는 퍼언한 벌,
> 아아, 四方이 우리 나라 라구나.
> 아아, 우통 벗기 좋다, 회파람 불기 좋다. 채칙이 돈다, 돈다, 돈다, 돈다.
> 말아,
> 누가 났나? 늬를. 늬는 몰라.
> 말아,
> 누가 났나? 나를. 내도 몰라.
> 늬는 시골 듬에서
> 사람스런 숨소리를 숨기고 살고
> 내사 대처 한복판에서 말스런 숨소리를 숨기고 다 잘았다.
> 시골로나 대처로나 가나 오나
> 량친 몬보아 스럽더라.
> (…중략…)
> 말아,
> 가자, 가자니, 古代와같은 나그내ㅅ길 떠나가자.
>
> —「말 2」 부분[21]

21 『정지용 시집』, 82~83면.

2 갈메기야, 갈메기야, 늬는 고양이 소리를 하는구나.

고양이가 이런데 살리야 있나, 늬는 어데서 났니? 목이야 히기도 히다, 나래도 히다,

발톱이 깨끗하다, 뛰는 고기를 문다.

흰물결이 치여들때 푸른 물구비가 나려 앉을때,

갈메기야, 갈메기야, 아는듯 모르는듯 늬는 생겨났지,

내사 검은 밤ㅅ비가 섬돌우에 울때 호롱ㅅ불앞에 났다더라.

내사 어머니도 있다, 아버지도 있다, 그이들은 머리가 히시다.

나는 허리가 가는 청년이라, 내홀로 사모한이도 있다, 대추나무 꽃 피는 동네다 두고 왔단다.

갈메기야, 갈메기야, 늬는 목으로 물결을 감는다, 발톱으로 민다.

물속을 돈다, 솟는다, 떠돈다, 모로 날은다.

늬는 쌀을 아니 먹어도 사나? 내손이사 짓부푸러졌다.

—「갈메기」 부분[22]

인용 1의 「밀 2」에서 화자는 "동그라"한 "하늘", "퍼언한 벌"과 같이 드넓은 공간을 마주하고 있다. 웃통을 벗기 좋고 휘파람을 불기 좋을 만치 시원하고 청량하게 사방으로 열려 있는 공간이다. 그런데 "해는 하늘 한복판, 금빛 해바라기가 돌아가고, / 파랑콩 꽃타리 하늘대는 두둑 위로 / 머언 흰 바다가 치여드네"와 같이 광활한 다채로움을 선사하는 바다 앞에서 시인이 반복하여 묻고 있는 것은 "누가 났나?"라는 질문이다. 누가 났는지를 모르는 '말'과, 누가 났는지를 모르는 '나'는 동일시된다. 시골에서 "사람스런" 숨소리를 숨기고 살아야 하는 말의 처지와, 도시로 나온 후 "말스런" 숨소리를 숨기고 살아온 나의 처지는 다르지

22 위의 책, 90~91면.

않다. 양친을 못 보아 서러운 상황 또한 "가나 오나" 마찬가지다.

다른 시 「말」에서도 "이 말은 누가 난 줄도 모르고 / 밤이면 먼데 달을 보며 잔다"[23]와 같은 구절이 등장한다. "슬퍼 뵈"는 말의 비애는 누가 난 줄 모른다는 것에서 온다. '말'의 처지에 시인이 감정을 이입하고 있는 것은, 고향과 조국을 떠나 있는 자신의 상황이 지닌 비애가 말의 그것과 닮아 있기 때문이다.

"팽이처럼 돌아"가는 "똥그란 바다"(「갈메기」) 그 무국적의 드넓은 공간을 마주하며 시인은 자신의 고향을 떠올리고 있다. 시의 인용 부분 [2]에서 갈매기에게 "늬는 어데서 낫니?"라고 화자는 묻고 다시 "아는 듯 모르는 듯 늬는 생겨낫지"라고 자답한다. 그러나 목과 나래가 희고, 뛰는 고기를 물고, 물결을 희롱하는 자유롭고 민활한 갈매기와 자신의 처지는 분명히 다르다. 갈매기는 아는 듯 모르는 듯 생겨났지만, 화자에게는 "검은 밤ㅅ비가 섬돌우에 울 때 호롱ㅅ불앞에 났다더라"는 분명한 출생지의 증명이 있다. "머리가 히"어진 어머니 아버지와 "홀로 사모한이"를 그는 "대추나무 꽃 피는 동네"인 고향 마을에 두고 온 것이다. 서글프고 퇴락한 느낌을 주는 이 고향의 이미지는 지금 그가 마주하고 있는 바다 위 태양의 "백금도가니"와 같은 이미지와는 뚜렷하게 대조적이다. 물속을 자유로이 돌고 솟고 떠돌며 날아오르는 갈매기는 그가 지닌 현실적 비애의 무게와는 상관없이 보이는 것이어서, 화자는 "늬는 쌀을 아니 먹어도 사나?"와 같은 질문을 던지게 된다. "짓부푸러"진 "내손"은 "히"고 "깨끗"한 갈매기의 "나래"와 "발톱"과는 애초부터 같아질 수 없었던 것이다.

[1]과 [2]의 시들은 "고대"의 "나그내"처럼 떠나거나, 경쾌하고 자유로운 "갈메기"처럼 드넓은 바다로 날아오르고 싶은 정지용의 열망을

---

23 위의 책, 109면.

표현한다. 그러나 그에게는 또한 '신라천년의 푸른 하늘'(「柘榴」)과 '아리랑조'(「船醉」)의 세계가 자리 잡고 있어 이 열망과 부딪치고 갈등을 일으켰다. '오렌지 껍질을 씹는 나그네'의 시름은 일본 대도시의 '카페 프란스'와 '페이브먼트'를 떠돌고 있었다. 그러나 탈국가적이고 보편적인 근대 문명의 수혜란 상상적인 개념일 뿐, 조선인 정지용은 언제나 '나라도 집도 없는' 식민지 지식인의 정체성을 자각할 수밖에 없었다.

일본 유학 체험은 이처럼 정지용에게 식민지 조선인으로서 지니는 정체성을 환기하는 한편, 조선어의 정체성에 대한 인식을 예민하게 단련시켰다. 정지용은 후에 박용철과의 대화에서 시 쓰는 사람들이 조선어의 어휘 부족을 말하고 있다는 질문에 대해, "그것은 되지 안흔 말입니다. 만날 외국어를 먼저 알고서 그것을 번역하려니까 그러치 다시 말하면 조선말을 번역적 위치에 두니 그러치, 그럴 리가 잇나요"라고 강하게 부정하며 조선어의 우수성을 주장한 바 있다.[24] 자신이 한때 일본어 창작과 조선어 창작을 병행하였기에 그는 번역된 조선어에 대한 구체적인 감각을 지닐 수 있었다. 조선어의 우수성을 확신하는 이와 같은 발언에 이르기까지, 그가 일본어 시와 조선어 시의 상호 번역 과정을 거치고 그 속에서 보존하고자 했던 조선어의 질감과 리듬에 대해 사고할 수 있었다는 점은 중요하다. '모국어'란 언어공동체의 구성원에게 자연스럽게 스며 있는 것이어서, 그것을 상대적인 위치에 놓을 수 있기 전에는 자각적으로 인식되지 못하는 경향이 강하다. 정지용은 일본에서의 언어 환경과 조선어의 번역 과정을 통해 상대적으로 개별화된 조선어의 특수성을 더 잘 인식할 수 있었다. 그의 초기 시에서는 앞 절에서 살펴보았듯 근대적인 문명의 단어들과 조선어의 특수한 어조가 뒤섞이면서 조선어의 혼종적인 양상이 구현되고 있었다. 후기로

---

24 박용철 · 정지용 대담, 「시문학에 대하야」, 『조선일보』, 1938.1; 『정지용전집2』, 386면.

올 수록 이 혼종성은 줄어들고 고유한 조선어의 미감을 구현하기 위한 어휘와 형식이 모색되고 있는 것을 볼 수 있다. 이는 이 시기를 거쳐 그가 자각해 가는 모국어로서의 조선어에 대한 관념이 여러 가지 언어적 실험을 거쳐 형태를 얻고 있기 때문이다.

시집에는 실리지 않은 「녯니약이 구절」(『신민』 21, 1927.1)이라는 작품은 「鄕愁」의 근원적 이미지를 담고 있다. 여기에서 시인은 "집 떠나가 배운 노래를 / 집 차저 오는 밤 / 논ㅅ둑 길에서 불릿노라"고, "나가서 어더온 이야기를 / 닭이 울도락, 아버지께 닐으노니"[25]라고 썼다. 그는 "나가서도" "돌아와서도" 고달픈 신세이지만, 그가 나가서 얻어온 이야기를 그의 가족과 온 마을 사람들은 함께 듣는다. 얻어온 '이야기'란 그가 경험한 도시와 근대의 풍물 또는 일본의 유학생활에 관한 경험일 것이다. 집을 떠나가서 배운 '노래'는 그가 고향을 떠나 다른 지방과 다른 나라의 언어로 사고하면서 익힌 새로운 리듬을 상징한다. 그런데 시인은 이어 "그러나 이것이 모도 다 / 그 녜전부터 엇던 시연찬은 사람들이 / 씃닛지 못하고 그대로 간 니야기어니 // 이 집 문ㅅ고리나, 집웅이나, / 늙으신 아버지의 착하듸 착한 수염이나, / 활처럼 휘여다 부친 밤한울이나, // 이것이 모도다 / 그 녜전 부터 전하는 니야기 구절일러라"[26]라고 끝을 맺는다. 여기에서 이방의 노래와 이야기는 고향이라는 매개를 통해 오래전부터 전해 내려오던 '옛이야기 구절'에 원환적으로 통합된다.

바깥에서 얻어온 '이야기'를 전하는 시인의 언어는 고향의 오래된 사물과 인간관계라는 매개를 통해 모국어 안으로 편입되고 통합된다. 그의 언어 또한 면면히 살아 숨 쉬는 옛이야기의 한 구절에 다름없다는

25 김학동 편집, 『정지용전집1』, 민음사, 1988, 31면.

26 위의 책, 31~32면.

시인의 인식은, 선험적인 모국어에 대한 관념을 상기시킨다. 모국어라는 관념에는 앞선 세대로부터 후손에게 전달되는 유산이라는 신념이 담겨 있다.[27] 모국어 관념은 시간의 흐름 안에서 간직되어 온 동일성과 고유성에 대한 믿음을 통해 재생산되고 계승된다. 이 시와 상호 참조의 과정을 거쳐 발표된 것으로 보이는 「鄕愁」는 훨씬 더 정제되고 완결적인 조선어의 형식과 미감을 재현하였다. 조선어의 특질이 잘 구현되어 있는 「鄕愁」에 등장하는 고향은 그 고달픈 현실감에도 불구하고 상상적으로 구성된 이상향의 공간과도 같은 이미지를 보여 준다.[28] 철저히 선별되어 고유한 미감을 환기시키도록 치밀하게 구성된 이 작품의 고향 이미지는, 조선의 바깥에서 고향을 그리며 모국어의 특수성을 자각해 간 정지용이 상상적으로 구성해 낸 산물인 것이다.[29]

『정지용 시집』의 3부는 민요와 동요풍의 시들로 묶여 있다. 이 시들이 구현하고 있는 민요적 리듬과 구어적인 조선어의 형식은 비슷한 시기의 다른 시편들과 비교할 때 매우 이질적인 성격을 띤 것으로 보인다. 이들 시편은 때로 발표 지면의 성격에 맞게 창작되기도 했지만, 반드시 그런 것만은 아니었다.

1 어적게도 홍시 하나. / 오늘에도 홍시 하나. // 까마귀야. 까마귀야. /

27 김수림의 다음 글에서 '모어'에 대해 언어공동체의 구성원들이 가진 신념에 관한 논의를 참고할 수 있다. 김수림, 「방언－혼재향의 언어」, 『어문논집』 55, 민족어문학회, 2007.4, 118～119면.

28 오성호는, 「향수」에 나타나는 농촌이 사실적인 공간이라기보다는 가치론적인 공간으로 재구성된 것이고, 시가 이끌어내는 보편적인 공감은 상상적 가치에 대한 인식을 통해 가능하다고 지적하였다. 그 궁핍과 고단한 노동의 자취에도 불구하고 「향수」의 공간은 일종의 의사 유토피아적 공간으로 읽혀진다는 것이다. 오성호, 「「향수」와 「고향」, 그리고 향토의 발견」, 『한국시학연구』 7, 한국시학회, 2002, 178～179면.

29 구인모 또한 「향수」에 나타나는 고향과 산하의 풍경이 서정적 주체의 눈앞에 실재하는 것이 아니라 관념에 의해 구성된 공간임을 언급한 바 있다. 구인모, 『한국 근대시의 이상과 허상－1920년대 '국민문학'의 논리』, 소명출판, 2008, 298면.

우리 남게 웨 앉었나. //

우리 옵바 오시걸랑. / 맛뵐라구 남겨 뒀다. // 후락 딱 딱 / 훠이 훠이!

—「홍시」 전문[30]

[2] 중, 중, 때때 중, / 우리 애기 까까 머리. //

삼월 삼질 날, / 질나라비, 훨, 훨, / 제비 새끼, 훨, 훨, //

쑥 뜯어다가 / 개피 떡 만들어. / 호, 호, 잠들여 놓고 / 냥, 냥, 잘도 먹었다. //

중, 중, 때때 중, / 우리 애기 상제로 사갑소.

—「삼월삼질날」 전문[31]

[3] 부헝이 울든 밤 / 누나의 이야기 – //

파랑병을 깨치면 / 금시 파랑바다. // 빨강병을 깨치면 / 금시 빨강 바다. //

뻐꾹이 울든 날 / 누나 시집 갔네 – //

파랑병을 깨트려 / 하늘 혼자 보고. // 빨강병을 깨트려 / 하늘 혼자 보고.

—「병」 전문[32]

인용한 시들에서는 『정지용 시집』의 1, 2부의 시들처럼 근대의 사물들이나 외국어가 틈입해 조선어의 어휘들과 갈등을 일으키지 않는다. 이 시편들은 소리 내어 읽어 보면 알 수 있듯이, 조선어의 어감과 고유한 리듬감을 살려내는 데 주력하고 있다.

인용한 [1]의 「홍시」에서 "어적게도 홍시 하나 / 오늘에도 홍시 하나"의 반복적 리듬과 "오시걸랑. / 맛뵐라구"의 유성음이 빚어내는 음악성, 그리고 "까마귀야. 까마귀야"나 "후락 딱 딱 / 훠이 훠이!"의 주문과

30 『정지용 시집』, 684면.

31 위의 책, 102면.

32 위의 책, 106~107면.

도 같은 음악성은, 고향 마을의 한 풍경을 떠올리게 하는 시의 이미지와 잘 어우러진다.

2의 「삼월삼질날」에서 음악성은 더욱 전면화된다. 노래처럼 읽히는 이 시는 구전되던 노래의 일부를 복원한 것으로 보인다. 이 시에서 중요한 것은 그 의미가 아니라, "중, 중, 때때 중, / 우리 애기 까까 머리", "질나라비, 훨, 훨, / 제비 새끼, 훨, 훨", "호, 호, 잠들여 놓고 / 냥, 냥, 잘도 먹었다"와 같은 어감의 조합과 리듬이 주는 즐거움이다.

3의 「병」에서도 전래되어 오던 이야기는 노래의 형식을 통해 새로이 윤색되었다. 이 시에서는 이야기의 내용이 아니라 "파랑병을 깨치면 / 금시 파랑바다. // 빨강병을 깨치면 / 금시 빨강 바다."와 같은 구절의 '파—랑—병', '파—랑—바—다'의 유성음과 반복적인 대응 구조가 빚어내는 음악성이 더 중심에 있다.

> 지용씨의 시는 또한 우리들의 시각에 「아필」하다느니보다 차라리 우리의 청각에 「아필」한다. 그러므로 시의 독자는 이러한 시에서는 그 시의 음악성을 즐길 줄 알아야 한다. 그러나 그 음악성은 소박한 자연발생적인 시인들의 시의 역시 소박한 음악성과는 달라서 작자의 作詩術 속에서 개개의 말은 가장 주밀하게 취사 선택되어서 그 개개의 말이 가진 특이한 音響을 가지고 적당한 위치에 배열되어 효과를 나타내고 있는 것을 발견하리라. 지용씨의 시는 과거의 시의 전통에 가장 가까운 시면서 우리가 높이 평가하는 까닭은 또한 이러한 점에도 있다.[33]

정지용 시의 음악성에 대한 김기림의 평가는 동요풍이나 민요풍의 시편들에 국한되는 것은 아니다. 정지용은 단어의 특이한 음향을 인식

---

33 김기림, 「현대시의 발전—아름다운 음악성」, 『조선일보』, 1934.7.12~7.22; 『김기림전집2』, 331면.

하고 의도적인 배열로써 조선어의 음악성을 어떤 시인보다 잘 살려내었다. 「말」에서 "말아, 다락 같은 말아"나 "검정 콩 푸렁 콩을 주마"와 같은 구절이 구현한 음악성은, 이상(李箱)과 같은 시인에게도 아름다운 조선말로서 잊을 수 없는 말솜씨로 찬사 받은 바 있다.[34] 정지용의 시가 "과거의 시의 전통"에 가장 가까우면서도 현대적으로 평가받을 수 있었던 것은, 전통 시가의 정형성에 기대지 않고 조선어가 지닌 특수성에 주목하여 개성적인 음악성을 창출해 냈기 때문이다.

3) 조선적 서정과 시형의 계발

정지용은 민요나 동요조 풍의 시를 창작하며, 조선어의 음악성을 근대적 시어의 숨결을 통해 되살려 내고자 하였다. 그의 이러한 시도는 1920년대의 김억이나 김동환, 주요한 등 조선시를 주장하며 민요적 정형시를 되살려내려던 국민문학론자들의 지향과는 달랐다. 이들이 시가의 정형성에 집착하여 상투화된 시형에 떨어지는 측면이 강했던 반면, 정지용은 정형성 자체는 조선시의 근대적 형식의 창출에 그리 큰 방향성을 던져 주지 못한다고 보았다.

정지용은 이병기의 시조가 지닌 근대적 시정신을 높이 평가하였으나, 시조시형의 형식미에 관심을 기울인 그 이전의 창작자들에 대해서는 "진부한 상투적인 것 천연한 성정의 유로가 아닌 무리한 시형의 허구에다 군색한 글자 채움에 급급하였을 뿐"[35]이라고 비판하였다. 시조

34 이상은 아름다운 조선말을 묻는 잡지의 설문에서 정지용의 「말」에 나오는 "검정콩 푸렁콩을 주마"의 "푸렁" 소리가 잊을 수 없는 아름다운 말솜씨임을 꼽은 바 있다. 이상, 「아름다운 조선말」, 『중앙』, 1936.1; 김주현 주해, 『이상문학전집 3』, 소명출판, 2005, 220면.

35 정지용, 「가람시조집 발」, 『정지용전집 2』, 398면.

는 자수나 장수에 제한이 있어 거기에 가치가 있는 것이 아니라, 시형의 제약적 부자유를 통한 시의 절조적(節調的) 자유를 추구할 수 있는 유구한 악기적 성능을 갖춘 것이 특색이라는 것이다. 그는 새로운 세대가 고전이란 명목 하에 진부한 상투에서 고행할 의무는 없다고 힘주어 말했다. 자수의 제약이나 정형적 시형 자체보다는, '어학적 토대와 고가요의 조예'를 바탕으로 창출된 근대적 시정신, 그리고 이 전통적 형식과 만나 빚어낸 조선어의 음악성을 중요시한 것이다. 정지용은 과거 조선의 문학사에서 "순수 조선적 포에지를 담기에 가장 맞가롭고 읊을 수 있고 부를 수 있는 정형시로서 악기로 치면 단소와 같이 신묘한 시형이 시조삼장 외에 없었던 것"[36]이라 말한 바 있다. 그러면서도 그는 언어는 유전하여 멈추지 않는 것으로 모든 예술의 과정이 전통을 디디고 새로이 비약하여야 할 것임을, 따라서 시조도 그 감시와 기대 위에 서 있음을 강조하였다.[37]

반복이나 어구 상관 등을 통해 음악성을 살리거나 전통적 시형에 기반한 작품을 창작할 때에도, 정지용은 근대적 경험을 결합시키고자 노력하였다. "망토 자락을 녀미며 녀미며 / 검은 유리만 내여다 보시겠지! // 옵바가 가시고 나신 방안에 / 時計소리 서마 서마 무서워."(「무서운 時計」)라는 시의 부분은 고향을 떠나는 청년과 그를 떠나보내는 장면이, "망토"와 "검은 유리", "시계 소리"와 같은 근대적 사물과 "숯불", "박꽃"과 같은 고향을 환기하는 사물의 배치와 결합을 통해 드러나고 있다. 그리고 이 배치에 개성적인 형식과 리듬감을 부여하는 것은 "서마 서마 무서워"와 같은 고유한 질감의 의태어의 사용이다. 정지용은 다른 시 「故鄕」에서도 "고향에 고향에 돌아와도 / 그리던 고향은 아니

---

36 위의 글.

37 정지용, 「가람시조집에」, 『삼천리』 134호, 1940.7; 『정지용전집 2』, 394면.

러뇨. // 산꽁이 알을 품고 / 뻐꾹이 제철에 울건만, // 마음은 제고향 진히지 않고 / 머언 港口로 떠도는 구름."(「故鄕」)과 같은 구절을 통해, 예스런 정취를 풍기는 어조로 고향을 노래하였지만 그 어조에 담긴 것은 고향 상실로 대변되는 근대적 변화의 과정이었다.

근대적 경험의 충격과 새로움을 구현하는 언어를 모색하며, 보존하고 창출할 조선어의 미감과 고유한 음악성에 대해 정지용은 자각하게 된다. "밤에 홀로 琉璃를 닥는 것은 / 외로운 황홀한 심사이어니, / 고흔 肺血管이 찢어진 채로 / 아아, 늬는 山ㅅ새처럼 날러갔구나!"(「琉璃窓」)와 같은 표현이나 "눈보라는 꿀벌떼처럼 / 닝닝거리고 설레는데, / 어느 마을에서는 紅疫이 躑躅처럼 爛漫하다."(「紅疫」)와 같은 구절은 완미(婉媚)한 조선어의 음악성이 현대적인 숨결로 살아난 예를 잘 보여준다. 정지용에게는 순수한 "조선적 포에지"와 "자연과 리얼리티에 철저한" "근대적 시정신"[38] 두 가지 모두 중요한 것이었다. 정지용은 조선적 포에지와 근대적 시정신을 결합할 수 있는 조선어의 형식에 대해 고민하고 있었다.

> 정 : 그러나 우리 詩가 이러케 일즉이 섯스면서도 本質的으로 優秀한 點이 잇는데 그것은 우리 말이 優秀하다는 것인데 첫재 聲響이 豊富하고 文字가 豊富해서 우리 말이란 詩에는 先天的으로 훌륭한 말입니다. 가령 우리 韻文에서 三四調가 基本調인지 四四調가 基本調인지 몰라도 근원이 聲響이 조흐니까 그러한 글자 制限을 밧지 안코도 훌륭한 詩가 될 수 잇습니다. 그럼으로 우리는 新體詩의 訓練을 밧지 안코도 빨리 詩로 드러갈 수 잇섯다고 생각합니다.[39]

---

38 위의 글.

39 박용철 · 정지용 대담, 「시문학에 대하야」, 『조선일보』, 1938.1; 『정지용전집 2』, 386면.

정지용은 3·4조나 4·4조와 같은 정형적 형식보다 중요한 것은 조선어의 근원적 음향이며, 이 음악성에 주목하는 것이 조선어로 우수한 시를 만들어낼 수 있는 길이라 생각했다. 정지용이 전통 시가의 영향 아래 여러 가지 형식을 시험하면서, 1920년대 민요론자나 시조부흥론자들이 걸었던 고답적인 정형시의 길을 걷지 않을 수 있었던 것은 이와 같은 조선어의 특수성에 대한 자의식과 문학적 전통에 관한 확고한 생각이 있었기 때문이다. 그는 더 이상 근대적 의미를 갖지 못하는 부자연스럽고 기계적인 자수 제한이 아니라, 전통과 근대를 아우르는 리듬의 창출을 통해 개성적인 시형식을 만들어내고자 했다.

개성적인 조선어 리듬을 창출하고 근대적 시형식을 구현한다는 시적 과제는 그리 쉽지 않은 것이었다. 정지용은 『정지용 시집』이 조선 시단에 가져온 획기적인 반향 이후, 한동안 침체의 시기를 거쳤다. 1930년대 중반 이후의 이른바 종교시를 비롯한 일부 시들은, 『정지용 시집』 만큼의 참신한 감각도, 전통에 기반을 둔 새로운 리듬도 보여주지 못하고 있다. 작품 창작도 그 이전만큼 왕성하게 하지는 못했다.

정지용이 이러한 침체를 타개하고 새로운 조선어 형식을 모색하는 동력을 얻게 되는 과정은, 1930년대 중후반 고전부흥의 열기 및 이를 둘러싼 조선문학 담론과 깊은 관련을 맺고 있었다.[40] "고전의 비판적 섭취! 이것은 우리 문학에 예술학도로써는 업지 못할 귀중한 연구자료인 것이다. 고전문학의 다종다양한 형식, 풍부한 어휘"[41]를 창작의 새로운 방법론에 접합시킴으로써 조선문학의 활로를 모색하자는 논의는 1935년을 전후하여 가장 지지를 얻고 있었던 담론이었다. 정지용은

40 사나다 히로코는 나프와 카프 해체 이후 오히려 문예부흥의 양상을 경험하는 일본문단과 조선문단의 상동성에 대해 논한 바 있는데, 당시 조선문단의 상황을 이해하는 데 참고가 될 만한 지적이다. 사나다 히로코, 앞의 글, 143면.

41 함대훈, 「조선문학의 현실성－금후 조선문학의 진로는 어디로」, 『조선일보』, 1935.2.16.

유학 시절의 경험 속에서 얻은 조선어에 대한 자의식을 심화시키고 고전과 문학적 전통을 시적으로 복원하는 방법을 통해 조선어의 특수한 미감과 형식을 가장 적극적으로 구현하고 있었다.

정지용은 「玉流洞」이나 「毘盧峯」, 「九城洞」의 산수시적 풍광 속에 "이내(晴嵐)가 새포롬 서그러거리는 숫도림"(「玉流洞」)[42]이나 "지팡이 / 자진 마짐 // 흰들이 / 우놋다. // 白樺 홀홀 / 허올 벗고, // 꽃 옆에 자고 / 이는 구름, // 바람에 아시우다"(「毘盧峯」),[43] "山그림자 설핏하면 / 사슴이 일어나 등을 넘어간다"(「九城洞」)[44]와 같이 조선어의 고유한 어감을 용해시키고자 하였다.[45] "서그러거리는 숫도림"이나 "백화 홀홀 / 허올 벗고"의 자음과 모음의 반복과 배치, 그리고 "산그림자 설핏하면 / 사슴이 일어나 등을 넘어간다"의 유성음과 'ㅏ', 'ㅡ' 모음의 결합 등은 조선어의 리듬과 음악성에 대해 치밀하게 고려하여 탄생한 결과다. 조선어의 고유한 어휘를 살려 리듬과 결합시킴으로써, 특별한 서정적 미감을 만들어 낸 것이다. 이 시기 정지용은 2행 1연으로 이어지는 형식의 시를 많이 발표했는데, 이러한 시의 구조는 한시뿐만 아니라,[46] 조선 시조의 전통에서도 착상을 얻고 있는 것으로 보인다. 조선적인 서정과 음악성을 결합하여 독특한 개성을 창조했던 정지용의 형식은 당시 많은 시인들의 추종을 낳았다. 이 시기의 시들에 대해 해방 이후 정

42 정지용, 『백록담』, 3판, 동명출판사, 1950, 23면(초판은 1941년).

43 위의 책, 19면.

44 위의 책, 21면.

45 최동호는 정지용이 1930년대 중반의 침체기 이후 「비로봉」, 「구성동」, 「옥류동」 등의 산수시적 형식을 통해 각고의 방향 모색을 시도하였고 이것이 이후 후반기 시에로 이어진다고 보았다. 그리고 이 시들을 한국어가 지닌 언어적 가치를 극대화한 예로 평가하였다. 최동호, 「정지용의 산수시와 은일의 정신」, 『민족문화연구』 19, 고려대 민족문화연구소, 1986.2, 80~81면, 110~111면.

46 김신정은 이 시기의 2행 1연 시가 한시의 기승전결조를 자유롭게 변형시킨 것이라고 논한 바 있다. 김신정, 『정지용 문학의 현대성』, 소명출판, 2000, 317면.

지용은 “소시민층 민족정서”[47]라고 자평하기도 했지만, 전통론이 성행하는 데 반해 구체적인 창작의 소산을 찾기 힘들었던 당시 문단의 귀중한 성과였음은 분명하다.

절제된 율조의 고전적 형식을 활용한 시형을 계발하는 한편으로 정지용은 또 다른 고전 형식과의 만남을 꾀하기도 했다. 정지용은 1930년대 후반 『문장』이 표방했던 문화적 민족주의의 자장 안에서 조선 고전문학의 내간체를 글쓰기에 활용한 바 있다.[48] 정지용은 “고전적인 것을 진부로 속단하는 자는, 별안간 뛰어드는 야만일 뿐이다. 꾀꼬리는 꾀꼬리 소리 바께 발하지 못하나 항시 새롭다”[49]고 말하면서, 고전에 바탕을 둔 새로운 발성법을 시인이 찾아야 할 것을 주장한 바 있다. 그는 조선의 고전과 문학적 전통을 새로운 시형식을 창출하는 데 활용하고자 하였으나, 당시 유행하던 서화취미나 골동품을 완상하는 태도에는 심히 불만을 가지고 있었다. 그는 “서화취미, 도자기취미, 화단정원취미 등에 아모 적극적 태도를 갓지도 안코 가즐 수도 업다. 생활이 구비된 나머지 터전에 취미를 북도둘 수 잇슬 것인대 조금도 구비되지 못한 생활을 허리가 휘두룩 잔득 지고 잇는 터에 취미마자 지고서야 일어설 수 잇느냐 말이다”[50]고 하면서, 당시의 유행을 경계하되 ‘생활’이라는 현실적 상황과 조건을 잊지 않고자 하였다.

정지용은 당시 고전부흥론과 상호 영향 관계 속에서 창작 방향의 실마리를 얻었지만, 전통의 복원을 넘어서 현실과 근대적 생활의 호흡을 반영한 조선적 시형에 대해 고민하고 있었다. 정지용의 조선어 형식에

47 정지용, 「조선시의 반성」, 『문장』 27호, 1948.10; 『정지용전집 2』, 355면.
48 정지용의 내간체 문장의 활용을 논구한 글로 다음을 참고할 수 있다. 김신정, 「내간체 산문과 새로운 글쓰기의 실험과정」, 앞의 책, 233~256면.
49 정지용, 「시의 옹호」, 『문장』 5호, 1939.6; 『정지용전집 2』, 321면.
50 정지용, 「분분설화」, 『조선일보』, 1938.7.3; 『정지용전집 2』, 234면.

대한 관심은 고전에 대한 경사로만 이루어진 것은 아니었다. 그는 평양을 방문해서는 평양의 아름다운 말소리에 주목하여, 평양 말투를 활용한 산문체를 쓰기도 했다. 또 다도해를 기행하며 쓴 산문에서는 "이상스럽게도 혀 끝에 돌아가는 사투리며 들어보지 못한 민요"[51]에 대한 매혹을 표현한 바 있다.

1930년대 후반 정지용은 다음과 같은 글을 발표하고 있다.

> 시는 다만 감상에 그치지 아니한다. 시는 다시 애착과 友誼를 낳게 되고, 문화에 대한 치열한 의무감에까지 앙양한다. 고귀한 발화에서 다시 긴밀한 화합에까지 효력적인 것이 시가 마치 감람 聖油의 성질을 갖추고 있다. 이에 불후의 시가 있어서 그것을 말하고 외이고 즐길 수 있는 겨레는 이방인에 대하야 항시 자랑거리니, 겨레는 자랑에서 화합한다. 그 겨레가 가진 聖典이 바로 시로 쓰여졌다.[52]

이 글은 정지용이 당시 생각하고 있던 조선시의 이상(理想)을 엿볼 수 있게 한다. 이 글에서 그의 시적 이상은 "겨레"라는 민족공동체의 관념을 구현한 불후의 시이다. 민족 고유의 특질을 구현한 뛰어난 시는 민족공동체의 "긴밀한 화합"을 촉진한다. 이때 '시'는 민족 공동체가 지니는 동일성을 보증하며 이방인과 구별되는 표지로서 고유한 긍지를 선사한다. 1930년대 후반으로 오면서 정지용의 조선어에 대한 실험과 모색 과정, 그리고 민족공동체가 지니는 언어에 대한 관념이 가장 잘 구현되고 있는 것은 시 「백록담」에서이다.

---

51 정지용, 「다도해기 4—실적도」, 『정지용전집 2』, 157면.

52 정지용, 「시의 옹호」, 『문장』 5호, 1939.6; 『정지용전집 2』, 317면.

5

바야흐로 海拔六千呎우에서 마소가 사람을 대수롭게 아니녀기고 산다. 말이 말끼리 소가 소끼리, 망아지가 어미소를 송아지가 어미말을 따르다가 이내 헤여진다.

6

첫새끼를 낳노라고 암소가 몹시 혼이 났다. 얼결에 山길 百里를 돌아 西歸浦로 달어났다. 물도 마르기 전에 어미를 여힌 송아지는 움매―움매― 울었다. 말을 보고도 登山客을 보고도 마고 매여달렸다. 우리 새끼들도 毛色이 다른 어미한틔 맡길것을 나는 울었다.

7

風蘭이 풍기는 香氣, 꾀꼬리 서로 부르는 소리, 濟州회파람새 회파람부는 소리, 돌에 물이 따로 굴으는 소리, 먼 데서 바다가 구길때 솨―솨―솔소리, 물푸레 동백 떡갈나무속에서 나는 길을 잘못 들었다가 다시 측넌출 긔여간 흰돌바기 고부랑길로 나섰다. 문득 마조친 아롱점말이 避하지 않는다.

8

고비 고사리 더덕순 도라지꽃 취 삭갓나물 대풀 石茸 별과 같은 방울을 달은 高山植物을 색이며 醉하며 자며 한다. 白鹿潭 조찰한 물을 그리여 山脈우에서 짓는 行列이 구름보다 莊嚴하다. 소나기 놋낫 맞으며 무지개에 말리우며 궁둥이에 꽃물 익여 붙인채로 살이 붓는다.

9

가재도 긔지 않는 白鹿潭 푸른 물에 하늘이 돈다. 不具에 가깝도록 고단한 나의 다리를 돌아 소가 갔다. 좇겨온 실구름 一抹에도 白鹿潭은 흐리운다. 나의 얼골에 한나잘 포긴 白鹿潭은 쓸쓸하다. 나는 깨다 졸다 祈禱조차 잊었더니라.

—「白鹿潭」 부분[53]

산문을 참조하여 보면, 정지용에게 제주도는 지고하고 순수한 경지를 간직하고 있는 공동체적 공간으로 여겨진 것으로 보인다. 그의 산문에서 제주도는 산의 너그러움과 은혜로움이 있고 생활과 근로의 의로운 영위가 이루어지는 곳이다. 지리와 인화(人和)로 생동하는 남녀노소는 하늘이 내린 민족에 비유되며 이곳은 "예로부터 도적과 습유(拾遺)가 없고 악질과 음풍(淫風)이 없는 낙토"[54]이다. 시 「白鹿潭」은 산문에서 보여 준 조화롭고 이상적인 공동체의 이미지를 표현하고 있다.

정지용이 「白鹿潭」에서 구현한 '낙토'의 이미지는 조선어가 갖는 특수한 리듬과 미적인 어감을 통해 현실화되고 있다. "풍란이 풍기는 향기, 꾀꼬리 서로 부르는 소리, 제주회파람새 회파람부는 소리, 돌에 물이 따로 굴으는 소리, 먼 데서 바다가 구길때 솨—솨—솔소리, 물푸레 동백 떡갈나무"와 같은 구절의 유성음들에서 느껴지는 리듬감, 그리고 조선어의 음성적 특성을 최대한 실현하고 있는 청량한 청각 이미지는 조화롭게 어우러져 있다. "측넌출 긔여간 흰돌바기 고부랑길로 나섰다. 문득 마조친 아롱점말이 避하지 않는다"와 같은 구절에서 'ㅗ', 'ㅏ'와 같은 모음과 유성음들 그리고 "측넌출", "흰돌바기", "고부랑길"과 같은 고유명사들의 배치는 면밀하게 의도되어 있다. 음성적 조화뿐만 아니라 "아롱점말"이 사람을 피하지 않는 장면의 묘사는 "마소가 사람

---

53 『백록담』, 15～17면.

54 이 산문에서 정지용은 제주도가 간직한 이상적인 공동체의 모습에 경의를 표현하고 있다. 정지용, 「다도해기 5—일편낙토(一片樂土)」, 『조선일보』, 1938.8.23～30; 『정지용전집 2』, 160～161면.

을 대수롭게 아니 여기고" 살고 "망아지가 어미소를 송아지가 어미말을 따르는" 평화롭고 조화로운 공동체적 이미지를 구현한다.

하지만 이 시가 산문에 보이는 밝고 조화로운 공동체적 이미지만으로 점철되어 있는 것은 아니다. "우리 새끼들도 모색이 다른 어미한틔 맡길것을 나는 울었다"는 구절에서는 화자의 비애가 겹쳐진다. "모색이 다른 어미"한테 새끼를 맡기는 장면은 앞 연의 "망아지"가 "어미소"를 "송아지"가 "어미말"을 따르는 장면과 연관되어 있다. 모색이 다른 어미한테 새끼를 맡기거나, "물도 마르기 전에 어미를 여힌 송아지는 움매—움매—울었다"와 같이 반복되는 구절은 암시적이지만 어머니의 나라 즉 모국을 잃은 일제 말기 시인의 모습을 상기시킨다. 식민지 조선의 현실을 환기시키는 장면 앞에서 장엄한 백록담의 풍경 또한 "쓸쓸"하게 나의 얼굴에 포개진다.

「白鹿潭」은 조선어의 개성적인 어감과 리듬 속에 민족 공동체의 이상적 이미지를 성공적으로 구현해내었다. 「白鹿潭」의 산문시형은 「溫井」, 「삽사리」, 「진달래』 등의 다른 산문시들과 함께 그가 모색한 여러 가지 시형식 중에서도 특히 성공적인 것으로 보인다.[55] 이 시의 산문시형은 조선어의 음악성을 잘 살려내면서도 고어투나 형식에 얽매이지 않고 자유로운 호흡과 리듬을 구사하고 있다. 조선의 자연이 갖는 특수한 미감이 조선어의 결을 통해 잘 살아나고 있으면서도, 주체의 현실적인 자리가 적절히 배치되어 있다.

정지용은 해방공간을 회고하면서 1930년대 후반의 자신의 시에 대해 "위축된 정신이나마 정신이 조선의 자연풍토와 조선인적 정서 감정과 최후로 언어 문자를 고수하였던 것"[56]이라 말한 바 있다. 한편 당시

---

55 사나다 히로코는 1930년대 일본의 '신산문시운동'의 성격과 이 시기 정지용의 산문시들이 갖는 성격을 비교한 바 있다. 정지용의 산문시형과 일본 산문시운동의 연관에 대해서는 더 세밀한 고찰이 필요할 것으로 보인다. 사나다 히로코, 앞의 글, 161~164면 참조.

의 시가 "표현기술에 있어서는 다정다한을 주조로 하는 봉건시대 시인 문사의 수법적 원형에 외래적 감각 색채 음악성을 착색하여 무기력하게도 미묘한 완성으로서 그친 것"으로 다음 세대의 민족문학에 접목시키기에는 그 "혈행력(血行力)"이 고갈하였다고 말하기도 했다.[57] 이러한 발언은 해방공간의 역사적 격동기에서 식민지 시기의 시적 내성화에 대한 자기비판을 감행한 것이라 할 수 있다. 정지용의 시형이 이후 그를 모방하는 시인들을 양산하고, 경향파 시의 흐름이 끊어질 수밖에 없었던 한국 현대시사에서 특권적인 지위를 얻었던 것은 사실이다. 그러나 '조선의 자연 풍토'와 '조선인적 정서'를 표현해내는 것조차 불가능해지는 파시즘적 체제로 재편되기 직전의 조선문단에서 정지용이 이루었던 시적 성취는 조선어의 특수한 어감과 숨결을 근대적인 형식으로 실현한 예였다.

2. 민족어의 구상과 화법의 창조 – 임화

1) '시민계급'의 어휘와 형상성

1930년대 중반 무렵 조선문학의 개념과 조선어에 대한 여러 편의 글을 연속적으로 발표하고, 민족주의 문학 진영과의 논박의 과정을 통해 임화는 민족문학의 내용과 형식에 관심을 기울이기 시작한다. 고전부

56 정지용, 「조선시의 반성」, 『문장』 27호, 1948.10; 『정지용전집 2』, 350면.
57 위의 글, 355면.

홍론자들에게 반감을 보이면서, 그는 조선문학의 역사성에 대해 천착하여 조선문학의 과거와 현재를 서술하고 미래에 대한 방향성을 제시하려는 시도를 하고 있었다. 그 작업의 결과는 신문학사를 비롯한 일련의 조선문학사 서술로 이어진다. 그가 민족문학론을 더 구체적이고 적극적으로 펼치게 되는 것은 해방 이후이다. 하지만 조선주의적이고 복고적인 흐름이 문단의 중앙을 휩쓸고 있던 1930년대 중후반의 시점부터 그는 역사적 개념 아래 수립할 민족문학으로서 조선문학을 인식하고자 했으며, 이러한 인식이 해방 후까지 이어지게 된다.

카프 검거를 기점으로 하여 더욱 강화되었던 조선문단에 대한 탄압과 검열, 공학제(共學制) 등으로 인한 교육과정에서의 조선어 배제, 일본어 출판물의 급등과 같은 제조건의 악화로 인해 조선문학의 위상이 심각하게 흔들리고 있는 시점에서 임화는 가장 적극적으로 조선어와 조선문학의 위기를 논하고 있었다. 그는 조선문학에서 조선어가 갖는 중요성과, 조선어를 민족문학이라는 이름에 합당한 형식으로 발전시켜나가야 할 창작자들의 임무를 강조했다. 민족적 형식에 계급적 내용을 담는다는 민족문학에 대한 그의 규정은, 당시 민족주의적 경향의 문학가들이 말하는 추상적인 조선문학 건설론에 대한 강한 반발을 담고 있었다.

임화는 창작 과정에서 조선어가 다른 어떤 외국어로도 교환될 수 없는 가치를 지닌다고 주장했다. 9회에 걸친 상당히 긴 연재를 통해 조선어의 가치와 중요성을 역설하고 있는 「조선어와 위기하의 조선문학」에서, 임화는 우리들의 아름다운 '노들강'을 과연 어떠한 다른 말로 표현할 수 있느냐라는 질문을 던지고 있다. 이는 우리가 어렸을 때 하늘보다 중한 '엄마!'라는 소리가 'かあちやん'으로도 '마마!'로도 대신할 수 없음과 같다.[58] 조선어 고유의 어감과 느낌과 감정의 표현이 창작의 근본 조건임을 강조하면서 그는 그러므로 조선어로 이야기하지 않는

조선문학이란 일개 공허한 '넌센스'에 불과하다고 말한다.[59]

조선어로 창작될 때만 조선문학이 가능하다는 그의 논리는, 1930년대 후반으로 오면서 창작에서 일본어 사용을 주장하는 일본 문학가들의 논리와 그 논리를 점차 수용해 가는 문학가와 지식인들의 입장 가운데서도 유지되고 있었다. 그러나 1930년대 후반이라는 시기적 특성상 민족어로서 조선어의 위치를 강조하는 것이 현실적으로 불가능하다는 점을 인식했기 때문인지, 미학적이고 기술적인 측면에서 조선 작가들이 조선어를 일본어보다 잘 구사할 수 있다고 주장하고 있다. 그러나 근본적으로 조선어가 창작의 제일 조건이며 그것을 문학가들이 지켜 나가야 한다는 생각에는 변함이 없었다.[60] 그러므로 교육과정에서의 조선어 말살을 가져올 것으로 여겨지는 일본 당국의 공학제 실시와 관련하여, 누구보다도 조선의 문학가들이 그 위기를 인식하고 대책을 마련해야 한다고 그는 논하였다.[61]

임화는 김기림과의 기교주의 논쟁을 통해, 현실주의적인 사상과 내용이 거세된 조선어의 세공과 정련에 대한 비판적 입장을 보여 주고 있었다. 이 과정에서 김기림은 시인들에게 현실에 적극적인 관심을 보일 것을 주장하며 점차 내용과 형식, 현실주의와 언어에 대한 관심을 조화시키는 전체주의 시론으로 나아가는 계기를 갖게 된다. 임화 또한

58 임인식, 「조선어와 위기하의 조선문학(7)」, 『조선중앙일보』, 1936.3.20.

59 임인식, 「조선어와 위기하의 조선문학(8)」, 『조선중앙일보』, 1936.3.21.

60 이경훈은 다음의 논문에서 임화의 민족어와 표준어에 대한 관심에 주목한 바 있다. 그런데 그는 임화의 "이렇게 보면, 조선어는 어느 의미에 있어서는 조선인들과 내지인들이 정신적으로 결합하는 데 있어서 금후의 유력한 수단으로 될 수도 있다"는 발언을, 일본의 '국어' 내부에 포섭되고 마는 지방어로서의 조선어에 대한 논리라 파악한다. 그러나 임화의 논리는 일본의 조선어 말살 논리에 대한 현실적인 대응책으로서 발언되고 있다는 맥락이 더 고려되어야 할 것이다. 「矢鍋永三郎・林和 對談」, 『조광』, 1941.3, 150~152면; 이경훈, 「서울, 임화 시의 좌표」, 문학과사상연구회, 『임화문학의 재인식』, 소명출판, 2004, 152~162면 참조.

61 임인식, 「조선어와 위기하의 조선문학(4)」, 『조선중앙일보』, 1936.3.12.

논쟁의 과정에서 프로문학의 도식성과 언어적인 형상성의 결핍을 반성적으로 자각하고 있었다.

> 또 신비적 문학이나 지상주의적 문학이 도달한 형식미의 수준이란 것도 눈앞에 보는듯한 것이다. 한껏해야 사어(死語)의 부활이나 언어의 단순한 적목(積木)유희적 세공, 문장의 일상어로부터의 갈수록의 유리 등의 현상 이외에 아무것도 없을 것이다. 벌써 이 현상은 도처에 나타나 있다. 중견작가란 이들의 예를 들면 이태준씨등의 소설에서 보는 어휘의 현저한 부족과 김기림씨등과 그의 추종자들의 시에서 보는 어휘의 언어도단의 근소(僅少)와 고정화, 조선어 독자의 언어미의 파괴와 언어학계에서 보는 관념적 언어학의 발달 등이 곧 그것이다.
>
> 특히 김기림, 김광균, 황순원, 신석정 등 제씨의 시를 주의깊이 읽은 사람이면 그 사용하는 형용사, 명사등의 가능한 유사와 그 용어의 대부분이 상용어가 아니며 시형의 어체(語體)로부터의 유리, 그리고 어느 누구를 물론하고 어휘를 통털어 백을 넘을둥 말둥한 소수인데는 일소를 금할 수가 없다. 그러나 시형 전체를 통하여 외국시의 어조로서 조선어 같은 음률적인 미, '리듬의 고유한 음악성' 등은 간 곳 없이 추방되어 있다. 이것이 과연 조선어의 예술미적 완성일까?
>
> 민요, 동요, 시조나 고(古)가사등이 가진 주옥과 같이 아름다운 조선어의 미는 흔적도 없이 깨어지고 있다.[62]

이 글에서 임화는 당시 언어의 예술성을 강조하는 문학가들의 입장에 대한 강한 비판의식을 표출한다. 그들이 도달한 "형식미의 수준"이라는 것도 "사어의 부활"이나 "언어"의 "세공", "일상어로부터의" "유리"

62 쌍수대인, 「역사적 반성에의 요망」, 『조선중앙일보』, 1935.7.14; 임규찬·한기형 편, 『카프비평자료총서Ⅴ—카프 해산기의 동향과 쟁점』, 태학사, 1990, 424면.

등에 불과하다는 것이다. 김기림, 김광균, 황순원, 신석정 등의 시들에 대해서도 그는 어휘의 대부분이 "상용어"가 아니고 그 시형이 일상적 구어로부터 유리되었다는 점과 어휘의 부족함에 대해 지적하고 있다. 그는 조선어가 가진 "리듬의 고유한 음악성"과 "조선어의 미"가 여기에 구현되지 못하고 있다고 말한다. 이 글을 통해 볼 때, 임화는 "민요・동요・시조나 고가사" 등의 전통이 보여 주는 조선어의 형식과 음악성이 매우 아름다운 것이나, 그 전통의 계승과 새로운 형식의 창출을 위해서는 조선어에 대한 창작자의 더욱 철저한 모색과 실천이 필요하다고 여기고 있는 것을 알 수 있다.

조선문학의 형식과 민족어에 대한 임화의 생각은, 당시 조선문학의 활로를 찾을 하나의 방안으로 제기되고 있었던 복고주의적 경향이나 민족주의적 문학가들의 창작 방향에 대한 견제와 비판을 통해 구체적으로 제시되고 있었다. 그는 당시 "전형적인 예술지상시(詩)" 또는 "민족주의적 문학"이 "어휘의 풍부화를 위한"다는 명목 아래, 부자연스러운 "방언의 활용, 이미 죽는[은] 고어에의 편향"을 보여 주고 "문장이나 서술의 생채(生彩), 회화의 난해 등으로 그들 형상기(形象期) 우에 「마이나서」를 주었다"고 평가하였다.[63] 임화는 당시 조선 시단에서 "복고주의(사상적 민족주의)"뿐만 아니라 "외래어적인 방법으로 조선어의 단어 나열에 집중"하는 "문화주의자"의 경향을 비판하였다. "그 중에서 제일 났다고 볼 약간의 시인들의 작품"조차 "정관적 관조적인 음과 리듬을 빈약한 어휘를 가지고 마치 어린 소녀들의 각시노름 같은 불상한 길에 처하게 한 것"이라 논하였다. 이러한 시어들은 "급속도의 격동적인 생활감정 정서를 표현하기에 부적당"하다는 것이다.[64]

63 임인식, 「조선문학의 신(新)정세와 현대적 제상(諸相)(7)」, 『조선중앙일보』, 1936.2.3.
64 임인식, 「조선어와 위기하의 조선문학(7)」, 『조선중앙일보』, 1936.3.20.

임화의 여러 논의들을 종합해 보면, 새로운 세대의 문학 특히 조선 시가 당대의 급변하는 생활과 역사적 격랑을 반영할 수 있는 역동적이고 다양한 어휘와 형식을 모색해야 한다고 그가 생각하고 있음을 알 수 있다. 그는 당시의 조선시가 "그 남성적인 모든 요소를 거세당하고 여성화의 일로"를 걸음으로써 "쇠잔해가는 민족의 언어에 상응하도록 조선어는 개변"된다고 비판하였다. "모든 감정과 의지를 표현하는 데 부족이 없는 조선어"를 담당하고 있는 작가와 시인이 "그 명확성에 있어 명철성에 있어 음악성에 있어 용량적인 단순성을 가진 최대의 표현력에 상응하는 세련된 기사(技師)"가 되지 않으면 안 된다는 것이다.[65] 임화는 조선의 근대문학이 "언어상의 시민적이고 민주적인 점까지" 해결해야 할 책무를 가지고 있으며, 조선어도 "시민계급의 손에 민족어로서 완성되어야 할 것"을 주장하고 있었다.[66] 그리고 "그들이 즐거웁게 읽글 수 있게 그 중에서도 음향이 고흔 말을 골라 음악적 「리듬」으로 건축하며 그들이 읽으며 이해하는 데 될 수 있으면 사유의 힘을 덜들이도록 회화적(繪畵的) 형상성을 부여"해야 한다는 것이다.[67]

임화는 카프 해산 후 프로문학의 도식성에 대한 반성과 문학가들과의 논쟁을 통해 조선어의 리듬과 형상성에 대해 예전보다 관심을 기울이게 된다. 시집 『현해탄』(1938)에는 조선어에 대한 임화의 이와 같은 관심과 의식적 작업이 투영되어 있다.

> [1] 시퍼렇게 흘러내리는 노들 강,
>
> 나무가지를 후려꺾는 눈보라와 함께

65 임인식, 「조선어와 위기하의 조선문학(9－완(完))」, 『조선중앙일보』, 1936.3.24.
66 임인식, 「조선어와 위기하의 조선문학(6)」, 『조선중앙일보』, 1936.3.19.
67 임인식, 「조선어와 위기하의 조선문학(8)」, 『조선중앙일보』, 1936.3.21.

얼어붙어 삼동 긴 겨울에 그것은
살결 센 손등처럼 몇번 터지고 갈라지며,
또 그 위에 밀물이 넘쳐
얼음은 두자 석자 두터워졌다.

봄!
부드러운 바람결 옷깃으로 기어들제,
얼음판은 풀리고 녹아서,
돈짝 구들장 같은 조각이 되어 황해바다로 흘러간다.

이렇게 때로는 흐르고 흘러서, 넓은 산 모서리를 스쳐내리고, 굳은 바위를 깍거,
천리 길 노들 江의 하상을 깔아놓았나니,
세월이여! 흐르는 영원의것이여!
모든것을 쌓아 올리고, 모든것을 허물어 내리는,
오오 흐르는 시간이여, 과거이고 미래인것이여!
우리들은 이 붉은 山을, 시커먼 바위를,
그리고 흐르는 세월을, 닥쳐오는 미래를,
존엄보다도 그것을 사랑한다.

—「세월」 부분[68]

② 그러나 네 높고 큰 山岳의 귓전을 기울여보라!
네 잠잠히 없는 大洋과 湖水의 푸른 눈알을 굴려보라!
벗 「김」이 누워있는 불룩한 무덤위에

---

68 임화, 『현해탄』, 동광당서점, 1938, 8~10면.

조으는듯 피어있는 머리 숙인 할미꽃이라든가,
아침 햇빛에 잠자던 머리를 들어
아득히 먼 저끝까지
날마다 푸른 물결 밀려가는
이 아름다운 봄철의 들판이라든가,
그 위에 우뚝 허리를 펴
지나간 時節에게 敗戰한 흙터가 메일랑 말랑한
움 터오는 나무가지들의 누런 새 순이라든가,
저 버들가지 흩날리는 언덕 아래
텀벙 엎더져 눈(雪)을 털고
東海바다 넓은 어구로 흘러내리는
城川江의 얼음조각이라든가를 ……

—「주리라 네 탐내는 모든 것을」 부분[69]

[3] 까만 발들이 바쁘게 지내간다.
이슬 방울이 우수수 떨어지며,
흙 새에 끼었딘 흰 모래알이
의붓자식처럼 한 귀퉁이에 밀려난다.
그러면 어린 풀잎들이 느껴 운다.

—「꼴프場」 부분[70]

[4] 지금도 거리는
數 많은 사람들을 맞고 보내며,
電車도 自動車도

69 위의 책, 35~36면.
70 위의 책, 65면.

이루 어디를 가고 어디서 오는지, 甚히 분주하다.

네거리 복판엔 文明의 新式 기계가
붉고 푸른 예전 깃발 대신에
이리 저리 고개를 돌린다.
스텁— 注意— 꼬—
사람, 車, 動物이 똑 기예(教鍊) 배우듯한다.
거리엔 이것밖에 變함이 없는가?
(…중략…)
오늘밤에도 예전 같이 네 섬돌 위엔 人生의 悲劇이 잠자겠지!
來日 그들은 네 바닥 위에 티끌을 주으며 ……
그리고 갈 곳도 일할 곳도 모르는 무거운 발들이
고개를 숙이고 타박 타박 네 위를 걷겠지.
그러나 너는 이제 모두를 잊고,
단지 疲勞와 슬픔과 거먼 絶望만을 그들에게 안겨보내지는 설마 않으리라.

—「다시 네거리에서」 부분[71]

인용한 시들은 1934년에서 1935년에 걸쳐 발표되었고, 시집『현해탄』에 실려 있다. 임화는 자신의 평론에서 '노들강'이라고 말할 때 느껴지는 조선어의 아름다움을 다른 어떤 언어로도 번역할 수 없다고 말한 바 있다. 인용 1의 「세월」에서 '노들강'이라는 소재를 선택하는 데도 유성음과 모음의 조화에 의한 리듬감에 주목했다고 보인다. 자연의 변화에 대한 묘사에서 언어의 형상성과 리듬감에 이전보다는 좀 더 관심을 기울이고 있지만, 이 시에서 더 의미 있는 것은 웅장한 스케일과

71 위의 책, 73~76면.

강력한 어조이다. “천리 길 노들 江”, “붉은 山”, “시커먼 바위”와 같은 대자연의 사물들이 “모든 것을 쌓아 올리고, 모든 것을 허물어 내리는”, “흐르는 영원의 것”, 그리고 “과거이며 미래인 것”과 결합될 때 만들어 내는 역동적인 공간과 심상에 주목할 수 있다. “영원”이나 “시간”, “세월”이나 “미래”와 같은 관념어의 나열들이 추상적이고 장황한 측면이 있지만, 이 시의 선언적인 진술들이 만들어내는 장엄함은 당시의 조선 시에서 독보적인 자리를 보여 준다. 이는 여성적이고 섬세한 어조와 음악성을 최우선으로 하여 정관적인 섬약함에 그치고 있다고 그가 비판하였던 당시의 시들에 대해, 임화 나름대로 실천적으로 대응하여 나온 결과물의 성격을 지니고 있었다.

인용한 ②의 「주리라 네 탐내는 모든 것을」에서는 죽음으로 둘러싸인 현실의 폐색된 공기에 저항하려는 낭만주의적 의지가 대자연의 광활함을 지칭하는 어휘들과 결합되고 있다. “불룩한 무덤”으로 환기되는 현실의 비극적인 어둠에 “높고 큰 山岳”이나 “大洋과 湖水의 푸른 눈알”을 대응시키는 시적 주체의 의지는 시집 『현해탄』이 출간되는 1930년대 후반이라는 시기에 있어서는 희귀한 시적 경지이다. 이 시는 식민지적 현실 속에 만연해 가던 비관주의와 안일주의를 넘어서려는 격정적 파토스에서 출발하고 있다. “아득히 먼 저끝까지 / 날마다 푸른 물결 밀려가는 / 이 아름다운 봄철의 들판”이나 “지나간 時節에게 敗戰한 흉터가 메일랑 말랑한 / 움 터오는 나무가지들의 누런 새 순”, 그리고 “저 버들가지 흩날리는 언덕 아래 / 텀벙 엎더져 눈을 털고 / 東海바다 넓은 어구로 흘러내리는 / 城川江의 얼음조각”이나 “가만히 머리를 숙이고 얼굴을 붉히는 / 할미꽃의 용기”와 같은 묘사들은 현실을 넘어설 힘을 국토에서 찾고자 하는 시적 주체의 애정 어린 시선을 보여 준다. 이 시의 어휘와 비유들은 민중에게 쉽게 이해될 수 있는 단순한 비유와 조선어의 고유한 미감을 결합시키고자 한 임화의 시적 지향을 담고 있다.

③에서 인용한 「꼴프場」에서도 이와 같은 지향을 볼 수 있는데, 단편서사시에서 보여 주던 사회적 모순구조에 대한 적개심과 비판 의식은 인용 부분의 "까만 발들", "흰 모래알이 // 의붓자식처럼", "어린 풀잎들이 느껴 운다"와 같은 비유와 상징에 의해 전환되어 표현되고 있다. 이처럼 단순하면서도 상징적인 묘사는 그가 말한 바 있는 "용량적 단순성"과 "회화적 형상성"을 결합시키고자 하는 시도였다. 임화는 초기의 다다이즘적 시편들의 창작 이후, 줄곧 일상어 그리고 구어적인 말로써 쉽게 이해될 수 있는 시적 어휘를 구사해 왔다. 단편서사시에서는 계급적 대립이 명확하게 나타나는 선동적 어휘들로 시를 구성하였지만, 좀 더 비유적이고 다채로운 묘사와 상징적 비유를 구사하고 있는 『현해탄』의 시들에도 평이성은 이어진다.

경성에서 나고 자란 임화는 역사적 전환기마다 「네거리의 順伊」, 「다시 네거리에서」, 「구월십이일――九四五年, 또 다시 네거리에서」, 「서울」을 쓴 '서울의 시인'이었다. 카프 시기－카프 해산 이후의 전환기－해방공간－한국전쟁을 가로지르는 이 시편들은 그 자신의 시적 편력을 대변하는 것이자 격동하는 역사적 조건에 처한 식민지인들의 운명을 재현하는 것이었다. 인용 ④의 「다시 네거리에서」는 「네거리의 순이」에서 전면화되었던 계급투쟁의 양상이 소거되고 "문명"의 신호등과 "네온"으로 가득찬 공간이 제시된다. 하지만 "數 많은 사람들"이 오고가는 도시의 한가운데서 시적 주체가 주목하고 있는 것은, "갈 곳도 일할 곳도 모르는 무거운 발들"이다. 그는 조선의 민중과 시민계급이 경험했던 생활과 비극과 운명을, 그가 자란 "종로"의 풍경 속에 그들의 말인 '서울'의 언어로 담아내고 있었다.

자신의 평론에서 언급하였듯 임화는 '시민계급'의 평이한 '일상어'로 민중의 이해를 극대화시키고 현실의 변화와 격동을 담을 수 있는 조선어의 경지를 개척하고자 했다. 그의 시에서 역사적 전망은 평이하고 명징한 비유로써 드러나고, 시의 격정적인 어조는 시적 주체의 현실에 대한 의지를 독자에게 호소한다. 임화의 시들은 이와 같은 평이한 형상성과 남성적인 호흡을 통해, 해방 공간에서의 시편들 그리고 이념대립과 전쟁으로 단절되었다가 복원되기 시작하는 역사적 민중시들의 전형이 될 수 있었다.

2) 민족의 경험과 상상적 공동성

임화는 1930년대 중반에 "언어 그 생활양식에 있어 민족적 국민적이 아닌 계급은 아직 이 지상에 있을 수 없는 것이며 또 계급적 문화는 다 각자의 민족적인 표현형식 방법에 의존하고 있는 것"[72]이라고 말한 바 있다. 교환 불가능한 조선어의 고유한 특성을 강조했던 임화는, 문학의 일반 개념인 언어를 사고할 때도 문학가들이 '민족어'라는 현실적인 지평 위에서 출발해야 한다고 생각했다. 그는 조선문학의 내용은 계급적 관점으로 이루어져야 할 것임을 주장하여 왔고 그 계급적 관점을 표현할 언어는 민족어가 되어야 한다고 언급하고 있었다. 민족어에 대한 임화의 언급은, 다음에서 제기되고 있는 프로문학에 대한 시대적 요구와도 연동된 것이었다.

> 우리들의 文學은 우리들의 言語에 의하야 誕生한다. 우리의 프로레타리아 文學은 過去의 民族文學의 年齡보다 몇 배나 더 長久한 歲月동안 우리

72 임화, 「언어와 문학―특히 민족어와의 관계에 대하여」, 『문학창조』 1호, 1934.6; 『카프비평자료총서 V』, 301면.

> 의 言語에 依하게 될 것인지 測量할 수 없다. 프로레타리아 文學이 일즉이 國民的 文學으로 完成하야 보지 못한 이 땅의 民族文學의 運命을 질머지고서 歷史的 行進을 하고 잇는 거와 한 가지로 이 땅의 民族語의 整頓 向上의 榮養잇는 擔當者인 것도 勿論이다.[73]

김기진에 의하면 일찍이 국민적 문학으로 완성하여 보지 못한 이 땅의 민족문학의 운명을 짊어지고 역사적 진행을 해야 하며 민족어를 정돈하고 향상해야 하는 것이 프로문학의 임무이다. '국민문학'과 '민족문학'을 건설할 사명, 그리고 '민족어'에 대한 프로문학 진영의 관심은 이전과는 상당히 다른 양상을 보이고 있었다. 민족어와 민족문학에 관한 이러한 관심은 당시 진행되고 있던 조선문학 건설론과 민족문학 논의와 관련하여 조선문단의 새로운 구도를 형성하고 있었다.

임화는 문학의 민족적인 성격이 확립되기 위해서는 '민족의식의 각성'과 '민족어의 통일적 형성'이라는 두 가지 문화적 조건이 필수적이라 생각했다.[74] 민족어의 통일적 형성을 위해 그는 무리한 방언이나 고어를 되살리는 것보다는 일상적인 생활의 언어를 구사하는 것을 우선으로 하였다. 그는 지방색이 많이 드러나는 언어에 대한 경계와 표준어에 대한 지향을 가지고 있었는데 이는 민족어의 통일적 형성이라는 문학가들의 과제와도 관련이 있었다. 그는 문학에 있어서의 지방주의에 대해, 이러한 경향은 '예술적 묘사' 대신에 '분위기', '환상', '정서'의 존중으로 변하며 형식적으로는 방언에 대한 무질서한 의거로 표현된다고 보았다.[75] 임화의 지적은 지방색을 살리는 언어들의 다양성을 동일화시키는 측면은 있으나, '정조'와 '분위기'의 특수성에 의존하는 당

---

73 김팔봉, 「문예시사감(文藝時事感)」, 『삼천리』 6권 8호, 1934.8, 154면.
74 임인식, 「조선문학의 신(新)정세와 현대적 제상(諸相)(2)」, 『조선중앙일보』, 1936.1.29.
75 임화, 「문학상의 '지방주의' 문제」, 『조광』, 1936.10, 174~175면 참조.

시 조선문단의 창작 경향에 대한 경각심을 불러일으키고 있었다.

임화는 민족문학이 근대적 의미의 시민문학으로 수립되어야 할 것을 주장하고 있었다. 그는 "시민적 문학"을 달성하기 위해서는 우선 "시민계급이 사회생활에서 표준어－근대적 통일어를 획득할 지위에 있어야" 한다고 논했다. "표준어의 확립 없이는 개개의 작가의 개척도 비통일적 분산적이어서 어떤 작가는 보다 소시민적이고, 또 인테리적이며 때로 봉건농민적으로 개별화"된다는 것이다.[76]

실상 시민계급의 언어와 표준어는 현실적으로 동일한 양태로 존재하지 않을 수 있다. 이는 근대적 언어의 표준이 마련되기 전인 당시의 조선 사회에서는 더욱 그러하다. 조선사회의 면모가 시민계급이 근대적 통일어를 획득할 지위에 있어야 한다는 조건뿐만 아니라 시민계급의 형성을 논할 만한 단계에서는 아직 거리가 멀었기 때문이다. 그럼에도 임화는 이 둘을 같은 항에 놓음으로써 조선어의 근대적 규준을 문학적으로 마련하고 '민족어'라는 공동체의 언어적 표준을 모색하는 길을 이상으로 두었다. 임화의 창작 방향 또한 자신의 이와 같은 지향과 무관하지 않다. 그러나 비평에서 주장하는 관점과 창작의 구체적 실제가 항상 조화롭게 만날 수는 없는 것이어서, 임화 또한 자신이 비판하고 있던 척박한 조선시의 현실에서 자유로울 수는 없었다. 카프의 해산 등 여러 가지 현실적 상황의 악화를 경험하면서, 그는 한동안 경향시의 전형이 되었던 단편서사시를 넘어서 시대적 변화에 적합한 시의 형식을 고민하고 있었다.

[1] 오오, 고마와라, 얼마나 고마울가!
문득 나는 이 조그만 괴로운 꿈을 깨어,

---

76 임화, 「언어의 마술성」, 『문학의 논리』, 학예사, 1940, 585～586면.

단장을 의지하여 허리를 펴서 뒷山을 보았다.

숲 사이에 원추리가 한떨기 재나 넘은 보름달처럼,
음전히 머리를 쳐들고,
꾀꼬리가 남긴 노랫곡조의 여음을 듣고 있지 않은가!

나는 무거운 다리를 이끌어 山비탈을 올라가면서,
「꿈 꾸지 말고 時代의 한가운데로 들어오라」는 植物들의 흔드는 손을 보았다.
「너는 아직도 죽지 않았었구나」 하고,
원추리가 多情스러이 웃는 얼굴을 보았다.
나는 잠간 얼굴을 붉히고 머리를 숙였다가
다시 고운 나비와 무성한 식물들의 겨우사리를 생각하며 고개를 들었다.

—「낮」 부분[77]

[2] 우리의 가슴은 바다인듯,
고기들과 조개의 온갖 비밀을 알았고,
銀河 오리온 먼 大熊의
조그만 속삭임 하나,
우리의 귀는 빼놓지 않았다.

우리의 몸은 새보다도
날래고 자유로워,
바람이나 파도는

77 『현해탄』, 85~86면.

얼른 우리 앞에 맞서지를 못했다.

거친 파도와 바람이,
우리들의 가슴 속에 묻어 놓은것은,
自信과 굳은 信念 하나뿐이었다.

그러나 오늘밤 얼굴의
깊은 주림과 꺼진 눈자위가 밤 하늘보다 오히려 어두워,
타고있는 조그만 배가
장차 닿을 항구의 이름조차 알수가 없다.

—「다시 인젠 天空에 星座가 있을 必要가 없다」 부분[78]

인용 [1]의 「낮」의 앞부분에서 시적 화자는 "정말 이 따거운 또약볕의 소나기통에, / 굳은 날개도 두터운 비름 이파리도 다 또 일 수 없이 풀이 죽고 말았을가?"라는 비관적인 물음을 던지고 있다. "돌도 녹이"는 "또약볕" 속에 화자가 대하는 사물들은 침묵과 소멸의 이미지를 띠고 쇠진해 있다. "너는 아직도 죽지 않았었구나"라는 말은 이 침묵의 시대에 살아남아 있는 자신의 부끄러움을 환기시킴으로써 얼굴을 붉히게 만든다. 그의 "괴로운 꿈"을 깨게 하는 것은 "보름달"과 같은 "원추리"의 "多情스러이 웃는 얼굴"과 "고운 나비와 무성한 식물들의 겨우사리"에 대한 발견이다.

단장에 의지하여 국토의 자연 속에서 가까스로 현실에 대한 비관을 떨치고 살아있는 의의를 발견하고 있는 시적 주체의 모습은, 카프 해산 이후 요양을 하며 시간을 보내고 있던 임화의 모습과 겹쳐진다. 시

78 위의 책, 188~189면.

대적 분위기를 여실히 반영하고 있는 이 시의 내면적인 자기고백은 카프 해산 이전의 시들과는 확연하게 다른 모습을 보여 준다. 그러나 임화는 이 자기고백을 내성화된 것으로 남겨두지 않고 "시대의 한가운데"로 끌어올려 시화(詩化)시키려는 의지를 보여주고 있다. 비관을 희망과 맞닿게 하는 것은 "숲 사이에 원추리", "한 떨기 재나 넘은 보름달", "꾀꼬리가 남긴 노랫곡조"와 같이 현실의 엄혹함 속에서도 생명력을 잃지 않고 있는 국토의 자연이다.

1930년대 후반으로 오면서 임화의 시는 그 이전보다는 내성화된 목소리를 보여주고 있었다. 이러한 그의 변화는 소리 높여 외치는 선동성을 시 속에 구현하는 것이 더 이상 가능하지도 않고 유효성을 가지기도 힘들었던 시대의 추이를 반영한다. 그런데 「낮」의 고백적 진술에는 "꿈꾸지 말고 時代의 한가운데로 들어오라"나 "너는 아직도 죽지 않았었구나"와 같은 외부적 진술이 삽입해 들어온다. 이때 화자에게 들려오는 목소리는 서정적 주체의 의지가 표현된 것이지만, 시적 구조 안에서 '원추리와 보름달과 고운 나비와 무성한 식물들'이 상징하는 민족 공동체의 상상적 발화로 들린다. 내면의 순응주의와 비관주의를 넘어서기 위해 임화는 일인칭 화자의 발화가 아닌 대상이나 외부의 발화를 삽입하는 시적 방식을 구사하고 있다. 현실에 맞설 의지와 희망을 잃어가는 주체의 내면을 반성적으로 관조하고 있는 이 시에서, 주체를 끊임없이 각성시키는 목소리의 기원은 조선의 국토로 표상된 민족이라고 볼 수 있다.

임화는 1930년대 후반에 들어서서, 근대문명을 배우고 계급운동의 이념을 실현하겠다는 이상을 품고 현해탄을 오고 갔던 식민지 청년들의 역사와 운명을 시로써 기록하겠다는 생각을 가지고 있었다. [2]에서 인용한 「다시 인젠 天空에 星座가 있을 必要가 없다」에 나오는 "우리"란 이들 청년이다. 그들이 처음 현해탄을 건널 때 가지고 있던 것은,

"거친 파도와 바람"을 두려워하지 않는 "信念"이었다. 그러나 이제 이들이 마주하고 있는 것은 "얼굴의 깊은 주름과 / 꺼진 눈자위"가 한데 실려 어디론가 가고 있는 민족의 현실이다. 현해바다보다 거세고 매운 "살림의 물결, 가난의 바람"에 시달린 상처들이다. "그곳에서 흐른 / 아프고 붉은 이야기가, / 고향의 온갖 들과 내 위에 노래가 되여 흐르고 있"는 비극적인 장면을 그린 이 시는, 이상과 신념을 잃고 궁핍함에 밀려 고향을 떠날 수밖에 없는 식민지 조선인의 '운명'을 그리고 있는 비가(悲歌)와도 같다. "알지 못할 運命"에 떨고 있는 "안낙네, 아이, 어른, 한줌의 얼굴들"의 "똑같은"[79] 두려움과 비극은, 조선을 떠나 타국으로 간 이민(移民)들이 겪어야 했던 것이었다.

시인이 이 시에서 '우리'라고 발화할 때, 자신이 건넜던 현해탄의 경험은 상상적 공동성에 기반을 둠으로써 민족의 역사적 경험으로 비약한다. 그가 "아아! 그대들은 다 兄弟인가"라고 탄식할 때, 현해탄 바다위를 건너고 있던 이들 이민자의 얼굴이 구현하는 것은 식민지 모순에 고통 받았던 민족 공동체의 운명이다. 임화는 "그러나 우리는 / 이 가운데서 보고 아는 모든 自由를 죽여가고, / 「습격자」를 向하여 몸을 이르킨 肉身의 적은 힘까지도 잃어간다"(「나는 못 믿겠노라」)[80]거나 "우리들 青年의 世代의 괴롭고 긴 歷史의 밤, / 검은 구름이 비바람 몰고 怒한 물결은 山더미 되어, / 悲劇의 검은 바다 위를 달리는 오늘"(「옛책」),[81] 또는 "우리들은 이 붉은 山을, 시커먼 바위를, / 그리고 흐르는 세월을, / 닥쳐오는 미래를, / 존엄보다도 그것을 사랑한다"(「세월」)[82]고 표현하였다. 그는 이 '우리'라는 발화적 표지로써 '너'나 '그들'로 지칭

79 『현해탄』, 191～192면.
80 위의 책, 52면.
81 위의 책, 61면.
82 위의 책, 9～10면.

되었던 현실적 억압자와 시대적 죽음의 기운에 대항하는 공동성을 강화시키고 있다. 이 '우리'는 임화 시의 초기에는 계급적 신념의 동일성을 강조하는 주체였지만, 점차 식민지의 청년들로 그리고 민족으로 확장해 간다. 임화가 초기 단편서사시의 형식으로 경향시적 전형을 획득할 수 있었던 데는 단편서사시가 구사한 배역시적 요소, 즉 화법과 퍼소나(persona)의 다양한 활용이 큰 역할을 했다. 임화는 『현해탄』과 이후의 시들에서도 인칭의 활용과 화법의 구성을 통해 일인칭 진술의 내면성을 확장시키려는 시도를 하고 있었다.[83]

1 그의 발 밑,
하늘보다도 푸른 바다,
太陽이 기름처럼 풀려,
뱃전을 치고 뒤로 흘러 가니,
옷깃이 머리칼처럼 바람에 흩날린다.

아마 그는
日本列島의 긴 그림자를 바라보는게다.
흰 얼굴에는 분명히
가슴의 「로맨티시즘」이 물결치고 있다.

藝術, 學問, 움직일 수 없는 진리 ……
그의 꿈꾸는 思想이 높다랗게 굽이치는 東京,
모든것을 배워 모든것을 익혀,

83 임화 시에 나타난 발화 구조의 변화 및 다양성과 그 시적 의미에 대해 다음의 글에서 논한 바 있다. 졸고, 「임화 시 연구—발화 구조의 변모를 중심으로」, 고려대 석사논문, 2000.

다시 이 바다 물결 위에 올았을 때,
나는 슬픈 故鄕의 한 밤,
홰보다도 밝게 타는 별이 되리라.
靑年의 가슴은 바다보다 더 설레었다.

—「海峽의 로맨티시즘」 부분[84]

2 그리운이야 그대가 선 보리밭 위에 제비가 떴다.
깨끗한 눈갓엔 이따금 향기론 머리갈이 날린다.
좁은 앙가슴이 비둘기처럼 부풀어 올라,
동그란 눈물 속엔 설움이 사모쳤더라.

고향은 들도 좋고, 바다도 맑고, 하늘도 푸르고,
그대 마음씨는 생각할쑤록 아름답다만,
우름소리 들린다, 가을바람이 부나보다.

洛東江 가 龜浦벌 위 갈꽃 나붓기고,
깊은 밤 停車場 등잔이 껌벅인다.

어머니도 있고, 아버지도 있고, 누이도 있고, 아이들도 있고,
건넛마을 불들도 반작이고, 느티나무도 거멓고, 앞내도 환하고,
벌레들도 울고, 사람들도 울고,

기어코 오늘밤 또 移民列車가 떠나나보다.

---

84 『현해탄』, 141~142면.

그리운이야! 기약한 여름도 지나갔다.
밤 바람이 서리보다도 얼굴에 차,
벌써 한해 넘어 외방 별 아래 옷깃은 찌들었다.

—「밤 甲板 위」 부분[85]

임화는 현해탄 시편들에서 ①에 인용한 「海峽의 로맨티시즘」처럼 "꿈꾸는 思想"을 지니고 일본으로 향했던 조선 청년의 한 전형을 창조해 내고자 했다. 「海峽의 로맨시티즘」이 '나'라는 일인칭 화자가 아니라 '그'를 시적 서술의 대상으로 삼고 있는 것은 이 때문이다. 청년은 "꿈꾸는 思想이 높다랗게 굽이치는 東京"의 모든 것을 배우고 익혀 "슬픈 故鄕"의 밝게 타는 별이 되리라 다짐하고 있다. 그러나 그 이상은 "「반사이」! 「반사이」! 「다이닛 …… 」"이라는 제국의 언어와 "어머니를 부르는, 어린애를 부르는, / 南道 사투리"의 현실적 간극 사이에서 필연적으로 좌초할 수밖에 없었던 것이었다. 처음부터 "꿈꾸는 이상이 높다랗게 굽이치는 동경"이란 실재하지 않는 이미지였을 뿐이다. 또한 동경으로부터 모든 것을 배워 익히는 것만으로 식민지 조선의 모순이 해결될 수는 없었다. 이러한 사실을 철저히 자각하지 못한 채 현해탄을 건넜던 '청년'은, 임화 자신의 모습이자 일본의 근대문명을 이상으로 삼았던 조선의 근대 지식인의 초상이었다.

인용시 ② 「밤 甲板 위」의 "앞으로 가는지, 뒤로 가는지" 모르게 한 곳에 머물러 흔들리고 있는 배의 모습은 "希望의 港口로 들어가는 군호" 같은 고동소리를 울리며 물살을 헤치는 「海峽의 로맨티시즘」의 모습과는 극명하게 대조된다. 이 시의 화자는 고향에 두고 온 사랑하는 이 "그대"를 부른다. 이때 '그대'는 '고향'을 제유하는 것이기도 하다. 시

85 위의 책, 148~149면.

인은 '그대'를 불러냄으로써, 지금의 '어두운 밤'과 대비되는 "들도 좋고, 바다도 맑고, 하늘도 푸"른 아름다운 고향의 이미지를 그려낸다. 고향의 환하고 반짝이는 서글픈 풍경은 이민열차를 떠나보내는 현실의 비극성에 침해당하고 있다. "기름처럼 풀"리는 "태양"(「海峽의 로맨티시즘」)의 윤택한 이미지는 이 시에서는 옷깃을 찌들게 하는 "외방 볕"으로 변화되어 있다. "외방 볕" 아래 겪고 있는 청년의 고난은 사랑하는 사람들을 이민열차에 떠나보낼 수밖에 없는 고향의 현실과 동일한 운명 아래 놓인 것이다.

1930년대 후반으로 오면서 임화의 시편들에서는, "이 속엔 그이들이 듣던 외방 욕설이 있다"(「눈물의 海峽」),[86] "나는 울음 소리를 무찌른 / 외방 말을 歷歷히 기억하고 있다"(「玄海灘」),[87] "소금기를 머금은 / 외방 바람이, / 스미는듯 엷은 살결에 차다"(「향복은 어디 있었느냐?」)[88] 등과 같이 시적 주체에 대립하고 고난을 가져다주는 존재로 '외방'이라는 말이 자주 등장한다. 이는 더 이상 "꿈꾸는 思想"과 동일시되던 '동경'이 아니라 조선의 청년과 국토를 피폐화시키고 있었던 '외방'으로서 일본이 인식되고 있음을 뜻한다. 이와 같은 인식 아래 임화는 식민지인의 좌절된 이상과 조선 민족의 참혹한 현실을 시적으로 서사화하고 있었다. 이 시적 서사 속에서 청년인 '그'와 고향 산천의 '그대' 그리고 "玄海 바다 저쪽 큰 별 하나이 우리의 머리 위를 비칠뿐"(「밤 甲板 위」)이었던 공동체 '우리'의 운명을 상상할 수 있었던 것이다.

86 위의 책, 204면.
87 위의 책, 221면.
88 위의 책, 244면.

3) 역사적 내러티브와 장시의 형식

카프 해산 이후 임화의 시에 대해 당시 조선문단의 평가는 엇갈리고 있었다. 김기림은 "오랜 「프로」 시인 임화군은 황막한 폐허에서 혼자 소리를 높여 어두운 노래를 부른다. 이때 나오는 애절참절한 회상의 노래는 늘 노전사의 「백조의 노래」를 연상시켜서 읽는 사람의 가슴을 에이나, 그것은 그의 시에 엉클어있는 개인적·사회적 전설 때문이고 그 시경(詩境)은 의연히 「센티멘탈·로맨티시즘」이어서 시의 진보에는 얼마 관련하고 있지 않은 것 같다"[89]고 평가하였다. 반면 김남천과 같은 이는 "신동아, 중앙, 조선중앙, 조광 등을 통하야 임화 혹은 쌍수대인의 이름으로 발표된 임화씨의 시가 금년도 최대의 수확이라고 생각합니다"[90]라고 당시 임화의 시를 높이 평가하였다.

프로문학과 비프로문학 진영의 이와 같은 입장 차이에도 불구하고, 김기림의 발언은 당시 조선시단에서 임화 시가 가지는 의미와 한계를 잘 지적하고 있다. 현실적 조건의 악화에 의해 경향시와 리얼리즘을 추구하는 시인들뿐만 아니라 전반적으로 내성화되고 있던 조선시단의 "황막한 폐허"와 같은 상황 속에서, 임화는 역사의식을 포기하지 않고 비극적 현실 안에 내재된 전망을 표현하고 있었다. 그 표현이 "센티멘탈 로맨티시즘"의 측면을 벗어나지 못하고 있다는 것은 임화 시의 한계일 뿐만 아니라 경향시가 넘지 못한 한계였다. 그러나 김기림이 임화의 시에 얽혀 있다고 보았던 "개인적·사회적 전설"은 이 시기 임화의 시가 획득하였던 의미에 대한 적확한 표현이기도 하였다.

89 김기림, 「을해년의 시단」, 『학등』 3권 12호, 1935.12; 『김기림전집 2』, 366면.
90 김남천, 「설문 : 1. 금년 문단의 수확, 2. 조선문학의 규정」, 『신동아』 5권 12호, 1935.12, 99면.

인젠 돌아오지 않는 아들을 기다림도 속절없다.
주무십니까?
그렇지 않으면 집도 다하고,
기름도 마르고, 기운도 지쳐,

아아, 마음 아픕니다. 죽은듯 마당에 쓰러지지나 않았읍니까?

기적이 우니 차가 굴속에 드나봅니다.
안타깝습니다, 이제 고향은 눈 앞에 스러지렵니다.

어머님 묻힌 건넛山 위 별들이 눈물 어렸읍니다.

인제 내 하나가 있고, 벼락맞은 수양이 섯고,
그대가 늘 소를 매여 여름이면 파리가 왕왕 끓었읍니다.

아들이 마을 傳說과 옛 노래를 익힌 곳도 게 아닙니까?

오는 새벽 비가 내리면, 그대는 또 광이를 잡고, 논 가운데 섭니까?
당신의 굽은 등골의 아픔이 아들의 온 몸에 사모침니다.

—「故鄕을 지내며」 부분[91]

정지용은 "고향에 고향에 돌아와도 / 그리던 하늘만이 높푸르구나" (「故鄕」)[92]라고 변화된 고향을 노래하였지만, 임화는 "등불 하나이 없이

91 『현해탄』, 181~182면.
92 『정지용 시집』, 116면.

캄캄하니 답답"하고 "하늘과 땅이 소리도 없"는 것처럼 보이는 고향을 그린다. 그에게 고향은 "집도 다하고, / 기름도 마르고, 기운도 지쳐" 쇠락해가는 "어머님 문힌" 곳이다. "그대 정숙한 안해도", "청승궂은 자장가로 자란 누이도" 죽어간 곳이다. 이 도저한 쇠락함과 죽음으로 뒤덮인 고향을 옆에 두고, 화자는 "그대 무릎 아래 다시 엎드려볼 기약도 막막한, / 슬픈 길"을 떠나고 있다. 새벽비 속에 괭이를 잡고 논 가운데서는 굽은 등골을 지닌 아버지의 모습은 시인에게는 고향이자 조국을 상징한다. "한되는 일입니다. 그대 이름 부를 자유도 없읍니다"[93]라고 화자가 말할 때, 이 부르지 못하는 아버지는 식민지 현실 속에서 쇠약해진 조선의 모습과 겹쳐진다. 조국의 이름을 부를 자유도 없는 식민지 청년은 "당신을 받들 먼날을 그리어" 보거나 "흙방 위에 꼬부리고 누운 그대를 헛되이 눈감아 생각할 뿐"이다. 현실은 "지금 돌아오는 아들의 손엔 아무것도 가진것이 없"[94]다는 뼈저린 사실을 각인시키기 때문이다.

임화는 이 시에서 그가 익히고 들으며 자라난 "마을 傳說과 옛 노래"를 잊지 않고 떠올리고 있다. 그것은 그의 개인적 뿌리를 형성하고 있는 고향의 원형적 심상이 담긴 상징으로 국토의 역사와 굴곡을 담고 있어 "눈물 어"린 안타까움을 상기시킨다. 임화는 그의 시 속에 쇠락하고 힘을 잃고 궁핍해 가는 고향과 조선의 국토를 그려내고자 하였다. 그리고 현실을 극복할 수 있는 길을 찾고자, 순환성과 생명력을 잃지 않는 국토의 자연적 섭리와 주체의 낭만적 정신에 의거하였다. 임화는 1934년 「낭만정신의 현실적 구조」를 비롯하여 1936년 「위대한 낭만적 정신」, 1937년 「사실주의의 재인식」 등의 글들을 통하여 역사주의적

93 임화, 앞의 책, 183면.
94 위의 책, 183면.

입장에서 현실의 몰아적 객관주의를 넘어서려는 주체의 의지를 강조한 바 있다. 그는 "일상성의 속악한 현재에 만족하고 본질을 빼어놓고 비본질적 쇄사에만 종사하는 표면적인"[95] 리얼리즘이란 결국 트리비얼리즘에 불과하다며 당시의 조선문단의 경향을 비판하였다. 그는 자신의 낭만주의론이 객관 현실보다 주관성을 강조하는 것으로 보일 수 있음을 인정하고 자신의 견해를 스스로 반성하기도 하였지만, "객관주의가 아니라 객관적 인식에서 비롯하야 실천에 있어 자기를 증명하고 다시, 객관적 현실 그것을 개변해가는 주체화의 대규모적 방법"[96]으로서 리얼리즘을 추구해야 한다고 여겼던 것에는 변함이 없었다.[97]

임화의 시는 「故鄕을 지내며」에서처럼 '개인적 전설'과 '사회적 전설'을 결합시켜 죽음이 만연해 있던 조선의 현실 속에서 고통 받았던 민중의 모습을 구성해 내고자 했다. 비극적 현실 속에 스러져간 청년들의 과거와 현재와 미래를 제시함으로써, 조선의 역사적 현재를 내러티브화하려는 시도를 하고 있었던 것이다.

> 이 속엔 그이들이 자라난 요람의 옛 노래가 들어있다.
> 이 속엔 그이들이 늗던 봄 나물과 꽃의 맑은 향기가 들어있다.
> 이 속엔 그이들이 꿈꾸던 청춘의 공상이 들어있다.
> 이 속엔 그이들이 갈아붙인 땅의 흙내가 들어있다.
> 이 속엔 그이들이 안아보던 누른 벼 단이 있다.
> 이 속엔 그이들이 걸어가던 村 눈 길이 있다.

---

95 임화, 『문학의 논리』, 학예사, 1940, 21면.

96 위의 책, 94~95면.

97 유성호는 임화가 이 시기에 꿈꾸었던 민족문학의 개념에 대해 언급하며 "그런 의미에서 그가 제창한 '낭만적 정신'이라는 것도 낭만주의의 현실 일탈적 환(幻)의 성격보다는 역사와 현실의 발전에 대한 신뢰의 표현일 것이다"라고 지적하였다. 유성호, 「비극적 근대 시인의 시적 경로」, 문학과사상연구회, 『임화문학의 재인식』, 소명출판, 2004, 173면.

이 속엔 그이들이 나무를 베던 山의 그윽한 냄새가 있다.
이 속엔 그이들이 죽이던 도야지의 悲鳴이 있다.
이 속엔 그이들이 듣던 외방 욕설이 있다.
이 속엔 그이들이 받았던 집행 표지가 있다.
이 속엔 그이들이 작별한 멀리 간 동기의 추억이 있다.
이 속엔 그이들이 떠나 온 고향의 매운 情景이 있다.
이 속엔 그이들이 이따금 생각했던 다툼의 뜨거운 불길도 있다.

참말로 한 방울 눈물 속은 이 모든것이 들어있기엔 너무나 좁다.
그러므로 눈물은 떨어지면 이내 물처럼 흘러가지 않느냐?

나의 아기야, 그래도 이 속엔 아직 그들의 탄 배의 이름도 닿을 港口의 이름도 없고,
이 바다를 건너 간 많은 사람들의 운명은 조금도 똑똑히 기록되어 있지 않다.
더구나, 바람과 파도와 그 밖에 온갖 惡天候에 對하여,
눈물은 다만 하염없을따름이다.

밝은 날 아침 다행히 물결과 바람이 자서
우리의 배가 어느 항구에 들어간대도 이내 새 運命이 까마귀처럼 소리 칠게다.
나는 그 고이한 소리가 열어놓는 너의 少年과 靑春의 긴 時節을 생각한다.
아기야, 해협의 밤은 너무나 두려웁다.

우리들이 탄 큰 배를 잡아 흔드는 것은 과연 바람이냐? 물결이냐?
아, 그것은 玄海灘이란 바다의 이상한 운명이 아니냐?

너와 나는 한 줄에 묶여 나무토막처럼 이 바다 위를 떠 가고 있다.

―「눈물의 海峽」 부분[98]

현해탄을 시적 공간으로 하고 있는 임화의 여러 편의 시들은 근대 문명과 사회주의 이념에 대한 지향을 가지고 현해탄을 건너갔던 조선 지식인의 이상과 좌절의 드라마를 보여 준다. 꿈과 신념이 물결치던 그곳은 이제 "눈물의 海峽"이 되어 흔들리고 있다. 지금 다시 그들이 떠 있는 "玄海灘 넓은 바다 위"에는 식민지 조선의 비극적 운명을 공동으로 지니고 "한 줄에 묶여 떠가고 있"는 이들의 눈물이 "하염없이" 흐르고 있는 것이다.[99] 시인은 '이 속엔 그이들이 ~하던 ~이 있다'와 같은 반복적 진술을 통해 "그이들"의 고향의 이미지와, 그들이 지녔던 이상과, 그들이 겪었던 고난을 보여 준다. 이 장면들은 하나 하나 열거되면서 그 모두를 잊지 않으려는 시적 주체의 의지를 표명하고 있다. 이는 현해탄 흐르는 물결 속에 "이 바다를 건너 간 많은 사람들의 운명은 조금도 똑똑히 기록되어 있지 않다"는 사실과 그리하여 잊히고 말 그들의 과거를 시인이 기억하려 하고 있기 때문이다. 이와 같은 시적 진술을 통해 임화는 '너'와 '나'가 "한 줄에 묶여 나무토막처럼 이 바다 위를 떠 가고 있"는 "玄海灘이란 바다의 이상한 운명" 즉 민족 공동체의 운명과 역사를 재현하고자 하였다.

"우리의 배", 즉 이 상상적 민족 공동체는 "玄海灘이란 바다의 이상

98 『현해탄』, 203~206면.

99 김윤식은 임화에게 일본의 근대가 움직일 수 없는 진리로 파악되었다고 보았다. 김윤식, 『임화연구』, 문학사상사, 1989, 300~301면 참조. '현해탄 콤플렉스'라 명명된 이 의식은 식민지 지식인의 심리를 적절히 규명하고 있다. 하지만 임화의 현해탄 시편들에 '외방' 즉 일본에 대한 분명한 자각적 인식이나, 식민지 민족의 공동체적 운명에 대한 비극적 인식이 드러나는 점 또한 '현해탄 콤플렉스'의 양가성과 관련하여 충분히 고려되어야 한다.

한 운명"에 흔들리고 있으며, 어느 항구에 도착한다고 해도 "새 運命"에 맞닥뜨릴 것이다. 임화의 이 시기 시들에는 '운명'이라는 시어가 반복적으로 등장한다. '운명'이란 말은 현실의 비극성을 상기시키는 것은 사실이지만, 운명에 대한 순응이나 비관주의를 뜻하는 어휘라고 보기는 어렵다.[100]

> 運命이란 언제나 스스로 敵을 골라내는 省氣있는 사람의 生涯를 形容하는 말이다. 敵을 골라낸다는 것은 敵과 나 사이에 있는 많은 介在物을 超越함을 의미한다. 우리는 敵과 만나기 前에 大槪는 이 中間의 介在物과의 摩擦에서 精力을 탕진한다. 그러므로 우리에게는 運命이란 것이 없다. 生涯는 自然的인 것이다. 歷史的으로 사는 사람(或은 民族)만이 運命的이다. 運命을 갖는다는 것은 大하든 小하든 영웅적이다. (…중략…) 破滅에 直面하는 精神만이 悲劇을 體驗한다. '英雄만이 悲劇을 體驗한다.'[101]

이 글에서 임화는 "역사적으로 사는 사람(혹은 민족)만이 운명적이다"라고 선언적으로 말하고 있다. 1930년대 후반에 자주 등장하고 있던 '운명'이라는 시어는 임화에게는 파멸에 직면하는 정신으로서 비극을 체험하는 주체, 그리고 민족의 모습을 표현하는 것이었다. 그에게 당시의 민족의 현실이란 파멸과 죽음으로 점철되어 있는 것이었고, 그 비극을 온몸으로 체험하지 않고서는 그것을 뚫고 넘어서는 것도 불가

100 임화 시의 '운명'이 의미하는 바가 현실의 억압에 의한 순응이나 체념과는 다른 의미를 띠고 있다는 점에 대해서는 다음의 글에서 논한 바 있다. 졸고, 「임화 시 연구」, 40~43면. 임화는 1930년대 후반 발표하고 있는 시에서 역시 "그만 인젠 / 살랴고 無事할랴던 생각이 / 믿기어려워 恨이되어 / 몸과 마음이 傷할 / 자리를 비어주는 運命이 / 愛人처럼 그립다"(「자고 새면」, 『문장』 1권 1호, 1939, 127면)라고 하였는데 이 내성적 독백에서의 '운명' 또한 "살려고 무사하려든 생각"을 깨치고 "몸과 마음이 상할" 비극을 받아들이는 오히려 영웅적인 이미지에 가깝다.

101 임화, 「잡록(雜錄)」, 『청색지』 5호, 1939.5, 43~44면.

능한 것으로 여겨졌다. 임화는 주체의 경험을 민족의 경험으로 확장시키고 역사적으로 재현함으로써 민족의 시적 서사라고 부를 수 있을 만한 형식을 창출하고 있었다.

나는 이 바다 위
꽃잎처럼 흩어진
몇사람의 가여운 이름을 안다.

어떤 사람은 건너간채 돌아오지 않았다.
어떤 사람은 돌아오자 죽어갔다.
어떤 사람은 永永 生死도 모른다.
어떤 사람은 아픈 패북(敗北)에 울었다.
— 그中엔 希望과 결의와 자랑을 욕되게도 내어판이가 있다면,
나는 그것을 지금 기억코싶지는 않다.
(…중략…)

三等船室 밑 깊은 속
찌든 寢床에도 어머니들 눈물이 배었고,
흐린 불빛에도 아버지들 한숨이 어리었다.
어버이를 잃은 어린 아이들의
아프고 쓰린 우름에
대체 어떤 罪가 있었는가?
나는 울음 소리를 무찌른
외방 말을 歷歷히 기억하고 있다.
(…중략…)

오오! 어느날
먼 먼 앞의 어느날,
우리들의 괴로운 歷史와 더불어
그대들의 不幸한 生涯와 숨은 이름이
커다랗게 記錄될 것을 나는 안다.
一八九〇年代의
一九二〇年代의
一九三〇年代의
一九四〇年代의
一九XX年代의
…… ……
모든것이 過去로 돌아간
廢墟의 거칠고 큰 碑石 위
새벽 별이 그대들의 이름을 비칠 때,
玄海灘의 물결은,
우리들이 어려서
고기떼를 쫒던 실내처럼
그대들의 一生을
아름다운 傳說 가운데 속삭이리라.

그러나 우리는 아직도
이 바다 높은 물결 위에 있다.

—「玄海灘」 부분[102]

102 『현해탄』, 218~224면.

현해탄을 건너간 채 돌아오지 않거나, 돌아와 죽어가거나, 영영 생사도 모르거나, 패배한 이들의 이름을 시인은 기억하고자 한다. 또한 삼등 선실 안의 눈물과 한숨과 울음을, 그들을 탄압한 외방 말을 기억하고자 한다. "우리들의 괴로운 역사"와 "그대들의 불행한 생애와 숨은 이름"이 커다랗게 기록될 것을 안다고 그는 말하지만, 그것은 "먼 먼 앞의 어느 날"이라는 지시가 가리키듯, 시적 주체의 희망이 구성한 역사에 가까운 것이었다. 이 희망의 서사 앞에서, "玄海灘의 물결"은 "우리들이 어려서 / 고기떼를 쫓던 실내"와 동일시된다. 현해탄을 건넜던 "우리들"의 과거와, 주체가 희망하는 먼 미래는, 고향의 실개천을 타고 흐르던 "아름다운 傳說"이라는 매개를 통해 현해탄의 물결 위로 통합된다. "그러나 우리는 아직도 / 이 바다 높은 물결 위에 있다"는 화자의 진술은 이 역사적 격랑을 헤치고 나아가야 할 '우리들'의 운명 공동체적 정체성을 상기시킨다.

약 19연 정도로 이루어지고 시집의 열 한 페이지를 차지하고 있는 이 시 「玄海灘」뿐만 아니라 임화의 많은 시편들은 이처럼 장시의 형식을 띠고 있다. 김기림과 김남천의 평가 사이의 거리에서 볼 수 있듯, 절제된 시적 완미함을 보여 주지 않은 임화의 시형식이 갖는 의의에 대한 평가는 지금까지도 극단적으로 갈라져 있는 듯하다. 임화가 추구한 바 있는 민족어의 형식이, 로맨티시즘적 외피를 떨치지 못했던 현해탄 시편들을 통해 완전히 구현되었다고 보기는 어렵다. 그러나 임화 시가 개척한 장시의 형식과 시적 서사의 내러티브는 1930년대의 조선시에서 뚜렷한 자리를 점하고 있었으며, 한국전쟁과 이념 대립의 와중에서 상실된 한국시의 한 전통이다.[103] 이와 같은 형식을 통해 임화는 1930

103 임화가 이념이나 화두를 극한까지 밀어붙여 사상의 경지까지 이르게 하지 못한 것은 사실이지만, 그 좌절과 전회의 형식을 읽어내는 것은 귀중한 근대문학의 역사화 작업이 될 것이라는 유성호의 논의를 참고할 수 있다. 유성호, 앞의 글, 180~183면.

년대 후반 쇠잔해 가는 민족의 공동체적 운명과 비극적 현실을 시적으로 현재화시킬 수 있었다.

3. 보편 언어의 추구와 구성의 탐구—이상

1) 시적 관습의 부정과 과학의 언어

이상이 처음 시를 발표한 것은 1931년 일본어 잡지 『朝鮮と建築(조선과 건축)』에 '김해경(金海卿)'이라는 이름으로 일본어로 된 「異常の可逆反應(이상한 가역반응)」 외 5편을 실으면서부터이다. 이어서 같은 잡지에 「鳥瞰圖」 연작 8편, 「線に關する覺書(선에 관한 각서)」 1에서 7까지가 하나의 표제로 묶여 있는 「三次角設計圖」 연작 7편, 「建築無限六面角體」 연작 7편을 발표한다. 『朝鮮と建築』에 발표된 일본어 시들은 잡지 목차를 보면 '만필(漫筆)'란에 실려 있다. '미정고(未定稿)'라는 부제를 달고 있는 작품까지 함께 싣고 있는 것도 볼 수 있다.[104] 『朝鮮と建築』에 문예란이 따로 없어서였겠으나, 이 잡지가 건축 관련 잡지라는 점을 고려할 때 이상이 이 작품들을 완성된 시형식으로 발표한다는 의식이 상대적으로 약했을 수도 있다.[105]

---

104 「三次角設計圖」라는 표제 아래 실린 「線に關する覺書 4」의 제목 아래에 '(未定稿)'라고 표기되어 있다.

105 이상 시 전집과 이상 연구에 나타나는 텍스트상의 오류와 확정의 문제에 대해서는 김주현 이후 논자들이 지적한 바 있다. 이상 시 텍스트의 문제에 대해서는 김주현, 「텍스트부터 잘못되어 있다」, 『문학사상』, 1996.11과 조해옥, 『이상 시의 근대성 연구』, 소명출판, 2001 참조. 김종훈은 1936년 1월 『중앙』에 발표된 「지비(紙碑)」 연작이 발표

당시 조선의 최고 학부인 경성고등공업학교를 같은 학년에서는 유일한 조선인으로 입학하고, 수석으로 졸업한 후 총독부 내무국 건축과에 기수로 들어간 이상의 이력이나 그가 남긴 유고를 참고해 볼 때 이상은 일본어를 자유자재로 사용할 수 있었다고 생각된다.[106] 그러나 일본어로 된 건축 관련 잡지인 『朝鮮と建築』에 실린 작품을 제외하고, 1934년에서 1937년까지 그가 살아있는 동안 발표된 시들은 모두 조선어로 창작되었다. 일본어로 된 유고들은 이후 번역되어 텍스트로 편입되면서 이상 시의 난해성을 부풀린 감이 없지 않다.[107] 식민지의 엘리트 지식인이었던 이상은 일본어로 사고하고 글을 쓰는 일이 자연스러웠지만, 그가 창작의 언어로 선택한 것은 조선어였으며 일본어는 조선어로 작품을 창작하는 과정에서 참조되는 언어로 또는 습작의 방편으로 작용했을 것이다.[108]

『朝鮮と建築』에 실린 작품들은 과학과 수학의 언어, 기하학과 관련

당시 '수필'로 표기되어 게재되었음에도 이후 연구에서 시로 분류되고 있음을 지적하였다. 김종훈, 「이상 시에 나타난 '나'의 유형 연구」, 고려대 석사논문, 2001, 7~8면.

106 이상은 입학 때부터 졸업 수석이었다고 하며, 그가 총독부에 기수로 들어간 것은 수석 졸업에 따른 추천에 의해 가능했다고 한다. 이상의 고공건축과 시절에 대한 연구로 다음을 참조할 수 있다. 김정동, 「고공 건축과 학생시대의 김해경」, 『이상 리뷰』 창간호, 역락, 2001, 68~74면.

107 다음의 연구들은 이상 시의 난해성을 과장하거나 그의 시를 초현실주의나 다다이즘의 독법으로 읽는 방법의 문제점을 지적하며 시의 의미를 분석하고 있다. 김인환, 「이상 시의 계보」, 『기억의 계단』, 민음사, 2001; 황현산, 「오감도 평범하게 읽기」, 『창작과비평』, 1998년 가을; 황현산, 「모국어와 시간의 깊이」, 『포에지』, 2000년 여름 참조. 오규원 역시 "이상의 시를 이해하는 작업은 현실과 상상을 넘어드는 그의 묘사를 알기만 하면 그렇게 어렵지 않다"(오규원, 「이상시의 접근방법」, 『한국문학』, 1981.9, 322면)고 언급한 바 있다.

108 김향안은 일본말로 쓴 시도 항일시일 수 있느냐는 임종국의 논의에 반박하는 와중에, 이상이 모국어를 내던져 둔 채 많은 시를 일본말로 쓴 것이 아니라 일본말로 문학 공부를 해서 모국어를 찾은 것이라 말하였다. 김향안, 「이상이 남긴 유산들」, 『문학사상』, 1987.1, 115~117면 참조. 논의의 초점을 항일시인가 아닌가라는 문제에서 자유롭게 한다면, 김향안의 이와 같은 언급은 고려해 볼만한 내용이라 생각된다.

된 상상력에서 많은 소재를 얻고 있다. 여기에서 엿보이는 그의 인식은 이후의 조선어 시에까지 이어진다. 건축과에서 공부한 이상의 관심이 기하학에 있었다는 점은 그리 이상하지 않지만, 기하학을 포함하여 수학과 과학의 언어들을 시 속에 들여오고 있다는 것은 특기할 만하다. 여기에는 다다이즘이나 초현실주의적인 형태미에 대한 관심보다는, 수학이나 과학의 보편적 성격을 언어적인 것으로 환원시키려는 의도가 개재되어 있다. 과학의 실험이나 수학의 과정은 원인을 도입하여 산출된 결과를 현상으로 하고 있다. 이상은 과학과 수학의 요소를 들여온 시들에서 마치 수식(數式)이나 실험처럼, 서로 작용하는 원인들과 현상된 관계를 살피고 각각의 요소가 이 관계 속에서 의미를 띠는 양상을 언어로 표현하고자 하였다. 현실의 양태와 관계들은 과학과 수학의 언어로 완벽히 환원되지 않고 서로 엇갈리면서 배치된다. 이상은 언어의 배치와 엇갈림을 통해 과학과 수학의 인과관계처럼 정합적으로 설명되지 않는 인간관계의 아이러니를 그려내고 있었다.[109]

이상이 그의 작품에서 가장 먼저 배제한 것은, 조선문학 전통의 기반이자 당시의 많은 조선 시인들에게도 시적 관습이 되었다시피 한 '자연'에 대한 비유와 정서적 동화였다. 이상에게 비춰진 자연의 모습은 "조물주의 몰취미와 신경의 조잡성으로 말매암은 무미건조한 지구의 여백"이며 끝없는 권태를 야기하는 "공포의 초록색"[110]이었다. 1930년

---

109 과학과 수학을 활용한 이상의 시적 특성에 대해 지적하고 있는 다음의 글을 참조할 수 있다. "수학 문제를 푸는 절차는 능동태를 수동태로 고치고, 직접화법을 간접화법으로 바꾸는 문법 훈련과 동일하다. 수학은 일종의 외국어이다. 그러나 수학이 모든 나라 사람들에게 외국어라는 말은, 곧 그것이 단순한 외국어가 아니라 세계의 보편 언어라는 사실을 의미한다. 수학에서는 어느 한 낱말도, 어느 한 문장도 고립되어 나타나는 법이 없다. 수학은 존재가 곧 관계임을, 있음이란 〈서로 걸려 있음〉임을 말하고 있다." 김인환, 앞의 글, 285면.

110 이상, 「권태」, 『조선일보』, 1937.5.4~11; 김주현 주해, 『이상문학전집 3』, 소명출판, 2005, 108면.

대 조선문단에서, 국토 순례나 지방적 색채의 발견을 통해 조선의 자연이 지니는 고유한 미감을 그려내고자 했던 조선주의자들이나, 대자연의 섭리를 통해 역사의 진보에 대한 신념을 확인하려는 프로문학가들의 형상화 방식에서 이상만큼 멀리 떨어져 있던 예를 찾기는 어려울 것이다.

이상은 자연과 인간 사이의 관계를 관조하고 자연에 동화되는 방식을 통해 정서적 효과를 만들어냈던 전통적인 조선시의 관습을 거부했다. 그에게 그 자리를 대체한 것은 과학과 수학의 객관화된 언어와 보편적인 형식이었다. 1931년 일본어 작품을 발표하기 시작하면서부터 1934년 「烏瞰圖」 연작을 발표하는 시기까지, 이상에게 과학의 언어는 세계와 인간의 관계를 새롭게 사고하여 표현해내는 매재였다.

> 1 軸X軸Y軸Z
>
> 速度etc의統制例컨대光線은每秒當三〇〇〇〇〇킬로미터달아나는것이確實하다면사람의發明은每秒當六〇〇〇〇〇킬로미터달아날수없다는法은勿論없다. 그것을幾十倍幾百倍幾千倍幾萬倍幾億倍幾兆倍하면사람은數十年數百年數千年數萬年數億年數兆年의太古의事實이보여질것이아닌가, 그것을또끊임없이崩壞하는것이라고하는가, 原子는原子이고原子이고原子이다, 生理作用은變移하는것인가, 原子는原子가아니고原子가아니고原子가아니다, 放射는崩壞인가, 사람은永劫인永劫을살수있는것은生命은生도아니고命도아니고光線인것이라는것이다.
>
> 嗅覺의味覺과味覺의嗅覺
>
> (立體에의絶望에依한誕生)

(運動에의絶望에依한탄생)

(地球는빈집일境遇封建時代는눈물이날이만큼그리워진다)

—「三次角設計圖—線에關한覺書 1」 부분[111]

2 (幾何學은凸렌즈와같은불장난은아닐른지, 유우크리트는死亡해버린 오늘유우크리트의焦點은到處에있어서人文의腦髓를마른풀과같이燒却하는收斂作用을羅列하는것에依하여最大의收斂작용을재촉하는危險을재촉한다, 사람은絶望하라, 사람은誕生하라, 사람은誕生하라, 사람은絶望하라)

—「三次角設計圖—線에關한覺書 2」 부분[112]

1에서 인용한 「線에關한覺書 1」은 인간이 빛의 속도보다 빠르게 움직인다면 과거로 돌아갈 수 있다는 과학적 원리에 대한 깨달음을 시적 인식의 출발로 삼고 있다. 이 같은 과학적 인식 내에서는 우리가 지녔던 전통적 역사관이나 시간관은 붕괴된다. 원환적 시간을 구현한 자연 안에서 인간의 유한성을 자연의 무한성에 합치시켰던 과거의 시적 전통은 이 지점에서 사라진다. 생명현상을 하나의 광선, 빛이라 인식하는 현대 과학의 인식 아래서는 인간이 빛보다 빠르게만 움직인다면 논리적으로 영원히 사는 것도 가능하다. 그러나 그러한 논리는 역설적으로 깨어진 영원성을 확인시켜 주는 메마른 사실일 뿐이다.

비유클리드 기하학의 발견은 평면적이고 확정적이었던 유클리드 기하학을 통해 사고했던 인간의 시야를 "무한의 먼 곳까지 돌려서 넓게 보"[113]게 한 현대적 전환이다. 그러나 현실을 이루고 있는 입체와 운

111 임종국 편, 『이상전집』, 문성사, 1966, 255면(임종국 번역).

112 위의 책, 257면(임종국 번역).

113 데라사카 히데다카(寺阪英孝), 임승원 역, 『비유클리드기하의 세계』, 전파과학사, 1995, 63면.

동에 대한 인식 역시 인간과 생명을 다만 물질화시켜 파악할 수밖에 없다는 절망에서 피해갈 수 없다. "原子는原子이고原子이고原子이"면서 동시에 "原子는原子가아니고原子가아니고原子가아니다"라는 모순적 진술은, 인간의 본질과 역사가 원자와 빛이라는 차가운 물질로 구성되어 있다는 과학적 사고가 가져다준 절망을 표현한다. 어떤 방향이나 목적이 없는 무의미한 운동성만이 존재한다는 것이 현실의 엄정한 논리이다. 이 무의미한 운동성에 대해 이상은 다른 시에서도 "發達하지도아니하고發展하지도아니하고 / 이것은憤怒이다"(「異常한可逆反應」)[114]라고 표현하였다.

현대인의 탄생의 조건은 이 같은 무의미함에 대한 절망에서 시작된다. 인간이 발딛고 있는 지구는 결국 원자로 이루어진 텅 빈 형식이며 무의미한 운동을 반복한다. 이상은 그의 소설 「날개」에서도 이 같은 사실의 인식이 가져다 준 피곤함과 절망을 "나는 내가 지구 우에 살며 내가 이렇게 살고 있는 지구가 질풍신뢰의 속력으로 광대무변의 공간을 달니고 있다는 것을 생각했을 때 참 허망하였다. 나는 이렇게 부즈런한 지구 우에서는 현기증도 날ㅅ것 같고 해서 한시바삐 나려버리고 싶었다"[115]고 표현한 바 있다. ①의 「線에關한覺書 1」에서 화자는 봉건시대를 그리워한다고 말하지만, 이 발화는 이미 그 무의미함을 깨닫기 전의 봉건시대로 회귀하는 것이 불가능함을 시인이 자각하고 있으므로 지극히 반어적이다. ②의 「線에關한覺書 2」에도 유클리드 기하학의 "焦點"이 "人文의 腦髓"를 "燒却"하고 있는 근대적 현실에 대한 좌절이 드러나 있다. 근대의 수학과 과학적 인식이 내포하고 있는 절망적 양상을, 그것의 외피를 빌어 형식화하고 있다는 상황은 아이러니컬하다.

---

114 임종국 편, 앞의 책, 246면.

115 이상, 「날개」, 『조광』, 1936.9; 김주현 주해, 『이상문학전집 2』, 소명출판, 2005, 262～263면.

수학과 과학의 언어에 대한 이상의 관심은 1934년에 발표되는 조선어 시 「烏瞰圖」 연작에도 이어지고 있다. 「烏瞰圖」 연작에 와서 이상은 다양한 시형식의 시도 속에 여러 가지 조선어 구문의 형태를 보여주고 있다. 이 연작에서는 『朝鮮と建築』에 실린 시들처럼 숫자와 모형을 사용하거나(「詩第四號」, 「詩第五號」) 과학적 실험 용어들로 가득차 있는(「詩第八號 解剖」) 시들, 동일 형식의 진술을 집요하게 반복하고 변이시키는 시들(「詩第一號」, 「詩第二號」, 「詩第三號」)을 볼 수 있다. 또한 한자어로 점철되고 거의 조사격으로 한글이 붙는 시(「詩第七號」)와 한자어가 거의 없이 평이한 조선어 줄글로 이루어진 시(「詩第九號」, 「詩第十號 나비」, 「詩第十一號」, 「詩第十二號」)들도 등장하고 있다. 이들 시형태의 다양성은 이상이 과학적 언어의 사용을 통해 조선어의 보편적이고 개념적인 성격을 구현하려 했을 뿐만 아니라, 조선어 구문의 다양한 활용을 통해 조선시의 근대적 형식을 실험하고 있다는 사실을 뜻한다.

4

내가缺席한나의꿈. 내僞造가登場하지안는내거울. 無能이라도조흔나의孤獨의渴望者다. 나는드듸여거울속의나에게自殺을勸誘하기로決心하얏다. 나는그에게視野도업는들窓을가르치엇다. 그들窓은刺殺만을爲한들窓이다. 그러나내가自殺하지아니하면그가自殺할수업슴을그는내게가르친다. 거울속의나는不死鳥에갓갑다.

5

내왼편가슴心臟의位置를防彈金屬으로掩蔽하고나는거울속의내왼편가슴을견우어拳銃을發射하얏다. 彈丸은그의왼편가슴을貫通하얏스나그의心臟은바른편에잇다.

6

模型心臟에서붉은잉크가엎즐러젓다. 내가 遲刻한내꿈에서나는極刑을바닷다. 내꿈을支配하는者는내가아니다. 握手할수조차업는두사람을封鎖한巨大한罪가잇다.

—「詩第十五號」 부분[116]

'나'와 '나의 모상' 또는 '실재'와 '허상', '현실'과 '꿈'의 세계가 만나고 얽히고 갈등을 일으키는 양상에 대해 이상은 여러 편의 시와 산문에서 주목하였다. 실재하는 '나'가 실재하지 않는 '나'와 전도되고 때로는 주체성이 역전되기도 하는 이와 같은 관계의 드라마는, 현실 속 주체의 불안과 무기력함을 보여 준다. 주체의 불안과 무기력함에서 비롯된 정신적 착란과 절망을 형상화하기 위해 이상은 감정의 노출을 배제하고 건조한 지시어들을 배열하는 방식을 선택했다. '거울' 이미지를 통한 「詩第十五號」의 아이러니는 매우 논리적으로 구성되어 있다. "내가自殺하지아니하면그가 自殺할수없슴을그는내게가르친다"는 구절에는 감정이 표현되어 있지 않지만, 그 거역할 수 없는 논리적 엄정성으로 인해 현실의 비극성이 상기된다. "模型心臟에서붉은잉크가엎즐러젓다"는 표현은 현실 속에 냉정하게 던져진 주체의 모습을 "模型心臟"과 "붉은잉크"의 차가운 인공성을 통해 보여 준다.

앞서 인용한 「三次角設計圖」 연작들처럼 과학과 수학에 사용되는 언어들을 직접 사용한 것은 아니지만, 이 시는 이상 시가 지니고 있는 로고스적 정신이라고 할 만한 지점을 보여 준다. 정서적 울림을 꾀하는 조선어의 형용사와 부사의 특수한 정감이나 음악성은 이 시에 전혀 드러나 있지 않다. 가령 번역을 한다는 측면에서 바라볼 때, 정지용의

116 『조선중앙일보』, 1934.8.8.

후반기 시들이 지니고 있는 조선어의 미감을 전달하기란 굉장히 곤혹스러운 일이 될 것이다. 반면 이상의 이 작품은 번역 불가능한 고유한 질감을 전달하는 어휘가 거의 쓰여 있지 않다. 이것은 이상의 「烏瞰圖」의 기획이 조선시의 전통적 운율에서 가장 멀리 떨어져 있으며, 구술성이나 음성성보다는 표기의 시각성이나 관념의 구성에 가까이 있기 때문이다. 구술적이고 음성적인 언어가 종족중심주의적인 사고와 감성적 동화를 지향한다면, 이와 같은 형식은 보편화된 언어와 이성의 체계를 지향한다.

1934년 『조선중앙일보』에 발표한 「烏瞰圖」 연작이 독자들의 항의에 부딪쳐 연재를 중단하면서, 이상은 다음과 같은 작자의 말을 쓴 적이 있다.

> 왜 미쳤다고들 그리는지 대체 우리는 남보다 수十年식 떠러저도 마음놓고 지낼 作定이냐. 모르는 것은 내 재주도 모자랐겠지만 게을러빠지게 놀고만 지내든 일도 좀 뉘우처 보아야 아니하느냐. 열아문 개쯤 써보고서 詩만들 줄 안다고 잔뜩 믿고 굴러다니는 패들과는 물건이 다르다. 二千點에서 三十點을 고르는데 땀을 흘렸다. 三十一年 三十二年 일에서 龍대가리를 떡 끄내여 놓고 하도들 야단에 배암 꼬랑지커녕 쥐 꼬랑지도 못 달고 그만두니 서운하다. 깜박 新聞이라는 답답한 조건을 잊어버린 것도 실수지만 李泰俊, 朴泰遠 두 兄이 끔찍이도 편을 들어준 데는 절한다. 鐵-이것은 내 새길의 暗示요 앞으로 제 아모에게도 屈하지 않겠지만 호령하여도 에코-가 없는 무인지경은 딱하다. 다시는 이런-勿論 다시는 무슨 다른 方途가 있을 것이고 위선 그만 둔다. 한동안 조용하게 工夫나 하고 딴은 정신병이나 고치겠다.[117]

---

117 이상, 「오감도 작자의 말」, 『조광』, 1937.6; 『이상문학전집 3』, 207~208면.

이상은 독자들의 항의에 의해 자신의 시연재가 중단된 사실에 대해 "남보다 수십년식 떠러저도 마음놓고 지낼 작정이냐"고 격하게 비판한다. 이상은 자신의 작품을 이해해 주지 못하는 당시 조선문단의 분위기를 "게을러빠지게 놀고만 지내"고 있다는 표현으로 질타한다. 자신의 시가 독자와 소통되지 못하고 있는 가장 큰 이유가, 당시 조선시단의 시들에 비해 그의 시형식이 지나치게 앞서 있었기 때문이라고 여긴 이상의 생각은 문학사적으로 볼 때 결국 맞는 것이 되었다. 그의 시가 연재가 중단될 만큼의 항의를 받았던 것은, 그가 실험하고 있던 시형식이 당시 조선시의 시적 관습과 전통에서 그만큼 멀리 떨어져 있었다는 사실을 보여 준다. "용대가리"만 꺼내놓고 그 "꼬랑지"를 못 달았다고 한 말은, 이상이 자신의 형식 실험을 채 다 보여주지 못한 데 대한 아쉬움의 표현이었다. 그러나 그는 자신이 기획한 조선어의 여러 가지 실험과 근대적 형식에 적합한 문체의 계발을 계속 염두에 두고 있었다. 그것이 그가 말하는 "새길"이었을 텐데, 이 새길이 앞으로도 "에코" 즉 정당한 반향을 얻지 못하리라고 이상 자신 또한 예감하고 있었다.

2) 조선어의 기능과 조직에 대한 사고

김기림은 이상이 『조선중앙일보』에 「烏瞰圖」 연작을 발표하기 직전인 1934년 7월, 현대시의 발전에 대해 논하면서 이상을 스타일리스트의 예로 든 바 있다. 그는 이상의 시 「運動」의 특징을 설명하면서, 여기에는 "눈물겨운 로맨티시즘과 상징주의의 감격"이나 전시대의 "애수"는 남아 있지 않으며, 이 시의 언어는 "언어 자체가 구성하는 한 개의 조직체"로서 "개개의 단어는 전후의 다른 단어로 향하여 혹은 이끌려 가고 혹은 이끌려 오면서 이르키는 부단의 운동"을 느끼게 한다고 말하고 있다. 이상의 시는 "「슈르레알리즘」의 현저한 방법상의 특색인 형태(「폼」)에 대한 추구—즉 가시적인 그리고 가청적인 언어의 외적 형태에는 얼마 비약적 시험을 하지 안코 그보다도 오히려 언어 자체의 내면적인 「에너지」를 포착하야 그곳에서 내면적 운동의 율동을 발견하려고 한 점에 그 독창성이 있"다는 것이다.[118]

김기림의 이 글은 「運動」이라는 시의 평에서 시작되었지만, 이상 시의 특질을 예리하게 간취하고 있다. 이상의 시에도 센티멘털리즘이 발견되지 않는 것은 아니지만, 그의 시는 당대의 많은 조선시들과는 구별되는 지점에 놓여 있었다. 그는 시를 이루는 단어의 특성과 관계에 주목하고, 이 관계에서 산출되는 언어의 보편적 성질을 조선어에 구현하는 데 힘썼다. 현실의 비극성에 직면한 주체의 절망을 표현하는 시에서도, 가능하면 감상적 표현을 배제하고 언어의 논리적이고 객관적인 형질을 통해 그 양상을 구현하려 했다.

김기림은 이후에 이상을 "절망을 절망 그대로 즐기려는 동양적인 감상가는 아니었다. 다만 그 절망의 실체와 의미를 더 철저하게 파헤치려 한 것이었다"[119]고 표현한 바 있다. 자신의 내부에 있는 '동양인'을 느끼되 또한 거기에서 벗어나려고 함으로써 두 개의 자기를 느끼고 대조하여 철저히 "동양에의 반역"을 꾀했다는 것이다. 그런 의미에서 이상은 당시 고전부흥론이 성행하고 동양과 조선의 고전으로 되돌아가자는 주장이 제기되고 있던 조선문학의 경향에서 자각적으로 거리를 두고 있었다.[120]

---

118 김기림, 「현대시의 발전 7—스타일리스트의 예」, 『조선일보』, 1934.7.19.

119 김기림, 「이상의 문학의 한 모」, 『태양신문』, 1949.4.26~4.27; 『김기림전집 3』, 180~183면.

120 김기림 또한 비평뿐만 아니라 창작에서 보편적 세계문학으로서의 조선문학과 그에 합당한 논리적이고 과학적인 형식의 실천을 염두에 두었다. 그러나 그의 시적 한계는 이상의 그것보다 더 명확했다. 이상이 이와 같은 언어의 추구 속에서도, 현실에서 우

1934년 발표한 「烏瞰圖」 연작 계열의 시들에서 「詩第○號」라는 제목 아래 여러 가지 시 형태가 시험되고 있었다면, 1936년에 발표된 「易斷」 연작이나 「危篤」 연작은 분련이나 분행이 되지 않은 짧은 줄글의 산문시 형식이라는 일정한 시 형태를 보여 주고 있다. 「火爐」, 「아츰」, 「家庭」, 「易斷」, 「行路」 다섯 편으로 구성된 「易斷」 연작 계열의 시에 사용되고 있는 언어들은, 「烏瞰圖」의 몇 편의 시들이나 「正式」에 비해 상대적으로 자연스러운 호흡으로 읽히는 한글 문장에 가까우며, 한자어 사용도 그다지 많지 않다.

그러나 1934년 「烏瞰圖」를 신문에 발표하며 독자들의 거센 항의에 부딪친 이상이, 시형태의 파격을 줄이고 보다 가독성을 높이는 쪽으로 시창작의 방향성을 옮겨가고 있었다고 보기는 어렵다. 1936년의 「危篤」 연작은 제목만을 일별해도 알 수 있듯이 바로 같은 해에 발표된 「易斷」의 시들에 비해 이상 특유의 한자어들도 눈에 많이 띌 뿐 아니라 「易斷」의 시들에 비해 의미 파악도 그리 쉽지 않다. 같은 해 발표된 시 「明鏡」의 "울어도 젓지않고 / 맞대고 웃어도 휘지않고 / 薔薇처럼 착착 접힌 / 귀 / 디려다보아도 디려다 보아도 / 조용한世上이 맑기만 하고 / 코로는 疲勞한 香氣가 오지 않는다"[121]와 같이 상대적으로 수월하게 읽히는 구절과 비교해 보면 「危篤」의 시편들이 구사하고 있는 언어의 특이함이 선명히 부각된다. 이는 「烏瞰圖」에서 시 구성의 여러 가지 형태를 보여 주었던 이상이, 연재를 중단하면서 스스로 말한 바처럼 "아모에게도 굴하지 않"고 자신의 "새길"을 계속해 시험하고 있다고 볼 수 있다. 「危篤」에서 새로운 언어의 형식과 구조를 시험하고 있

러나온 경험과 절망을 철저하게 파헤치고 있었다고 한다면, 한 연구자의 지적처럼 "김기림이 보여 주는 현실인식의 관념성은 이와 같이 경험을 배제한 형식논리로부터 도출"(이혜원, 「근대성의 지표와 과학적 시학의 실험—김기림의 시와 시론」, 『현대시의 욕망과 이미지』, 시와시학사, 1991, 240면)되었다는 측면이 강했기 때문이다.

121 이상, 「明鏡」, 『여성』 1권 2호, 1936.5, 1면.

음은 김기림에게 보낸 이상 자신의 편지에서도 나타난다.

> 요새 朝鮮日報學藝欄에 近作詩 「危篤」 連載中이오. 機能語. 組織語. 構成語. 思索語. 로 된 한글文字 追究試驗이오. 多幸히 高評을 비오. 요다음쯤 一脈의 血路가 보일 듯하오.[122]

이 편지는 이상이 동경으로 건너가기 전인 1936년 10월 초에 쓰여진 것으로 추정된다. 「危篤」 시편들이 10월 4일에서 9일까지 연재되었음을 볼 때 이 글과 「危篤」 연작의 관계는 분명해진다. 이상은 "기능어, 조직어, 구성어, 사색어로 된 한글문자"의 추구 즉 조선어의 기능과 조직, 구성적 특징과 관념적 성격 등을 고려하고 있었다.[123]

> 墳塚에게신白骨까지가내게血淸의原價償還을强請하고잇다. 天下에달이밝아서나는오들오들떨면서到處에서들킨다. 당신의印鑑이이미失效된지오랜줄은꿈에도생각하지안으시나요—하고나는으젓이대꾸를해야겟는데나는이러케실은決算의函數를내몸에진인내圖章처럼쉽사리끌러버릴수가참업다.
>
> —「門閥」 전문[124]

시 「門閥」에서 "墳塚", "白骨", "强請", "印鑑" 등과 같은 한자어들은 '문벌'이라는 구시대의 윤리를 상기시키는 제목과 잘 맞아떨어진다. "墳塚"과 "白骨"은 화자에게 "血淸" 즉 핏줄로 얽혀 있는 가족 공동체

---

122 이상, 「사신(私信) 5」, 『이상문학전집 3』, 247면.

123 이상의 「위독」 연작들의 특성과 조선어 실험의 성격에 대해 다음 글에서 논한 바 있다. 졸고, 「이상의 연작시 「위독」과 조선어 실험」, 『어문논집』 54, 민족어문학회, 2006.10.

124 『조선일보』, 1936.10.6.

내에서의 의무를 이행하기를 요구하는 존재를 대변한다. 여기에 "原價償還", "失效", "決算", "函數"와 같은 단어들이 끼어든다. 이러한 단어들은 근대 자본주의의 경제적 관계 속에 등장하는 용어들이다.

시인을 속박하고 있는 것은 '문벌' 의식이라는 가부장제적 전통만이 아니다. 가부장제적 전통이 현대의 비정한 자본주의적 화폐 경제의 시스템 안에 놓이는 순간, 개인에게 요구되는 새로운 가장으로서의 윤리가 화자를 옥죄고 있다. "天下에달이 밝아서"라는 구절은 이러한 문맥 속에서 패러디된다. 밝은 달은 더 이상 흥취를 돋우는 전통 시가의 자연이 아니라, 오들오들 떨면서 도처에서 들키는 화자의 불안감을 가중시키는 존재로 출현한다.

"내몸에진인내圖章"에는 전통의 윤리와 자본주의 사회가 요구하는 경제적 생활인의 윤리 두 가지가 중첩되어 있다. 그것은 내 육체의 일부가 아니면서도 맘대로 끌러 버릴 수 없는 내 몸에 결부된 "決算의函數"와도 같다. 전근대 사회에서의 도장이 자신의 가문이나 사회적 위치 등을 나타내는 것이었다면, 근대 사회에서는 주로 계약서나 채무관계 등의 경제적 상호 작용에 쓰이는 것이었다. "門閥", "墳塚", "白骨"이 규율하는 전통의 윤리가 "原價", "決算", "函數"가 규율하는 자본주의의 윤리로 옮아가며 이 둘이 혼재해 있는 과정이 전근대사회적 의미와 근대사회적 의미를 동시에 띠고 있는 "圖章"의 양가적인 의미에 겹쳐진다.

> 내두루매기깃에달린貞操빼지를내어보엿드니들어가도조타고그린다. 들어가도조타든女人이바로제게좀鮮明한貞操가잇으니어떠냔다. 나더러世上에서얼마짜리貨幣노릇을하는세음이냐는뜻이다. 나는일부러다홍헌겁을흔들엇드니窈窕하다든貞操가성을낸다. 그리고는七面鳥처럼쩔쩔맨다.
>
> —「白晝」 전문[125]

"두루매기", "貞操", "女人", "窈窕"와 같은 지시어들은 전통적인 정서를 환기시키는 단어들이다. 정조나 요조숙녀라는 관념은 근대 이후에도 여성의 가치를 고취시키는 상징적 기제로 뿌리깊이 작동하고 있다. 시인은 여기에 "빼지"(badge)라는 신조어를 결합시켜 "貞操빼지"라는 단어를 만들어내고 있다. 또 "鮮明한貞操"나 "窈窕하다든貞操가성을낸다"와 같이 구체적인 관형어나 서술어를 결합시킴으로써 정조를 하나의 물화시킬 수 있는 대상으로 표현하고 있다. "貞操"라는 추상적인 관념은 "빼지"와의 결합을 통해 가장 상징적인 현시욕을 드러내는 물품으로 대상화된다. '정조'는 이제 '화폐'와 교환 가능한 하나의 '물품'이 되고 있는 것이다.

「白晝」는 돈으로 여자를 사는 매매춘 행위에 대한 단순한 묘사를 넘어 자본주의적 화폐 경제의 시스템 안에 하나의 물적 가치로 교환되는 정조 관념을 풍자하고 있다. '정조'와 '화폐경제'라는 거리가 멀어 보이는 관념은, '정조'와 '뺏지'와 같은 단어들의 결합을 통해 만난다. '정조'마저 물화시키는 현실에 대한 시인의 풍자적 의도 하에 배치된 시의 단어들은, 현실에 대해서뿐만 아니라 재래의 정조 관념이 담고 있는 공소한 추상성에까지 문제를 제기하는 역할을 한다. 이 풍자적 희화인 "白晝" 안에 "世上에서얼마짜리貨幣노릇을하는세음이냐"는 질문에 끊임없이 맞닥뜨리는 시인의 씁쓸한 자조와 냉소가 내재되어 있다.

전통과 도덕과 윤리가 식민지 근대 자본주의라는 복잡다단한 시대 상황 속에 섞여 들면서 빚어내는 충돌과 갈등, 허위와 모순들은 이상 시에 배치되어 있는 언어의 결합 관계를 통해 드러난다. 「危篤」 연작의 시들은 많은 한자어를 사용하고 있다. 이러한 점은 가능하면 시 속에 고유어를 사용하는 편이 좋다고 여겼던 당시의 다른 시인들과 비교

---

125 『조선일보』, 1936.10.6.

할 때 특이한 사실이라 할 수 있다. 이상 시의 한자어들은 재래의 한문시의 전통에서 그것을 차용했다고 보기는 어렵다. 「危篤」 연작에서 「禁制」, 「追求」, 「沈歿」, 「絶壁」, 「白晝」, 「門閥」, 「位置」, 「買春」, 「生涯」, 「內部」, 「肉親」, 「自像」과 같은 제목들은 철저히 작자에 의해 선별된 한자어들이다. 이상이 이러한 한자어들을 많이 사용하고 있는 것은, 개념어나 관념어로 실현될 수 있는 조선어의 가능성을 시험하고자 했던 의도에서 나온 것으로 보인다.[126]

[1] 내가치든개(拘)는튼튼하대서모조리實驗動物로供養되고그中에서비타민E를지닌개(狗)는學究의未及과生物다운嫉妬로해서博士에게흠씬어더맛는다하고십흔말을개짓듯배아터노튼歲月은숨엇다. 醫科大學허전한마당에우뚝서서나는必死로禁制를알는(患)다. 論文에出席한억울한髑髏에는千古에氏名이업는法이다.

—「禁制」 전문[127]

[2] 그다지 명예롭지 못한 그러나 생각해보면 쏘 그러케까지 불명예리고까지 할 것도 업는 질환을 가지고 어떤 학부 부속병원에를 갓다. 진찰이 끗나고 인제 치료를 시작하려 그 그리 보기 조치 안은 뻬드 우에 올라누엇다 그랫드니 난데업시 수십 명의 흑장속(黑裝束)의 장정 일단이 우―틈입하야는 내 침상을 둘러싸는 것이다. 말할 것도 업시 이 학부 재학의 학생들이오 이것은 임상강의시간임에 틀림업다. 손에는 각각 노―트를 들엇고 시선을 내 환부인 한 점에 집중식히고 잇는 것이다 의사 즉 교수는 서서히 입을 열

126 이런 점에서 이상이 말한 "기능어, 조직어, 구성어, 사색어"를 고안하기에 유리한 도구로 한자어를 시 안에 적극적으로 실현시켰을 가능성에 대해 생각해 볼 수 있다. 이 점에 대해서는 2부의 3장에서 자세히 다루겠다.

127 『조선일보』, 1936.10.4.

어 용의주도하게 내 치료 밧고저 하는 개소(個所)를 주물르면서 유창한 어조로 강의를 개시하는 것이 아닌가. 이것은 나에게 잇서서 참으로 천만의외의 일일 뿐 아니라 정말로 불쾌하기 짝이 업는 봉변일 수박게 업는 일이다. 그들은 대체 누구의 허락을 어더 나를 실험동물로 사용하는 것인가.[128]

[1]에 인용된 시는, "禁制"라는 한자어를 통해, 억압과 금기의 사회적 시스템과 그 안에서 통제당하고 있는 화자의 심경을 표현하고 있다. 이 시의 상황은 인용문 [2]와 비교하면 명확해진다. [2]는 시 발표일과 얼마 차이 나지 않는 1936년 10월 14일에서 28일 사이 『매일신보』에 실린 이상의 수필 「추등잡필(秋燈雜筆)」의 '기여(寄與)'라는 제목의 글이다. 수필에서 "치부" 그리고 "그다지 명예롭지 못한" 부분을 진료 받았다고 말하고 있는 점과 이상이 성병을 앓았던 것으로 추정되는 점,[129] 그리고 비타민 E가 결핍되면 동물의 정상적인 생산 기능이 상실된다는 점을 참고하면 [1]의 「禁制」에서 비타민 E를 지닌 "개"란 화자의 성기를 비유한 것이란 추측이 가능하다. 치부가 "실험동물"로 사용되어 여러 사람 앞에서 "주물"럭거려진 상황을 시인은 담당의학박사의 학문의 부족과 생물다운 질투로 인해 "흠씬어더맛"은 것으로 표현한다. 이 개인적 수치는 다음 구절에서 "하고십흔말을개짓듯배아터노튼歲月은숨엇다"는 비유를 통해 시대적인 상황으로 확장된다. 근대적 의료 시스템의 발전을 위한 실험이라는 명분 아래 개인의 신체가 자신의 의지와 상관없이 통제되고 대상화되는 상황이, 하고 싶은 말을 자유롭게 하지 못하고 법제와 금기의 규정 아래 통제당하는 식민지적 근대의 현

---

128 이상, 「추등잡필」, 『매일신보』, 1936.10.14~28; 『이상문학전집 3』, 97면.

129 김소운은 이상의 사망진단서에 적힌 사인(死因)이 '결핵성 뇌매독'이라 증언한 바 있다. 김소운, 「이상(李箱), 이상(異常)」, 김유중・김주현 편, 『그리운 그 이름, 이상』, 지식산업사, 2004, 77면. 그러나 '결핵성 뇌매독'이라는 병명이 당시 실제로 존재하였는가에는 의문의 여지가 있다.

실을 환기시키고 있다.

현실에 대한 화자의 인식은 [1]의 "醫科大學허전한마당에우뚝서서나는必死로禁制를알는(患)다"는 구절에 의해 더욱 구체화된다. "禁制를알는다"는 구절은 특이한 문장 구성법을 보여 준다. 이상은 '금제'라는 관념적 명사에 '앓는다'라는 구체적 동사를 결합시킴으로써 '나는 병을 앓는다'라는 문장과 '금제가 나를 괴롭힌다'라는 문장의 의미를 동시에 환기시키고 있다. '내가 앓는 병'은 곧 '금제'라는 시인의 생각이 이러한 문장구조를 통해 드러난다. 의과대학의 허전한 마당에 서 있는 화자는 혼자 외로이 병을 앓는 존재이지만, 거기 "우뚝서서" "필사"적으로 앓는다는 점에서 '금제'라는 시대적인 병을 응시하고 있는 존재이기도 하다.

'금제를 앓는다'와 같은 이상 특유의 조작적인 문장은 다른 시들에서도 많이 발견된다. "어둠속에서무슨내음새의꼬리를逮捕하야端緖로내집내未踏의痕迹을追求한다"(「追求」 부분)와 같은 구절을 보면 "逮捕", "端緖", "未踏", "追求"와 같은 한자어들의 사용이 매우 생경한 느낌을 준다. 아내의 "外出"과 "醜行"에 대한 화자의 의구심과 슬픔, 안타까움, 분노 등의 복잡한 감정들은 이 건조한 관념어들에 의해 한 겹 감추어진다. "내집내未踏의痕迹을追求한다"는 문장에서 감정은 표백되고, 아내와 나의 관계가 지닌 허위와 좌절의 양상만이 부각된다. 이상은 이러한 조작적인 단어와 문장들의 사용을 통해 센티멘털리즘적 태도를 최대한 자제하고 관계의 본질을 언어적으로 구현하고자 시도했다.

① 나는드되어한조각毒한비누를發見하고그것을내虛僞뒤에다살작감춰버렷다 (「追求」 부분)[130]

---

130 『조선일보』, 1936.10.4.

② 칼은날이접혀서펴지지안으니날을怒號하는焦燥가絶壁에끈치려든다 (「沈沒」 부분)[131]

①에서 "虛僞"라는 단어는 애초의 관념적 성격을 벗어나, 비누와 동일한 계열체의 단어로 사용됨으로써 마치 일정한 장소를 차지하는 사물처럼 공간화된다. ②에서 "焦燥"라는 단어는 의지를 지닌 하나의 주체로서 등장해 행위 작용을 하는 존재로 표현된다. 이와 같은 대상의 주체화를 통해 "焦燥"가 화자를 무력화시키는 압도적인 힘임을 드러낸다. 위의 시들에서처럼 신조어를 적극적으로 활용하거나 단어들을 특수하게 조직하는 방식 그리고 감상을 배제하고 관념을 사물화하는 방식을 통해 이상은 당시의 조선시에서는 보기 힘들었던 문장구조와 시 형식을 창출하고 있었다.

3) 식민지 개인의 현실과 문체 실험

1930년대 기교주의 논쟁의 와중에서 김기림은 『조선일보』에 「시인으로서 현실에 적극 관심」이라는 글을 발표한다.[132] 임화와의 논쟁을 통해 '전체로서의 시'를 주장하고 기교파의 역사적 의의를 자각할 것을 시인들에게 촉구하며 자신의 시론을 확장해 나가는 과정에서 나온 김기림의 이 글에서 주목할 만한 부분은, 그가 조선말에 대한 문인들의 특별한 자각과 실천을 요구하고 있다는 것이다. 김기림은 조선말의 문제가 "반드시 시인만의 문제는 아니지마는 시인은 이에 대하여 더 한

---

131 위의 글.

132 기교주의 논쟁의 정황에 대해서는 김윤식, 『한국근대문예비평사연구』, 일지사, 1976, 454~461면 참조.

층 관심해야 할 특수한 위치에 서 있"다고 전제한 뒤, 이 문제에 당사자들이 침묵을 지키고 있는 것은 그들이 둔감해서라기보다는 "발언의 기회가 불리"한 상황 때문이라 말한다. 그는 "조선 민족의 생리에 타당한 조선말은 그대로 한 개의 권리일 것"이라며 특히 "시인은 우리의 말을 그 현상에 잇서서 잘 파악해 살릴 뿐 아니라 산 말 속에서 늘 새로운 것을 발견하야 그것을 조직하야 새말의 창조에 노력해야 할 것"임을 강조한다. 조선말에 대한 "윤리 의식"을 가질 것을 문인들 특히 시인들에게 요구하고 있는 것이다.[133]

조선어와 조선시에 대한 김기림의 이러한 요구는 이상의 창작 실험과도 밀접히 연관되어 있었다. 이상은 김기림과 함께 '구인회'에서 활동하며 그를 자신의 문학적, 사상적 이해자로 여겼다. 김기림이 이 글을 연재한 같은 해 10월, 이상은 「危篤」을 연재하며 자신의 한글문자 추구시험에 대한 '고평'을 바란다는 편지를 보내고 있었다. 김기림이 시인들에게 요구한 '새말의 창조'에 대해 자신의 조선어 창작 실험으로 응답하고 있는 것이다.

이상은 김기림이 말한 '새말의 창조'를 적극적으로 실현하는 방식으로 여러 가지 시형태를 실험하고 조선어의 가능성을 타진해 보고 있었다. 신조어를 활용하거나 한자로 이루어진 단어들을 시험하는 한편, 단어들을 조작적으로 결합하며 새로운 문장의 구조를 실험해 보기도 했다. 이상의 개성적인 문체를 형성하고 있는 것은 이러한 실험들 외에도 비유를 구성하는 특이한 방식이었다. 그는 비유를 구사할 때 하나의 대상과 하나의 비유를 연결시키는 것이 아니라, 하나의 계열에 놓이는 대상들을 다른 하나의 계열에 놓이는 비유들과 연결시키는 방식을 즐겨 썼다.

133 김기림, 「시인으로서 현실에 적극관심 3」, 『조선일보』, 1936.1.5.

① 입안에짠맛이돈다. 血管으로淋[漓]한墨痕이몰려들어왓나보다. 懺悔로벗어노은내구긴피부는白紙로도로오고붓지나간자리에피가롱저매첫다. 尨大한墨痕의分流는온갓合音이리니分揀할길이업고다므른입안에그득찬序言이캄캄하다.

—「內附」 부분[134]

② 여기는어느나라의떼드마스크다. 떼드마스크는盜賊마젓다는소문도잇다. 풀이極北에서破瓜하지안튼이수염은絶望을알아차리고生殖하지안는다. 千古로蒼天이허방빠저잇는陷穽에遺言이石碑처럼은근히沈沒되어잇다.

—「自像」 부분[135]

①의 「內附」에서 '피'와 "墨痕", "피부"와 "白紙", "合音"과 "序言"은 동일한 비유적 구조 아래 연결된다. '피, 피부, 합음'이라는 육체의 기호들은 시의 비유 체계 속에서 '묵흔, 백지, 서언'이라는 글쓰기 곧 문자 체계의 기호들과 동일시되고 있다. 이상의 시에서 육체를 괴롭히는 결핵이라는 병은 종종 글쓰기의 기호들에 비유된다. 육체와 관념이 자리바꿈을 하고 있는 듯한 이러한 비유는 결핵의 고통을 겪는 화자의 압도적인 무력감을 객관화시켜 전달하는 언어적 수단이다. "다므른입안에그득찬序言이캄캄하다"는 구절에 표현된 화자의 무력감은, 병을 견디는 고통에 대한 감정적이고 직설적인 고백이 아님에도 불구하고 효과적으로 전달되고 있다.

②에 인용된 「自像」의 "여기는어느나라의떼드마스크다"라는 구절은 화자의 얼굴을 장소화한다. 이 시에서 시인의 자화상은 '얼굴－북

134 『조선일보』, 1936.10.9. "淋[ ]한墨痕"의 [ ]부분은 원문에는 탈자 되어 있는 부분이나 '漓'자가 빠진 것으로 보는 견해가 많다.

135 위의 글.

극', '수염－풀', '입－함정' 등의 동일한 계열적 비유의 연쇄에 의해 표현된다. 풀이 자라나지 않는 북극의 불모성과 수염이 생식하지 않는 데드마스크 같은 시인의 얼굴의 불모성을 등치시키기 위해, 이와 같은 계열적 비유가 사용되고 있다. 이 특이한 비유의 연쇄는 생명력을 잃고 창백해져 가는 데드마스크와 같은 화자의 상태에서 느껴지는 심각성을 스스로에 대한 아이러니적인 관찰로 상쇄시키기 위한 언어적 고안 장치이다. 이상 시의 비유들은 특수한 시적 구조를 만들면서 새로운 언어적 효과를 창출하고 있지만, 과도한 비유와 언어 조작의 의지로 인해 의미의 과부하를 불러일으키기도 했다.

「自像」에서 "千古로蒼天이허방빠저잇는陷穽에遺言이石碑처럼은근히沈沒되어잇다"와 같은 구절은 "蒼天", "陷穽", "石碑" 등의 비유들이 연속적으로 중첩되고 한 문장 안에 한자어들이 지나치게 많이 사용되고 있다. 「位置」, 「賣春」, 「生涯」와 같은 시들도 비유를 지나치게 중첩시키고 원관념을 은폐하면서 해독하기 어려운 구절들을 만들어 내고 있다.[136] 이러한 실패는 이상이 김기림의 말처럼 새로운 것을 발견하고 그것을 조직하여 새말의 창조에 노력하고자 했으나 때로 그 작위성이 과도해짐으로써, "우리의 말을 그 현상에 잇서서 잘 파악해 살릴뿐 아니라 산 말 속에서 늘 새로운 것을 발견"[137]해야 한다는 보편적 원칙에서 지나치게 멀어지고 있기 때문이다.

김기림은 「危篤」 연작이 발표되고 난 다음해인 1937년 2월에, 이시우의 시가 "형이상학적 곡예에 교묘하기만 급급"한 데 반해, 이상이 그의 시 「危篤」에서 "적절한 현대의 진단서를 썼다"고 평하였다. 이 글에

---

136 김인환은 이상이 시 한 편에 하나 내지 두 개의 비유를 구성하는 현대시의 관례적 문체를 흐트러뜨렸는데, 문장바다 비유를 집어넣어 실패작이 된 경우도 있다고 지적하였다. 김인환, 앞의 글, 298~299면.

137 김기림, 「시인으로서 현실에 적극관심 3」, 『조선일보』, 1936.1.5.

서 그는 이상이 자신의 "우울한 시대 병리학을 기술하기에 가장 알마즌 암호를 고안"했다고 말하고 있다.[138] 김기림이 말한 시대 병리학을 기술하기에 가장 알맞은 암호란 이상 시의 특수한 언어 구조와 그가 실험했던 조선어 형식을 뜻한다고 할 수 있다.

① 캄캄한空氣를마시면肺에害롭다. 肺壁에끄름이앉는다. 밤새도록나는 옴살을알른다. 밤은참많기도하드라. 실어내가기도하고실어들여오기도하고하다가이저버리고새벽이된다. 肺에도아츰이켜진다. 밤사이에무엇이없어졌나살펴본다. 習慣이도로와있다. 다만내侈奢한책이여러장찢겼다. 憔悴한結論우에아츰햇살이仔細히적힌다. 永遠이그코없는밤은오지않을듯이.

—「아츰」 전문[139]

② 기침이난다. 空氣속에空氣를힘들여배앗하놓는다. 답답하게걸어가는 길이내스토오리요기침해서찍는句讀을심심한空氣가주믈러서삭여버린다. 나는한章이나걸어서鐵路를건너질를적에그때누가내經路를되되는이가있다. 압흔것이匕首에버어지면서鐵路와열十字로어얼린다. 나는문어지느라고기침을떨어트린다. 우슴소리가요란하게나드니自嘲하는表情우에毒한잉크가끼언친다. 기침은思念우에그냥주저앉어서떠든다. 기가탁막힌다.

—「行路」 전문[140]

김기림이 이상에게 "시대 병리학을 기술하기에 가장 알마즌 암호"를 계발하였다고 말하였듯, 이상은 자신의 병을 철저히 응시하고 언어화함으로써, 그것을 곧 시대의 병을 앓는 개인의 것으로 형상화할 수 있

138 김기림, 「과학과 비평과 시－현대시의 실망과 희망」, 『조선일보』, 1937.2.26.
139 『가톨닉 청년』 4권 2호, 1936.2, 156면.
140 위의 책, 157면.

었다. [1],[2]에서 인용된 「아츰」이나 「行路」와 같은 시에서 이상은 폐결핵을 앓는 자신의 내부와 병으로 고통받는 육체를 '책' 또는 '독서행위'에 비유하고 있다. 이러한 비유법은 병에 압도적으로 침식당해 가고 있는 육체와 정신을 '해부자'의 시선으로 바라보고자 하는 이상의 태도에서 나온 것이었다. 캄캄한 밤의 공기에 밤새 앓는 육체의 내부를 [1]처럼 "侈奢한책이여러장찢겼다"고 표현할 때 센티멘털한 감정은 표백되지만, 주체의 절망을 표현하는 언어의 명확성은 또렷이 부각된다.

인용 [2]에서 「行路」의 표현 방식 또한 독특하다. 시인은 자신이 걸어가는 길을 "스토오리"로 고통스러운 기침을 "句讀"점으로 비유한다. 육체의 병과 아픔은 문자와 책에 비유되면서 비극적인 감상성을 벗어날 수 있게 된다. 이상은 개인적으로 앓았던 육체의 병조차 새로운 비유적 방식으로 형상화하려 애썼다. 이상의 시들이 해방 이후 현재에 이르기까지 많은 시인들에게 영향을 미칠 수 있었던 이유는, 이와 같이 대상과 자신의 내면에 대한 철저한 응시의 시선을 버리지 않고 그것을 새로운 언어 실험을 통해 형상화하려 한 데에서 찾아야 할 것이다. 이상은 직접적으로 식민지적 현실의 모순에 대해 언급하지는 않았지만, 식민지의 무력한 주체가 겪고 있던 가난과 병에 대해 깊숙이 천착하였다.

> [1] 門을암만잡아단여도않열리는것은안에生活이모자라는까닭이다. 밤이사나운꾸즈람으로나를졸른다. 나는우리집내門牌앞에서여간성가신게아니다. 나는밤속에들어서서제웅처럼작구만滅해간다. 食口야封한窓戶어데라도한구석터노아다고내가收入되여들어가야하지않나. 집웅에서리가나리고뾰족한데는鍼처럼月光이무덨다. 우리집이알나보다그러고누가힘에겨운도장을찍나보다. 壽命을헐어서典當잡히나보다. 나는그냥門고리에쇠사슬늘어지듯매여달렷다. 門을열려고않열리는門을열려고.
>
> —「家庭」 전문[141]

2 그리고 우리 집에는 나날이 찾아오는 빗쟁이 수효가 늘어가기 시작이다. 그리다가 건물회사에서 집달리를 데리고 나와 세간 기명 등속에다가 딱지를 붙이고 갔다. 집세가 너무 많이 밀렸다는 理由다. 이런 뒤법석이 일어난 것을 사남매는 모두 학교에 갔으니 알 길이 없고 이쪽 이웃 亦 어느 장님이 눈을 떴누 하는 식이다. 차라리 나는 다행하다 생각하였다. 동네 방네가 죄다 알고 야단들을 치면 더 창피다.[142]

1에 인용된 시 「家庭」의 배경은 인용문 2의 산문에도 잘 나와 있다. 이상은 그의 소설 「날개」에서도 "박서방 김씨 이상 최주사, 이렇케 크고 적은 문패가 칸칸이 붓혓다. 그러나 그들은 서로 사귀지 안는다. 그 중에도 직업은 서로 절대 비밀이다"[143]와 같은 경성 도시의 한 풍경을 묘사하였다.

1의 「가정」에서 "壽命을헐어서典當잡히"는 가족의 운명과 "제웅"처럼 감해 가는 "나"의 운명은 동일하다. 이 시에는 집에 들어가고자 하는 나와 들어가고 싶어하지 않는 나, 즉 가족에 대한 책임감을 버릴 수 없으면서도 거기에서 벗어나고자 하는 욕망을 동시에 지닌 나의 갈등이 드러난다. "門牌"라는 상징적 사물이 비유하는, 가장의 책임을 요구하는 식구들과 나 사이의 갈등 또한 여기에 개입된다. 그러나 결국 가족과 나는 "밤"으로 지칭되는 현실, 즉 조선의 도시 빈민의 삶이라는 현실에 동일하게 침식당하고 있다.

이상은 자본주의와 상부구조에 대한 인식은 명확히 갖고 있었지

---

141 위의 책, 156면.

142 이상, 「조춘 점묘—도회의 인심」, 『매일신보』, 1936.3.3~26; 『이상문학전집 3』, 69면.

143 위의 책, 68면. 다음과 같은 묘사가 「날개」의 창작 모티프가 된 것으로 추측된다. "우리집 변소 유리창에서 똑바로 보이는 제이열(第二列) 나가야 ×호칸에 들은 젊은 세대는 작하(昨夏) 이래 내외 싸홈이 근칠 사이가 업드니 가을로 들어스자 추풍낙엽과 갓치 남편이 남편직에서 떨어젓다. 부인은 ××카페 화형(花形) 여급이라는 것이다."

만,[144] 그것이 조선의 식민지적 특수성과 얽혀 있다는 것에 대해서는 더 깊이 생각하지 못하였다. 그것이 이상이 그토록 동경에 가기를 희망했던 이유이자, 동경에 건너자마자 큰 실망에 부딪치고 말았던 이유이기도 하다. 그는 엘리트 지식인의 길을 걸을 수 있었지만, 거의 자의에 가깝게 그 길을 버리고 가난한 무산계층이 되었다. 그리고 식민 도시 경성의 무산 지식인이 겪었던 가난의 현실을 그의 독창적인 문체로 형상화해내었다.

조선어의 기능과 문체에 대한 이상의 창작 실험은 당시의 시대 분위기와도 무관하지는 않은 것이었다. 문학인들에게 조선문학의 근대화란 조선어의 근대화와 별개로 생각될 수 없는 것이었다. 한글 문자를 표현의 도구로 삼게 되자마자 식민 지배 아래 일본어를 '국어'로 사용해야 했던 상황에서, 조선어의 근대화는 쉽지 않은 것이었다. 「조선어의 수련과 조선문학장래」라는 글에서 조선시에 대해 논하면서, "여러가지 색채와 형상과 음향을 가진 풍부한 말"로 조선어를 발전시키기 위한 대책이 없음을 한탄하며, 문제는 "우리 다음 세대 사람들이 엇더케 하면 소학교나 중학교에서 조선말을 충분히 배울 기회를 가질 수 잇슬까 하는 데 잇"다는 이양하의 말은 이 시대 조선의 문인들을 휘감고 있었던 위기의식을 보여 준다.[145]

당시의 조선어는 한문 사용의 그늘이 짙게 드리워진 채로 서양 문물, 일본 문물과 함께 유입된 외국어들이 들끓는 용광로 안에서처럼 혼재되어 있는 언어 공간이었다. 앞의 시기에 비해 상대적으로 안정되

---

144 이상의 다음 산문을 참조할 수 있다. "그러나 다음 순간 「나를 먹여 살니는 내 바로 상부구조가 또 이러케 만족해 하겟지」하고 소름이 연(聯) 짝 끼친다. 그때의 나는 틀님업시 엇던 점잔은 분들의 허영심과 생활원동력을 제공하기 위하야 쑤멊쑤멀하는 「거지적존재」고나, 눈의 불이 번쩍 나지 안을 수 업섯다." 이상, 「조춘점묘－차생윤회(此生輪廻)」, 『매일신보』, 1936.3.3～26; 『이상문학전집 3』, 64면.

145 이양하, 「조선어의 수련과 조선문학장래」, 『조선일보』, 1935.7.6.

어 보이기는 하지만, 한문과 외국어 그리고 일본어의 사이에서 조선어는 여전히 불안정한 형식으로 존재했고 또 그만큼 여러 가지 가능성이 잠재된 표현 매체였다. 온갖 기호와 외국어가 혼재되어 있으며 한자어의 중첩 및 나열뿐 아니라 때로는 순 한글로만 된 시형식까지 다양한 언어형식을 시험했던 이상의 시는 이와 같은 1930년대 조선어의 언어적 가능성을 적극적으로 실험하고 있는 예이다.[146]

1930년대의 조선은 전통과 신문물, 제국과 식민지, 자본주의와 도시화 등의 복잡다단한 기제들이 난마(亂麻)처럼 얽혀 있는 공간이었다. 그 한복판인 경성에서 시대의 '위독'한 현실을 온 몸으로 앓았던 이상에게, 시의 매재였던 조선어란 끊임없이 생성되고 창조되고 있는 언어였다. 이상이 난해하다는 비난을 무릅쓰고 해나갔던 형태 실험이나 연작시의 기획 또한 조선어의 근대적 구조와 형식을 실험해 보기 위한 방법론이었다. 이상은 의도적인 한자어 사용과 조작적인 단어 결합, 계열체적 비유의 창조 등 여러 가지 방법론을 실험하였다. 자신이 "한글문자 추구시험"을 하고 있음을 밝히며, "요다음쯤 일맥의 혈로가 보일 듯하다"[147]고 미래를 기약한 이상의 말은, 제국 일본의 수도 동경에서의 일경(日警)에 의한 검거, 그리고 죽음에 의해 결국 그 '다음'을 보여 주지 못했다. 이상의 언어 실험은 미완성으로 종결되었지만, 당시 조선어의 다양한 가능성을 가장 적극적으로 실험하며 시 속에 구현하였던 예였다.

146 일본어 시를 비롯한 외국 시의 영향 관계, 이상 시의 조어법과 일본어 통사론의 관계는 좀 더 면밀히 검토되어야 할 과제이다. 이상의 일본어 시와 조선어 시의 관계에 대한 견해로 김윤식, 『이상연구』, 문학사상사, 1987, 312~316면; 김윤식, 「이상 문학에서의 글쓰기 유형과 일어시가 선 자리」, 『문학과의식』, 1998년 봄호를 참조할 수 있다.

147 이상, 「사신(私信) 5」, 『이상문학전집 3』, 247면.

제5장

근대문학의 탐색과 한국시의 지형

1930년대는 제국주의의 압력 아래 조선어와 조선문학의 환경이 급격히 변동하고 있던 시기였다. 1930년대 중반을 기점으로 조선어와 조선문학에 대한 담론은 다른 어느 때보다도 활발하게 진행된 바 있다. 조선의 국민문학을 상상했던 이 시기의 논의는 1920년대 국민문학론자들의 논의와 연속성을 가진 측면도 있었다. 그런데 이 시기에 조선문학의 '수립'과 '건설'이 중요시되고 저널리즘을 중심으로 강력한 비평적 쟁점이 되었던 것은, 조선어가 말살될지도 모른다는 불안감과 정치적 상황의 부자유 속에 조선문학이 그 발달을 이루지 못하고 있다는 위기의식이 조선문단에 퍼져나갔기 때문이다. 여기에는 이 환경의 영향이 아니었더라면, 조선문학 스스로 내재적 발전을 이루어 국민문학으로서의 조건을 충분히 갖출 수도 있었으리라는 무의식이 암암리에 개재되어 있다. 조선의 문단과 문학단체에 대한 일본 당국의 물리적 영향력이 강화되면서 민족문학 건설을 둘러싼 담론이 쟁점화되고 있는 것은, 식민주의 또는 제국주의라는 타자를 강력히 의식하면서 자기 정체성을 구성해 나가는 조선문단의 상황을 여실히 보여 준다.

이 연구에서는 이러한 점에 착안하여 1930년대 조선어 시의 지형을 새로이 조망해 보고자 하였다. 이 연구에서 주목한 것은 1930년대 중후반 조선어 창작 환경의 변동과 신문・잡지 등을 중심으로 펼쳐지는 '조선문학' 담론의 내용과 방향이다. 특히 이 책에서는 조선문학 담론과의 영향관계 속에 조선어의 근대적 형식과 문체를 구현해 내기 위한 모색의 과정을 정지용(鄭芝溶), 임화(林和), 이상(李箱)과 같은 작가들의 창작 방향과 실천을 통해 살펴보았다. 이들 사이의 거리와 차이가 형성해낸 조선어 시형식의 성과와 의미를 평가함으로써, 한국현대시사의 중요한 줄기를 형성하는 시적 흐름의 근저를 조선문단의 내부에서 규명할 수 있다고 여겼기 때문이다.

정지용, 임화, 이상의 자국어 즉 조선어에 대한 인식은 남달랐으며, 이들은 조선어에 대한 인식을 자각적으로 실천하며 창작 방향을 모색해 갔다. 세 작가의 창작 방향은 당시의 조선어가 처한 상황과 조선어 시의 근대적 형식에 대한 의미 깊은 문제의식을 제기한다. 이 책은 이들이 신문이나 잡지에 작품을 활발하게 발표할 당시, 동시대적으로 진행되고 있었던 조선문학 담론을 살핌으로써 당시 조선시의 지형이 어떻게 형성되어 가고 있는지 그 구체적 과정과 계기에 주목하였다.

1부의 제1장에서는 1930년대 들어 조선문학, 조선시의 개념에 대한 문학가들의 인식이 전환되고 이에 따라 조선어와 조선문학, 조선어와 조선시의 관계를 새롭게 사고하는 경향이 등장하였음을 논하였다. 조선어 시의 근대적 형식을 창출해 나가는 과정이 이와 같은 환경의 변화와도 깊은 관련을 맺고 있음에 주목하였다.

1부의 제2장에서는 조선문학 담론의 배경과 쟁점이 되었던 시대 상황과 조선문단의 정황을 조감하고 이 과정에서 나타나는 조선문학의 규정과 국민문학 건설론에 대해 살펴보았다.

1935년을 전후로 한 사회 정치적 상황과 카프의 해산은 조선문학의 침체가 심화될 것이라는 비관적 인식을 조선문단에 확산시켰다. 조선문단의 위기의식과 창작 조건의 변동에 원인이 되었던 것은, 검열과 카프 문학에 대한 억압 외에 창작의 조건이었던 조선어에 대한 문제였다. 일본어 서적의 유통은 점차 활발해지고, 조선어 교육과정이 축소되는 상황에서 조선문학의 위기는 이와 같은 조선어의 현실과 함께 논의될 수밖에 없었다. 조선문단에서 타자화되었던 장혁주라는 존재는 당시 조선문단의 상황이나 조선어 문학의 환경 변동과 관련하여 중요한 문제들을 제기하고 있다. 장혁주와 같은 작가들을 모방할 것인가 타자화할 것인가의 문제 사이에서 조선의 문학가들은 조선어 창작에 대한 자신의 입장을 정리해 나가기 시작하는 한편, 국민문학으로서의 조선문학의 개념과 위상을 정립해야 할 필요성도 느끼게 된다. 조선문학의 정의에 대한 문학가들의 답변을 통해 조선문학의 개념 규정을 둘러싸고 조선문학의 과거와 현재, 미래에 대한 여러 가지 논점들이 떠오르고 있었다.

조선문학의 개념을 규정하는 데서 핵심을 이루는 것은 조선어의 문제였다. 조선어와 조선문학의 관계를 논할 때 일차적으로 문제가 되었던 것은 한문과 한문문학에 대한 입장이었다. '한자' 대 '한글' 또는 '한문문학' 대 '국문문학'의 구도에서 한글을 우위에 두고 한문학을 배제하는 논리는, 국민국가의 독립적인 정체성과 근대적 문학어의 성격을 구현하는 매체로서 조선어를 바라보는 어문학자들의 입장을 반영하고 있었다. 당시 조선어에 관한 논의는 자연스럽게 창작과 연관되는 경향이 강했다. 창작 수단으로 조선어를 인식할 때 이를 수용하는 독자의 입장에 대한 고려가 또 다른 논점으로 떠오른다. 당시 조선문단에서 논의되었던 '조선어' 대 '비조선어'의 문제를 독자의 입장과 관련시킬 때, 중요한 것은 '조선어' 대 '한문'의 구도뿐만 아니라 '조선어' 대

'일본어'의 구도이기도 했다.

1930년대 중후반의 시점에서 문학가들 스스로가 국민문학의 요건을 자각하고 창작의 방향을 고민하면서 조선문학의 진로와 미래를 상상하고 있었다는 점은 중요하다. 그들이 상상했던 국민문학은 1940년대에 들어 일본 제국주의의 파시즘 문학에 복속되면서 방향을 잃었지만, 당시 국민문학을 모색하고 창작방법을 실천하는 과정은 해방 이후 한국현대문학사의 전개를 가늠하는 중요한 좌표가 된다.

1부의 제3장에서는 조선문학을 혁신하고 조선어 시의 새로운 방향을 찾으려 했던 문학가들의 모색 과정을 다루었다.

1930년대 중후반의 조선문단에서 위기 상황의 대안적 담론으로 부상하기 시작했던 것은 고전부흥의 경향이었다. 조선문학의 전통을 발굴하여 조선문학만이 갖고 있는 고유한 특질을 밝히고 그것을 현재의 문학에 계승함으로써, 독자적인 조선문학을 건설해 나갈 자양분을 얻을 수 있으리라는 분위기가 당시의 조선문단에 퍼져나갔다. 이러한 경향은 카프 성원들의 검거와 카프 해체로 인해 계급성이나 사회주의적 경향을 갖는 문학 활동이 감소할 수밖에 없었던 현실과도 관련된다. '조선적인 것'에 대한 전사회적 관심이 형성되었던 사회적 분위기와 맞물려, 문단 활로의 타개책으로 전통주의적 경향이 급격하게 증가하고 있었다. 여기에는 일제의 식민주의 체제가 강화되면서 그에 대응하여 조선의 역사와 전통을 재인식하고자 했던 심리가 내재되어 있다.

조선어문학의 영역이 위협을 받으면서, 상대적으로 조선어와 조선문학의 고유성과 역사성을 확인하고 존립의 근거를 찾으려는 자구책으로 고전부흥의 경향은 더욱 힘을 얻을 수 있었다. 저널리즘은 당시의 이러한 사회와 문단의 움직임을 재빨리 간파하고, 더욱 적극적으로 담론화시켰다. 과거의 전통을 발굴하고 조선문학을 국민문학으로 수립한다는 담론이, 비평적 쟁점과 문화적 요구 두 가지를 모두 충족시키고 있었기 때문이다. 1930년대 중후반 활발히 전개된 고전부흥론은, 독자적인 조선문학의 수립과 건설이라는 명제에 조선문단이 조선의 특수성이라는 요소를 중심으로 대응하는 방식을 보여 준다.

1930년대 고전부흥론이 조선문단에 미친 영향은, 각종 역사소설이나 야담이 유행하는 등의 대중적 현상으로 나타났다. 그리고 개별 작가들의 창작 방향에 있어서도 '조선적인 것'의 특수성은 영향을 미치고 있었다. 1930년대 조선 시단(詩壇)에서 이와 같은 고전과 전통의 복원에 가장 영향을 받고, 그 영향을 자신의 창작 방향에 적극적으로 활용하고 있었던 시인은 정지용이다. 그는 1920년대 국민문학파의 퇴영적인 시적 흐름과는 차별적인 시적 개성을 창조함으로써, 고전부흥론을 중심으로 논의되던 조선문학의 고유성과 이를 통한 조선 근대문학의 수립이라는 명제에 대해 뚜렷한 반향을 보여 주었다.

1930년대 중반 조선문단에 큰 흐름을 이루었던 민족주의적 경향의 고전부흥의 열기에 대해 일부 프로문학가들은 비판적인 반응을 보였다. 이러한 대결구도의 와중에서 중요하게 언급되기 시작했던 것은 조선문학의 역사성이라는 용어였다. 카프 진영의 이론가들은 조서 민족과 조선문학의 역사를 운위하는 고전부흥론자들이 말하는 역사성이 동일성만을 당위적으로 강조할 뿐, 제대로 규명된 바가 없음을 비판하고 있었다. 이때 카프 문학가들이 강조하는 역사성이란, 맑시즘적 의미에서의 보편적 역사 법칙을 따르는 것이었다. 고전부흥 논의의 와중에 빈번히 등장하던 조선문학의 '역사성'이란 말과 카프 논자들이 사용하는 '역사성'이라는 용어 사이에는 매우 큰 거리가 놓여 있었다. 고전부흥의 논의와 조선문학 건설에 관한 담론이 진행되면서, 조선문학의 역사성에 대한 인식은 더 엄밀하게 규명되어야 할 문제로 부상하고 있었다.

조선문학의 역사성을 정당히 인식하기 위한 조선문학사의 계보화・체계화 작업을 진행하고 있었던 이는 김태준이었다. 김태준은 조선의 한문학사 서술을 통해 조선문학의 단절된 전통을 복원하는 작업을 선구적으로 시작하였다. 김태준은 자신의 조선문학사 서술이나 조선문학의 전통을 복원하는 작업이, 당시 조선문단의 유행을 타고 번져나가고 있었던 고전부흥론자들의 경향과는 다른 것임을 강조하였다. 조선문학의 역사성에 대한 강조는 그의 조선문학사 서술에 일관되게 흐르는 것이었고, 그는 조선문학의 모든 전통이 아니라 그가 지향하는 국민문학으로서 가치가 평가될 수 있는 전통을 계보화시키기 위해 노력했다.

김태준의 영향 아래 조선문학의 역사성에 대한 인식과 실천적 작업을 해 나가고 있던 이는 임화였다. 임화는 김태준의 문학사 서술의 입장을 계승하고 있으나, 조선문학의 범주와 내포 문제에 대한 자신의 관점을 정립하며 문학적 전통을 계승하기 위한 방법론을 정초하고 있었다. 임화의 문학사 서술에 대한 관심과 실천적 모색이 시작되는 것은 이 시기를 즈음해서이다. 카프 문학 진영의 가장 중심적 존재였던 임화가, 카프 해산 이후 조선문학 건설과 고전부흥에 대한 담론들이 활발해지는 시점에서 그에 대응하며 조선문학의 역사성과 근대 조선문학의 방향을 수립하고 있었다는 사실은 의미가 깊다.

임화는 자신이 말한 '민족의식의 각성'과 '민족어의 통일적 형성'이라는 민족문학의 요건에 대응하는 창작의 방향을 찾기 위해서도 고심하고 있었다. 그는 고전부흥론이 유행하던 당시 조선문단의 창작 경향에 대해 깊은 회의감을 표명하고 있었다. 당시 조선시단의 주류적 경향에 대한 임화의 반감은, 그의 계급주의적 문학관과 결합하면서 창작의 과정에도 영향을 미치게 된다. 이미 사어화된 고어의 발굴이 아니라 생활과 현실을 표현하기에 적합한 언어, 여성적 관조뿐만 아니라 남성적 요소까지 포함하는 조선어, 그리고 민중 계급의 이해와 향수를 위한 음향과 리듬을 시 속에 담아내는 조선 근대문학의 임무는, 시인으로서 창작자의 역할을 지녔던 그 자신에게도 해당하는 것이었다.

조선문단의 위기와 건설책의 논의 과정에서 해외문학파의 세력이 활발하게 담론을 제출하고 있는 점은 주목할 만하다. 해외문학파에 속하는 문학가들은 세계문학의 일원으로서 조선문학의 현재와 장래를 진단하고자 했다. 그들은 당시 조선문학의 독자성과 정체성을 수립하고자 하는 움직임에 일면 동의하고 있었지만, 조선적 특수성을 중심으로 하는 전통주의자들의 방향성과는 다른 입지에 서 있을 수밖에 없었다. 조선문학의 번역이나 세계문단으로의 진출과 관련된 문제는 조선문학의 내셔널리티와 보편성 또는 국제성을 사고하게 하는 것이었다. 당시 해외문학파는 이러한 문제들 속에서 '민족적'이라는 것과 '민족주의'를 혼동하지 말 것을 주장하면서, 민족적인 특수성을 갖되 세계적 보편성을 파악할 것을 조선문학의 이상으로 삼았다.

문단의 조선주의적 경향에 반발하여, 해외문학파는 번역과 외국문학의 수입을 통해 조선어의 범위와 내포를 넓히고자 했다. 조선문학의 보편성을 강조함으로써 근대적인 세계문학의 일원으로서 조선문학을 정초하는 네 기여하려 한 것이다. 그러나 이를 창작에서 실현한다는 것은 별개의 문제였다. 1930년대의 조선문단, 특히 조선시단(詩壇)에서 조선주의적 특수성에 대응하여 조선문학의 보편성을 사고하며 창작할 것을 주장하던 비평가로 김기림을 들 수 있다.

김기림은 조선어의 실험과 근대화를 지향하며, 30년대 전반의 모더니즘을 초극하여 사회성을 구현하는 조선시의 형식을 창출하고자 했던 시인으로 이상을 주목했다. 김기림은 이상이 조선어에 대한 실험 속에 조선 사회와 현실에 대한 관심을 현대적으로 살려내고 있다고 평가하였다. 이상은 조선어와 조선문학의 근대를 상상하기 위해, 그가 처해 있는 조선의 현실 그리고 조선적 전통과 끊임없이 대결하는 방법을 취하였다. 김기림이 이상의 문학을 '동양에의 반역'이며, 그리하여 동양이 더 높은 인류적인 세계적인 역사의 단계에 자신을 살리기 위한 철저성의 실현이었다고 평가한 것은, 이러한 이상의 의식적 실천을 파악한 데서 나온 발언이었다.

1부의 제4장에서는 정지용과 임화 그리고 이상이 모색하고 실험했던 조선어의 형식과 문체를 구체적으로 분석하였다.

정지용은 다종다양하며 당시 조선어 시의 관습으로는 대담하다고 할 수 있는 외국어나 새로운 어휘들을 시 속에 들여왔다. 선진적인 문물을 먼저 체험하고 있다는 유학생으로서의 자부심과 감각적 경험의 장을 넓혀 준 풍경에 대한 경이가 이를 가능하게 했을 것이다. 이 새로운 어휘와 비유들은 생경함과 이질성으로 인해 때로는 조선어와 충돌을 일으키기도 하고 시에서 불균형한 느낌을 불러일으키기도 한다. 자신이 한때 일본어 창작과 조선어 창작을 병행하였기에 그는 번역된 조선어에 대한 구체적인 감각을 지닐 수 있었다. 그가 일본어 시와 조선어 시의 상호 번역 과정을 거치고 그 속에서 보존되어야 할 조선어의 질감과 리듬에 대해 사고할 수 있었다는 점은 중요하다.

정지용 시의 혼종성은 후기로 올수록 줄어들고 고유한 조선어의 미감을 구현하기 위한 어휘와 형식이 모색되고 있는 것을 볼 수 있다. 이는 일본 유학 시기를 거쳐 그가 자각해 가는 모국어로서의 조선어에 대한 관념이 여러 가지 언어적 실험을 거쳐 형태를 얻고 있기 때문이다. 정지용은 민요나 동요조 풍의 시를 창작하며, 조선어의 음악성을 근대적 시어의 숨결을 통해 되살려 내고자 하였다. 그의 이러한 시도는 1920년대의 김억이나 김동환, 주요한 등 조선시를 주장하며 민요적 정형시를 되살려내려던 국민문학론자들의 지향과는 달랐다. 이들이 시가의 정형성에 집착하여 상투화된 시형에 떨어지는 측면이 강했던 반면, 정지용은 정형성 자체는 조선시의 근대적 형식의 창출에 그리 큰 방향성을 던져 주지 못한다고 보았다.

정지용에게는 순수한 '조선적 포에지'와 자연과 리얼리티에 철저한 '근대적 시정신' 두 가지 모두 중요한 것이었다. 조선적인 서정과 음악성의 결합을 통해 독특한 개성을 창조했던 정지용의 형식은 당시 많은 시인들의 추종을 낳았다. 「백록담」의 산문시형은 「溫井」, 「삽사리」, 「진달래」 등의 다른 산문시들과 함께 그의 여러 가지 시형의 모색 속에서도 특히 성공적인 것으로 보인다. 「백록담」의 산문시형은 조선어의 고유한 음악성을 잘 살려내면서도 고어투나 형식에 얽매이지 않고 자유로운 호흡과 리듬을 구사하고 있다. 정지용의 시형이 이후 경향파 시의 흐름이 끊어질 수밖에 없었던 한국 현대시사에서 특권적인 지위를 얻었던 것은 사실이다. 그러나 파시즘적 체제로 재편되기 직전의 조선문단에서 정지용이 이루었던 시적 성취는 조선어의 고유한 어감과 특질을 개성적인 형식으로 실현한 예였다.

임화는 조선어의 중요성과 조선어를 민족문학이라는 이름에 합당한 형식으로 발전시켜나가야 할 창작자들의 임무를 강조했다. 임화는 '시민계급'의 평이한 일상어로 민중의 이해를 극대화시키고 현실의 변화와 격동을 담을 수 있는 조선어의 경지를 개척하고자 했다. 그의 시에서 역사적 전망은 평이하고 명징한 비유로써 드러나고, 시의 격정적인 어조는 시적 주체의 현실에 대한 의지를 독자에게 호소한다. 임화의 시들은 이와 같은 평이한 형상성과 남성적인 호흡을 통해, 해방 공간에서의 시편들 그리고 이념대립과 전쟁으로 단절되었다가 복원되기 시작하는 역사적 민중시들의 전형이 될 수 있었다.

임화는 1930년대 후반 근대문명을 배우고 계급운동의 이념을 실현하겠다는 이상을 품고 현해탄을 오고 갔던 식민지 청년들의 역사와 운명을 시로써 기록하겠다는 생각을 가지고 있었다. 임화의 시는 '우리'라는 발화적 표지로써 '너'나 '그들'로 지칭되었던 현실적 억압자 또는 시대적 죽음의 기운에 대항하는 공동성을 강화시키고 있다. 이 '우리'는 임화 시의 초기에는 계급적 신념의 동일성을 강조하는 주체였지만, 점차 식민지의 청년들로, 그리고 민족으로 확장해 간다. 임화는 『현해탄』에서 인칭의 활용과 화법의 구성을 통해 일인칭 진술의 내면성을 확장시키려는 시도를 하고 있었다.

임화의 시를 의미 깊게 하는 것은 만연해 있는 죽음과 비극 속에 놓여 있는 조선의 현실과 그 현실에 부대끼고 고통받는 민중의 모습을 구성해 내고 있다는 점이다. 임화는 현실을 넘어서고자 애쓰다 스러져 간 청년들의 과거와 현재와 미래를 제시함으로써, 조선의 역사적 현재를 내러티브화하려는 시도를 하고 있었다. 임화가 추구한 바 있는 민족어의 형식이, 로맨티시즘적 외피를 떨치지 못했던 현해탄 시편들을 통해 완전히 구현되었다고 보기는 어렵다. 그러나 임화 시가 개척한 장시의 형식과 시적 서사의 내러티브는 1930년대의 조선시에서 뚜렷한 자리를 점하고 있었으며, 한국전쟁과 이념 대립의 와중에서 상실된 한국시의 한 전통이라고 할 수 있다. 이와 같은 형식을 통해 임화는 1930년대 후반 쇠잔해 가는 민족의 공동체적 운명과 비극적 현실을 시적으로 현재화시킬 수 있었다.

이상이 그의 작품에서 가장 먼저 배제한 것은, 조선문학 전통의 기반이자 당시의 많은 조선 시인들에게도 시적 관습이 되었다시피 한 자연에 대한 비유와 정서적 동화였다. 이상은 자연과 인간 사이의 관계를 관조하고 자연에 동화되는 방식을 통해 정서적 효과를 만들어냈던 전통적인 조선시의 관습을 거부했다. 그에게 그 자리를 대체한 것은 과학과 수학의 객관화된 언어와 보편적인 형식이었다. 「烏瞰圖」 연작에 와서 이상은 다양한 시형식의 시도 속에 여러 가지 조선어 구문의 형태를 보여주고 있다. 이들 시형태의 다양성은 이상이 과학적 언어의 사용을 통해 조선어의 보편적이고 개념적인 성격을 구현하려 했을 뿐만 아니라, 조선어 구문의 다양한 활용을 통해 조선시의 근대적 형식을 실험하고 있다는 사실을 뜻한다.

이상은 김기림이 말한 '새말의 창조'를 적극적으로 실현하는 방식으로 여러 가지 시형태를 실험하고 조선어의 가능성을 타진해 보고 있었다. 신조어를 활용하거나 한자로 이루어진 단어들을 시험하는 한편, 단어들을 조작적으로 결합하며 새로운 문장의 구성을 고안해 보기도 했다. 이상의 개성적인 문체를 형성하고 있는 것은 이러한 실험들 외에도 비유를 구성하는 특이한 방식이었다. 그는 비유를 구사할 때 하나의 대상과 하나의 비유를 연결시키는 것이 아니라, 하나의 계열에 놓이는 대상들을 다른 하나의 계열에 놓이는 비유들과 연결시키는 방식을 즐겨 썼다.

당시의 조선어는 한문 사용의 그늘이 짙게 드리워진 채로 서양 문물, 일본 문물과 함께 유입된 외국어들이 들끓는 용광로와 같이 혼재되어 있는 언어 공간이었다. 앞의 시기에 비해 상대적으로 안정되어 보이기는 하지만, 한문과 외국어 그리고 일본어의 사이에서 '조선어'는 여전히 불안정한 형식으로 존재했고 또 그만큼 여러 가지 가능성이 잠재된 표현 매제였다. 온갖 기호와 외국어가 혼재되어 있으며 한자어의 중첩 및 나열뿐 아니라 때로는 순 한글로만 된 시형식까지 다양한 언어형식을 시험했던 이상의 시는 이와 같은 1930년대 조선어의 언어적 가능성을 적극적으로 실험하고 있는 예이다. 1930년대 조선시의 근대화란 이와 같이 현실과의 고투 속에서 자신만의 독자적인 언어를 찾아내기 위한 시인들 각자의 조선어 실험과 구축을 통해 모색되고 있었다.

정지용과 임화, 이상 등의 작가들이 서로 영향을 주고받기도 하고 긴장 관계를 이루며 그려내었던 조선어 시의 지형과 계보는 해방 이후의 한국 현대시의 전개 과정과도 밀접하게 연관된다. 조선어와 조선문학의 전통에 대한 이들의 인식과 그 차이가 산출했던 조선어 시의 형식을 살피는 일은 또한 한국현대시사의 계보와 지형도를 구성하는 일이다. 이들이 실현해 내었던 조선어의 형식은 당시 많은 문학가들이 고민하고 모색하였던 조선 근대문학의 형태를 가장 구체적으로 보여주고 있다. 정지용, 임화, 이상이 서로 의식하고 차이를 이루며 산출해 낸 조선어 시의 리듬과 화법과 구성은 그 치열성으로 인해 한국 현대시사의 강력한 전통이 되었다.

제2부
근대시의 형성과 조선어의 경계들

제1장
근대 형성기 시의 형식과 변화 과정

1. 근대시 형성기를 둘러싼 문제점들

최남선의 「해에게서 소년에게」를 최초의 자유시로 보고, 신시의 선구로서 창가를 설정한 임화의 「개설 신문학사」는 근대시 형성기 초기의 시가들, 특히 신시에 대한 논의의 첫 장을 열었다.

> 조선의 신시—엄밀히 말하여 자유시—는 조선시가의 전통적 형식이었던 4·4조에다 신사상을 담는 데서부터 시작하였다. 이것이 지금 말하고자 하는 창가(唱歌)다. (…중략…) 뿐만 아니라 근대의 자유시가 발흥하기 전에 시가라는 것은 거개가 모두 곡—음악—을 떠나서 자립할 수 없는 것이라 조선의 시가라고 할 것 같으면 신시를 빼놓으면 모두 그러한 것이다. (…중략…) 따라서 근대의 모든 나라의 신시가 이 운문으로부터의 해방을 제일의 과정으로 하여 출발하게 되었다. 그러나 조선의 신시는 소설, 기타

와 마찬가지로 생탄 즉시로 운문과의 투쟁에 출발하느니보다 낡은 운문에 다 새로운 정신을 불어넣는 일로부터, 바꾸어 말하면 낡은 형식을 차용하는 데서 출발하였다. 이것은 창가의 내용인 신시대의 정신이 아직 자유율(自由律)을 획득할 만큼 성숙하지 못한 때문이기도 하다. (…중략…) 그러면서도 초기의 창가가 단순한 신사조를 담은 구가사의 역(域)을 넘고 그것의 변형을 감히 야기한 것은 신사조의 표현에 구가사의 형식이 합일되지 아니 했던 탓도 있지만, 또 창가를 창가이게 만든 것은 서양음악에 있는 것으로, 요컨대 신사조와 서양음악이 구가사로부터 창가를 탄생시켰다 할 수 있다.[1]

조선의 신시는 전통적 형식인 4・4조에 신사상을 담는 데서부터 시작했다는 그의 주장은 창가란 새 입장에서 쓰여진 구가사의 변형이며, 이 변형을 야기한 것은 서양음악이라는 결론으로 귀착된다. 신사조와 서양음악이 구가사로부터 창가를 탄생시켰으며, 이 창가에 의해 자유시가 배태되었다는 것이다. 그가 근대시의 중요한 요소로 꼽는 것은 "운문으로부터의 해방"이다. 그런데 창가의 내용인 신시대의 정신이 아직 자유율을 획득할 만큼 성숙하지 못했기 때문에, 전통적인 운율형식인 4・4조에 새 정신을 넣은 곳에서 신시가 출발하였다는 것이다.

임화의 논의는 이후 전개되는 한국 근대시 형성기의 시, 또는 한국의 자유시 형성에 대한 여러 가지 논쟁점들을 포함하고 있다. 그는 자유시를 곧 '신시'라 명명하고 그 선구를 창가로 보았다. 그러므로 '신시'라는 명칭은 그가 말한 바 있는 '신문학', 즉 근대 문학의 하위 개념으로서 근대 자유시를 지칭하는 개념이다.[2] 임화는 최남선 이전과 이후를

1 임화, 임규찬・한진일 편, 『개설 신문학사』, 한길사, 149~155면.

2 임화는, 신문학이란 말이 신학문의 의미를 떠나 문학예술 즉 Literature의 의미로 정착되는 것은 육당, 춘원의 시대에 이르러서라고 말하였다. 그가 여기서 굳이 신문학이라

근대 자유시 형성 이전과 이후라 보았는데, 그 과도기적 형태로 창가를 설정한 것이다.[3] 임화가 사용했던 '신시'라는 명칭은, 최남선의 시들이나 특정 시기의 어떤 시가들을 가리킨 것이 아니라 근대 이후의 자유시를 지칭하고 있음을 알 수 있다.

이후 한국의 근대시에 대한 논의들은, 1918년 『태서문예신보』 창간을 전후로 해 안정적인 형태로 정착하게 되는 근대 자유시 이전에 나타났던 혼재적이고 불확정적인 시가의 양상에 주목하면서 임화가 했던 '구 / 신'의 구분에 더 정밀하게 접근한다. 동시에 '신시'와 '신체시' 사이의 명칭 문제가 제기된다. 이 명칭의 문제는, 주로 신문의 평론란에 실렸던 계몽적 논조의 가사체 시가들의 형식과는 구분되는 최남선, 이광수, 현상윤, 최승구, 김억 등의 시들을 어떻게 규정할 것인가라는 문제에서 시작된다.

1900년대 중반 이후부터 1918년 전후에 이르는 시기에 일종의 실험적인 형태라고도 할 수 있는 모습으로 시도되었던 시들을 최남선이 표현한 대로 '신체시'라는 테두리 안에 귀속시킬 것인가. 아니면 '신체시'라는 명칭이 형식적, 장르적 특질을 지닌 명칭으로서 당시의 여러 시들을 아우를 수는 없으며, 다만 그때까지 존재했던 다른 정형적 시가들과는 다른 형태의 시들에 '신시'라는 명칭을 붙일 것인가. 또는 그 특수성에 주목하기보다는, '근대시'나 '자유시'의 초기적 형태로서 그 시기의 시들을 취급할 것인가. 이 문제는 여러 논자들에 의해 엇갈리는 주장으로 제시되었다. 신체시란 엄격한 의미에서 그 실체가 없이 이름만 있는 것이라는 결론이 등장하기까지 했다.[4] 그러나 이러한 논의 과

는 명칭을 사용하는 것은 조선의 근대문학 혹은 현대문학이 구문학과 대립하는 형식과 내용의 새로운 문학을 의미하기 때문이다. 위의 책, 14~16면.

3 여기에서 임화가 설정한 창가라는 개념은 현재는 주로 구분해 논의하는 개화가사(근대 계몽기 가사)와 창가를 아우르고 있는 것으로 볼 수 있다.

정을 통해, 안정적 의미의 근대 자유시 이전에 등장했던 1905년 전후에서 1910년대 후반 사이의 작품들이 좀 더 세밀하게 분석된 것은 사실이다.[5] 이 시기 시들이 근대시 초기에 점하는 문학사적 의의를 적극적으로 평가했던 김학동의 논의[6] 이후, 최남선의 「해에게서 소년에게」(1908) 발표 전후 시기와 주요한의 「불놀이」(1919)[7] 사이의 시사적 간격이 좀 더 풍부하게 메워질 수 있었다는 점은 의의가 깊다.

한국문학사에 대한 내재적 발전론의 입장에서 근대 초기의 시들이 전통 시가와 연계되는 지점을 연구하는 논의를 포함하여, 이 시기 시들의 과도기적이고 혼재적인 양상을 규명하는 연구에 종종 드러나는 것은 문학사에 대한 진화론적이고 선형적인 접근 방식이다. 가령 그

---

4 김현 · 김윤식, 『현대문학사』, 민음사, 1973.

5 근대 초기 및 자유시와 근대시 형성에 대한 논의에 관해서는 다음의 논의들을 참고하였다.
김기현, 『한국문학론고』, 일조각, 1972.
김학동, 『한국개화기시가연구』, 시문학사, 1981.
양왕용, 「신체시와 근대시 사이에서의 혼류」, 『한국근대시연구』, 삼영사, 1982.
김흥규, 「부서진 세계 안의 자유의 절망－1910년대 시의 한 국면에 대한 주제사적 검토」, 임형택 · 최원식 편, 『전환기의 동아시아 문학』, 창작과비평사, 1985.
오세영, 「근대시의 기점」, 장덕순 외, 『한국문학사의 쟁점』, 집문당, 1986.
조창환, 「초창기 자유시의 리듬과 형태－『학지광』을 중심으로」, 『한국현대시의 운율론적 연구』, 일지사, 1986.
김영철, 「한국 개화기 시가 장르의 형성과정 연구」, 서울대 박사논문, 1986.
김교봉 · 설성경, 『근대전환기 시가 연구』, 국학자료원, 1996.
정우택, 「한국 근대 자유시 형성과정과 그 성격」, 성균관대 박사논문, 1998.
김성윤, 「한국 근대자유시 형성기 연구－1910년대 최승구, 김여제, 현상윤의 시를 중심으로」, 연세대 박사논문, 1999.
정우택, 「한국근대시 형성과정에서 '개인'의 위상과 의미」, 『국제어문』 27, 국제어문학회, 2003.6.

6 김학동, 앞의 책.

7 이 두 작품은 문학사적 고정관념, 즉 '신체시에서 자유시로'라는 근대 자유시에 대한 일반적이고도 뭉뚱그려진 관념을 대표하는 하나의 축과 같다. 그러나 근대 자유시의 기점은 주요한의 「불놀이」 이전으로 돌아가야 하며, 기점 논의 자체가 소모적이라는 주장은 이미 여러 번 제시되어 왔다.

내용의 미숙한 근대성이나, 형식의 미성숙함, 과잉된 감정과 자아의 분출 등을 이들의 특질로 규정할 때 근대시 형성기 시들은 그 과도기적 역할로서만 의의를 평가받기 쉽다.[8] '신시'나 '신체시'라는 명칭 역시 무의식적으로 근대 초기 시들의 과도기적 특성을 부각시키게 된다.[9] 근대 초기 시들의 연구에서, 전통 시가와 완성된 근대시 사이의 연결 고리로서의 특질을 그 안에서 찾아내는 것도 중요하지만 근대 초기 시들이 갖는 형식적, 미적 특질과 특수성에 주목하는 방법론이 필요하다.[10] 이 글에서는 1905년경에서 1910년대 후반까지 창작되는 개인적인 창작시들, 즉 신문의 평론란에 실리는 계몽적 가사나 동시대에 창작되었던 잡가, 창가, 시조와는 특질을 달리하는 최남선, 이광수, 현상윤, 최승구, 김억 등의 시들을 '근대시 형성기'의 시들로 보고 그 형식적, 미학적 특성과 변화 과정을 살펴볼 것이다.

8 정우택은 그의 논문에서 근대 자유시의 형성 과정을 정형률에서 자유율로의 변화과정으로만 논의해 온 기존 연구들을 비판하면서 이 시기를 근대 주체가 근대적인 자아 정체성에 시적 형식을 부여하는 과정으로 고찰하고 있다. '근대 주체'라는 문제를 중심으로 당대의 시들을 섬세하게 분석한 그의 논의는 주목할 만한 것이나, 때때로 '완성된 근대 주체'의 기준에서 작품의 완성도를 평가함으로써 이 시기 시들에서 근대적 자아의 미성숙한 표출이 부각되는 방향으로 논의가 흘러가고 있는 점은 아쉽다. 정우택, 「한국 근대 자유시 형성과정과 그 성격」, 111~137면 참조.

9 한편 근대시의 명칭 부여 방식과 근대 시인들의 일본 체험을 연관지어 논하고 있는 다음 논문을 참조할 수 있다. 허윤회, 「한국 근대시의 양식론적 접근」, 『상허학보』 10, 상허학회, 2003.

10 이와 비슷한 관점에서 『학지광』 소재 시들의 종결방식을 연구한 논문으로 다음을 참고할 수 있다. 윤의섭, 「시 종결 방식의 형성과 의미 – 1910년대 『학지광』의 시를 중심으로」, 『한국시학연구』 27, 한국시학회, 2010.

2. 새로운 시의 근대적 성격에 관한 규정

임화의 '신시'에 대한 규정은 근대시 형성기의 시들을 연구하는 데 가장 중요한 문제인 계승과 단절의 문제를 제기한다. 이 시기의 시들이 어떤 전통적 요소를 계승하고 있고, 어떠한 새로운 요소를 창출하였는가라는 질문은 임화의 '신시'에 대한 규정에서부터 출발한다. 계승과 단절의 문제에서 임화가 주목했던 것은 단절의 형식, 즉 '새로움'의 문제였다. 새로움의 측면에 주목할 때 근대시의 면모가 잘 드러날 수 있기 때문이다.

그간의 연구들에서 제기되어 온 근대시 초기의 시가 갖는 새로운 특성들이란 7.5조를 비롯한 새로운 율격의 실험, 산문성의 적극적 도입, 비유나 이미지 등의 기법을 사용한 시적 형상화, 반봉건 등의 근대적 지향과 계몽적 인식, 개인적 감성의 발현, 구어체로의 전환 등이었다.[11] 그런데 때때로 이러한 논의들은 작품 창작 당시의 사회적 조건과 함께 작품의 내적, 언어적 구조 분석을 수반하지 못하고 있다. 특히 그간의 논의에서 집중해 온 근대 이후의 새로운 시들을 구성하는 특징적 요소는 '정형률의 탈피'라는 형식적 지표와 '근대적 인식'이라는 내용적 지표였다.

근대시, 자유시, 산문시 등의 범주 설정에서 근대시를 가름하는 기준 특히 율격의 측면과 관련하여 그 기점과 범주를 어떻게 규정할 것인가라는 문제는 매우 복잡한 양상을 띠고 전개되어 왔다. 근대시 초기에 중요한 위치를 점하는 최남선의 시, 창가, 자유시, 산문시 규정이 매우 혼란스러웠을 뿐 아니라,[12] 최남선이나 이광수 등의 시들에서 보이는

---

11 이 글의 각주 5번을 참고할 것.

정형적 형태는 그들의 시를 근대시에 귀속시키기 어렵다는 주장에 힘을 실어 주었기 때문이다. 이 문제와 관련하여 다시 한 번 생각해볼 만한 문제점을 제시하는 것이 '운문으로부터의 해방'이라는 임화의 명제이다. 여기에서의 운문이 현대적 의미와 동일하게 사용되었다고 보기는 어렵다. 임화는 운문을 음악 또는 전통적 의미의 율문과 동일시하고 있기 때문이다. 임화가 말한 '자유율'은 산문에 가까운 개념이기는 하지만, '자유율'은 곧 '산문화'라는 등식으로 이해하는 것은 곤란하다.

자유율의 지향은 한 집단이 공통적인 형식으로 공유하고 있는 보편적인 리듬이 아닌 개인적 리듬의 창출 과정으로 이해해야 한다. 시조나 가사 등이 보편적 형식을 가지고 있는 정형시였다면, 근대시 형성기의 시들은 이러한 보편적 형식과는 다른 개인적 형식을 창출하기 위한 시도에서 출발한다. 김소월의 7·5조 시들은 정형적인 자수율을 보여주긴 하지만, 당대의 공통적인 보편 형식은 아니었다. 그러므로 그것은 개인적 리듬을 지닌 근대 이후의 형식이다.[13] 최남선이나 이광수의 시들을 비롯하여 1900년대 중반 이후의 개인 창작시들은 때로 정형적 형태를 보여 준다. 그러므로 '정형률의 탈피'라는 근대적 시의 기준은 이들 시를 미완된 근대시로 규정할 수밖에 없게 한다. 이러한 입장은 근대시 형성기의 작가들이 시도하고 찾아나가고자 했던 개인적 리듬의 형성 과정을 간과하는 측면을 지니고 있다.

근대 형성기 시들의 특징으로 '근대적 인식'이라는 기준을 설정하는 입장 역시 또 다른 문제를 지닌다. 개항과 국권침탈이라는 당대적 특수

---

12 최남선의 당시의 혼란된 시가 규정에 대해서는 권오만, 「개화기 시가 연구」, 서울대 박사논문, 1988 참조.

13 이런 의미에서 김소월의 시가 "한국 근대 자유시 형성 과정에서 시적 주체가 처한 존재론적·양식상의 혼돈을 시적 창조의 운동 속으로 포괄해내는 텍스트"라 지적한 다음 논문을 참고할 수 있다. 김신정, 「한국 근대 자유시의 형성과 의미」, 『상허학보』 10, 상허학회, 2003, 248면.

성 속에서 반봉건, 반외세 등의 계몽적 인식이 근대 초기시의 근대성을 담보하는 것인지, 아니면 개인적 감성의 발현이 시의 근대적 성격을 추동하는 것으로 파악하는지는 시 장르의 특성상 어려운 문제이다.[14] 봉건적 요소를 청산하고 근대화를 기획하는 계몽주의적 발상이 앞설 때, 시 속에서 개인적 감성의 표출은 유보되기 쉽다. 시라는 장르 안에서 특히 이 두 가지 요소들은 서사장르보다 더욱 첨예하게 대립한다.

그렇다면, 그동안 시적 근대성의 기준으로 '정형률의 탈피'라는 형식적 지표와 '근대적 인식'이라는 내용적 지표를 무의식적으로 설정해 왔던 시각에 새롭게 보완되어야 할 지표들이 필요해진다. 특히 1900년대 중반의 시들에 나타난 반봉건적 내용을 적극적으로 평가할 때, 1910년대에 들어서면서 활발하게 창작되는 개인 창작시들의 현실 인식이 모호하고 추상적인 감정을 표출하므로 그 이전의 시들보다 퇴영적이라는 결론을 이끌어내게 된다는 점은 유의해 보아야 할 문제이다.

근대시 초기의 역동적인 경향들, 특히 정치적인 것이 시적인 것과 강하게 조화될 수 있었던 계몽적 시가의 문학사적 의의를 주목하는 견해[15]는, 완성된 근대 자유시라는 기준에서 근대시 초기의 문학적 현상을 진단하던 연구들에 대한 반성적 접근이 되었다. 그런데 이 같은 논의는 1910년대 문예지에 실리는 최남선, 이광수, 현상윤, 최승구, 김억 등의 개인 창작시들이, 정치와 현실 인식의 측면 특히 외세의 문제에 대한 투철한 의식을 보여 주지 않고 주로 개인적이고 퇴영적인 감정으로 후퇴한다고 평가한다. 그러나 이들의 시들이 지니고 있는 '개인적' 감성은 한편으로 시인 개인의 '목소리'를 근대시의 언어로 실체화시키

14 이 두 입장에 대해서는 고미숙, 『18세기에서 20세기 초 한국시가사의 구도』, 소명출판, 1998과 정우택의 앞의 글을 참조할 수 있는데, 이 시기에 대한 많은 논의들이 '근대성'에 대한 이 두 가지 축의 사이에서 진동하고 있다고 볼 수 있을 것 같다.

15 고미숙, 앞의 책; 김재용 · 이상경 · 오성호 · 하정일, 『한국근대민족문학사』, 한길사, 1993 참조.

는 요소로 작용할 수 있었다.[16] 안에 담겨 있는 정서가 과잉되어 흘러 넘치기도 했지만, 이 과잉의 배면에는 보편적 형식이라는 타자가 아니라 개인적 존재 즉 시인이라는 주체가 시의 형식적 특질을 규율할 수 있다는 인식이 자리 잡아 가고 있었던 것이다.

3. 개인으로서의 시인과 개별적 화자의 음성

1900년대 후반으로 오면서, 신문의 제작과 편집을 맡거나 통신원으로 활약하던 저널리스트 계층, 의식적으로 개화한 일반 서민 계층 등이 시조, 가사, 한시의 창작 담당층이었던 데 반해 유학생이거나 이민 계층이었던 작가들은 신문에 실리는 보편적인 공통 형식의 시가들과는 구분되는 형태의 시들을 실험하고 모색했다.

이들은 전문적으로 시만을 창작하는 경우가 드물었으므로 전문적 시인계층이라기보다는 오히려 개인으로서의 작가, 또는 개별적 시인군이라는 명칭이 더 적절한 것일 수 있다. 신문에 실리는 시가들이 발표될 당시, 주요 창작자였던 저널리스트 계층(편집진)이나 독자층의 익명성은 보편적 시가의 형식과 결합되어 집단적 목소리를 형성해 낸다. 그러나 개별적 시인층의 발표 지면이 주로 잡지였다는 사실과, 잡지의

16 노춘기는 『학지광』의 시들을 논하면서 "지극히 사적인 것으로서의 '감정'이라는 매개물을 통해서 근대적 의미에서의 '개인'을 표출하려는 의지가 드러나고 있음에 주목해야 한다"는 견해를 제시했는데, 이 관점을 참조할 수 있다. 노춘기, 「근대시 형성기의 창작주체와 장르의식 – 1910년대 『학지광』지의 시작품을 중심으로」, 『어문논집』 54, 민족어문학회, 2006, 237면.

경우 신문과는 전혀 다르게 실명이 가명투고를 압도하고 있다는 사실[17]은 이 같은 집단적 목소리와는 다른 개별적 목소리의 산물인 근대적 시의 모태가 된다.

이들이 발표 지면으로 삼고 있는 것이 주로 잡지였다는 사실은, 개별적 작가로서의 자의식을 더욱 강화시키는 요소이다. 당시의 잡지들은 순문예적 성격보다는 일반 교양이나 대중 교화의 성격을 겸하고 있었지만, 문학에 대한 인식과 자각은 신문과는 다를 수밖에 없었다. 최남선이 『太陽』, 『早稻田文學』 등의 잡지를 구독하고 『소년』을 창간하면서 "신문예 건설자로 반도 문학으로 하야곰 세계상에 光色이 잇게 하야 보겟다"[18]고 하고 있는 것은 이러한 사정을 반영한다. 문학에 대한 인식과 자각은 같은 잡지를 발표 지면으로 삼고 있는 작가군을 중심으로 형성되어 작품 창작의 인식적 저변을 형성하게 된다.

이와 같은 변화에는 특히 최남선의 역할이 컸으며, 개화기 시가의 전환의 국면이 창작행위의 무의식적 단계에서 의식적 단계로의 전환, 문학 저널리즘의 비전문성에서 전문성에로의 전환, 목적문학성의 순화 및 희석화였다는 점이 이미 기존 연구에서 지적되었다.[19] 아쉬운 것은 작품의 외적 상황, 즉 창작계층의 분포와 성향 등에 대한 분석이 시적 인식이나 시의 내적 구성과 어떤 연관을 맺는지 충분히 논구되지 않았다는 점이다.

그렇다면 사적 자아 또는 개별적인 시인으로서 갖는 자의식이 근대시 형성기 시들의 출발점이 된다고 할 때, 그것은 작품의 어떤 내적 특

---

17 김영철, 앞의 글, 91면. 그는 이 논문에서 신문과 잡지의 계층별 분포를 조사하였는데, 잡지의 실명투고가 93%를 차지하여 대부분 실명으로 게재되었음을 밝히고 있다. 신문의 익명 투고의 경우, 현실과 정치에 대한 비판이라는 집단적 관념으로 묶일 수 있는 시적 인식을 그 지반으로 삼게 된다.

18 육공, 「『소년』의 기왕과 밋 장래」, 『소년』 3권 6호, 1910.6, 15면.

19 김영철, 앞의 글, 106~108면.

질로서 발현되는가. 이에 대한 기존의 논의들은 '서정적 자아의 감정의 표출'이라는 점을 지적하고 있는데, 수긍할 만한 지적임에는 분명하나 그 함의가 모호하고 피상적인 수준에 그치기 쉬운 것도 사실이다. 또 '감정의 산만한 표출과 과잉'이라는 결론은 대체로 이 시기 시들에 대한 가치 절하적 평가를 동반하고 있다.

여기에서 개별적 시인으로서의 목소리, 그리고 개별적 자아로서의 자의식을 드러내는 좀 더 분명한 지표로서 '시의 내적 화자'의 문제에 주목해 볼 수 있다. 모든 시에는 시인과 화자라는 언어 발신자의 방향이 존재함과 동시에 상정되는 독자, 그리고 발화 내용의 청자라는 수신자의 방향이 존재한다.[20] 공통적으로 주어져 있는 보편 형식 속에, 현실 비판의 첨예한 의식을 담아내었던 신문의 가사 등의 시가들에서는 시 안에 있는 개별적 화자의 형상을 찾기 어려우며 그 존재는 대부분, 시 밖의 집단적이고 공적인 목소리와 동일시된다.

> ○일국을 흔동ᄒᆞ니 ᄂᆡ각대신의 권리로다 나라 권리 다 풀아셔 ᄌᆞ긔디위 ᄆᆡ득하니 독젼기리 됴흘시고
> ○이천만즁 우리 동포 싱명지산 엇지ᄒᆞ나 불고싱령 뎌 관리들 탐학에만 죵ᄉᆞᄒᆞ니 쥰민고턱 됴흘시고
>
> —「문일지십가」 부분[21]

1907년에 발표된 위의 계몽 가사에서, 시적 화자의 존재는 "ᄂᆡ각대신의 권리"에 대해 신랄하게 냉소하는 집단적 의식을 담지함으로써 개별적 존재성이 거의 탈각되어 있다. 이와 같은 화자의 위치는 "독젼기

---

20 로만 야콥슨, 신문수 편역, 『문학 속의 언어학』, 문학과지성사, 1989, 79면.

21 『대한매일신보』, 1907.12.18.

리 됴흘시고", "쥰민고튁 됴흘시고"[22]라는 비슷한 내용이 동일한 어조로 수렴되는 반복의 양상을 낳게 한다. 화자의 목소리는 관리와 대신들의 탐학과 실정을 비판하는 당대의 집단적 의식의 구현을 위한 기능적 요소에 의해 가장 효과적으로 착색되어 있는 것이다.

"이천만즁 우리 동포"에서의 '우리'라는 대명사는 화자의 개별성을 무화시켜, 집단적 의식 속에 작가의 존재를 투기하려는 창작 주체의 인식을 상징적으로 표현한다.

반면, 이와 비슷한 시기의 최남선의 시에서 두드러지는 것은 '나'의 목소리이며, 이 '나'는 사회적 개별자로서의 개인의 의식과 형상을 구현하기 시작하는 '개인적 화자'의 모습을 보여 주기 시작한다.[23]

> 나는 가오 / 芙蓉峯 놉고 큰산 / 등에 딘것 그것이오 / 玄海灘 실개텬은 / 쒸넘난 것 그것이라.
>
> 나는 가오 / 우에노 사구라는 / 써나가난 그것이오 / 洛陽城 도리화는 / 만나려난 그것이오
>
> 나는 가오 / 산디나 바다넘어 / 맛날 언약 씨텨두고 / 내 벗님 마디려고 / 듀져안코 활개티며
>
> —「나는가오」 부분[24]

---

22 독전기리(獨專其利) : 혼자 그 이익을 차지함. 준민고택(浚民膏澤) : 백성의 고혈을 뽑아낸다는 뜻으로, 재물을 마구 착취하여 백성을 괴롭힘.

23 로트만은 서정시에서 1, 2, 3인칭의 대명사적 도식이 시의 주제 도식과 중요한 상관관계를 갖고 있음을 지적하였다. 1, 2, 3인칭으로 나타나는 의미론적 중심인물들 사이의 관계 유형을 확립함으로써 서정시의 기본적인 테마 도식을 얻을 수 있으며, 시의 구조에서 인물에 대한 대명사 도식의 관계는 중요한 의미론적 가능성을 포함한다. 유리 로트만, 유재천 역, 『시 텍스트의 구조 분석; 시의 구조』, 가나, 1987, 131~147면 참조. 이와 같은 대명사적 도식과 시의 주제 의식 혹은 시적 인식의 상관 관계는 서정시 사이에서뿐 아니라, 근대 형성기의 시가들 사이에서도 의미 있는 문제의식을 제기할 수 있을 것으로 보인다.

24 최남선, 「나는가오」, 『대한학회월보』 3호, 1908.5, 40~41면.

시적 구성이 정형적 율격에 많이 의존하고 있다는 측면에서, 위의 시는 근대시 형성 과정에서 그다지 주목받지 못하였다. 율격의 측면에서라면 『대한매일신보』에 발표된 위의 계몽가사에 비해 특별히 새로운 근대적 면모를 보여주고 있다고 보기도 어렵다. 그런데 이 시에서 주목할 수 있는 것은, '나'의 목소리와 형상이 뚜렷해짐으로써, 시적 화자의 개별성이 두드러지고 있다는 점이다. 시의 화자는 일본을 떠나 현해탄을 건너 조선으로 향하고 있는 시점에서 자신의 심정을 표출하고 있다. "써나가난 그것이오", "만나려난 그것이오"와 같은 단순한 표현이 화자의 감정과 대상에 대한 인식을 잘 형상화하고 있다고 보기는 어려우나, 이 시는 당시 유학생들이나 이민자들이 도일하거나 귀향하는 도중에 느꼈을 감정을, 개인의 목소리로 표현하고 있다. 유학생의 포부나 선각자로서의 집단적 사명을 드러내는 공적인 화자가 아니라, 개인적으로 체험한 부용산과 현해탄, 우에노의 '사쿠라'에 대한 느낌과 심경을 표출하는 주관적 화자의 목소리로 착색되고 있는 작품인 것이다. 한 연구자가 명명한 것처럼, 이후 조선 지식인들 특히 일본 유학을 경험했던 문인들의 이른바 '현해탄 컴플렉스'[25]와 귀향 의식의 맹아를 우리는 여기서 엿보게 된다.

근대 이후의 시들 안에서 '나'라는 언표들이 빈번하게 등장하게 되고 중요한 의미를 가지게 되는 것은, 그 언표적 명확성의 측면에서만은 아니다. 자신을 둘러싼 정황과 내면의 심리를 구체적으로 표현하는 개인, 그리고 타자들과의 동일화나 관념의 매개 속에서 등장하는 것이 아닌, 차이를 지닌 개인으로서의 주체의 형상이 명확해진다는 측면에 주목해야 한다.

시적 화자의 지표가 매우 명확하게 나타나는 시로 최남선의 「해에게서 소년에게」를 들 수 있다.

---

25 김윤식, 『임화연구』, 문학사상사, 1989, 300~301면 참조.

—

텨 …… ㄹ썩, 텨 …… ㄹ썩, 텩, 쏴 …… 아,

싸린다, 부슨다, 문허바린다,

泰山갓흔 놉흔 뫼, 딥태갓흔 바위ㅅ돌이나,

요것이 무어야, 요게 무어야,

나의큰힘, 아나냐, 모르나냐, 호통싸디 하면서,

싸린다, 부슨다, 문허바린다,

텨 …… ㄹ썩, 텨 …… ㄹ썩, 텩, 튜르릉, 콱.

—「海에게서 少年에게」 부분[26]

이 시에서 시의 화자를 세밀하게 살펴보면, 발화 내용의 주체와 발화 행위의 주체가 구분되고 있음을 알 수 있다. 즉, "나의큰힘, 아나냐, 모르나냐"라고 말하는 발화 내용의 주체에 대해 다시 서술하는 "호통싸디하면서"라는 발화 행위의 주체가 존재하는 것이다.[27] 시에서 말을 하는 인물의 형상, 즉 하나의 퍼소나(persona)를 상정하고 그 퍼소나의 행위에 대해 다시 서술하는 방식은 창작자가 시의 화자로서의 자격을 분명히 인식하고 있다는 점을 나타낸다. 발화 내용의 주체와 발화 행위의 주체가 구분되는 이와 같은 극적 구성 방식은, 언어 발신자와 수신자의 관계양상을 새로운 방식으로 확장하면서, 새로운 시적 효과를 산출해 낸다. 이 시의 메시지를 수신하는 수신자들, 즉 독자는 시에서 말하는 인물과, 그 인물에 대해 묘사하는 화자, 인물의 말을 듣는 청자, 시의 전체적 발화가 겨냥하는 독자 등의 다기한 관계 양상에 주목하게 됨과 동시에, 이 시를 내적으로 구성하고 있는 창작자의 시적 인식에

26 최남선, 「海에게서 少年에게」, 『소년』 1년 1권, 1908.11, 2~4면.

27 '발화 내용 / 발화 행위'와 '언술 내용 / 언술 행위'의 주체에 관한 문제는 앤터니 이스톱, 박인기 역, 『시와 담론』, 지식산업사, 1994 참조.

주목하게 된다.

이 시의 저변에는 사상적으로 독자의 동화를 불러일으키려는 목적이 잠재해 있다. 하지만 여기에는 개인의 목소리를 집단의 그것에 희석시킴으로써 창작의 의도를 달성하려는 계몽적 시가나, 보편적 형식이 개별적 화자의 목소리를 압도하는 계몽 가사나 중세적 시가들과는 분명히 구분되는 화자의 형상이 존재하고 있다. 파도의 형상을 '태산 같은' '집채 같은'이라 표현할 때 이 비유는 보편적이고 집단적인 상징에서 벗어나 있지 못하다. 그러나 그 파도의 형상을 '텰썩, 텰썩, 텩, 튜르릉, 콱'이라고 화자가 전달할0 때 이 시에 고유한 개인적 목소리는 생생한 주관성으로 독자에게 다가가게 된다.

4. 화자－대상－독자 구도의 변화와 이동

시 속의 개별적 화자의 존재 여부는 시적 대상이나 독자와의 관계 양상과도 관련이 깊다. 앞에서 살펴본 계몽가사 「문일지십가」에서 시의 화자의 개별적 위치가 희박한 것과 상대적으로 시의 독자는 매우 뚜렷하게 상정되고 표지화되어 나타난다. 또한 창작자의 시선은 발화의 전개과정을 통해 독자의 시선과의 동일화를 꾀하게 되는데, 비판받는 대상들은 창작자와 독자에게 동일한 시선의 위치에 의해 조망된다. 이때 시적 대상을 바라보는 시선의 위치는 대개 우월한 것이 보통이며, 이 우월성은 매우 견고한 것이어서 독자의 해석학적 다양성이나 수용 과정에서의 의미가 갖는 폭은 그리 넓지 않다. 반면, 근대시 형성기의 시들은 시의 독자층에 대한 의식적 고려가 시의 문면에서 거의 배제되는 것을 특징으로 한다. 시 안에 존재하는 화자의 뚜렷한 존재감은, 독자층의 시선과 눈높이를 창작자와 동일화시키려는 욕망을 시의 배면으로 감춘다. 이때 중요해지는 것은 시적 대상과 화자의 관계 양상을 통해 나타나는 시적 대상에 대한 시인의 인식이고 발견이다.

> 밤이나 낫이나 됴리돌돌 / 한시도 한각도 쉬디 안코
> 한업난 바다에 가기까디 / 곤한 쥴 모르고 흘러가네
> 가다가 중도에 사람들이 / 고이게 한다고 됴약돌노
> 흐르디 못하게 막앗스나 / 뎌 댜유 도곰도 일티 안네
>
> ―「막은물」 부분[28]

1908년에 발표된 최남선의 이 작품에서 주목할 수 있는 사실은, 물이라는 시적 대상에 대한 화자의 발견이며 그 발견을 전하는 방식이다. 밤낮으로 흐르는 물이 "곤한 쥴 모르고 흘러가"고 "됴약돌노 / 흐르디 못하게 막아"도 "뎌 댜유 도곰도 일티 안"는다는 표현은 물이라는 대상에 대한 개별적이고 주관적인 시인의 인식 작용 속에 산출된 것이다. 이 때 화자가 말하는 물의 속성인 '자유'는 그 의미가 수용자의 해석에 따라 다양해질 수 있는 가능성의 폭을 지닌다.

최남선이 '물'이라는 시적 대상에서 포착한 '자유'의 속성이 이 작품 안에서 추상성을 띠고 있는 것은 사실이다. 그러나 "밤이나 낫이나 됴리돌돌" 흘러가는 물의 현상적인 특성을 발견하는 이 시의 방식은, 시적 대상의 의미를 하나의 단일한 알레고리로 제시하는 방식과는 다르다. 여기에서 '자유'의 속성이 관념적이기는 하지만, 시적 대상이 단일한 관념에 봉사하거나 창작자와 독자의 동일화를 전제로 한 우월적 시

28 최남선, 「막은물」, 『대한학회월보』 2호, 1908.3, 56~57면.

선으로 조망되고 있지는 않다. 독자는 이 시에서, 인간 세계와는 다른 자연의 거칠 것 없음을 상상할 수도 있고, 자신의 자유 의지대로 나아가는 의지적 인물의 형상을 떠올릴 수도 있다. 이러한 경향이 점차 강화되고 있음은 1910년대 이후의 시들에서 뚜렷이 볼 수 있다.

녀름은 가다
—덥고 쏫픠엿든 즐기든 녀름은
오너라! 오너라! 나의 적은새!
—멀리 씃업는 구름위에서 아득이지 말고—
봄과 녀름에 즐기든 내의 새!

늣즌 가을의 부르짓는 것출은 슬픈 바람은
부질업시 나무의 닙은 옷을 벗기여
고깃몸을 지으려 하나니
너의 갈 곳이 그 어데냐?
내의 적은새! 내의 적은 새!
아득이지 말고 …… 쌜니,
太陽의 光明빗을 쓴고 달니든 나뷔도
다 업서젓나니 …… 쏫써러짐과 함쯰

—「나의 적은 새야」 부분[29]

"시어선택이나 행법(行法)에서 전혀 결함이 없는 바 아니나, 그런대로 근대시적 기법에 접근하고 있"고 "개아(個我)의 서정(抒情)에서 시를 발상시키고 있음은 무엇보다도 중요한 의의"[30]라 평가 받은 바 있는,

29 김억, 「나의 적은 새야」, 『학지광』 5호, 1915.5, 56면.

김억의 「나의 적은 새야」는 시인—화자—독자의 관계 양상을 더욱 가변적으로 만든다. 여름이 가고 늦가을에 서서 "너의 갈곳이 그 어데냐?"라고 독백하는 화자의 위치와 시선은 확정적이지 않고 독자의 해석과 시선의 여부를 열어 놓는다. 시적 대상이 되는 여름, 가을, 새, 바람, 나무, 나비, 꽃 등의 요소들은 단일한 의미를 향해 구심적으로 작동하고 있지 않다.

대상에 대한 화자의 시선의 우월성은 이 시에 존재하지 않으며, 독자의 시선의 자리는 더욱 유동적이고 개방적인 것이 된다. 수신자를 지향하는 언술이 사역적이고 능동적인 기능을 갖는 데 반해 발신자 지향의 언술은 감정 표시의 기능을 주로 갖고, 문맥을 지향하는 언술이 지시적 혹은 인식적 기능을 주로 갖는다고 한다면,[31] 개화기의 많은 시가들은 수신자를 지향하는 언술의 특징을 지닌다. 그러므로 시적 비유나 대상의 표현들이 수신자 지향이라는 언어적 측면의 한 방향으로 구성된다. 이 시가들은 대상에 대한 비판에 독자를 동일화시키거나 어떤 특정한 행동을 하도록 독자를 선동하고자 한다. 이때 시적 대상의 의미를 다양화시키거나 화자—시적 대상—독자의 관계를 다기하게 만드는 것은 창작 의도에 배치된다. 그러므로 수신자 즉 독자 지향의 시들은 대부분 단일하고 구심적인 방향으로 구성되어 있고 시적 대상의 의미를 하나로 수렴시킨다.

이에 반해 「나의 적은 새야」를 비롯한 근대 형성기 시들에서 새로이 발견되는 특질은, 대부분 수신자를 지향하기보다는 발신자와 문맥을 지향한다는 점이다. 이때 강화되는 것은 시의 인식적 측면과 감정 표시의 측면이다. 최남선의 시나 김억의 위의 시들에서 독자는 흘러가는 물이나 여

---

30 김학동, 앞의 책, 170면.

31 로만 야콥슨, 앞의 책, 54~61면; 이승훈, 『시론』 재판, 고려원, 1990, 113~117면 참조.

름, 가을, 새, 바람, 나무, 나비, 꽃 등의 속성에 주의를 기울이게 된다. 이 대상들에 대해 독자가 인식해야 할 몫은 더욱 강화되고, 그 시적 대상들과 시의 화자가 형성하는 관계는 독자의 해석에 따라 유동하는 것이 된다.

5. 화법의 변화와 근대 시형의 탐색

화자의 위치, 화자－대상－독자 간의 관계 변화는 시의 내적 구도와 함께 시를 형성하는 언어의 사용법, 즉 어미나 문투, 화법에도 변화를 가져온다. 이광수가 1910년에서 1916년에 창작한 시들을 통시적으로 살펴보면, 이러한 시적 구도의 변화와 함께 언어적 형식과 화법의 변화를 발견할 수 있다.

이 곰이 수풀을 단이다가 (自由로 自在로)
居然히 섯난 저 놉흔 바위를 보매
문득 제가 그의 壓迫을 밧난 듯 하야—貴重한 自我가 그의 壓迫을 밧난 듯 하야,
목숨을 내여부치고 싸홈이라—
힘이 잇난 때까지 氣力이 잇난 때까지 목숨이 잇난 때까지.
그러나 그는 成功을 期함은 안이오,
다만 自我의 權力을 最高點에까지 伸長함이라.
다시 말하노라 그는 決코 成功을 期함은 안이오,
다만 自我의 權力을 最高點에까지 伸長함이라.

그는 죽엇도다 그럿토다 그는 죽엇도다.

그가 이리하지 안이엿든들 그의 목숨은 더 좀 길엇스리라.

그러나 좀 더 긴 그 목숨은 목숨이 안이라 機械니라,

그가 비록 短命하게 죽엇스나 그러나 그러나,

그의 그 짧은 一生은 全혀全혀 自由니라

그는 일즉 自然의 法則以外에는 自我를 썩근적 업나니라.

곰아! 곰아!

—「곰」 부분[32]

위의 시는 자아를 압박하는 대상과 투쟁하는 개인의 형상을 '곰'이라는 소재를 빌어 표현하였다. 그러나 시의 구성과 형식적 측면, 특히 화자의 목소리나 대상과의 관계양상 등에서 매우 교술적인 어투를 보여줌으로써, 산문이나 논설 등과는 구분되는 근대적 시 장르의 독자성을 표현하기에는 미흡한 점이 많다. 가령, "그러나 그는 성공을 기함은 아니요 / 그만 자아의 권력을 최고점에까지 신장함이라"와 같은 발화는 시의 구조를 자율적으로 지탱하는 화자의 존재를 무화시키고, 시 밖의 작가의 목소리와 그것을 혼동시킨다. 특히 "다시 말하노라"와 같은 전지적 화자의 개입은 시의 미학적 구성을 파괴한다. 이때 '싸움이라', '아니요', '함이라', '하노라' 등과 같은 문어적 어미는 시인의 전지적 발화의 성격을 확정하는 역할을 한다. 이와 같은 문어적 어미의 사용 여부는, 단순한 형식적 지표를 넘어서 시의 내적 구성 원리와, 화자의 성격, 독자와의 관계양상 등을 규율하는 요소가 된다.

네눈이 밝고나 엑스빗갓다

하늘을 쎄뚤고 쌍을들추어

32 이광수, 「곰」, 『소년』 3권 6호, 1910.6, 50~54면.

온가지 眞理를 캐고말랸다
 네가 '새 아이'로구나

네손이 슬겁고 힘도크도다
불길도 만지고 돌도줌을너
새롭은 누리를 지려는고나
 네가 '새 아이'로구나

네맘이 맑고나 銳敏도하다
하늘과 쌍새에 微妙한것이
거울에 더밝게 비최는고나
네가 '새 아이'로구나

—「새 아이」 부분[33]

「새 아이」에 등장하는 "캐고말랸다", "지려는고나" 등의 어말어미 또한, 대상에 대한 화자의 시선이 대상의 의미를 착색한 결과 나온 표현으로 볼 수 있다. 이 어미의 형식은, '아이'의 '새로움'이라는 속성에, 온갖 '진리'를 캐고야 말겠다는 의지와 새 '누리'를 지겠다는 결심을 지닌 존재라는 의미를 결합시킨다. "네가 '새 아이'로구나"라는 동일한 어구의 반복은 '새 아이'라는 시적 대상이 환기하는 이미지를 확정적인 방향으로 수렴하고자 한다.

그럼에도 이 시는 앞의 「곰」보다는 근대시의 양상을 구현하는 형식에 가까이 가고 있는 것으로 보인다. 「곰」에서 "그러나 좀 더 긴 그 목숨은 목숨이 안이라 기계니라 / 그 짧은 일생은 전혀전혀 자유니라"와

33 이광수, 「새 아이」, 『청춘』 3호, 1914.12, 2~3면.

같은 구절은 문어체적 어미와 시적 대상에 대해 설명하고자 하는 화자의 교술적 태도가 직접적으로 결합하여, '곰'이라는 대상보다는 '자아' 또는 '자유'라는 관념을 서술하고 있다. 이때 '곰'의 대상성은 '자아'라는 관념에 압도되어 그 실체가 언어로서 재현되지 못하고 있다.

반면 「새 아이」에서 묘사되는 '눈 밝음', '불길을 만지고 돌을 주무름', '거울에 밝게 비치는 미묘함'과 같은 속성은, '진리'라는 관념어의 등장에도 불구하고 '새 아이'의 실체를 한층 감각적으로 형상화해낸다. 이 감각은 「곰」에서의 장황한 설명보다, 효과적으로 독자에게 '새 아이'의 형상을 전달한다. 「곰」에서의 '~니라'와 같은 어미는 다만 문어체적인 어투일 뿐 아니라, 대상을 인식하고 독자를 깨우치는 작자의 우월함을 증명하는 표지다. 「곰」의 화자가 처한 자리는 시의 내용과 형식을 함께 일그러뜨리는 역할을 한다. 이에 비하여 「새 아이」의 '~로구나'와 같은 어미의 형식은, 화자가 시 안에서 현재진행형으로 '발견'하고 그 깨달음을 전달함으로써, 이미 깨달은 사실을 계몽하려 드는 「곰」의 화자와는 차이를 갖는 시형식을 만들게 된다.

1918년에 발표된 다음과 같은 시는 근대적 시형으로의 이행이 어떤 방식으로 이루어지는지를 구체적으로 보여준다.

> 어머니!
> 당신의 무릎은 부드러웁데다
> 봄철 뫼기슭의 잔디보다도
> 여름 하늘에 뜨는 구름보다도
> 洋의 털보다도 비단 房席보다도
> 어머니!
> 그 부드러운 무릎에 제가 앉았었지요!

(…중략…)

어머니!
당신의 가슴이 제 世界였어요
배부른 때에는 놀이터였고
疲困할 때에는 寢臺였었고
무서운 때에는 避難處였어요
당신의 가슴에 푹 파묻혀서
눈만 반짝반짝 내어 놓았을 적에
虎狼이가 온들 무서웠읍니까

—「어머니의 무릎」 부분[34]

「어머니의 무릎」에서 시의 화법과 형식은 앞의 시들과는 뚜렷한 차이를 보인다. 「새 아이」와 동일하게 반복적 구성으로 되어 있으나 "당신의 무릎은 부드러웁데다"와 "당신의 가슴이 제 세계였어요"에서처럼 동일한 형식도 유연하게 어조와 어미를 변화시켜 구사하고 있다. 「곰」이나 「새 아이」와 같은 앞의 시편들과 비교해 볼 때, 독자를 향해 관념을 설파하고자 하는 시인의 의식적인 목소리는 거의 드러나지 않는다.

이 작품에서 어머니의 무릎은 '부드러움'이라는 속성으로 표현된다. '숭고함'이나 '사랑'이라는 관념어로 전달되는 것이 아니라, "봄철 뫼기슭의 잔디"나 "여름 하늘에 뜨는 구름" 또는 "양의 털"이 환기하는 따스함과 풍성함과 부드러움이라는 감각적 특질로 재현되고 있는 것이다. 어머니의 '가슴' 또한 '놀이터'이고 '침대'고 '피난처'라는 구체적 사물과

34 이광수, 「어머니의 무릎」, 『여자계』 3호, 1918.9; 『이광수전집』 15, 삼중당, 1963, 50~58면.

장소의 특질을 배당받는다. 이때 '세계'라는 표현은 앙상한 추상어가 아니라 풍요로운 의미를 갖는 시적 어휘로 확장된다.

'~니라', '~로구나'에서 '~였어요', '~읍니까'로의 변화는 이 시에서 본질적인 것이다. 앞선 작품들의 화법이 표상하는 것은 독자보다 우월한 주체로서의 시인이다. 「곰」에서 「새 아이」로 오면서 대상의 위에 군림하던 주체는, 대상의 특징을 발견하는 주체로서 변화했으나 깨달음을 '전달'함으로써 독자를 교화하려는 주체는 여전히 존재했다. 「어머니의 무릎」에서 시인은 "그 부드러운 무릎에 제가 앉았었지요!", "당신의 가슴에 푹 파묻혀서 / 눈만 반짝반짝 내어놓았을 적에"라고 말하는 화자의 음성을 채택함으로써 감각하는 주체의 형상을 창조했다. 향유하고 감각하는 주체의 음성은 현실의 세계와 대상을 더 충실하게 재현한다. 이 재현의 과정 속에서, 시적 대상과 주체가 맺는 관계는 이전의 수동적인 모델에서 변화해 역동적인 시적 드라마를 구성한다. 시를 읽는 독자 역시, 가르침을 전달 받는 '학생'의 위치에서 벗어나, 눈앞에 벌어지는 시적 드라마를 관람하고 자신의 경험을 투영하여 향유하는 능동적 주체로 '초대'된다. 시의 주체－대상－독자의 관계가 형성하는 구도의 변화를 통해 근대시의 새로운 시적 공간의 가능성이 탄생하고 있는 것이다.

6. 근대적 자아의 재현과 근대시

이광수의 앞의 시들에서 근대적 자아의 문제는 일관되게 중요한 것이었다. 1910년에 발표한 「곰」에서 이광수는, '자아'를 구성하는 데 가장 중요한 것은 '자유'라는 속성이라는 것을 '곰'과 같은 대상을 빌려 말하고자 하였다. 그러나 시인의 사상을 관념적 언어를 통해 설명하는 방식은 시의 근대적 형식을 얻는 데 실패하였다. 이 시에서 근대적 자아의 형상은 아직 시적 언어로써 구성되지 않았다고 볼 수 있다. 1918년의 「어머니의 무릎」에 와서, '자아'의 개념을 전달하려는 주체의 의도가 사라졌을 때 역설적으로 새로운 근대적 자아의 형상이 솟아오른다. 감각하고 향유하고 사유하는 자아의 형상이 그것이다. 이때 근대적 자아의 형상을 구성하는 것은 현실을 감각적으로 체험하는 재현의 언어들이었다.

> 1 해는 임의 西山에 진지 오래고, 달도 아직 東天에 보이지 안흘 째, 멀니멀니 구름 사이로 자그나마 끈침업시 왼 天下를 빗치랴는 極히 적은 '별' 잇는 줄 친구야 아느냐.
>
> 오동지달 치운 날에 흙과 물이 다 얼어 붓고, 北東風이 싹가 불 째 함박눈이 펴붓는데, 쌰족쌰족 눈 알에로 자그나마 英긔 가득 오는 봄철 쉼이랴는 極히 적은 '엄' 잇는 줄 친구야 아느냐.
>
> ―「친구야 아느냐」 부분[35]

> 2 山嶽이라도 써에지는 / 大砲의 彈알에,
> 너의 阿只는 / 발서 碎骨이 되엿고.
>
> 野獸보다도 暴惡헌 / 께르만의 戰士의게,
> 너의 愛妻는 / 恥辱으로 죽엇다.

35 현상윤, 「친구야 아느냐」, 『청춘』 3호, 1914.12, 117면.

인제는, 사랑허든 / 家族도 업서젓고,
너조차 逃亡헐 / 길을 일허버렷다.
(…중략…)
너, 自我 以外에는, / 野心 만흔 敵쁜이요,
敗北는 너의 政府 / 弱헌 까닭쁜이다.
(…중략…)
쎌지엄의 勇士여! / 瘡口를 부둥키고 이러나거라!
너의 피 괴이는 곳에, / 쎌지엄의 子孫 부러나리라.

쎌지엄의 히로여! / 너의 몸 쓰러지는 곳에,
거누구가 月桂冠을 / 밧들고 섯슬이라.

—「쎌지엄의 勇士」 부분[36]

현상윤과 최승구의 시에서 근대적 자아의 모습은 [1]에서처럼 "꿈이라는 극히 적은 엄"의 존재를 감지하거나 [2]에서처럼 "자아 이외에는 / 야심 만흔 적뿐"을 지닌 모습으로 나타난다. 여기 나타나는 자아의 모습 또한 자아를 속박하고 구속하는 적들과 대결한다는 점에서, 이광수의 「곰」의 그것과 다르지 않을 것이다. 그러나 이 작품들에서 '자아'의 결연한 의지를 전달하는 언어보다 더 실재적으로 생생하게 현전하는 것은, [1]의 현상윤의 시에서 나타나듯 "흙과 물이 다 얼어 붓고, 북동풍이 싹가불 때 함박눈이 펴붓는" 현실의 형상이다. [2]의 최승구의 시에서처럼 "패배는 너의 정부"일 수밖에 없는 현실을 재현하는 언어를 통해, 다시 한 번 역설적으로 나약하고 부서지기 쉬운 근대적 자아의 형상이 나타난다.

36 최승구, 「쎌지엄의 勇士」, 『학지광』 4호, 1915.2, 49~50면.

2에서 「쎌지엄의 용사」는 '히어로'이지만, '쇄골', '뼈대', '창구(종기가 터져 생긴 구멍)', '피' 등과 같은 시적 언어의 난무를 통해서만 피흘리는 형상으로서, 생생하게 되살아날 수 있었다. 부서져 가는 '자아'의 압도적인 형상 앞에서 시의 전언이 갖는 희망적 메시지는 오히려 무력하다.[37] 근대시의 자아는 새로운 화법과 함께 이처럼 현실의 깨어진 조각상을 감각과 형상의 힘을 얻어 재현하려는 시적 주체의 고투를 통해 만들어져 가고 있었던 것이다.

---

37 이런 면에서 이 시 끝부분의 "미래지향적 언어들이 도달하는 곳은 벨기에의 용사도 아니고 한국의 일반 독자들도 아닌, 작자 자신이라고 보아야 할 것"이고, 이 시의 양식이 보여 주는 것은 "조선 민족을 향한 메시지가 아니라, 벨기에의 패전과 참혹함에 대한 기사들이 작자 '나'에게 촉발한 개별적 감응에 가깝다"는 신지연의 지적을 참고할 만하다. 신지연, 『글쓰기라는 거울』, 소명출판, 2007, 295~296면 참조.

제2장
'조선'의 언어로 한용운에게 찾아온 '생각'

1. 한국근대시사에서 『끼탄자리』 번역이 갖는 의의

한국 근대시의 형성에 서구시의 소개와 번역이 매우 중요한 역할을 하였다는 것은 주지의 사실이다. 한문으로 된 문집 형태가 아니라 1920년대 당시의 '조선어'로 된 시집 출간의 첫머리에 김억의 번역 시집이었던 『오뇌(懊惱)의 무도(舞蹈)』(광익서관, 1921.3)가 놓인다는 사실은 이를 상징적으로 예시한다. 이어서 김억은 자신의 개인 창작 시집인 『해파리의 노래』(조선도서주식회사, 1923.6)를 발간한다. 이 시집에서 김억이 받은 것으로 보이는 서구 상징주의의 영향이나 그의 시가 당대의 다른 시인들에게 주었던 영향과 그것이 한국근대시사에서 갖는 의미 등은 여러 연구에서 논의되어 왔다.

그런데 『해파리의 노래』 출간 2개월에 앞서 번역 시집 『끼탄자리』(이문관, 1923.4)가 발행되었으며 이 번역 시집이 한국근대시사와 근대시의 형성 및 전개와 관련하여 갖는 의미에 대해서는 충분히 주목되지 못했던 것 같다. 『오뇌의 무도』 출간 당시 한 지식인의, “반드시 자아의 정(情), 성(聲), 언어문자로 하여야 이에 자유자재로 시(詩)를 짓게 되야 비로소 대시인(大詩人)이 날 수 잇나니라 지금 우리는 만히 국시(國詩)를 요구할 때”이며 “그 한 방법은 서양 시인의 작품을 만히 참고하야 시의 작법을 알고 겸하야 그네들의 사상작용을 알아써 우리 조선시를 지음에 응용함이 매우 필요”[1]하다는 발화는 당시 지식인과 문학인들의 심경과 조선문단의 상황을 대변한다.

‘조선시’를 짓는 데 가장 중요한 문제인, “우리 말”[2]을 시의 형식에 적합한 것으로 만들고 거기에 ‘조선시’의 ‘情’과 ‘聲’을 담아내는 근대시의 형성은 타자인 서양의 시 번역, 그 언어와 언어 간의 맞부딪침이라는 과정 속에서 실행되기 시작했다. 근대시 형식과 ‘조선어’와 ‘조선시’라는 트라이앵글의 구도 외부에서 끊임없이 그 내부를 형성했던 것은 외국시 번역이었다. 『오뇌의 무도』가 당시 문단에 끼쳤던 영향만큼이나 『끼탄자리』가 조선 근대시 형식에 가져온 언어와 사상적 충격은 무시될 수 없는 것이었다. 『끼탄자리』의 위치는 특이한데, 그것은 인도인인 라빈드라나드 타고르가 노벨상 수상을 통해 알려짐으로써, ‘서양’이라는 근대의 강력한 타자를 통해 부상한 ‘동양’이라는 다른 타자에 대한 인식을 조선에 가져다주었기 때문이다. 그것은 이상한 타자로서, “참으로 <u>우리</u> 동양은 세계정신문명의 발원지가 안인가”[3]라든가, “이십세기의 일대 예언자로 동양의 정신적 문명을 세계에 전파하는 <u>우리</u> 「라빈드라나드 타쿠르」 선생”[4]과 같이 복수적인 주체의 이름으로 호

---

1 장도빈, 「서」, 김안서 역, 『오뇌의 무도』, 광익서관, 1921, 4~5면.

2 위의 글, 5면.

3 일숭배자(一崇拜者), 「세계적 대시인, 대철인, 대종교가 타쏘－어 선생」, 『신문계』 4권 2호, 1916.2, 8면. 강조는 인용자.

명되는 것이기도 하였다.[5]

한편 타고르의 시가 스스로 번역한 영어 시집으로 세계에 알려져 김억 또한 영어본 『끼탄자리』를 조선어로 번역했으며, 그 과정에서 어떤 문체를 취할까 고심했을 뿐 아니라 번역을 마치고 나서도 자신의 문체에 동의할 수 없다고까지 말하고 있는 점[6]은 서양의 언어 번역이라는 매개를 통해 시형(詩形)을 성립해 나갔던 조선 근대시 초기의 모습을 전형적으로 재현하고 있다. 겸양 섞인 김억의 말에도 불구하고 『끼탄자리』의 문체와 사상이 한국 근대시 형식에 새로운 전기를 마련했다는 사실은 무엇보다 한용운의 시집 『님의 침묵』에서 확인된다. 타골이 노벨상을 받은 동양인으로서 중국과 일본에 여러 차례 초청을 받아 다녀갔지만 세 차례 방문한 일본에서보다 한 차례도 방문하지 않은 한국에 미친 영향이 크다는 한 연구자의 지적[7]은 좀 더 면밀히 논구되어야 할 것이지만,[8] 타고르에 대한 조선문단의 열광은 특기할 만한 것이었다.[9] 그 열광이 1920년대 말을 지나면서 수그러드는 모습을 보였다고

---

4 순성, 「인도의 세계적 대시인 라빈드라나드, 타쿠르」, 『청춘』 11호, 1917.11, 95면.

5 진학문의 이 "우리"에 대한 호명에 대해서는 다음의 연구에서도 지적하였다. 이옥순, 「식민지 조선의 '동양', 타고르의 '동양'」, 『담론201』 7권 2호, 한국사회역사학회, 2005, 64면.

6 김억의 다음 글을 참고할 수 있다. "원저자의 손에 된 영역문이, 결코 난해롭은 것은 아닙니다. 엇더케 그 영역문이 곱게도 맛기 죠흔 방향(芳香)을 놋는가는 영어를 조곰 아는 이라도 알 것입니다, 만은 무엇보다도, 역출(譯出)할 때에 짝한 것은 문체엿읍니다. 엇더한 문체를 취할가 하는 것이 지금도, 다 역필(譯畢)한 지금도, 의심으로 잇읍니다. 내 손에 된 문체이지만은 나는 동의할 수 업다는 것을 말슴하여 둡니다". 타오아, 김억 역, 『끼탄자리』, 이문관, 1923, 1~2면.

7 김윤식, 「한국 신문학에 있어서의 타골의 영향에 대하여」, 『진단학보』 32, 진단학회, 1969, 209~219면 참조.

8 최근에는 일본 문학가와 타고르, 한용운의 비교 연구도 제기되고 있다. 심종숙, 「미야자와 켄지와 한용운의 타골 수용」, 『일어일문학연구』 53권 2호, 한국일어일문학회, 2005 참조.

9 김병철의 다음 지적을 참고할 수 있다. 번역된 "타골 시의 총수는 108편으로 나타난다. 여기다 소설・평론・희곡까지 합치면 112편이라는 정말로 놀랄 만한 수에 이른다. 전부의 조사가 이루어지면 실수(實數)는 이보다 더 클 가능성이 있음은 물론이다. 그 수

하더라도, 『끼탄자리』의 번역이 1910년대 말에서 1920년대 중반까지 집중적으로 산출되었으며 근대시 초기에 큰 역할을 담당했던 김억에 의해 번역되었다는 점은 주목해야 할 사실이다.[10]

김억은 『원정』을 번역하면서 "기탄자리의 문체에 구어체를 쓴 것보다도 훨신 이 역고(譯稿)의 문체가 나흔 줄로 밋습니다"[11]라고 자부했지만, 이와 같은 자부 또한 『끼탄자리』에서 실험하고 수립했던 새로운 시의 문체와 형식이 존재했기에 가능했던 것이었다. 가령, 앞서 번역했던 역시집에 나타나는 "내 가슴 압하라", "아아 나는 우노라", "갈길도 몰으는 / 낙엽이러라"[12]와 같은 종결어법과 영탄어법, 짧은 구조의 문장들에 비해 "主님이 동무도 업는 가쟝 가난한 이와, 가쟝 賤한 이와, 가쟝 依支 업는 이들의 동무가 되섯기 때문에 저의 맘은 가랴도 갈길을 몰읍니다"[13]와 같은 문장에서 나타나는 종결어법과 어휘들은 원저자의 시적 특성에서 비롯된 차이를 넘어, 번역 문체 사이의 커다란 차이와 거리감을 느끼게 한다.

김억은 원작 시집 간행 순서의 역순으로 『끼탄자리』, 『원정』, 『신월(新月)』을 번역했다는 점에 스스로 "그윽이 놀내"[14]인다고 밝히고 있다. 이는 당시 조선문단에서 타고르가 노벨상 수상 시집인 『끼탄자리』를 통해 알려졌으며, 이러한 관심과 환호가 시집 번역에 반영되었음을 보

는 1920년대 우리나라에 도입된 서구 시인의 그 누구보다도 많은 수가 우리나라에 이입되었다는 것이 된다. 거기다 단행본으로 나온 다음 4편의 그의 시집까지 합치면 그야말로 장관이다". 김병철, 『한국근대번역문학사연구』, 을유문화사, 1975, 454면.

10 이러한 점에 주목하여 김억의 번역체가 한용운에게 미친 문체론적 영향에 주목한 연구로 다음 논문을 참조할 수 있다. 이수정, 「『님의 침묵』에 나타난 R. 타고르의 영향관계 연구—『원정』을 중심으로」, 『관악어문연구』 28, 서울대 국어국문학과, 2003.

11 라빈드라나드 타고아, 김억 역, 『원정』, 회동서관, 1924, 1면.

12 『오뇌의 무도』, 15~16면.

13 『끼탄자리』, 10면.

14 『원정』, 3면.

여주는 것이기도 하다. 그럼에도 한용운의 시집 『님의 침묵』과의 비교 및 영향 관계 연구에서 『끼탄자리』보다 『원정』이 강조되어 왔던 것은, 한용운이 『님의 침묵』에 「타골의 시(GARDENISTO)를 읽고」라는 시를 실어 『원정』에 대한 시인의 생각을 표현하고 있기 때문이라 생각된다. 당시 희소했던 『님의 침묵』에 대한 문단의 반응 중에 하나인 주요한의 글 중에 "그러고 이러한 경향은 권중(卷中)의 일편(一篇)인 「타고어」의 「원정」을 읇흔 노래에서도 보는 바와 가치 그 인도 시인의 풍을 만히 바든 것은 사실이다"[15]와 같은 진술도 여기에 기인하고 있다.

이 글에서는 기존의 연구에서 산출되었던 타고르와 한용운 시와의 비교 연구의 성과[16]에 더해, 근대시의 새로운 형식과 내용을 마련했던 시집 『님의 침묵』의 의미를 밝히는 데 『끼탄자리』라는 텍스트와의 비교 분석이 더 면밀하게 수행되어야 한다는 사실에 주목하면서 논의를 이어나가고자 한다.

---

15 주요한, 「愛의 기도, 기도의 愛 (下)」, 『동아일보』, 1926.6.26.

16 앞서 언급한 연구 외에 다음의 성과 등을 들 수 있다. 송욱, 「유미적 초월과 혁명적 공아 ―만해 한용운과 R. 타고오르」, 「시학평전」, 일조각, 1963; 송석래, 「임의 침묵 연구」, 『국어국문학논문집』 4·5 합병호, 동국대 국어국문학회, 1964; 김용직, 「한국 현대시에 미친 Rabindranath Tarore의 영향」, 『아세아 연구』 14권 1호, 고려대 아세아문제 연구소, 1971.3; 신석정, 「시인으로서의 만해」, 『나라사랑』 2, 외솔회, 1971.4; 정한모, 『한국현대시문학사』, 일지사, 1974, 394~400면; 김재홍, 『한용운 문학 연구』, 일지사, 1982, 212~232면; 박건명, 「『님의 침묵』과 『원정』의 비교연구」, 『우리문학연구』 8집, 우리문학연구회, 1990.12; 알록 꾸마르 로이, 「타골의 문학사상, 그 한국적 수용」, 『한국문학연구』 17, 동국대 한국문학연구소, 1995.3; 김영호, 「타골과 한용운의 시문학 비교」, 『비교문학』 21, 한국비교문학회, 1996.12; 오형엽, 「만해와 타골의 시의식 비교 연구―되다와 하소서의 시학」, 『한국문학논총』 29, 한국문학회, 2001.12.

2. 『님의 침묵』의 발행과 김억 번역본 『기탄자리』의 관계

조선문단에 타고르에 대한 소개가 이루어지는 것은 1916년을 전후해서다. 1916년 『신문계』의 간단한 타고르 소개 형식의 글에 이어, 1917년 『청춘』 11호에서 진학문은 「인도의 세계적 대시인 라빈드라나드 타쿠르」라는 글에서 타고르를 소개하며 『끼탄자리』, 『원정』, 『신월』에서 뽑은 시 각 한 편씩의 번역을 싣고 있다. 일본에서 직접 타고르를 만난 후, 타고르가 진학문의 부탁으로 조선 청년들을 위해 써준 「쫓긴 이의 노래 The song of the Defeated」라는 시의 원문과 번역시, 「타선생 송영기」라는 글도 같은 호에 함께 실려 있다. 1918년 한용운이 편집 겸 발행인으로 표기되어 있는 『유심(唯心)』 1호에서 3호에는 타고르의 산문 「생의 실현」의 번역문과 석전 박한영의 「타고올의 시관」이 실려 있다. 잡지의 편집인인 만해나 그와 긴밀한 관계를 맺고 있었던 박한영 또한 타고르에 깊은 관심을 가지고 있었던 것을 보여 준다.

1925년 8월에 끝을 맺었다고 시집 말미에 쓰여 있고, 1926년 5월에 발행된 시집 『님의 침묵』이 타고르가 본격적으로 소개되기 시작한 1910년대 후반을 지나 번역 시집 『끼탄자리』와 『원정』, 『신월』이 발행된 1923년, 1924년 직후인 1925년경 창작되었다는 사실은 의미심장하다. 당시 불교 관련 저작에서부터 논설, 소설, 시조, 한시 등의 다양한 장르와 형식의 문체를 보여주던 만해의 글쓰기가 불교적 언어를 대중적 언어로 전환하기 위해 노력한 시도이며, 이러한 점이 시집 『님의 침묵』의 창작동기와도 밀접한 관련을 맺고 있다는 점이 최근의 연구에서 지적되고 있다. 만해 시의 창조성이 불교대중화 운동과 지속적인 한글체 연마의 과정에서 비롯된 것이며, 『유심』과 같은 잡지에 발표했던 글들이나 소설 『죽음』에서 보여주고 있는 문체의 특성과 만해 시를 연관해 살핌으로써 이와 같은 사실을 유추해낼 수 있다는 논의는 시집 『님의 침묵』의 발간 동기와 배경, 문체상의 혁신을 이해하는 데 큰 역할을 한다.[17]

그런데 1918년 『유심』에 싣고 있는, "심(心)은 심이니라 / 심만 심이 아니라 비심도 심이니 심 외에는 하물(何物)도 무(無)ᄒᆞ니라 / 생(生)도 심이오 사(死)도 심이니라"[18]와 같은 글, 그리고 "달아 달아 밝은 달아 녯나라에 비춘 달아 쇠창을 넘어와서 나의 마음 비춘 달아 계수나무 버혀내고 무궁화를 심으과저"[19]와 같은 시의 문체와 시집 『님의 침묵』이 보여주는 시형식과 표현 방법의 거리는 그럼에도 지나치게 멀다. 이 두 편에 공통적으로 나타나는 교설(教說)적인 표현 방식과 '하물도 무하니라'와 같은 한문투 문체, '달아 달아 밝은 달아'와 같은 4·4구의 반복으로부터 시집 『님의 침묵』의 혁신을 이루어내기까지의 과정에는,[20] 좀더 여러 겹의 매개가 필요했을 것이다.

한용운 자신이 시집 안에서 수용 관계를 밝히고 있듯,[21] 바로 직전에 발간되었던 김억의 번역시집 『끼탄자리』가 보여주는 종교적인 내용과 김억의 번역을 통해 나타난 한글 문체의 결합 형태는 한용운에게 그의 사상을 대중에게 전달하는 형식과 문체에 대한 새로운 암시를 주었을 것으로 생각된다. 『끼탄자리』 시편들이 잡지에 번역되어 실릴 때는 '산

17 이선이, 「만해의 불교근대화운동과 시집 『님의 침묵』의 창작 동기」, 『한국시학연구』 11, 한국시학회, 2004.11. 특히 만해의 소설 『죽음』과 『님의 침묵』의 문체 및 내용의 연관성을 논한 부분은 주목된다.

18 만해, 「심」, 『유심』 1호, 1918, 2면.

19 한용운, 「무궁화 심으과저」, 『개벽』 27호, 1922, 12면.

20 『님의 침묵』이라는 하나의 시집 안에서도 혼재된 문체와 시형식이 사용되고 있다는 점에 대해서는 이후에 더 상세히 논의되어야 할 것으로 생각한다.

21 여러 논자들이 지적하였듯이 「타골의 시(GARDENISTO)를 읽고」라는 제목에 달린 『원정』의 에스페란토어 표기로 한용운이 김억의 번역시집을 참조하고 있음을 알 수 있다. 김억 번역시집의 원 표제에는 '園丁'이라는 제목 위에 'La Gardenisto'라 쓰여 있다.

문시'라는 표제를 달고 있었다. 1910년 말 당시 소개된 프랑스 상징주의 시들과 비교해, 『끼탄자리』가 보여주는 긴 줄글의 산문시 형태의 번역은 여러 가지 형태가 실험되고 있던 근대시의 형식에 새로운 계기를 마련해 주었을 것이고 이를 한용운이 적극 참조한 것으로 보인다.

당시 일본 조동종(曹洞宗)에 대한 한국 불교의 예속에 반대하는 임제종(臨濟宗) 운동의 좌절 이후, 한용운은 조선 불교의 근대화·대중화를 위한 일환으로 『유심』을 간행했으나 3호로 종간하게 되었다. 이후 기미독립운동을 경험한 한용운이 『님의 침묵』을 창작하게 되는 데는 그의 사상을 전달하는 새로운 그릇으로써 '조선시'라는 형태를 고려하게 되었다는 점을 염두에 둘 수 있다.[22] 이는 「심」과 「무궁화 심으과저」 외에 조선어로 된 시형식이라 할 만한 종류의 글을 발표하지 않았던 한용운이, 1926년 『님의 침묵』이라는 시집 한 권을 완간했다는 점을 생각할 때 더욱 그렇다. 이러한 점은 당시의 문단 상황으로 보나, 한용운 자신의 시적 이력으로 보거나 매우 특이한 것이었다.

> 나는 發行 當時에 一本의 寄贈을 바닷거니와 그때 닑기 前에 意外로 생각한 것은 僧侶인 作者가 漢詩도 아니오 純朝鮮文인 詩集을 發行한 것이다. 그러나 內容을 닑으매 나는 크게 놀라지 아니치 못하얏스니 대개 그 詩는 일즉 朝鮮語로 지어진 詩 中에서 가장 놉고 아름다운 詩 中에 하나임을 承認하지 아니할 수 업는 까닭이다. (…중략…) 師는 아마 타고르의 詩에서 배홈이 잇는 듯도 하거니와 詩人○思○으로 그○치 아니하고 全혀 獨創의 境地일는지도 모른다.[23]

22 『님의 침묵』의 창작은 문학의 대중성에 대한 인식이 문학의 민족성에 대한 인식과 조우하는 당시 조선문단의 상황 속에서 가능해졌다는 다음의 논문을 참조할 수 있다. 이선이, 「만해시와 당대시의 영향관계에 관한 일고찰」, 『한국시학연구』 20, 한국시학회, 2007.12.

23 이광수, 「近讀二三 ― 님의 침묵」, 『동아일보』, 1929.12.14. '○'로 표기된 곳은 판독이

이광수의 글은 흥미로운 사실을 보여 준다. 당시 문단에서는 문학가가 아니라 '승려'로 생각되고 있었던 한용운이 '한시'도 아니고 '순조선문'인 시집을 발행했다는 사실에 이광수가 놀람을 표현하고 있다는 점이다. 이어 이광수는 그것이 일찍이 '조선어'로 지어진 시 중에서도 높은 경지를 구현하고 있다고 평가한다. 이는 당시의 조선어로 된 시집 중에서 한용운의 시집이 성취한 '순조선문'의 형식이 독보적이면서도 당시의 시사(詩史)에 어떤 절단면을 이루어내고 있음을 뜻한다. 여기서 주목할 것은 한용운 시의 독창성을 강조하면서도 이광수 또한 역설적으로 『님의 침묵』의 절단면을 가능하게 했던 토양의 근거로 "타고르의 시에서 배홈"을 언급하지 않을 수 없었다는 사실이다.

3. 『끼탄자리』와의 비교 분석을 통해 본 『님의 침묵』의 의미

타고르의 시에 나타나는 어휘나 여성 화자의 어조, 종지법 등과 한용운의 시가 갖는 친연성은 앞서 진행된 연구들에서 밝혀졌다. 특히 『원정』의 구조와 『님의 침묵』의 시집 짜임의 유사성은 김재홍 등의 연구를 통해 이후의 후속 연구에서도 지적되어 왔다. 그러나 『끼탄자리』가 시종일관 , 절대자인 "주(主)"께 드리는 노래의 형식으로 이루어져 있으며, 번역자 김억이 이를 "진정한 의미엣 불교도"인 "신앙시편"[24]

어려운 부분.

24 김억, 「역자의 인사」, 『끼탄자리』, 1면. 김억은 'Thou'라는 2인칭 주어에 대해 『끼탄자리』에서는 계속해서 '주'라는 단어로 번역하였으나, 『원정』에서는 '그대' 또는 '님'이라는 단어로 번역하고 있다. 이 변화에 영향을 미친 요소로, 이선이의 지적처럼 김소

으로 전달하고 있는 점을 볼 때, 한용운이 승려로서 그 자신의 사상을 담는 시형식을 상상하는 데 『끼탄자리』는 하나의 준거가 되었던 것 같다.[25] 번역과 번역 작품을 참조하면서 우리가 얻는 것은, "다른 언어를 가진 사람이 다른 언어로 사고한 생각은 언젠가는 내 언어로 나에게도 찾아올 수 있는 생각"[26]이라는 점일 것이다. 한용운이 번역으로써 전달된 타고르의 시를 참조하면서 사고하게 된, '조선'의 언어로 한용운에게 찾아온 '생각'의 구체적 형태는 어떤 것이었을까?

1) 현실에 '초월 / 저항'하는 역설의 언어

『끼탄자리』의 여러 시편들에는 역설의 구조와 표현이 나타나고 있다. 그것은 때로는 한 층위에서 다른 층위로 옮아가고, 때로는 보편적

월의 「님의 노래」와의 상관성을 생각해 볼 수 있다.(이선이, 앞의 글, 354~358면) 그런데 『끼탄자리』 출간에 앞서, 1923년 1월에 정지용은 『휘문』(휘문고보 문우회, 1923.1)에서 「끼탄자리」를 "님이여, 당신은 이 몸으로 영원하게 하섯스니, 이리하심이 당신의 깃븜이로소이다"라고 번역하고 있음을 볼 수 있다. 김억이 문단의 선배이기도 하고, 『휘문』을 보았는지는 알 수 없지만, 정지용의 '님'이라는 번역어와 대비하여 『끼탄자리』가 '주'라는 대명사로 일관된 번역을 하고 있는 것은 김억이 이 시집이 가진 종교적 표현에 대해 더 많이 숙고했기 때문이 때문이 아닌지 생각해 볼 수도 있다. 이광수의 다음 글로써 당시 문단에서 받아들인 『끼탄자리』와 다른 시집들 간의 차이와 유사성을 생각해 볼 수 있다. "기탄자리는 모든 생명을 神으로 보고 내가 그 압헤 예배하는 정을 읇흔 것이오 『신월』은 자연과 모든 생명을 나의 母로 보고 그 품에 안긴 나의 靈이 어리광을 하는 것이오 원정은 모든 생령을 한 동산 안에 사는 애인으로 보고 愛의 쎄레나드를 보내는 것이니, 결국은 가튼 정조를 다른 모양으로 표현함에 불과하다." 춘원, 「타고어의 원정에 대하야」, 『동아일보』, 1925.1.12. 강조는 인용자.

25 타고르를 불교도로 보아야 하는가에 대해서는 이론(異論)의 여지가 있겠지만, 김억을 포함한 당시의 조선인들이 『끼탄자리』의 우파니샤드적 범신론의 다른 한편에 인도 불교의 영향이 자리잡고 있었다고 이해한 것으로 보인다.

26 황현산, 「직역에 관한 몇 가지 오해」, 『한국번역비평학회 학술발표회 자료집』, 고려대학교 레토릭연구소, 2009.7, 8면.

인 것에서 구체적인 것으로 좁혀진다.

> [1] 主에게 가쟝 갓갑은 길은 가쟝 먼 길이며, 가쟝 單純한 音調를 타는 것은 가장 複雜한 것입니다. / 길손이 自己의 잇을 집을 차즈랴면 다른 모든 집을 쑤다려보아야 하며, 畢竟 가쟝 깁흔 聖殿을 차즈랴 하면 外部의 全世界를 싸고돌아야 합니다. / 눈을 감고, 「主가 여긔게시다」 하기까지에는 나의 눈은 멀게도 넓게도 아득엿습니다.
>
> —「끼탄자리 12」 부분[27]

> [2] 제 慾望은 만하, 저의 부르지즘은 설습니다, 만은 주씌서는 恒常 굿은 拒絶로 저를 救援하여 주십니다. 그리하야 이 힘잇는 恩惠는 제 生命 속으로 깁게도 사모찻습니다. / 날이면 날마다, 주씌서는 저로 하야금 求치 안아도 주시는 單純하고, 偉大한 선물을 밧을 수가 잇는 것 되도록 만들어 주십니다,—이 하늘과, 이 빗과, 이 몸과, 이 生命과, 이 맘과—그리하고 모든 過慾의 災禍에서 저를 救援하여 주십니다.
>
> —「끼탄자리 14」 부분[28]

> [3] 救援이 제게는 放棄가 아닙니다. 저는 즐겁음의 百千의 束縛에서 自由의 抱擁을 늣깁니다.
>
> —「끼탄자리 73」 부분[29]

[1]의 「끼탄자리 12」에서 주에게 가장 가까운 길은 가장 먼 길이고

27 타꼬아 작, 김억 역, 『끼탄자리』, 이문관, 1923, 10면. 시를 인용할 때 띄어쓰기는 현대식 표기에 맞추어 하였다. 시집 안에는 제목 없이 번호만 표기되어 있으나 편의상 제목과 번호를 병기한다.

28 위의 책, 14면.

29 위의 책, 81면.

가장 단순한 음조를 타는 것은 가장 복잡한 것이라는 종교적인 역설은, 다음 행에서 "길손"이라는 또 다른 층위 즉 현실적이고 세부적인 층위로 옮아가면서 새 의미를 얻는다. "여기" 계신 주를 눈감고도 알 수 있게 되기까지 멀리 넓게 헤매고 다녔던 나의 눈길에 대한 표현은, 그 길손의 육체적인 부분인 "눈"이라는 시각적 감각을 통해 시적인 것으로 현현된다. ②의 「?탄자리 14」에서 "굿은 拒絶"로 나를 "救援"하는 "主"는 다른 편에서는 "求"하지 않아도 "선물"을 준다. '거절 / 구원'의 대립이 만나면서 이루어지는 역설이 '구함 / 구하지 않음'의 대립과 다시 한 번 만나면서 겹의 역설을 이루어 낸다. ③의 「?탄자리 73」에서 "束縛"과 "自由"의 모순은 "救援"이라는 종교적 상징을 통해 그 모순을 뛰어넘는 진리로 재발견된다. 이 발견들이 보여주는 것은 평평한 현실의 논리, 즉 가까움과 멂, 거절과 구원, 속박과 자유라는 현실의 대립 구조를 해체하고 그 안에 있는 모순을 초월하는 종교적 신비의 모습이다.

> ④ 남들은 自由를 사랑한다지마는 나는 服從을 조아하야요. / 自由를 모르는 것은 아니지만 당신에게는 服從만 하고 십허요 / 服從하고 십흔 데 服從하는 것은 아름다운 自由보다도 달금합니다 그것이 나의 幸福입니다
>
> —「服從」 부분[30]

> ⑤ 나는 禪師의 說法을 드럿슴니다 / 「너는 사랑의 쇠사실에 묵겨서 苦痛을 밧지 말고 사랑의 줄을 끈어라 그러면 너의 마음이 질거우리라」고 禪師는 큰 소리로 말하얏슴니다 // 그 禪師는 어지간히 어리석슴니다 / 사랑의 줄에 묵기운 것이 압흐기는 압흐지만, 사랑의 줄을 끈으면 죽는 것보다도 더 압흔 줄을 모르는 말입니다 / 사랑의 束縛은 단단히 얼거매는 것이

30 한용운, 『님의 침묵』, 회동서관, 1926, 69면.

푸러주는 것입니다 / 그러므로 大解脫은 束縛에서 엇는 것입니다 / 님이어 나를 얽은 님의 사랑의 줄이 약할가 버서 나의 님을 사랑하는 줄을 곱드렷 습니다

—「禪師의 說法」 전문[31]

[4], [5]에 인용한 시를 포함한 한용운의 많은 시들은 익히 알려진 바와 같이 역설의 구조를 보여 준다. [4]의 「服從」에서 '복종 / 자유'의 대립적 구도는 "服從하고 십흔 데 服從"하는 나의 "自由"를 통해 해체된다. [5]의 「禪師의 說法」은 현세의 사랑의 고통을 초월하는 해탈을 논하지만 "束縛"과 "解脫"의 모순적 대항 관계를 넘어서는 것은 또한 "나"의 "사랑"이다. "단단히 얼거매는 것"과 "푸러주는 것"의 대비와 이 대비를 깨뜨리는 시적 구조는 『이탄자리』의 "束縛"과 "自由"가 이루는 구조와 매우 흡사하다. 그런데 역설의 양상은 좀 다르다.

『이탄자리』에서 개념들의 대립과 모순을 해체하는 것은 "主"의 은혜, 즉 만물에 깃들어 있는 신의 본질적 섭리이며 진리이다. 한용운의 시들에서 현실 논리의 상식적 구도를 해체하고 새로운 의미의 "幸福"을 시적으로 만들어내는 것은, "服從하고 십흔 데 服從"하는 "나"의 의지이며 "나의 님을 사랑하는 줄을 곱드"리는 행위이다. 『이탄자리』에서 모순을 해체하는 행위자가 되는 것은 "主"의 "救援"이고 "나"는 그것을 발견하는 발견자이지만, 한용운에게서 "나"는 님의 사랑을 받는 수용자이면서 동시에 자발적으로 "服從"과 "束縛"을 행하는 행위자라는 점이 언표된다. 이 차이는 본질적인 것일 수 있다.

앞서 언급했듯 한용운이 『님의 침묵』 창작 전후로 지녔던 '대중'과 '민족'에 대한 강한 계몽적 의도가 이와 같은 언술을 통해 나타나는 것이며,

---

31 위의 책, 78~79면.

이 언술들은 한용운 시의 구조가 '사랑'의 역동성을 표현하고 있음을 보여 준다. 이 사랑 안에서 "나"는 사랑을 받는 자이며 "님"을 기다리는 자이지만 이 사랑을 통해 "自由"를 구가하는 사랑을 실천하는 자도 된다. 『끼탄자리』의 역설이 그러므로 현실에 '초월'하는 섭리와 신비를 표현하기 위한 언어였다면, 한용운의 역설은 그러한 종교적 섭리를 깨달음으로써 현실에 '저항'하는 주체의 의지를 표현하기 위한 언어였다.

2) '기다림'의 발견과 '당신'의 조선적 현현

『끼탄자리』와 『님의 침묵』은 '기다림'이라는 중요한 모티프를 공유한다. 불교에서 기다림이란 현실의 온갖 고통을 극복하기 위한 구도적 행위를 뜻하는 것이다.[32] 타고르의 시에서 "제 집 압길로 지나가시는 그의 점잔은 발자최 소리"를 들으며 "그이와 만나기를 바래며"(「끼탄자리 13」) 사는 화자의 모습과 만해의 시에서 "밤마다 문 밖에 와서 발자최 소리만 내이고 한 번도 들어오지 아니하"(「꿈깨고서」)는 님을 기다리는 화자의 모습은 흡사하다. 이 기다림은 고통스럽다.

① 나는 내 배를 씰어냅니다. 조미조미한 時間을 海岸에서 다 보내고 말

32 다음의 언급을 참조할 수 있다. "그러면 불교철학에서 말하고 있는 '待'자의 사상은 과연 어떠한 것인가. 중국철학에서 말하고 있는 '對待'라는 것은 불교철학에 있어서는 '相對' 혹은 '緣起'로서 해석되고 있다. (…중략…) 만해가 구한 '待'자의 사상은 결코 현실세계에 집착하여 그 대상을 찾기 위한 것은 아니었다. 그보다도 훨씬 고차원의 정신세계에 입각하여 상술한 바 본체의 '님'을 '待'의 相對로 취한 것에 우리는 알아야 한다. '님'이 없으면 '나'도 역시 있을 수 없다는 절대적인 신념 이것이 곧 그가 말하고 있는 '待'자의 철학이요 사상이었던 것이다. 다시 말하면 塵世에 파묻힌 영상의 존재들을 그가 기다리고 갈구한 것이 아니라 보다 정신적인 세계에 존립하는 진정한 사랑의 '님'을 기다렸다는 말이 된다." 인권환・박노준, 『한용운 연구』, 통문관, 1960, 164~165면.

앗습니다, ─아아 떡합니다! / 봄은 꽃을 픠우고는 갓습니다. 지금 나는 시들어 쓸 데도 업는 꽃을 지고 기달이며 아득거립니다.

─「께탄자리 21」 부분33

[2] 그러나 때는 흘너가도 아직껏 그대의 수레바퀴 소리가 들니지 안습니다. 만흔 行列은 성가신 소리와, 부르짓음과, 눈을 부싀게 하는 光榮과 함끠 지내갑니다. 여러 사람의 뒤, 고요한 어둡은 그늘 속에 다만 그대는 섯서 게십닛가? 쓸데업는 憧憬에 맘을 압히여 울며, 기달이고 잇는 이는 나뿐입닛가?

─「께탄자리 41」 부분34

[3] 당신은 나로 하야금 날마다 날마다 당신을 기다리게 합니다 / 一定한 步調로 거러가는 私情 업는 時間이 모든 希望을 채칙질하야 밤과 함께 모러갈 때에 나는 쓸쓸한 잠자리에 누어서 당신을 기다립니다 / 가슴 가온대의 低氣壓은 인생의 海岸에 暴風雨를 지어서 三千世界는 流失되얏습니다

─「苦待」 부분35

[4] 당신은 해당화 픠기 전에 오신다고 하얏습니다 봄은 벌써 느젓습니다 / 봄이 오기 전에는 어서 오기를 바랏더니 봄이 오고 보니 너머 일즉 왔나 두려함니다. // 철모르는 아해들은 뒤ㅅ동산에 해당화가 픠엿다고, 다투어 말하기로 듯고도 못 드른 체 하얏더니, / 야속한 봄바람은 나는 꽃을 부러서 경대 위에 노임니다 그려 / 시름 업시 꽃을 주어서 입설에 대히고「너는 언제 픠엿니.」하고 무릿습니다 / 꽃은 말도 업시 나의 눈물에 비처서 둘

33 『께탄자리』, 21면.
34 위의 책, 42면.
35 『님의 침묵』, 164~165면.

도 되고 셋도 됩니다

—「海棠花」 전문[36]

[1]의 「끼탄자리 21」에서 해안에서 시간을 다 보내고 마는 화자의 심정과 한용운의 작품인 [3]의 「苦待」에 나오는 인생의 해안에서 삼천세계를 잃어버리고 마는 화자의 쓸쓸함은 닮아있다. [1]에서의 지나간 봄과 시든 꽃의 대비는 기다림의 고통과 아픔을 효과적으로 표현한다. 『끼탄자리』의 시든 꽃이 자연적이고 종교적인 이미지라면, [4]에서 나타나는 것처럼 한용운의 "눈물"에 비치는 꽃은 더 감각적이다. 한용운은 『끼탄자리』에 나타난 진리와 섭리를 찾기 위해서 방황하고 헤매며 기다림이라는 고통의 시간을 견뎌야 하는 '구도자'의 모습에 심리적인 친연성과 존경심을 동시에 느꼈을 것이고 또 그것을 시로 표현해 낸 시인 타고르의 탁월함에 부끄러움을 느꼈을 것이다. 한용운은 다른 시에서 "벗이어 부끄럽습니다 나는 그대의 노래를 드를 때에 엇더케 부끄럽고 떨니는지 모르것습니다"(「타골의 시를 읽고」)라고 표현하였는데 여기 나타나는 '벗'이라는 말과 '부끄러움', '떨림' 등의 표현은 공감과 경외심을 동시에 담고 있는 것이다.

[1]에 인용한 타고르의 시에서 "海岸"이라는 번역어는 [3]에서 볼 수 있듯 한용운의 시에 옮겨지면서 인생의 고통과 험난함을 상징하는 한편, "三千世界"[37]라는 불교적 뉘앙스를 간직하는 시어를 이끌어온다. 한용운이 『끼탄자리』에서 '기다림'이라는 모티프를 수용한 것은 이러한 종교적이고 보편적인 의미 외에도, 기다림에 고통받는 시적 자아의 모습을 통해 조선 민족의 특수한 현실을 드러낼 수 있다고 생각했기

36 위의 책, 64면.

37 '삼천대천세계(三千大川世界)'의 준말. 자세한 내용은 『한용운 전집 3』(신구문화사, 1973)의 31면 참조.

때문이다.

[2]의 「쁴탄자리 41」에서 "성가신 소리"와 "부르짖음"과 "눈을 부싀게 하는 光榮"과는 상관없이, "그대"는 "고요"하게 어디엔가 있다. 님이 처한 "어두운 그늘"이란 지금의 눈부시게 하는 현실 속에서는 드러나지 않는 곳이다. 그대는 침묵하고 있는 것이다. "다시는 부체님의 讚頌을 노래치 아니하"는 현실에서 "空氣는 소리도 업시 고요히 부체님을 싸고 도"(『쁴탄자리 88』)는 것처럼, 『님의 침묵』에서 "제 곡조를 못 이기는 사랑의 노래는 님의 沈默을 휩싸고"(「님의 沈默」) 돈다. 『쁴탄자리』의 "아프며" "울며" 기다려야만 하는 "나"의 모습은 세상의 애인을 기다리는 모든 '나'일 텐데, 한용운은 이러한 기다리는 자의 모습에 지금은 보이지 않는 희망을 기다리는 조선의 모습을 겹쳐 읽어내고 있었다.

> [5] 그대는 그의 고요한 발소리를 듯지 못합닛가? 그는 오십니다, 그는 오십니다, 恒常오십니다. 時刻마다, 世代마다, 밤낫으로, 그는 오십니다, 그는 오십니다, 恒常 오십니다. / 여러가지 情緖의 맘曲調로, 나는 만흔 노래를 불럿읍니다, 만은 모든 曲調의 부르짓음은, 「그는 오십니다, 그는 오십니다, 恒常 오십니다,」 언제나 이것입니다. / 해볏 다사한 四月의 香氣롭은 날의 수풀길을 헤치며, 그는 오십니다, 그는 오십니다, 恒常 오십니다.
>
> —「쁴탄자리 45」 부분[38]

> [6] 오서요 당신은 오실 때가 되얏서요, 어서 오서요 / 당신은 당신의 오실 때가 언제인지 아심닛가 당신의 오실 때는 나의 기다리는 때임니다 // 당신은 나의 꼿밧헤로 오서요 나의 꽃밧헤는 꼿들이 픠여 잇습니다 / 만일 당신을 조처오는 사람이 잇스면 당신은 꼿 속으로 드러가서 숨으십시오 /

38 『쁴탄자리』, 46면.

나는 나비가 되야서 당신 숨은 꼿 위에 가서 안겟슴니다 / 그러면 조처오는 사람이 당신을 차질 수는 업습니다. / 오서요 당신은 오실 때가 되얏슴니다 어서 오서요

—「오서요」 부분39

그러므로 인용시 5에 나타나는 타고르의 "그는 오십니다. 그는 오십니다. 항상 오십니다"와 같은 열렬한 믿음은, 한용운에게서는 6에 보이는 것처럼 "오서요 당신은 오실 때가 되얏서요, 어서 오서요"와 같은 급박한 부름으로 변용된다. 햇볕 따사로운 4월의 "香氣롭은 수풀길"을 헤치며 오실 "그"라는 당연한 존재의 모습(5)을, "당신"을 오지 못하게 하는 "조처오는 사람"에 의해 꽃 속으로 숨어가면서 와야만 하는 "당신"의 당위적인 모습(6)과 비교해 볼 수 있다. "時刻마다, 世代마다, 밤낫으로" 만유(萬有)에 존재하는 것이 『끼탄자리』의 "그"(5)라면 "나의 기다리는 때"를 통해서만 한용운의 "당신"(6)은 올 수 있다. 한용운은 그가 불러내고자 했던 '당신'의 시적 현현(에피파니)을 위해 '기다림'이라는 시어를 발견하여 변용해 내었던 것이다.

3) '주 – 저'의 보편적 구도와 '님 – 나'라는 조선적 구도

1 여긔, 主님의 발등상이 잇습니다. 主님은 가장 가난한 이와, 가장 賤한 이와, 가장 依支 업는 이들이 사는 곳에 발을 쉬이십니다.

—「끼탄자리 10」 부분40

---

39 『님의 침묵』, 158면.

40 『끼탄자리』, 10면.

> 2 맘이 말아 타질 때에, 慈悲의 소낙비와 함씌 제 우에 내립소서. / 美德이 生命에서 잃어질 때에 터져나오는 노래와 함씌 내립소서. / 搖亂한 일이 四方에서 騷音을 니르키며, 저의 맘을 흐리일 때에, 沈默의 저의 主여, 主님의 平和와 安息과 함씌 내립소서. / 저의 거지 갓튼 맘이 쑤부리고 안자, 한구석에 가치엿을 때에, 저의 王이신 主여, 門을 열으시고 帝王답은 儀式과 함씌 내립소서. / 慾望이 妄想과 塵埃로 맘을 어둡게 할 때에, 오오 거룩한 이여, 깨여 게시는 이여, 主님의 光明과 우뢰와 함씌 내립소서.
>
> —「끼탄자리 39」 전문41

1, 2에 드러나는 "主님"의 모습은 가장 가난하고 천하고 의지 없는 사람들 가운데에 처한다. 예수가 그렇듯이, 그리고 부처가 그렇듯이. "塵埃"로 어두워진 "저"의 마음을 씻어줄 비로 내리는 "主님"은 "慈悲"이며 "平和"이고 "光明"이다. 이 주님의 자비와 평화와 광명의 소낙비는 한용운의 시에서 약자의 가슴에 뿌려지는 보살의 눈물로 재구성된다.

> 3 님이어 당신은 百番이나 鍛鍊한 金결입니다 // 뽕나무 뿌리가 珊瑚가 되도록 天國의 사랑을 바듭소서 / 님이어 사랑이어 아츰 볏의 첫거름이어 // 님이어 당신은 義가 무거웁고 黃金이 가벼운 것을 잘 아십니다 / 거지의 거친 밧헤 / 福의 씨를 뿌리옵소서 / 님이어 사랑이어 옛 梧桐의 숨은 소리여 // 님이어 당신은 봄과 光明과 平和를 조아하십니다 / 弱者의 가슴에 눈물을 뿌리는 慈悲의 菩薩이 되옵소서 / 님이어 사랑이어 어름바다에 봄바람이어
>
> —「讚頌」 전문42

41 위의 책, 39면.
42 『님의 침묵』, 91~92면.

'신에게 바치는 송가(頌歌)'라는 뜻의 『끼탄자리』는 김억에 의해 한국에 번역되면서,[43] 3에서 보이듯 "사랑"과 "光明"과 "平和"와 "慈悲"라는 시어들을 한용운의 시에 옮겨놓았다. "讚頌"이라는 3의 제목은 『끼탄자리』에 대한 한용운의 조선시적 변용이다. "騷亂"하고 "騷音"으로 가득한 현실(2) / "거친 밧"과 "어름바다"의 현실(3)에 "主"(2) / "님"(3)이라는 아직 현현하지 않은 그 존재를 계시하는 것은 "노래"(2) / "讚頌"(3)이다.

타고르의 많은 시들에서 시적 화자는 노래를 부르는 이로 나타난다. "主의 세계에서 제가 할 일이라고는 아모것도 업습니다, 이리하야 저의 쓸데없는 生命은, 부질업시, 노래만 불으랍니다"(「끼탄자리 15」), "이 饗宴席에서 樂器를 타는 것이 저의 임무입니다, 이리하야 저는 할 수 잇는 모든 것을 다하엿습니다"(「끼탄자리 16」)와 같이 "主"가 마련해 놓은 이 세계의 향연석, 그의 사랑이 깃들어 있는 만유의 세계에서 "제"가 할 수 있는 일이란 그 안에 깃든 주의 사랑을 노래하는 것뿐이다. 그것은 부질없는 일임과 동시에 모든 것을 다하는 일이다. 노래하는 자로서의 시인의 기쁨과 책무가 여기에 있다. 한용운의 "제 곡조를 못 이기는 사랑의 노래"(「님의 沈默」) 또한 님의 침묵을 노래로써 감당해 내는 시인의 기쁨과 책무를 암시한다. "저는 아직 그의 얼골도 보지 못하고, 그의 말소리도 듣지 못하였"기에 "제가 부르려든 노래는 오늘껏 안 부르고 남겨두었"(「끼탄자리 13」)다는 타고르의 시적 고백을 읽으면서, 님의 침묵 속에서도 노래를 불러야 하는 시인의 처지가 한용운에게는 같은 것이라 여겨졌을 것이다.

『끼탄자리』의 시들에서 "主"와 "저"가 이루는 구도는 절대자인 '신'과 피조물인 '나' 또는 노래하는 시인인 '나'의 관계를 반영한다. 이 관

43 김억의 번역시집 표제에는 "들이는 노래" 즉 '드리는 노래'라는 표제가 붙어 있다.

계는 연인 간, 어머니와 자식 간의 관계로 변용되어 나타나면서 세속에서의 고통과 불안, 이를 통해 드러나는 사랑을 복합적으로 반영한다. 그러나 변치 않는 것은 "主"라는 존재의 존재성, 즉 사랑과 평화를 구현하고 있는 절대자의 모습이며 이 절대자의 사랑을 간구하고 받는 피조물 "저"의 존재성이다. 그런데 『님의 침묵』에서 "님"과 "나"가 이루는 구도의 양상은 이와는 다르다.

타고르는 "主님의 사랑은 主님의 사랑하는 이의 사랑과 合하야, 完全한 二者合一의 속에 主님이 계십니다"(「끼탄자리 56」)라고 했다. 『끼탄자리』에서 찬송하고 있는 것은 이 "二者合一"이고 "二者"의 위치는 변동되지 않는다. 그러나 한용운의 시에서 "님"과 "나"의 위치는 변화한다. "弱者의 가슴에 눈물을 뿌리는 慈悲의 菩薩이 되옵소서"라고 한용운이 노래할 때, '님'은 변함없이 "가장 依支 업는 이들이 사는 곳에 발을 쉬이"(①)는 존재가 아니다. "되옵소서"와 같은 희구의 형식으로 나타나는 종결어에서 보이듯이 그 "님"은 '되어질' 존재이기도 하다.[44] 한용운이 시집의 「군말」에서 이야기했듯 '기룬 이', 즉 "길을 일코 헤매는 어린 양" 또한 '님'이 된다. '님'이란 한용운이 불교 교리와 조선 독립의 사상을 설파했던 다른 글들에서 교화하고자 했던 그 대상, 조선의 민중이기도 한 것이다. "님"에게 천국의 사랑을 받고 자비의 보살이 될 것을 희구하는 존재는 "나"이고 이때의 '나'는 '님'의 존재를 새로이 형성한다.

익히 알려진 시 「나룻배와 행인」에서는 나룻배인 "나"가 행인을 건네주는 보살행적 행위를 함으로써 "나"와 "당신"의 관계가 역전된다. "나"

---

44 오형엽은 한용운과 타골의 시의식의 차이를 '되다'와 '하소서'의 시학으로 구분지으면서 "『님의 침묵』 전편에 나타나는 '님'은 정적으로 한 자리에 놓여 있는 대상이 아니라 역설과 부정의 변증법을 통해 도달하고자 하는 존재의 가능성"(오형엽, 앞의 글, 234면)이라고 언급하였다.

는 『찌탄자리』에서처럼 "당신"의 사랑을 받는 피조물로서 찬송하는 존재가 아니다. 노래하는 것만이 모든 일인 '시인'뿐만이 아니라 '보살'의 모습도 지니는 존재가 된다. "님이어 당신과 내가 사랑의 속에서 하나가 되는 것을 참어주서요 그리하야 당신은 나를 사랑하지 말고 나로 하야금 당신을 사랑할 수가 업도록 하야 주서요"(「참어주서요」)라는 구절은, '님'과의 이별이라는 현실을 참을 수 없으므로 님과 나와의 하나 됨조차 아직 부정하고 싶다는 시인의 내적 풍경을 역설적인 표현법을 통해 드러낸다. 이 역설을 통해 님과 나의 '이자합일'이라는 의미를 가졌던 사랑의 절대적인 양상은, 한용운의 시에서 수용과 굴절을 겪으면서 조선의 현실적 풍경을 환기시킬 수밖에 없는 새로운 의미를 띠게 된다.

4. 부정과 단절로서의 『님의 침묵』

『찌탄자리』의 근간을 이루는 것은 이 세계가 '향연석'이라는 인식이다. '주'의 존재를 자각하지 못하거나 이별해 있을 때 슬픔과 고통은 존재하지만, 세계가 '복음'으로 이루어졌다는 사실은 변치 않는다. "主의 音樂의 光明이 왼 世界를 밝게 하시며, 主의 音樂의 生命의 입김이 하늘에서 하늘로 돌아갑니다"(「찌탄자리 3」), "只今 이 때는 고요히 主와 함씌 마조안자, 고요하고 우거지는 閑暇 속에서 「生命의 奉獻」을 노래할 째입니다"(「찌탄자리 5」), "저는 이 世界의 饗宴席에 부름을 밧게 되야, 저의 生命은 이리도 祝福을 밧앗습니다"(「찌탄자리 16」), "아츰부터 저녁까지, 여긔 門 압폐 제가 안자 바라보면 문득하게도 幸福의 瞬間이 옵니다. 그리하야 저는 微笑하며, 혼자서 노래 부릅니다. 그러노라면 空

中에는 約束의 香薰이 갓득히 찹니다"(「끼탄자리 44」), "光明, 나의 光明, 世界에 갓득한 光明, 눈을 쓸치는 光明, 맘을 곱게 하는 光明이여! (…중략…) 光明은 내 사랑의 曲調를 뜻읍니다."(「끼탄자리 57」)와 같은 구절들에서 세계는 향연석이고, 이 세계를 밝히는 것은 '주'의 광명이다. '축복'은 약속된 것이다. '주'에 대한 사랑의 곡조를 뜯게 하는 주체마저도 종국에는 '주'의 광명인 것임을 알 수 있다.

타고르는 「생의 실현」에서 우파니샤드를 인용하면서 우주 창조의 원리는 즐거움에 있다고 말하고 시인은 이런 우주 창조의 일익을 담당하는 정신적인 기반 위에서 음악을 통해 우주를 표현하는 사람이라고 말한 바 있다.[45] 그러므로 생명이 죽음으로 돌아가는 순간은, 이 우주의 섭리에 포용되는 순간이고 따라서 죽음조차도 영원의 집에서 안식을 취하는 기쁨으로 인식될 수 있다. "밤이나 낫에, 自己의 山깃(巢)으로 날아가는 思鄕病 들닌 鶴의 무리와 갓치, 모든 저의 生命으로 하야금, 하느님을 敬拜하는 동안에, 「永遠의 집」으로 길 써나게 하와 줍소서"(「끼탄자리 103」)에서처럼 시인은 '죽음'이 다름 아닌 생명의 고향으로 회귀하는 것이라는 점을 노래한다.

한용운이 「타골의 詩를 읽고」에서 말하고자 했던 것은 타고르의 시에 나타나는 죽음, 즉 "죽엄의 香氣"에 관한 것이었다. "옛 무덤을 깨치고 하늘까지 사못치는 白骨의 香氣"라고 한용운이 표현한 것처럼 타고르에게는 죽음마저도 하늘까지 사무치게 하는 "노래"의 힘이 있었다. 한용운은 그것에 감동하면서도 그 노래의 힘이 조선에서는 "하늘"이 아니라 "大地"를 움직이는 힘이기를 바랐다. "죽은 大地가 詩人의 노래를 거쳐서 움직이는 것"을 믿기 위해 그는 '님'의 "향긔로운 부르심"(「錯認」)을 거절하고 있다.

---

45 유영, 『타골의 문학』, 연세대 출판부, 1983, 25~32면 참조.

① 「녜녜 나려가고 십흔 마음이 잠자거나 죽은 것은 아닙니다마는 나는 아시는 바와 가티 여러 사람의 님인 때문이여요. 향긔로운 부르심을 거스르고자 하는 것은 아닙니다」고 버들가지에 걸닌 반달은 해쭉해쭉 우스면서 이러케 말하는 듯 하얏습니다

—「錯認」 부분46

② 苦痛의 가시덤풀 뒤에 歡喜의 樂園을 建設하기 위하야 님을 떠난 나는 아아 幸福입니다

—「樂園은 가시덤풀에서」 부분47

『끼탄자리』에서 '주'—'저'가 이루는 이자합일의 궁극은 영원한 존재의 집에서 안식을 취하는 '죽음'과 닿아 있다. 여기서 보편자와 개별자, 브라만과 아트만의 범아일여(梵我一如)가 탄생한다. 이때 브라만—아트만의 관계는 본질적인 것이며 아트만—아트만의 관계는 배제되어 있다. 그러나 한용운은 "여러 사람의 님"(①)을 발화함으로써 개별자들의 공동성, 즉 조선이라는 현실 사회에 처한 아트만들의 구체성을 표현하고자 했다. 그가 '님'을 떠나는 것은 역설적으로 이 공동적 현실의 지평과 이별하지 않기 위해서, 즉 여러 사람의 '님'과 만나기 위해서다.

타고르가 일본의 국가주의와 침략주의에 분노하고 우려를 표명했으며, 이러한 점이 일본보다 당시 조선에서 타고르가 지지를 받게 되었던 동기라 보는 김윤식의 견해[48]는 타고르의 전체적 사상의 궤적에서 볼 때는 맞는 이야기일 수 있다. 그러나 당시 타고르의 중국과 일본 방문의 의미가 중국과 조선에서는 그리 간단치만은 않은 문제로 받아

46 『님의 침묵』, 50면.

47 위의 책, 87면.

48 김윤식, 앞의 글, 209~219면 참조.

들여졌던 것 같다. 1924년 4월 타고르의 중국 방문 당시의 기사를 보면 "「금에 아세아 민족은 일본, 중국, 인도가 공히 양해 하에 입하야 이 폐(廢)하여 가는 아세아 문명을 부활케 하고자 대동단결을 도(圖)하는 것이 급무라」 하엿스며 일본 방문은 6월경이라더라(상해 12일발)"[49]라거나 "인도의 시성 「타골」옹의 환영회석상에서 옹은 동방의 문화와 아세아인의 서양인에게 밧는 압박의 사실을 설하고 아세아의 연합을 고창하엿더라(북경 28일발)"[50]고 연설의 내용을 전하고 있다. 같은 해 6월 일본에서의 강연 당시 실렸던 기사를 보자. "옹은 이차의 일본방문의 감상을 술하고 갱(更)히 금번 일본이 수(受)한 모욕에 대하야 구미 물질문명의 횡포를 분개하야 동양의 자연적 대사상을 강조하엿더라(동경발)"[51]고 전하고 있다.

이와 같은 기사들은 김윤식이 말하고 있는 바와는 오히려 상반되는 관점에서 타고르의 사상이 수용, 소비되고 있었다는 사실을 보여 준다. 식민지 당국의 검열로 문제의 소지가 있을 만한 내용을 배제했다는 사실까지 고려하더라도 다음과 같은 기사를 볼 때 당시의 현실적 정황은 더 잘 드러난다. "타고아씨는 피로라 칭하고 일체의 강연과 초대를 사절하기로 선언하얏는 바 우(右)는 북경학계 일부의 반대열이 앙(昂)한 결과인 것 갓더라(북경 14일발)".[52] 서양의 근대문명을 비판하는 타고르의 입장에 일부 중국 지식인들은 그가 근대 문명이 아니라 과거로 회귀한다고 생각했고, 당시 진보와 문명개화를 표방하고 있었던 중국현실에 적합하지 않다고 느꼈다.[53]

---

49 「대동단결이 급무」, 『동아일보』, 1924.4.14.

50 「동아연합을 고창」, 『동아일보』, 1924.4.30.

51 「타골옹의 초(初)강연」, 『동아일보』, 1924.6.11.

52 「타옹 면회사절」, 『동아일보』, 1924.5.17.

53 이를 둘러싼 더 자세한 정황과 타고르를 통한 '동양' 개념의 수용과 소비에 대해서는 이옥순, 「식민지 조선의 '동양', 타고르의 '동양'」, 『담론201』 7권 2호, 한국사회역사학

당시 변영로가 간디와 타고르의 사상적 견해차에 대해 언급하면서 "「명상과 관념의 유거(幽居)에 자적(自適)치 안코 정치란 극히 무의미한 헛겁덱이 실제 운동에 나서는 것은 찬성할 수 업다」는 것이 타고어가 싼듸에게 발(發)한 공격의 제일시(第一矢)라 한다 (…중략…) 타고어의 그 말이 아모래도 회피적이고 소극적의 부르지짐으로밧게는 들니지 안는다"[54]와 같이 말하고 있는 장면은 타고르의 발언과 행적을 조선문단이 어떻게 받아들이고 있었는지 보여 준다.[55] 그리고 이러한 생각은 아마 한용운에게도 비슷하게 찾아왔던 것 같다. 한용운이 『님의 침묵』에서 "님은 갓습니다"라고 발화했을 때, 이 발화는 매우 충격적이다. 그가 승려이고, 이 시집이 타고르의 수용 관계 속에서 탄생했다는 점을 생각할 때 더욱 그렇다. 절대적 존재의, 또는 부처의 절대성을 부정하는 것만 같은 이 절망적 단언은 그러므로 한용운의 자기 존재에 대한 부정이며 타고르적 영원성에 대한 시적 단절이다.

> [3] 나는 갈고 심을 짱이 업슴으로 秋收가 업습니다 / 저녁거리가 업서서 조니 감자를 쑤러 이웃집에 갓더니 主人은 「거지는 人格이 업다 人格이 입는 사람은 生命이 업다 너를 도아주는 것은 罪惡이다」고 말하얏습니다 / 그 말을 듯고 도러나올 째에 쏘더지는 눈물 속에서 당신을 보앗습니다
>
> —「당신을 보았습니다」 부분[56]

회, 2005 참조.

54 수주, 「아관(我觀) 「타고어」 – 그의 적로(赤露) 방문을 제하야」, 『동아일보』, 1925.8.28.

55 『끼탄자리』와 『원정』이 간행된 1910년대 이전과 1920년대 이후의 타고르의 사상에는 변화가 있었는데, 조선에서는 이러한 전체적 사상이 잘 이해되지 못했다는 견해도 있다. 알록 꾸마르 로이, 앞의 글 참조. 그러나 어쨌든 1930년대 중반에도 타고르의 사상은 조선에서 일본의 '동아협동체론'을 환기시키는 방식으로 수용되고 있었다. 타골, 「일본은 동양의 힘인가」, 『삼천리』 7권 8호, 1935.9, 87면 참조.

56 『님의 침묵』, 65면.

갈고 심을 땅이 없고, 추수가 없고, 저녁거리가 없어 "조"나 "감자"를 꾸러 가는 이 구체적 현실의 재현은 한용운이 조선의 언어로 표현해 내었던 그만의 생각이었다. 여기 나타나는 '당신'–'나'와의 관계는 지극히 현실적이지만 한편 현실에 존재하지 않는 종교적인 것이기도 하다. "永遠의 사랑"과 "다른 까닭을 겸하야 民籍이 업"(「당신을 보앗습니다」)는 현실 사이의 긴장, 그 "망서리"는 마음이 한용운에게는 시가 되었던 것이다. 그러므로 구원은 "하늘"에서 오는 것이 아니라, 고통스럽고 능욕당하는 현실에서 흘리는 눈물 속에서만 언제나 비칠 수 있다는 인식은 한용운이 『끼탄자리』의 언어와 맞부딪치며 생성해 낸 것이며, 그가 처해 있던 조선이라는 현실의 지평에서 탄생한 것이었다.

제3장

이상(李箱)의 시쓰기와 '조선어'라는 사상

1. 대리적 개념으로서 (재)배치되는 조선어 문장

이상은 1931년 일본어로 간행된 잡지 『朝鮮と建築(조선과건축)』의 "漫筆"[1]란에 일본어 시를 발표한 후,[2] 1933년 『가톨닉 청년』에 처음 조선어 시를 발표한다. 여기에 이상은 「꽃나무」, 「이런詩」, 「一九三三, 六, 一」이라는 세 편의 시를 싣는다. 그 시들의 일부를 보자.

[1] 벌판한복판에 꽃나무하나가 잇소 近處에는 꽃나무가하나도 업소 꽃

1 『朝鮮と建築』에는 따로 문예란이 마련되어 있지 않다. 이상이 처음 작품을 발표하고 있는 10집 7호의 경우, '연구', '주택담', '만필', '추도', '회보' 등으로 목차가 구성되어 있다.

2 이 발표물을 이상이 시라는 완결된 '장르'가 아니라 일종의 아포리즘으로 생각하고 발표했을 가능성도 배제할 수 없다. 여기에 대해서는 다음의 글에서 논한 바 있다. 졸고, 「이상의 연작시 「위독」과 조선어 실험」, 『어문논집』 54, 민족어문학회, 2006.10, 250~251면 참조.

나무는제가생각하는꽃나무를 熱心으로생각하는것처럼 熱心으로꽃을피워가지고섯소.

—「꽃나무」 부분[3]

[2] 역사를하노라고 땅을파다가 커다란돌을하나 끄집어내여놋코보니 도모지어데서인가 본듯한생각이들게 모양이생겻는데 목도들이 그것을메고나가드니 어데다갓다버리고온모양이길내 쪼차나가보니 危險하기짝이업는큰길가드라.

—「이런詩」 부분[4]

[3] 나는 그날 나의自敍傳에 自筆의訃告를 揷入하엿다 以後나의肉身은 그런故鄕에는잇지안앗다 나는 自身나의詩가 差押當하는꼴을 目睹하기는 참아 어려웟기때문에.

—「一九三三, 六, 一」 부분[5]

위의 시들의 문체를 살펴보면 이상의 「烏瞰圖」 연작 이후의 시들에서 보이는 어조와 구문의 특징들이 이미 이때부터 나타나고 있음을 볼 수 있다. 즉 동일한 구절이 반복 · 변주되면서 긍정서술어와 부정서술어가 교차되고([1]「꽃나무」), 종지 없이 긴 문장이 하나의 구문으로 이어지거나([2]「이런詩」), 여러 작품들에서 빈번하게 보이는 어휘들인 "訃告", "肉身", "差押", "目睹" 등의 어휘들이 사용되고([3]「一九三三, 六, 一」) 있다. 그런 한편으로 이 세 편의 시는 앞서 발표했던 일본어 시들이나 1934년 『조선중앙일보』에 연재되는 「烏瞰圖」 연작시들보다는 상대적

3 『가톨닉 청년』 2호, 1933.7, 52~53면.

4 위의 글.

5 위의 글.

으로 평이하여 이상의 시들 중에서도 가독성이 높은 시들에 속한다. 기호나 수식 또는 도상적 이미지들이 사용되지 않았다는 점과 함께, 이상의 다른 연작시들에 비해서 한자어가 상대적으로 적게 채용되었기 때문이다. 이상 시의 경우, 한자 사용의 변폭이 작품에 따라 상당히 클 뿐 아니라 길지 않은 창작 기간 동안 발표했던 몇 번의 연작시들이 각 연작의 특징에 따라 한자 사용의 성격 또한 달리하고 있다는 점은 좀 더 주목해야 할 문제이다.

『가톨닉 청년』에 실린 위의 세 작품의 경우만 해도 각 시에 따라 한자 사용 및 한자 어휘가 드러나는 정도의 차이를 구분해 볼 수 있다. [3]의 「一九三三, 六, 一」의 경우 [1]의 「쏫나무」나 [2]의 「이런詩」보다는 한자 어휘가 많이 드러난다. 이는 묘사하거나 진술하는 대상의 차이보다는, [2]에서 "역사", "생각", "목도" 등의 한자 어휘들은 한자 표기를 노출할 수도 있었지만("역사(役事)"나 "목도(木徒)" 등은 오히려 한자표기를 해주는 편이 의미를 더 쉽게 전달할 수 있는데) 그렇게 하지 않은 작자의 의도에 기인한다. 이러한 점은 [3]에 노출되고 있는 한자 어휘들 "自筆", "訃告", "挿入", "以後", "肉身", "故鄕", "差押", "目睹" 등의 연속과 비교해 보면 더욱 확연해진다. 그러나 [3]의 한자 표기를 일부 한글 표기로 변환하면 "나는 자신 나의 시가 차압당하는 꼴을 목도하기는 참아 어려웟기 째문에"로 되어 지금의 한글 문장에 견주어 보아도 그다지 어색하지 않다.

[3]의 한자 표기와 비교하여, 1934년 발표하는 「烏瞰圖」 연작 중의 한 편인 「詩第四號」에서 "半矮小形의神의眼前에我前落傷한古事를有함"과 같은 구절을 보자. 지금의 띄어쓰기에 맞추어 한글로 표기하면, "반왜소형의 신의 안전에 아전낙상한 고사를 유함"과 같이 되어 『가톨닉 청년』에 실렸던 시들과는 달리 한글 변환만으로는 쉽게 해독되지 않는 구문이다. 이러한 사실들을 통해, 시어를 선택하고 구문을 조직하는 과정에서 한자 표기, 한자 어휘, 한문식 구문 등의 여러 층위에 걸

쳐 이상의 의도가 각 시편에 따라 적극적으로 실행되고 있다는 가설을 세울 수 있다. 이상의 일본어 시와 조선어로 발표된 시들을 비교해 볼 때 나타나는 조선어 구문의 특징은 이와 같은 가설을 지지해 준다.

> ④ 前後左右を除く唯一の痕跡に於ける
> 翼殷不逝 目大不覩
> 半矮小形の神の眼前に我は落傷した古事を有つ。
>
> —「二十二年」 부분[6]

> ⑤ 前後左右를除하는唯一의 痕跡에잇서서
> 翼殷不逝 目大不覩
> 半矮小形의神의眼前에我前落傷한古事를有함.
>
> —「詩第五號」 부분[7]

일본어로 된 시를 조선어로 번역한다고 할 때, 이 번역의 과정에는 몇 가지 문제들이 개입된다.[8] 한자를 어느 정도 노출시킬 것인가, 한자 어휘를 대체 가능한 조선어로 바꿀 것인가, 구문을 조선어의 결에 맞추어 변경할 것인가 등의 문제는 시인의 의식적인 선택과 배제를 요구한다. "前後左右を除く唯一の痕跡に於ける"를 "前後左右를除하는唯一의痕跡에잇서서"로 옮길 때, "제하는", "유일의 흔적에 잇서서"와 같은 구

---

6 『朝鮮と建築』 11집 7호, 1932.7, 26면.

7 『조선중앙일보』, 1934.7.28.

8 발표 연대로 보아 두 시의 경우, 일본어 시를 먼저 창작하고 이후에 조선어 시로 다시 쓴 것이라고 추정하였다. 이상의 많은 유고가 일본어로 쓰였으나 발표 작품은 『朝鮮と建築』을 제외하고는 모두 조선어로 되어 있다는 점, 『조선중앙일보』에 「烏瞰圖」 연작을 발표할 당시, "이천점에서 삼십점을 고르는 데 땀을 흘렸다"(이상, 「오감도 작자의 말」, 김주현 주해, 『이상문학전집 3』, 소명출판, 2005, 207면)고 말한 점 등이 추정의 근거가 된다.

절들은 좀 더 조선어의 결에 맞는 구문으로 표현할 수 있다. 더욱 문제적인 것은 "神の眼前に我は落傷した古事を有つ"라는 문장을 이상이 "神의眼前에我前落傷한古事를有함"과 같이 표현하고 있다는 점이다. 이 문장에서 우리는 "신의 눈앞에서 내가 낙상했던 옛이야기가 있다"는 조선어 문장(또는 다른 방식으로 여러 가지 선택 가능한 조선어(식) 문장)이 의식적으로 배제되고 있음을 알 수 있다. 독자는 여기에서 당시에나 지금에나 낯선 한문투의 구문과 한자어들의 의도적인 노출에 맞부딪친다. "半矮小形의神의眼前에我前落傷한古事를有함"이라는 문장에는 'の(의)'의 중첩과 같은 일본어 구문을 조선어의 문장으로 좀 더 풀어 번역하지 않거나 "眼前"과 같은 일본식 한자어를 그대로 표기하면서 발생하는 낯섦이 분명 존재한다. 그러나 이 문장의 어색함, 또는 부자연스러움에는 일본식 구문과 조선어 구문과의 충돌만으로는 설명되지 않는 한자어와 한문식(거기에 일본어 구문이 뒤섞인) 문투의 '과잉된' 사용이 야기한 효과가 더 크게 작용하고 있다.

한자의 과잉 그리고 한자어의 중첩은 『가톨닉 청년』의 시들에서보다 「詩第五號」에서 훨씬 강화되어 있다. 이상 자신이 만든 것 같은 생경한 한자어, 일본에서 수입된 근대 한자어, 『장자』에서 빌어 온 "翼殷不逝 目大不覩(익은불서 목대불도)"와 같은 옛 한문식 표현 등의 혼용과 한자어를 중심으로 한 문장 구성은 「烏瞰圖」 이후의 일련의 연작시의 기획에서 여러 가지 형식으로 등장한다. 그러므로 「二十二年」, 「詩第五號」로 동시에 존재하는 일본어 / 조선어 텍스트에 대해 이렇게 해석해 볼 수 있다. 이상은 일본어투의 번역문장을 조선어의 결에 맞추어 재구성하는 작업을 소홀히 한 것이 아니라, 한자와 한문구가 중심이 되고 있는 조선어 문장을 순한글이 중심이 되는 조선어 문장의 대리적 개념으로 (재)배치하고 있는 것이다.

2. 근대 '민족어'와 '한자 / 한문'에 대한 사고

이상이 조선어 시를 발표하는 1933년에서 1936년은 조선어학계와 문단에서 조선어의 표준화 작업과 함께 조선어 순정화의 요구도 높아지고 있던 때였다. 1935년을 전후로 하여 신문과 잡지에서 활발하게 진행되는 조선문학의 개념을 규정하는 논의에서는 '한글 / 한문'이라는 표기 체계의 문제가 중심적인 사항으로 거론된다. 한문문학을 '조선문학'의 범주에서 제외시키고 있는 당시의 대부분의 문학가들에게 근대문학의 내포를 이루는 가장 중요한 요소는 근대적 '민족어' 즉 조선의 문자인 한글이었다.[9]

"조선의 '문학'적 기원을 소거시킬 수 있는 방안으로 '문학'을 문자중심주의나 속어주의와 결탁시키는 선택"[10]을 한 이광수의 신문학 제창 이래로, "주릴할 한학에 짐독(鴆毒)"[11]이 된 조선문학을 근대문학의 영역으로 새롭게 구성하는 가장 큰 역할을 짊어졌던 것이 '한글' 문자였던 셈이다. 근대계몽기 이래로 "'한문'은 개화・개명의 장애물로 인식되고 있다. 이에 한문폐기론이 제창"[12]될 정도로 조선 근대문학의 내셔널리티를 구상한 많은 문학가들에게 한자는 부정적 참조물로 작용했다.

---

9 1930년대 문단에서 벌어진 조선문학의 개념 논의 및 '한문 / 한자' 인식에 관한 상세한 논의로 다음 연구들을 참고할 수 있다. 이혜령, 「한글 운동과 근대어 이데올로기」, 『역사비평』 71, 역사문제연구소, 2005년 여름; 이혜령, 「한자 인식과 근대어의 내셔널리티」, 『민족문학사연구』 29, 민족문학사학회, 2005; 문혜윤, 『문학어의 근대－조선어로 글을 쓴다는 것』, 소명출판, 2008.

10 이경돈, 「근대문학의 이념과 문학의 관습－「문학이란 하오」와 「조선의 문학」을 중심으로」, 『민족문학사연구』 26, 민족문학사학회, 2004, 239면.

11 이광수, 「조선문학의 개념」, 『신생』 1권 2호, 1929.1, 7면.

12 임형택, 「근대계몽기 국한문체의 발전과 위상」, 『한국문학사의 논리와 체계』, 창작과비평사, 2002, 409면.

『조선문단』의 창작 합평회에서 "월탄군은 한문투를 너머 써"서 좋지 않다든가 "지명은 괜챤으나 그박게도 아니써도 조흘 데 한자를 너머 써"서 좋지 않다는 평가가 자연스레 등장할 수 있었던 것처럼, 근대문학의 문체를 구성하는 데 불필요한 한자와 한문투를 가능하면 배제하는 경향은 조선문단 내부에서 적극적인 지지를 얻으면서 퍼져나갔다.[13] 1920년대 국민시가론이 등장하고 1930년대 중반 이후 고전부흥의 열기가 문단에 퍼졌을 때도, 고전에서 전통을 섭취하는 문제와 한문식 문장, 한자어 사용의 문제는 차원을 달리하는 것이었다. 고전과 과거의 전통을 재인식하고 이 유산을 새롭게 받아들여 근대적 형식을 창조하는 일이 작가들의 과제가 되었지만, 여러 시인들은 조선의 방언과 고유어, 한글 내간체 등의 이른바 '한글' 문장의 발굴과 혁신을 위해 힘썼고 이와 같은 노력들은 문단의 상당한 호응을 얻었다.[14]

1930년대 문단의 고전부흥운동의 중심에서 시조 혁신론을 제창하는 한편, 이태준과 정지용의 창작활동 및 잡지 『문장』의 편집과 체제에 상당한 영향을 미쳤던 이병기는 이른바 '국문'의 구상적 표현 즉 조선문인 한글의 '실감'과 '사실성'을 중요시하였나.[15] 조선어의 '독특한 맛'이나 '어감' 등은 조선어의 고유한 한글 어휘와 형용사, 부사어의 표현에서만 살아날 수 있다고 말하는 홍기문, 이희승 등의 어학자들의 논의에 부응하여 이태준, 정지용 등 당시의 많은 문학자들은 산문에서

---

13 1920년대 문단의 '순조선어' 창작에 대한 인식과 『조선문단』 합평회에 관하여 다음에서 인용하고 참조하였다. 천정환, 『근대의 책 읽기』, 푸른역사, 2003, 104~105면.

14 1920년대 국민시가론에 관해서는 구인모, 『한국 근대시의 이상과 허상-1920년대 '국민문학'의 논리』, 소명출판, 2008; 1930년대 고전부흥론과 관련하여 황종연, 「한국문학의 근대와 반근대」, 동국대 박사논문, 1991; 1930년대 시인들의 시어의 혁신의 성격에 관해서는 김신정, 「'시어의 혁신'과 '현대시'의 의미-김영랑, 정지용, 백석을 중심으로」, 『상허학보』 4, 상허학회, 1998.11을 참조하였다.

15 이병기의 조선어 인식에 관해서는 허윤회, 「조선어 인식과 문학어의 상상-가람 이병기를 중심으로」, 『민족문학사연구』 26, 민족문학사학회, 2004 참조.

묘사를 할 때라든가 특히 운문의 경우에는 한글의 고유한 성질을 부각시키는 의성어나 의태어 등을 비롯하여 사라진 고어 중에서 정감 있는 한글 표현을 새롭게 발견하는 의식적 행위를 시도하기도 하였다.[16]

'한자'와 '한문'은 식민지 시대 전반에 걸쳐 문학인들에게 의식적, 무의식적으로 근대적 글쓰기의 영역에서 괄호 쳐지거나 극단적으로는 그 반대항에 있는 것으로 여겨지기까지 했다. 특히 "필요범위 내의 한자어까지 배척할 이유는 없다 생각"하면서도 "극히 개념적인, 생기 없는 과거의 한자문체는 배격해 마땅할 것"[17]이고 "'곡곡(曲曲)' '절절(折折)'로는 원래 시의 구체성은 둘째 치고 소리의 울림만으로라도 '서리서리''굽이굽이'의 말맛을 도저히 따르지 못하는 것"[18]이라는 인식이 퍼져나가고 있던 것이 1930년대 중후반 문단의 상황이었던 것이다.

그렇다면 김기림에 의해 "동양에의 반역"[19]을 철저히 추구하는 시정신이라 명명된 바 있으며, 이른바 모더니즘의 최전방에서 시의 근대적 언어를 실험했던 이상에게 한자와 한문이란 어떤 존재였던 것일까. 특히 다다이즘과 초현실주의 시의 경향과 연관하여 이상의 시를 분석하거나 언어 실험의 차원에서 이상 시를 분석한 그동안의 많은 연구들에서 이 점은 대체로 그리 천착되지 못했던 문제였던 것 같다. 이상의 일본어로 쓰인 유고들이 후대 연구자들에 의해 임의로 번역되면서, 일본어로 발표된 텍스트, 조선어로 발표된 텍스트, 일본어로 쓰이고 연구자들에 의해 한글로 번역된 텍스트들이 등가적으로 분석되고 연구된 것도 그 이유 중 하나이다.

---

16 홍기문과 이희승의 논의 및, 「유산가」와 정지용 시에 나타나는 고유어의 효과에 대해 이야기하고 있는 이태준의 문장론에 대해 다음을 참고할 수 있다. 이태준, 『개정판 문장강화』, 창비, 2005, 59~65면; 69~74면 참조.

17 위의 글, 82면.

18 위의 글, 74면.

19 김기림, 「이상의 문학의 한 모—동양에의 반역」, 『김기림전집3』, 심설당, 1988, 180면.

이상 유고의 번역본에서 일본어의 한자 어휘들을 한글 문장에 그대로 옮겨오는 경우 기존의 이상 시에 나타나는 문체의 특성을 참조한 번역이 이루어지기는 했으나, 그럼에도 불구하고 이 번역 과정에는 앞서 살펴보았던 것처럼 '한문 / 한자 어휘 / 한자 표기 / 한글 표기 / 조선 고유어 / 조선문' 등이 이루고 있는 중층적이고 복잡한 경계와 이것들이 서로 넘나들면서 형성하는 조선어문에 대한 의식을 단순화시키는 번역의 기준 즉 가능한 한에서 단순화된 범주의 표준화가 존재할 수밖에 없다. 이때 이상 스스로 했던 선택과 배제의 역학을 추측하거나 오해할 수밖에 없는 상황이 발생한다.

1930년대 문단 안팎의 상황과 함께 당시 다른 시인들이 진행하고 있었던 시어의 혁신과 조선문학의 근대화 작업과 비교하여, 이상이 그의 시에 사용한 한자와 의도적인 한문식 조어법은 특이한 위치를 점하고 있다.[20] 이러한 사실이 그의 도상적 이미지들이나 외래어 표기법만큼 어쩌면 그보다 더 큰 비중의 언어적 문제를 제기하고 있는 것이라는 점은, 이상 시의 '근대성'을 논하는 과정에서 종종 망각되거나 고의적으로 배제되었던 것이다.[21]

---

20 이 당시에도 여전히 쓰이고 있던 한시나 한문투의 시조 등의 경우를 함께 생각해 볼 때 더 입체적인 고려를 할 수 있을 것이다. 정지용 등의 시인들이 고전에서 차용한 한자와 같은 경우도 더 세밀한 논의를 필요로 한다. 상대적으로 한자를 더 적게 사용한 시인들의 경우 또한, 한자 사용이나 고유어를 사용하는 한글 문장에의 지향에 대한 편차가 크고 다양하여 단순화시킬 수만은 없는 문제이다. 다만 이들이 시에서 사용하는 한자 사용의 경우와 비교해 이상의 한자 사용의 경우, 그 개념적 성격이 두드러지고 한자와 한문투 문장의 조어법이 가장 철저히 개인화되어 있음을 볼 수 있다. 이를 고려한 작가들 간의 비교 분석은 이 연구의 범위를 넘어서므로 이후의 연구를 기약한다.

21 이상의 시를 어학적으로 분석하는 과정에서 이상의 시에 한자로 표기된 말의 빈도가 많이 드러난다는 사실을 언급하고 있는 한 연구에서는, 이상 시의 한자 사용에 대해 "20년대는 국한문혼용 상태였으므로, 1920년대의 한국근대문학과의 연결점을 찾을 수 있다는 것이다. 20년대의 경향이 다소나마 남아 있는 흔적으로 볼 수도 있을 것"(원명수, 「시문체의 어학적 분석시고－이상 시를 중심으로」, 『한국문학(문체론 · 작가작품론) 연구』, 집문당, 1983, 120면)이라 말한다. 이러한 분석은 이상 시의 한자 사용의

3. 이상 시에서의 한자 사용과 조선어 문장의 이동

일본어 텍스트인 『朝鮮と建築』의 작품들을 제외하고 이상은 네 번에 걸쳐 연작시를 발표한다. 1934년 연재된 『조선중앙일보』의 「烏瞰圖」, 1935년 『가톨닉 청년』에 발표된 「正式」, 1936년 『가톨닉 청년』과 『조선일보』에 발표된 「易斷」, 「危篤」이 그것이다.[22] 한자 어휘의 노출 및 의도적인 한문식 문투와 조어법을 기준으로 볼 때, 「烏瞰圖」와 「正式」 연작의 시들은 그 변용과 진폭이 다양한 데 반해 「易斷」의 시들은 대부분 한글로 된 문장을 중심으로 이루어져 있고 「危篤」 시편들의 대부분은 한자와 한자어를 많이 노출하는 시들이다.

1

① 이손바닥만한하늘이편에방맹이로흰비닭이의떼를따려죽이는不潔한 전쟁이시작된다. 空氣에숫검정이가지저분하게무드면흰비닭이의떼는또 한번이손바닥만한하늘저편으로날아간다.

—「詩第十二號」 부분[23]

② 나의體軀는中軸을喪失하고또相當히蹌踉하야그랫든지나는微微하게 涕泣하얏느니라.

—「詩第六號」 부분[24]

의식적 성격이나 이상 시의 언어적 특성과 한자와의 관계를 지나치게 단순화하고 있는 것으로 보인다.

22 「正式」을 연이 나뉜 한 작품으로 보는 김주현 등의 견해도 있으나, 각 시마다 "正式"이라는 제목이 반복되면서 로마자 번호가 붙고 있으므로, 연작시로 쓰인 것으로 보았다.

23 『조선중앙일보』, 1934.8.4. 작품의 앞에 붙은 번호는 구분을 위해 인용자가 표기한 것이다.

24 『조선중앙일보』, 1934.7.31.

③ 濛濛한月芽・靜謐을蓋掩하는大氣圈의遙遠・巨大한困憊가운데의一年四月의空洞・槃散顚倒하는星座와星座의千裂된死胡同을跑逃하는巨大한風雪

―「詩第七號」 부분[25]

2

海底에가라앉는한개닻처럼小刀가軀幹속에滅形하여버리드라完全히달아없어졌을때完全히死亡한한개小刀가位置에遺棄되여있드라

―「正式 Ⅰ」 전문[26]

3

캄캄한空氣를마시면肺에害롭다. 肺壁에끄름이앉는다. 밤새도록나는옴살을알른다. 밤은참많기도하드라. 실어내가기도하고실어들여오기도하고하다가이저버리고새벽이된다. 肺에도아츰이켜진다.

―「아침」 부분[27]

4

血管으로淋[ ]한 墨痕이몰려들어왔나보다. 懺悔로벗어노은내구긴皮膚는白紙로도로오고붓지나간자리에피가롱저매첫다. 尨大한墨痕의奔流는온갓合音이리니分揀할길이업고다므른입안에그득찬序言이캄캄하다.

―「內部」 부분[28]

25 『조선중앙일보』, 1934.8.1.
26 『가톨닉 청년』, 1935.4, 60면.
27 『가톨닉 청년』, 1936.2, 56면.
28 『조선일보』, 1936.10.9.

1에서 4의 차례대로 「鳥瞰圖」, 「正式」, 「易斷」, 「危篤」 연작들에서 뽑았고 발표 순서는 1→2→3→4이다. 비록 짧은 기간 동안이기는 하지만, 앞서 살펴보았듯이 이상 시의 한자와 한자 어휘, 한자어 중심 구문 사용의 빈도수는 발표 순서에 따라 일정한 방향으로 정향되어 간 것은 아니라는 사실을 확인할 수 있다. 1936년 10월에 발표된 4의 문장보다는 1934년 8월에 발표된 1-①의 문장이 좀 더 순한글 문장에 가깝다. 1-①의 문장은 몇 개의 표기법과 띄어쓰기만 고친다면 "이 손바닥만 한 하늘 이편에 방망이로 흰 비둘기의 떼를 때려죽이는 不潔한전쟁이 시작된다. 空氣에 숯검정이가 지저분하게 묻으면 흰 비둘기의 떼는 또 한 번 이 손바닥만 한 하늘 저편으로 날아간다."와 같이 되어 지금의 한국어 문장이라고 해도 큰 무리가 없을 정도이다. 1934년 당시 이와 같은 문장을 구사하고 있는 것을 볼 때, 이후 이상 시에서의 한자 사용 빈도수의 증대가 전시기의 언어습관이나 한문투 문장의 잔재에서 온 것으로 해석될 여지는 거의 없어진다.

흥미로운 점은, 연작 안에서도 시편들 간에 변화의 폭이 있기는 하지만 각 연작들을 비교해 볼 때, 한자어를 노출하는 이상의 태도의 차이를 더 잘 감지할 수 있다는 사실이다. 3의 「易斷」이라는 제목 아래 실린 시들의 대부분은 한글이 중심이 되고 한자어는 보조적 표기의 수단에 가깝다. 한자 표기로 된 어휘들은 한글로 변환하여도 해독에 어려움이 없이 자연스러운 조선어가 된 경우에 해당한다. 변환해 보면 다음과 같다. "캄캄한 공기를 마시면 폐에 해롭다. 폐벽에 끄름이 앉는다. 밤새도록 나는 옴살을 앓는다"(3). 반면 4의 「危篤」 연작시들은 한자 어휘들이 더 많이 드러나고 "방대한 묵흔의 분류는 온갖 합음이리니 분간할 길이 없고 다무른 입안에 그득찬 서언이 캄캄하다"(4)와 같이 한글로 변환할 때의 의미 전달이 「易斷」의 시들에 비해 어려워진다. 1 「鳥瞰圖」와 2 「正式」 연작들은 3 「易斷」과 4 「危篤」 연작들에 비해 연작으로 묶인 시들 간의 이질성이 강하다. 시 안에 전혀 한자를 노출하지 않은 시에서부터 거의 조사만 한글로 쓴 경우에 이르기까지, 차이와 변화의 폭이 넓은 시들이 연작 안에 배치되어 있다. [1]의 ①,②,③에 쓰인 문장을 비교해 보면 이 차이는 뚜렷하다.

이상 자신의 말을 참고해 보자. "이천점에서 삼십점을 고르는데 땀을 흘렸다. 삼십일년 삼십이년 일에서 용대가리를 떡 끄내여 놓고 하도들 야단에 배암 꼬랑지커녕 쥐꼬랑지도 못 달고 그만두니 서운하다"[29]는 말에서 1931년에서 1932년의 작품에서 서른 편의 「烏瞰圖」 연작을 연재할 예정이었으나 독자들의 항의에 열다섯 편밖에 싣지 못한 사정을 짐작할 수 있다. 그의 말과 연재된 열다섯 편의 시의 면면에서, 이상이 숫자와 그림, 기호 활용에서부터 각종 문장의 형식을 실험한 여러 편의 습작 중에서 자신의 의도를 가장 잘 실현했다고 보이는 서른 편의 시를 게재할 예정이었음을 볼 수 있다. 그리고 그의 조선어 문장에서의 '한자-한글'의 병용과 변용 문제 또한 이 언어 실험의 일환이었다고 생각할 수 있다.

실제로 1930년대의 일상어 또는 문학어에서조차 거의 쓰임새를 찾아보기 힘든 한자 어휘의 나열로 구성되어 한글이 보조적 수단을 담당하고 있는 [1]-③과 같은 극단적인 구문은 [2]의 「正式」 연작에서부터는 거의 나타나지 않는다. 반면 당시의 자연스러운 한글 문체는 아니지만, 고전과 한문에서 온 어휘들과 일본에서 수입된 것으로 보이는 근대 어휘, 이상 자신의 개인적 조어로 짐작되는 한자 어휘들이 복잡하게 섞여 있는 [1]-②와 같은 구문들은 [2] 「正式」」과 [4] 「危篤」 연작들의 많은 문장을 구성한다.[30] 다만 [1]-②의 "하얏느니라"와 같은 종

29 이상, 「오감도 작자의 말」, 『이상문학전집 3』, 207면.

30 고전과 한문 전통에서 용례를 보이는 어휘들은 한국고전번역원의 한국고전종합DB 검색 시스템을 사용했다. 한자어의 기원과 수용 양상에 대해 다음 논문도 참고할 수

결어미나 [2]의 "버리드라", "되여잇드라"와 같은 종결어미의 형태는 [4]에서는 사라진다. [4]의 종결어미의 경우, [1]-①, [3]의 문장들에서처럼 "~한다", "~이다", "~있다" 등이 쓰이고 있으며 이는 「危篤」 연작 전편에 동일하다.

이상은 「烏瞰圖」의 연재를 중단하면서, "이것은 내 새길의 암시요 앞으로 제 아모에게도 굴하지 않겠다"는 의지를 표현하면서도 "호령하여도 에코-가 없는 무인지경은 딱하다"[31]고 말한 바 있다. 「烏瞰圖」 연작 이후의 창작 방향은 독자의 '에코' 즉 반향을 의식하는 한편 자신의 굽히지 않는 '새 길'에 대한 실험 또한 계속하려는 의식이 혼재된 채 진행되었을 것이다. 1936년 동경으로 건너가기 전후에 김기림에게 보내는 사신에서 이상은 「危篤」 연작들에 대해 "기능어, 조직어, 구성어, 사색어로 된 한글문자 추구시험"이라고 언급한 바 있다.[32] 그렇다면 「危篤」 연작에 쓰인 한자어들의 사용은 "조선어"의 새로운 형태를 시험하기 위한 이상의 실험의 일환이었음이 더 명확해진다.

이러한 일련의 사실들과 연작에 쓰인 문장들의 성격을 함께 고찰할 때, 이상은 [1] 「烏瞰圖」와 [2] 「正式」 연작들에서 실험된 '한글-한자'의 여러 가지 혼용 형태 중에서 순한글을 중심으로 이루어진 문장들을 선택하여 [3] 「易斷」의 연작시들을 구성했을 것이다. 그리고 그 이후 [4] 「危篤」 연작에서는 자신이 명명한 바처럼 '기능어, 조직어, 구성어, 사색어'의 역할을 고민하고 이를 일부 담당하는 한자 어휘를 많이 배치하

있다. 박영섭, 「국어 한자어에 대한 소고」, 『국어학』 29, 국어학회, 1997. 일본에서 수입된 근대 한자어의 경우, 최경옥, 『한국개화기 근대외래한자어의 수용연구』, J&C, 2003을 참고할 수 있다. 근대계몽기 이후에 쓰이는 다양한 국한문체 혼용문의 차이와 유형에 대한 상세한 논의로는 임상석, 『20세기 국한문체의 형성과정』, 지식산업사, 2008을 참조할 수 있다.

31 이상, 앞의 글.

32 이상, 「사신 5」, 『이상문학전집 3』, 247면. 이상이 김기림에 대해 보낸 사신과 「危篤」 연작의 관계에 대한 상세한 논의로는 1부의 제3장 3절을 참조.

는 한편으로, 문장의 종결 어미는 "~이다", "~한다" 형태를 채택하여 지금 쓰이는 한국어 문장에 가까운 종지법으로 변환하고 있었던 것이다.

그리하여 이상이 다다른, 또는 이동 중인 [4]와 같은 조선어 문장에서 이상은 여러 층위의 한자어들을 뒤섞고 있다. [4]의 「內部」에서 "血管"과 같은 한자어는 근대 문명의 수입과 함께 새로 들어온 한자어이다. 「危篤」의 다른 시들에서 보이는 "實驗", "博士", "醫科大學", "出席"(「禁制」), "內出血"(「沈沒」), "血淸", "原價償還", "決算", "函數"(「門閥」), "賣春", "器官"(「賣春」) 등과 같은 한자어들도 이와 같은 근대 수입 한자어들이다. 반면 "髑髏", "禁制"(「禁制」), "未踏"(「追求」), "怒號"(「沈沒」), "墓穴"(「絶壁」), "窈窕"(「白晝」), "墳塚"(「門閥」), "哀話"(「位置」), "雌雄"(「賣春」), "陰森", "雄蜂"(「生涯」), "蒼天", "破瓜"(「自像」) 등의 한자어들은 한문 문장에서 쓰이긴 했으나 근대 이후로 들어오면서 보통의 구어체에서는 많이 쓰이지 않는 어휘들이다. 이밖에 근대 이전부터 들어와 조선어의 어휘를 이룬 한자어들이나, "自殊"(「沈沒」), "合音"(「內部」), "自像"(「自像」)처럼 한자를 결합시켜 이상 자신이 만들어낸 것처럼 보이는 한자어들이 「危篤」 연작에는 뒤섞여 있다.

이 한자어들을 나열해 보면 근대 조선어의 혼돈과 깊이의 두께를 펼쳐 놓은 듯한 느낌을 받는다. 새로 들어온 근대 학문과 근대적 사물들은 한자 표기가 점차 소거되면서 조선어의 일부가 되었고(이미 그렇게 된 외래 한자어들과 함께), 반면 과거의 한문 문장에서는 분명히 쓰였던 한자 어휘들은 조선어의 변동과 함께 구어에서는 물론 문학어의 어휘로서도 등재되지 못하고 사라져 갈 운명에 처하게 된다. 그리고 이상 자신이 만들어낸 조어들은 아직 그 안정된 형식을 얻지 못하고 끊임없이 외래적 요소와의 맞부딪침에 의해 형성되어가고 있었던 조선어를 상징적으로 현시하는 것처럼 보인다. 두 글자로 이루어진 한자 어휘들만으로 구성한 「危篤」 연작의 제목들 즉 「禁制」, 「追求」, 「沈沒」, 「絶壁」, 「白晝」, 「門閥」, 「位置」, 「賣春」, 「生涯」, 「內部」, 「肉親」, 「自像」과 같은 어휘들의 총화인 「危篤」 연작은 이와 같은 조선어의 현실을 알레고리화해 보여준다.

이상이 그의 시에서 한자어를 사용하면서 한자 어휘의 수준에서만 여러 층위의 언어들을 뒤섞고 실험한 것은 아니었다. 이상은 "貞操빼지"(「白晝」)처럼 한자어와 외래어를 결합하여 조어를 만들어내기도 하였고, "禁制를알는다"(「禁制」)와 같이 한자 명사와 서술어를 자의적으로 결합하거나, "竊窕하다든 貞操가성을낸다"(「白晝」)처럼 한자로 된 명사주어에 행동을 나타내는 서술어를 부여하기도 하였다. 이를 통해 자신이 말한 것처럼 '기능어, 조직어, 구성어, 사색어'를 만드는 데 한 역할을 담당하거나 이와 같은 시어들을 구성하는 데 소용되는 한자 어휘들의 가능성을 최대한 실험해 보고자 하였다.[33]

④의 「內部」에서 이상은 "生涯속에永遠히氣絶"할 것만 같은 그의 내면을 한자 어휘들의 나열을 통해 건조하게 표현하였다. 결핵으로 침식당하고 있는 그의 육체의 기호들은 "墨痕", "白紙", "序言"과 같은 문자(책) 기호들로 바뀌어 표현되었다. 이 "캄캄한" 내부를 표현하기 위해 이상이 선택한 것은, 피의 끈끈함마저도 '血管'이라는 생리적 어휘로 치환하는 극도의 전략적 언어 진술 방식이었다. "극히 개념적인, 생기 없는 과거의 한자문체는 배격해 마땅할 것"[34]이라는 명제는 문학적 문장이 가능하면 '개념'이 아니라 '실감'을 표현해내야 하고, 말의 맛을 느끼게 하는 '생기'를 띠어야 한다는 전제를 내포한다. 이상은 '아름다운 조선말'을 꼽으라는 설문에서 "나가네", "댕구알", "엉야"라는 순조

33 이와 같은 조어법이나 비유법, 문장 구성의 효과에 대해서는 1부의 제4장 3절을 참고.
34 이태준, 앞의 글.

선어 어휘들과 함께 정지용의 시에서 "검정콩 푸렁콩을 주마"와 같은 구절의 말솜씨를 아름답게 느낀다고 대답한 바 있다.[35] 그 또한 순조선어 어휘들의 음상이 주는 리듬감과 음악성을 몰랐던 바 아니나, 이상은 그 말맛의 아름다움 대신 조선어가 표현할 수 있는 다른 영역을 개척하고자 하였다.

이상은 당대 다른 문학가들이 좋은 조선어 문장을 위해 피하고자 했던 '개념'과 '한자'를 자신의 시에서 배격해야 할 것으로 여기지 않았다. 그가 사용한 한자문체는 그 자신이 만들어낸 것이라는 점에서 '과거의 한자문체'와는 구분되는 것이었다. "근대적이건 전근대적이건 간에 학문과 드잡이한 경험이 짧고, 섬세하고 복잡한 사고의 표현에 훈련이 부족한 이 언어는 그 방언적 특수성을 아직 크게 떨쳐버리지 못한 상태였다. 게다가 그것은 한 국가의 공용어가 아니었"[36]던 식민지 조선어의 현실을 이상은 철저하게 자각하였으며, "폐허에서는 어떤 경치도 절승일 수 없으며 따라서 미문은 신기루의 함정"[37]이라고 보았던 견해는 이와 같은 이상만의 한자 사용과 문체의 선택을 이해하는 데 시사적이다.[38] 그는 자신의 시형식을 통해서 문장의 아름다움이 아니라 언어의 보편적 성질을 사고하고자 했으며, 조선어라는 불안정한 언어형식(다만 상대적인 의미에서)의 어떤 질료들(가령 한자어와 같은)을 통해 이 사고가 가능할 수 있는지 시험했던 것이다.

---

35 이상, 「아름다운 조선말」, 『이상문학전집 3』, 220면.

36 황현산, 「『오감도』 평범하게 읽기」, 『창작과비평』 101, 1998년 가을, 343면.

37 황현산, 앞의 글, 354면.

38 "궁핍한 모국어에 대한 이상의 거의 자학적인 검열은 진정한 언어 · 객관적 시에 이르기 위한 방법"이었다는 다음의 논의 또한 의미 깊다. 황현산, 「모국어와 시간의 깊이」, 『포에지』, 2000년 여름, 84면.

4. 움직이는 조선어－근대 조선어의 경계들

이상의 시창작의 앞머리에 『朝鮮と建築』의 일본어 시들이 놓인다는 사실은 중요하게 참조될 만하다. 일본말로 쓴 시도 항일시일 수 있느냐는 임종국의 논의에 반박하면서, 김향안은 이상이 모국어를 내던져 둔 채 많은 시를 일본말로 쓴 것이 아니라 일본말로 문학공부를 해 모국어를 찾은 것이라 회고한 바 있다.[39] 이 대화 또는 논쟁의 국면에서 이상의 시가 항일의 의미를 담고 있느냐 그렇지 않느냐의 문제는 그리 본질적인 것이 아닐지 모른다. 여기에서 우리는 '일본말' / '항일' / '조선어' / '모국어' 등의 범주들이 이루고 있는 관계와 이 관계에 대해 식민지 당시 그리고 지금까지도 이어져 오고 있는 여러 갈래의 생각들을 발견한다.

일본말로 쓴 문학이 항일 문학일 수 있는가라는 물음에서 우리는 '조선어'라는 언어적 매체를 '국민문학'의 근본적 조건이자 그 이데아를 실현하는 '내용－형식'의 결합물로 상상한 식민지 문학인들의 사고에 내재하는 논리를 떠올릴 수 있다. 이때 '조선어'란 교환 가능한 질료가 아니라 수립해야 할 '민족문학', '민족어 문학'의 상상적 형태로서의 관념을 구현한다. 여기에는 '일본어'－'조선어'가 개별 언어로서 등가적인 관계를 형성하고 있는 것이 아니라, '국어(제국어)' / '조선어(지방어)'라는 현실의 식민 내부 질서에 저항하는 상상적 질서로서 '조선어'(민족어) / '일본어'(공용어)라는 위계적 존재로 자리 잡고 있다. 그리고 이러한 상상은 일본어 공용화의 움직임이 강화되어 가는 1930년대 중

---

39 김향안, 「이상이 남긴 유산들」, 『문학사상』, 1987.1, 115~117면 참조. 김향안과 임종국의 논의에 대한 더 자세한 사항은 졸고, 「이상의 연작시 「위독」과 조선어 실험」, 251면 참조.

후반에 이르면 더욱 힘을 얻어 실제 창작 활동에서도 조선어의 '고유성'과 '독자성'을 온존시키려는 방법을 강구하는 일이 중요한 문제로 떠오른다.

그러나 일본어로 시를 창작했던 이상이 번역(이는 실질적인 텍스트상의 결과물로서의 의미와 그 자신의 언어체계 안에서 행해졌던 심리적 과정 양쪽 모두를 포함하는 것일 텐데)의 과정을 거치는 한편, 일본식 한자 어휘나 옛 한자어, 새로운 조어들을 만들어내면서 가졌던 생각은 이러한 '민족어'로서의 '조선어'에 대한 상상과는 거리가 있는 것이었다. "신의 눈앞에서 내가 낙상했던 옛이야기가 있다"라는 조선어 문장 대신 "神의眼前에我前落傷한古事를有함"이라는 번역적 재현을 선택하는 과정에서 '조선어의 맛'이나 '조선의 생활을 표현하는 실감', '고유한 조선적 특징'들은 배제된다.

다음의 말을 참고해 보자. "우리는 이상이 수학을 일종의 언어로 수용하고 있었음을 이해할 수 있다. 수학 문제를 푸는 절차는 능동태를 수동태로 고치고, 직접화법을 간접화법으로 바꾸는 문법 훈련과 동일하다. 수학은 일종의 외국어이다. 그러나 수학이 모든 나라 사람들에게 외국어라는 말은, 곧 그것이 단순한 외국어가 아니라 세계의 보편언어라는 사실을 의미한다."[40] 『朝鮮と建築』의 일본어 시들과 「鳥瞰圖」 시편들에서 수학을 일종의 외국어처럼 사고했던 이상에게 '한자'라는 기호는 때로 수학의 기호처럼 하나의 외국어와 같은 의미로 사용되기도 하였을 것이다. 이 때 각 언어들의 교환 가능성은 극대화된다. 따라서 "神の眼前に我は落傷した古事を有つ"라는 일본어 문장을 "神의眼前에我前落傷한古事를有함"과 같이 번역할 것인지, "신의 눈앞에서 내가 낙상했던 옛이야기가 있다"로 번역할 것인지의 문제는 '효과'

40 김인환, 『기억의 계단』, 민음사, 2001, 285면.

와 '배치'의 전략에 의해 수정되고 변형 가능한 것이었던 셈이다. 이렇게 변형 가능한 문장들을 통해 조선어의 '사상'으로서의 위치는 축소되고 '질료'로서의 기능은 확대된다. '이념' 내지는 '사상'으로서의 '조선어'가 아니라 '기능' 내지는 '도구'로서의 조선어에 대한 이상의 생각은 당시의 다른 문학가들의 '조선어' 인식 내지는 상상과는 상당히 구별되는 것이었다.

그러나 한자란 또한 조선어 안에서 단지 외국어로 취급될 수만은 없는 것이었다. 한자어 표기와 그것을 문장에 사용하는 방식 안에 이미 과거의 전통, 새로운 근대, 단절과 변화라는 조선어의 변전과 혼돈상이 현시되어 있기 때문이다. 얼마나 더 '순우리말' 문장에 가까운가, 또는 '순한글' 표현이 얼마나 잘 구사되고 있는가는 시대와 맥락에 따라 결국 상대적으로 평가될 수밖에 없다. 이상 자신이 의도하였든 그렇지 않았든 간에, 앞서 살펴보았던 것과 같은 여러 층위의 한자어들의 혼재는 그 자체로 조선어의 '고유함'이라는 환상을 깨뜨리고 있는 것처럼 보인다. '자연스러운 조선어', '고유한 조선어'의 문장이라는 관념 또한 비교에 의해서만 가능하다는 점에서 '사실'보다는 '현상'에 가까운 것이라 할 수 있다. 이른바 "우리말이라는 픽션"[41]의 내부와 외부를 구성하는 것은 '조선어'라는 현실이라기보다는 동시대인들의 '사상'이라고도 말할 수 있는 것이다.[42]

조선어의 민족어적 성격을 강화하려고 할수록, 조선어가 움직이고 있다는 사실은 망각된다. 한자와 한문을 우리말에서 구축(驅逐)하고 '민족어'로서의 조선어를 구성하려 했던 식민지 시기의 움직임들이,

---

41 황호덕, 「한문맥의 근대와 순수 언어의 꿈」, 『한국근대문학연구』 16, 한국근대문학회, 2007.10, 115면.

42 이 글의 제목인 "'이상의 시쓰기와 조선어'라는 사상"이라는 표현이 환기하는 개념의 내포는 이연숙, 고영진・임경화 역, 『국어라는 사상』, 소명출판, 2006에서 빌어 왔다.

'일본어 / 조선어'의 위계질서를 가리고 식민지 언어상황의 본질적 국면을 은폐하는 효과를 낳았다는 연구결과에서 시사하는 바를 생각해 볼 때,[43] '고유한 조선어'로 구성하는 문학어의 '근대'에 대한 상상은 깨지기 쉬운 '내부'였던 것인지도 모른다. 국한문체에서 한글문체로의 이행이 결과적으로는 진전처럼 보이지만 필연적인 과정은 아니었을 수 있다는 연구의 시각이 암시하는 것처럼,[44] 식민지 시대의 텍스트에 나타나는 조선어 문장이란 작가들 개인이 작동시키는 선택의 역학들에 의해 구성되었던 움직임의 덩어리들이라 할 수 있다. 그리고 이상의 시쓰기에서 나타나는 한자 표현의 양상은, 이 선택적 과정에서 끊임없이 흔들리면서 구성되고 있었던 조선어의 불분명한 경계와, 미완 또는 잉여로 남겨진 언어의 공간들을 펼쳐 보여준다.

43 이혜령, 앞의 글, 388~397면 참조.
44 황호덕, 앞의 글, 101면; 임상석, 앞의 책 참조.

참고문헌

1. 기본자료 및 보조자료

『대한매일신보』, 『대한학회월보』, 『동아일보』, 『매일신보』, 『조선일보』, 『조선중앙일보』. 『가톨닉청년』, 『개벽』, 『대한흥학보』, 『문장』, 『삼천리』, 『소년』, 『신문계』, 『신생』, 『여성』, 『여자계』, 『유심』, 『조광』, 『조선문학』, 『청색지』, 『청춘』, 『학등』, 『학지광』, 『朝鮮と建築』.
국사편찬위원회 한국사데이터베이스, 한국고전종합DB.

김안서 역, 『오뇌의 무도』, 광익서관, 1921.
김주현 주해, 『이상문학전집』 1・2・3권, 소명출판, 2005.
김태준, 『조선소설사』 증보판, 학예사, 1939.
______, 『조선한문학사』, 한성도서주식회사, 1931.
김학동 편집, 『정지용전집 1』, 민음사, 1988.
_________, 『정지용전집 2』 개정판, 민음사, 2003.
도남학회 편, 『도남조윤제전집 2－국문학사』, 태학사, 1989.
라빈드라나드 타고아, 김억 역, 『원정』, 회동서관, 1924.
윤여탁 편, 『한국현대시사자료집성』 3차, 태학사, 1988.
이숭원 주해, 『원본 정지용 시집』, 깊은샘, 2003.
이태준, 『개정판 문장강화』, 창비, 2005.
임규찬・한기형 편, 『카프비평자료총서Ⅴ』, 태학사, 1990.
임종국 편, 『이상전집』, 문성사, 1966.
임화, 임규찬・한진일 편, 『개설 신문학사』, 한길사, 1993.
임 화, 『문학의 논리』, 학예사, 1940.
______, 『찬가』, 백양당, 1947.
______, 『현해탄』, 동광당서점, 1938.
정지용, 『문학독본』 재판, 박문출판사, 1949.
______, 『백록담』 3판, 동명출판사, 1950.

정지용, 『산문』, 동지사, 1949.
______, 『정지용 시집』, 시문학사, 1935.
조선프롤레타리아예술동맹 문학부 편, 『카프시인집』, 집단사, 1931.
조윤제, 『국문학사』, 동국문화사, 1949.
타고아, 김억 역, 「기탄자리」, 이문관, 1923.
한용운, 『님의 침묵』, 회동서관, 1926.
『김기림전집』 2・3권, 심설당, 1988.
『이광수전집』, 삼중당, 1963.
『한용운 전집 3』, 신구문화사, 1973.
『현대문학사자료집성』 3권, 국학자료원, 1997.

2. 국내논저

고미숙, 『18세기에서 20세기 초 한국시가사의 구도』, 소명출판, 1998.
구인모, 『한국 근대시의 이상과 허상－1920년대 '국민문학'의 논리』, 소명출판, 2008.
구재진, 「1930년대 사회주의비평과 '조선' 인식」, 『민족문학사연구』 31, 민족문학사학회, 2006.
권오민, 「개화기 시가 연구」, 서울대 박사논문, 1988.
김 철, 「두 개의 거울 : 민족 담론의 자화상 그리기－장혁주와 김사량을 중심으로」, 『상허학보』 17, 상허학회, 2006.6.
김교봉・설성경, 『근대전환기 시가 연구』, 국학자료원, 1996.
김근수, 『한국잡지개관 및 호별목차집』, 영신아카데미 한국학연구소, 1973.
김기현, 『한국문학론고』, 일조각, 1972.
김동근, 「1930년대 시론과 시적 서정의 담론」, 『한국문학이론과 비평』 10, 한국문학이론과 비평학회, 2001.3.
김민정, 「구인회의 존립양상과 미적 이데올로기의 상관성 연구」, 서울대 박사논문, 2000.
김병구, 「고전부흥의 기획과 '조선적인 것'의 형성」, 『민족문학사연구』 31, 민족문학사학회, 2006.
김병익, 『한국문단사』, 일지사, 1973.
김병철, 『한국근대번역문학사연구(하)』, 을유문화사, 1975.
김성윤, 「한국 근대자유시 형성기 연구－1910년대 최승구, 김여제, 현상윤의 시를 중심으로」, 연세대 박사논문, 1999.
김소운, 「이상(李箱), 이상(異常)」, 김유중 · 김주현 편, 『그리운 그 이름, 이상』, 지식산업사, 2004.
김수림, 「방언-혼재향의 언어」, 『어문논집』 55, 민족어문학회, 2007.4.
김신정, 「'시어의 혁신'과 '현대시'의 의미-김영랑, 정지용, 백석을 중심으로」, 『상허학보』 4, 상허학회, 1998.11.
_____, 「한국 근대 자유시의 형성과 의미」, 『상허학보』 10, 상허학회, 2003.
_____, 『정지용 문학의 현대성』, 소명출판, 2000.
김영민, 「임화의 신문학사 연구의 성과와 의미」, 문학과사상연구회, 『임화문학의 재인식』, 소명출판, 2004.
_____, 『한국근대문학비평사』, 소명출판, 1999.
김영실, 「문장파 문학의 고전 수용 양상 연구」, 서울대 석사논문, 1999.
김영철, 「한국 개화기 시가 장르의 형성과정 연구」, 서울대 박사논문, 1986.
김영호, 「타골과 한용운의 시문학 비교」, 『비교문학』 21, 한국비교문학회, 1996.12.
김용직, 「한국 현대시에 미친 Rabindranath Tarore의 영향」, 『아세아 연구』 14권 1호, 고려대 아세아문제 연구소, 1971.3.
김유중 · 김주현 편, 『그리운 그 이름, 이상』, 지식산업사, 2004.
김윤식, 「이상 문학에서의 글쓰기 유형과 일어시가 선 자리」, 『문학과의식』, 1998.
_____, 「한국 근대문학사의 시선에서 본 이중어 글쓰기 공간에서의 글쓰기 유형론」, 『작가세계』 63, 세계사, 2004.11.
_____, 「한국 신문학에 있어서의 타골의 영향에 대하여」, 『진단학보』 32, 진단학회, 1969.
_____, 『이상연구』, 문학사상사, 1987.
_____, 『일제 말기 한국 작가의 일본어 글쓰기론』, 서울대 출판부, 2003.
_____, 『임화연구』, 문학사상사, 1989.
_____, 『한 · 일 근대문학의 관련양상 신론』, 서울대 출판부, 2001.
_____, 『한국근대문예비평사연구』, 일지사, 1976.
_____, 『한국문학의 리얼리즘과 모더니즘』, 민음사, 1989.
김인환, 「이상 시의 계보」, 『기억의 계단』, 민음사, 2001.

김재홍, 『한용운 문학 연구』, 일지사, 1982.
김정동, 「고공 건축과 학생 시대의 김해경-그의 동창생 일기를 중심으로」, 『이상 리뷰』 창간호, 역락, 2001.

김종훈, 「이상 시에 나타난 '나'의 유형 연구」, 고려대 석사논문, 2001.
김주현, 「텍스트부터 잘못되어 있다－이상 문학 연구의 문제점」, 『문학사상』, 1996.11.
김준오, 『시론』 4판, 삼지사, 1999.
김학동, 『정지용 연구』 개정판, 민음사, 1997.
______, 『한국개화기시가연구』, 시문학사, 1981.
김향안, 「이상이 남긴 유산들」, 『문학사상』, 1987.1.
김현 · 김윤식, 『현대문학사』, 민음사, 1973.
김홍규, 「부서진 세계 안의 자유의 절망－1910년대 시의 한 국면에 대한 주제사적 검토」, 임형택 · 최원식 편, 『전환기의 동아시아 문학』, 창작과비평사, 1985.
나카네 다카유키, 「1930년대에 있어서 일본문학계의 동요와 식민지문학의 장르적 생성』, 『일본문화연구』 4, 동아시아일본학회, 2001.4.
노춘기, 「근대시 형성기의 창작주체와 장르의식－1910년대 『학지광』지의 시작품을 중심으로」, 『어문논집』 54, 민족어문학회, 2006.
문혜윤, 『문학어의 근대－조선어로 글을 쓴다는 것』, 소명출판, 2008.
박건명, 「『님의 침묵』과 『원정』의 비교연구」, 『우리문학연구』 8집, 우리문학연구회, 1990.12.
박광현, 「'경성제국대학'의 문예사적 연구를 위한 시론」, 『한국문학연구』 21, 동국대 한국문학연구소, 1999.3.
______, 「식민지 조선에 대한 '국문학'의 이식과 다카기 이치노스케」, 『일본학보』 59, 한국일본학회, 2004.
______, 「언어적 민족주의 형성에 관한 재고－'국문'과 '조선어'의 사이」, 『한국문학연구』 23, 동국대 한국문학연구소, 2000.12.
박영섭, 「국어 한자어에 대한 소고」, 『국어학』 29, 국어학회, 1997.
박진숙, 「식민지 근대의 심상지리와 『문장』파 기행문학의 조선표상」, 『민족문학사연구』 31, 민족문학사학회, 2006.
박찬승, 『민족주의의 시대－일제하의 한국 민족주의』, 경인문화사, 2007.
방민호, 『채만식과 조선적 근대문학의 구상』, 소명출판, 2001.
배개화, 「1930년대 말 '조선' 문인의 '조선어'를 바라보는 두 가지 관점」, 『우리말글』 33, 우리말글학회, 2005.4.
배개화, 「1930년대 후반 전통담론의 탈식민성 연구」, 서울대 박사논문, 2004.
사나다 히로코, 「모더니스트 정지용 연구－일본근대문학과의 비교 고찰을 중심으로」, 인하대 박사논문, 2001.

서은주, 「1930년대 외국문학 수용의 좌표」, 『민족문학사연구』 28, 민족문학사학회, 2005.
______, 「번역과 문학 장의 내셔널리티 — 해외문학파를 중심으로」, 『현대문학의연구』 24, 한국문학연구학회, 2004.
서준섭, 『한국 모더니즘 문학 연구』, 일지사, 1988.
송석래, 「임의 침묵 연구」, 『국어국문학논문집』 4·5 합병호, 동국대 국어국문학회, 1964.
송 욱, 「유미적 초월과 혁명적 공아 — 만해 한용운과 R. 타고오르」, 『시학평전』, 일조각, 1963.
시라카와 유타카, 「장혁주 작품에 대한 한·일 양국에서의 동시대의 반응」, 『일본학』 10, 동국대 일본학연구소, 1991.
신범순, 「정지용의 시와 기행산문」, 『한국현대문학연구』 9, 한국현대문학회, 2001.6.
신석정, 「시인으로서의 만해」, 『나라사랑』 2, 외솔회, 1971.4.
신지연, 「파충류 동물, 혹은 근대의 이미지」, 『다시 읽는 정지용 시』, 월인, 2003.
______, 『글쓰기라는 거울』, 소명출판, 2007.
심경호, 「정지용과 교토」, 『동서문학』 247, 2002.12.
______, 「『조선문학사』의 한문학 부분 서술에 관하여」, 『민족문학사연구』 19, 민족문학사학회, 2001.
심종숙, 「미야자와 켄지와 한용운의 타골 수용」, 『일어일문학연구』 53권 2호, 한국일어일문학회, 2005.
알록 꾸마르 로이, 「타골의 문학사상, 그 한국적 수용」, 『한국문학연구』 17, 동국대 한국문학연구소, 1995.3.
양왕용, 「신체시와 근대시 사이에서의 혼류」, 『한국근대시연구』, 삼영사, 1982.
오규원, 「이상시의 접근방법」, 『한국문학』, 1981.9.
오문석, 「근대문학의 조건, 네이션≠국가의 경험」, 『근대문학연구』 19, 한국근대문학회, 2009.4.
오성호, 「「향수」와 「고향」, 그리고 향토의 발견」, 『한국시학연구』 7, 한국시학회, 2002.
오세영, 「근대시의 기점」, 장덕순 외, 『한국문학사의 쟁점』, 집문당, 1986.
오양호, 「한국문학 속의 교토」, 『황해문화』 25. 1999.12.
오태영, 「'향토'의 창안과 조선문학의 탈지방성」, 『한국근대문학연구』 14, 한국근대문학회, 2006.10.
오형엽, 「만해와 타골의 시의식 비교 연구 — 되다와 하소서의 시학」, 『한국문학논총』 29, 한국문학회, 2001.12.
와타나베 나오키, 「'조선문학'이란 무엇인가 — 1930년대 중·후반의 임화의 견해를 중심으로」,『한중인문학연구』 9, 한중인문학회, 2002.12.
요시무라 나오끼,「일본 유학시 정지용과 윤동주 시에 나타난 고향의식 연구」, 충남대 석사논문, 2002.
원명수,「시문체의 어학적 분석시고－이상 시를 중심으로」,『한국문학(문체론・작가작품론) 연구』, 집문당, 1983.
유성호,「비극적 근대시인의 시적 경로」, 문학과사상연구회,『임화문학의 재인식』, 소명출판, 2004.
유 영,『타골의 문학』, 연세대 출판부, 1983.
윤대석,「1940년을 전후한 조선의 언어 상황과 문학자」,『한국근대문학연구』 4권 1호, 한국근대문학회, 2003.4.
_____,『식민지 국민문학론』, 역락, 2006.
윤의섭,「시 종결 방식의 형성과 의미－1910년대『학지광』의 시를 중심으로」,『한국시학연구』 27, 한국시학회, 2010.
이경돈,「근대문학의 이념과 문학의 관습－「문학이란 하오」와「조선의 문학」을 중심으로」,『민족문학사연구』 26, 민족문학사학회, 2004.
이경수,『한국 현대시와 반복의 미학』, 월인, 2005.
이경훈,「서울, 임화 시의 좌표」, 문학과사상연구회,『임화문학의 재인식』, 소명출판, 2004.
이선이,「만해시와 당대시의 영향관계에 관한 일고찰」,『한국시학연구』 20, 한국시학회, 2007.12.
_____,「만해의 불교근대화운동과 시집 님의 침묵의 창작 동기」,『한국시학연구』 11, 한국시학회, 2004.11.
이수정,「『님의 침묵』에 나타난 R. 타고르의 영향관계 연구－『원정』을 중심으로」,『관악어문연구』 28, 서울대 국어국문학과, 2003.
이승훈,『시론』 재판, 고려원, 1990.
이승희,「조선문학의 내셔널리티와 아일랜드」,『민족문학사연구』 28, 민족문학사학회, 2005.
이양숙,「야나기 무네요시(柳宗悅)의 '조선예술론'에 대한 고찰」,『민족문학사연구』 31, 민족문학사학회, 2006.
이연숙, 고영진・임경화 역,『국어라는 사상』, 소명출판, 2006.
이옥순,「식민지 조선의 '동양', 타고르의 '동양'」,『담론201』 7권2호, 한국사회역사학회, 2005.
이철호,「동양, 제국, 식민주체의 신생－1930년대 후반 김남천과 김사량의 소설을 중심으로」, 『한국문학연구』 26, 동국대 한국문학연구소, 2003.12.
이한창, 「재일동포 문인들과 일본문인들과의 연대적 문학활동－일본문단 진출과 문단 활동을 중심으로」, 『일본어문학』 24, 한국일본어문학회, 2005.3.
이혜령, 「한글 운동과 근대어 이데올로기」, 『역사비평』 71, 역사문제연구소, 2005년 여름.
______, 「한자인식과 근대어의 내셔널리티」, 『민족문학사연구』 29, 민족문학사학회, 2005.
이혜원, 「근대성의 지표와 과학적 시학의 실험－김기림의 시와 시론」, 『현대시의 욕망과 이미지』, 시와시학사, 1991.
인권환・박노준, 『한용운 연구』, 통문관, 1960.
임상석, 『20세기 국한문체의 형성과정』, 지식산업사, 2008.
임용택, 「정지용과 일본 근대시」, 『비교문학』 17, 한국비교문학회, 1992.12.
임형택, 「근대계몽기 국한문체의 발전과 위상」, 『한국문학사의 논리와 체계』, 창작과비평사, 2002.
______, 「한국문학의 인식체계－그 개념 정립과 한문학의 처리 문제」, 『한국문학사의 논리와 체계』, 창작과비평사, 2002.
______, 『한국문학사의 시각』, 창작과비평사, 1984.
정백수, 『한국근대의 식민지 체험과 이중언어 문학』, 아세아문화사, 2000.
정우택, 「한국 근대 자유시 형성과정과 그 성격」, 성균관대 박사논문, 1998.
______, 「한국근대시 형성과정에서 '개인'의 위상과 의미」, 『국제어문』 27권, 국제어문학회, 2003.6.
정종현, 「식민지 후반기(1937～1945) 한국문학에 나타난 동양론 연구」, 동국대 박사논문, 2005.
정한모, 『한국현대시문학사』, 일지사, 1974.
정한숙, 『현대한국문학사』, 고려대 출판부, 1982.
조창환, 「초창기 자유시의 리듬과 형태－『학지광』을 중심으로」, 『한국현대시의 운율론적 연구』, 일지사, 1986.
조해옥, 『이상 시의 근대성 연구－육체의식을 중심으로』, 소명출판, 2001.
조현일, 「『문장』파 이후의 문학에 나타난 '조선적인 것'－김동리의 '비극적인 것'을 중심으로」, 『민족문학사연구』 31, 민족문학사학회, 2006.
차승기, 「1930년대 후반 전통론 연구 : 시간-공간 의식을 중심으로」, 연세대 박사논문, 2002.
차원현, 「1930년대 중・후반기 전통론에 나타난 민족 이념에 관한 연구」, 『민족문학사연구』 24, 민족문학사학회, 2004.
차혜영, 「'조선학'과 식민지 근대의 '지(知)'의 제도－『문장』을 중심으로」, 『국어국문학』

140, 국어국문학회, 2005.9.
채관식, 「1930년대 '조선학'의 심화와 전통의 재발견」, 연세대 석사논문, 2006.
천정환, 『근대의 책 읽기』, 푸른역사, 2003.
최경옥, 『한국개화기 근대외래한자어의 수용연구』, J&C, 2003.
최광석, 「식민지 문인의 일본어 글쓰기의 의미와 정당성－김사량의 일본어 글쓰기를 중심으로」, 『일어교육』 38, 한국일본어교육학회, 2006.
최동호 편, 『정지용사전』, 고려대 출판부, 2003.
최동호, 「정지용의 산수시와 은일의 정신」, 『민족문화연구』 19, 고려대 민족문화연구소, 1986.2.
최두석, 『시와 리얼리즘』, 창작과비평사, 1996.
최원식, 「프로문학과 프로문학 이후」, 『민족문학사연구』 21, 민족문학사학회, 2002.
최학출, 『1930년대 한국 모더니즘시의 근대성과 주체의 욕망 체계에 대한 연구』, 서강대 박사논문, 1994.
하재연, 「1930년대 조선문학 담론과 조선어 시의 지형」, 고려대 박사논문, 2008.
______, 「이상의 연작시 「위독」과 조선어 실험」, 『어문논집』 54, 민족어문학회, 2006.10.
______, 「일본 유학 시기 정지용 시의 특성과 창작의 방향」, 『Comparative Korean Studies』 15권 1호, 국제비교한국학회, 2007.6.
______, 「임화 시 연구－발화 구조의 변모를 중심으로」, 고려대 석사논문, 2000.
한기형, 「식민지 검열장(檢閱場)의 성격과 근대 텍스트」, 『일제하 한국과 동아시아에서의 검열에 관한 새로운 접근』, 서울대 규장각 한국학연구원 국제워크샵자료집, 2006.12.
허윤회, 「조선어 인식과 문학어의 상상－가람 이병기를 중심으로」, 『민족문학사연구』 26, 민족문학사학회, 2004.
______, 「한국 근대시의 양식론적 접근」, 『상허학보』 10, 상허학회, 2003.
호테이 토시히로, 「일제 말기 일본어 소설 연구」, 서울대 석사논문, 1996.
황종연, 「1930년대 고전부흥운동의 문학사적 의의」, 『한국문학연구』 11, 동국대 한국문학연구소, 1988.12.
______, 「한국문학의 근대와 반근대」, 동국대 박사논문, 1991.
황현산, 「모국어와 시간의 깊이」, 『포에지』, 2000년 여름.
______, 「오감도 평범하게 읽기」, 『창작과비평』, 1998년 가을.
______, 「직역에 관한 몇 가지 오해」, 『한국번역비평학회 학술발표회 자료집』, 고려대 레토릭연구소, 2009.7.
황호덕, 「국어와 조선어 사이, 내선어의 존재론－일제말의 언어정치학, 현영섭과 김사량의 경우」, 『대동문화연구』 58, 성균관대 대동문화연구원, 2007.
_____, 「한문맥의 근대와 순수 언어의 꿈」, 『한국근대문학연구』 16, 한국근대문학회, 2007.10.

3. 국외논저

Amossy, Ruth & Herschberg-Pierrot, Anne, 조성애 역, 『상투어』, 동문선, 2001.
Anderson, Benedict, 윤형숙 역, 『상상의 공동체』, 나남, 2004.
Bakhtin, Mikhail, 이득재 역, 『바흐찐의 소설미학』, 열린책들, 1988.
_____________, 전승희 · 서경희 · 박유미 역, 『장편소설과 민중언어』, 창작과비평사, 1988.
Benveniste, Emile, 황경자 역, 『일반 언어학의 제문제 1』, 민음사, 1992.
Chatman, Seymour, *Story and Discourse*, Ithaca and London : Cornell University Press, 1978.
Crystal, David, *An encyclopedic dictionary of language and languages*, Cambridge, Massachusetts : Blackwell Publishers, 1992.
Derrida, Jacques, Trans by John P. Leavey, Jr., *Edmund Husserl's Origin of Geometry*, University of Nebraska Press, 1989.
_____________, 김성도 역, 『그라마톨로지』, 민음사, 1996.
Easthope, Antony, 박인기 역, 『시와 담론』, 지식산업사, 1994.
Jakobson, Roman, 신문수 편역, 『문학 속의 언어학』, 문학과지성사, 1997.
Jameson, Fredric, 윤지관 역, 『언어의 감옥』, 까치, 1985.
Le Goff,Jacques, Trans by Steven Rendall & Elizabeth Claman, *History and Memory*, New York : Columbia University Press, 1992.
Lotman, Jurij, 유재천 역, 『시 텍스트의 구조 분석; 시의 구조』, 가나, 1987.
Ong, Walter J, 이기우 · 임명진 역, 『구술문화와 문자문화』, 문예출판사, 1995.
Robinson, Michael, 김민환 역, 『일제하 문화적 민족주의』, 나남, 1990.
Rousseau, Jean-Jacques, 주경복 · 고봉만 역, 『언어 기원에 관한 시론』, 책세상, 2002.
Saussure, Ferdinang de, 최승언 역, 『일반언어학 강의』, 민음사, 1990.
Shirane, Haruo & Suzuki, Tomi[鈴木登美] 편, 왕숙영 역, 『창조된 고전』, 소명출판, 2003.
寺阪英孝, 임승원 역, 『비유클리드기하의 세계』, 전파과학사, 1995.

三浦信孝・糟谷啓介 편저, 이연숙・고영진・조태린 역, 『언어 제국주의란 무엇인가』, 돌베개, 2005.
三好行雄, 정선태 역, 『일본문학의 근대와 반근대』, 소명출판, 2002.
小森陽一, 정선태 역, 『일본어의 근대』, 소명출판, 2003.
이연숙, 고영진・임경화 역, 『국어라는 사상』, 소명출판, 2006.
李孝德, 박성관 역, 『표상공간의 근대』, 소명출판, 2002.